企业税务筹划（第二版）

Enterprise Tax Planning

于长春 主　编
王　祥　曹晓雪 副主编

北京大学出版社
PEKING UNIVERSITY PRESS

图书在版编目(CIP)数据

企业税务筹划/于长春主编. —2 版. —北京:北京大学出版社,2014.7
(21 世纪经济与管理规划教材·财务管理系列)
ISBN 978-7-301-24476-0

Ⅰ. ①企… Ⅱ. ①于… Ⅲ. ①企业管理-税收筹划-高等学校-教材 Ⅳ. ①F810.423

中国版本图书馆 CIP 数据核字(2014)第 143915 号

书　　名:企业税务筹划(第二版)
著作责任者:于长春　主编　王　祥　曹晓雪　副主编
责 任 编 辑:范亚南
标 准 书 号:ISBN 978-7-301-24476-0/F·3986
出 版 发 行:北京大学出版社
地　　址:北京市海淀区成府路 205 号　100871
网　　址:http://www.pup.cn
电 子 信 箱:em@pup.cn　　QQ:552063295
新 浪 微 博:@北京大学出版社　@北京大学出版社经管图书
电　　话:邮购部 62752015　发行部 62750672　编辑部 62752926　出版部 62754962
印 刷 者:涿州市星河印刷有限公司
经 销 者:新华书店
787 毫米×1092 毫米　16 开本　18 印张　405 千字
2009 年 7 月第 1 版
2014 年 7 月第 2 版　2014 年 7 月第 1 次印刷
印　　数:0001—4000 册
定　　价:36.00 元

丛书出版前言

作为一家综合性的大学出版社，北京大学出版社始终坚持为教学科研服务，为人才培养服务。呈现在您面前的这套“21世纪经济与管理规划教材”是由我国经济与管理领域颇具影响力和潜力的专家学者编写而成，力求结合中国实际，反映当前学科发展的前沿水平。

“21世纪经济与管理规划教材”面向各高等院校经济与管理专业的本科生，不仅涵盖了经济与管理类传统课程的教材，还包括根据学科发展不断开发的新兴课程教材；在注重系统性和综合性的同时，注重与研究生教育接轨、与国际接轨，培养学生的综合素质，帮助学生打下扎实的专业基础和掌握最新的学科前沿知识，以满足高等院校培养精英人才的需要。

针对目前国内本科层次教材质量参差不齐、国外教材适用性不强的问题，本系列教材在保持相对一致的风格和体例的基础上，力求吸收国内外同类教材的优点，增加支持先进教学手段和多元化教学方法的内容，如增加课堂讨论素材以适应启发式教学，增加本土化案例及相关知识链接，在增强教材可读性的同时给学生进一步学习提供指引。

为帮助教师取得更好的教学效果，本系列教材以精品课程建设标准严格要求各教材的编写，努力配备丰富、多元的教辅材料，如电子课件、习题答案、案例分析要点等。

为了使本系列教材具有持续的生命力，我们将积极与作者沟通，争取三年左右对教材不断进行修订。无论您是教师还是学生，您在使用本系列教材的过程中，如果发现任何问题或者有任何意见或者建议，欢迎及时与我们联系（发送邮件至 em@pup.cn）。我们会将您的宝贵意见或者建议及时反馈给作者，以便修订再版时进一步完善教材内容，更好地满足教师教学和学生学习的需要。

最后，感谢所有参与编写和为我们出谋划策提供帮助的专家学者，以及广大使用本系列教材的师生，希望本系列教材能够为我国高等院校经管专业教育贡献绵薄之力。

北京大学出版社

经济与管理图书事业部

2012年1月

第二版前言

《企业税务筹划》自2009年出版以来，受到广大读者的欢迎，已经被很多高等院校选为教材，实务界人士也将其作为工作参考用书。在北京大学出版社准备再次印刷之际，有必要对本书进行修订，以便能够使之跟上时代前进的步伐。因为四年的时间里，我国财税法规与时俱进，发生了很大的变化。主要表现，一是“营改增”，二是“企业重组政策变化”。

“营改增”是指经国务院批准，自2013年8月1日起，在全国范围内交通运输业和部分现代服务业纳税人由原先交纳营业税改为开始交纳增值税。这一变化对于大多数原来交纳增值税的制造业和商品流通业企业没有什么大的影响，只是因为可以取得这些企业的增值税专用发票而相对地增加了一些能够抵扣的进项税额，但是交通运输业和部分现代服务业纳税企业由于税种的变化会产生税务筹划由营业税向增值税方面的转变。“企业重组政策变化”是指，2009年财政部和国家税务总局联合出台《关于企业重组业务企业所得税处理若干问题的通知》（财税〔2009〕59号）以及陆续出台了相关的一系列配套文件，对企业重组进行了严格的规范和分类，一改原先企业重组分为应税重组与免税重组两种做法为企业重组一般性税务处理与特殊性税务处理。从税收理念上明确不应有免税重组，只应有当期纳税和递延纳税之别。为此，企业重组的税务筹划也必须重新理解和策划。

众所周知，中国的经济改革是渐进式的，中国税收制度的改革也是与时俱进的。尽管本书的修订在上述两个方面做出了努力，但是也需要注意到：“营改增”过程仍在进行之中，导致这一改革尚未全面完成，刚生效不久的财税〔2013〕37号文就被财税〔2013〕106号文取代，新的税收政策调整还会不断出台。另外，“营改增”试行以后，增值税税率增加了几个档次，变得复杂化，不利于执行，今后必然向着简化税制、统一税率方向做进一步改革，因此，读者仍然要理论联系实际地学习。同时还应该注意到，企业重组税收政策又要有新变化。当前，一份主要针对国税总局2010年4号公告进行修改的征求意见稿正在公开征求意见,这是一份很及时但又注定会充满争议的文件。比如,控股企业回归“母公司”而替代4号公告打破权益连续性的“子公司”,合并的主导方发生重大变化。这份征求意见稿的定稿和立法,将把4号公告与现行财税〔2009〕59号文予以合并,由财政部会同税务总局联合发布一份新的文件,原两个文件同时废止。但这些变化对企业重组的税务筹划并不产生根本性影响。

本书的修订对原有结构和体例没有改动,第二版只是针对上述的税法改革相应地进行了完善和补充。修订的内容主要是第六章“生产经营阶段的税务筹划”和第七章“企业重组和分立的税务筹划”,不但在其税务筹划的法规依据方面,而且在举例分析方面,甚至在相关案例的选择方面,本书都尽量理论密切联系实际,力争让读者学以致用。在此,尤其要对为本书提供案例和举例素材的同行作者表示衷心感谢!对书中可能存在的差错和谬误诚恳地请求读者批评指正。

于长春

2014年3月30日

第一版前言

中国改革开放三十多年的实践证明,社会主义市场经济是振兴中华民族的唯一正确道路,是中国赶超世界经济发达国家生产力水平的光辉之路,是让中国人民富强起来的康庄之路,同时也是中国社会迈进民主与法制的和谐之路。作为一个国民意志的代表和管理当局,国家政府在管理和指挥全体人民进行经济建设和维持社会生活的活动中,必须通过税收的手段向纳税人征收一定数量的财富,才能保证其管理职能的充分发挥,使得其权力行使有效。有史以来的历朝历代无不是纳税人向政府的税务机关履行纳税义务,而政府的税务机关向纳税人行使课税权利。这种权利与义务的形而上学单一方向思维,一直延续了几千年。

直到改革开放以后,思想得到解放的中国纳税人才真正开始拿起辩证唯物主义的理论,去分析和解释权利与义务之间应有的正确关系,即没有无权利的义务,也没有无义务的权利。税法是确立国家与企业之间的利益主体地位、利益分配格局和利益调整规范的法律。税收机关有权运用税法征收、征足属于国家利益主体的那一部分利益,这是法定的政府权力;纳税人亦可以运用税法保护、保足属于纳税人利益主体的那一部分利益,这是企业的法定权利。同时,企业拥有依据税法及时、足额纳税的义务;而税务机关也有依法精确计算和检查纳税人纳税金额的义务,做到不向纳税人多征税。因而,在法律面前征税人与纳税人在权利和义务上是位置互换的、公平对等的、相互制约的。税法对于征纳双方是平等的、中性的,这是税务活动中的博弈规则。

税务筹划的经济纳税职能,是税法赋予纳税人的权利所致,是市场经济条件下企业维护自身合法权益的内在要求。税务筹划的目的在于实现税收负担最低化。其手段以具体的法律条款为依据,并在税法规范和允许的范围内实施与运用。因此,作为纳税人的企业,如果能够精通税法，知道自己该缴什么税，不该缴什么税，就可把不该缴纳的那种税款节省下来；知道该缴多少税，不该缴多少税，就可把不该缴纳的那部分税款全部节省下来；知道该什么时候缴税，不该什么时候缴税，让资金在不该缴纳的时间里为企业周转增值；甚至知道该怎么罚，不该怎么罚，把不该被罚的那部分资金保住，自然就变成了精明主动的纳税人。

这种精明和主动性不能建立在蛮干的基础上，而应该建立在把握科学规律、熟悉技术方法、预先进行筹划的基础上。可是，在我国当前的多数企业里，专门从事税务筹划的部门或岗位尚未设立；即便设立了税务筹划的部门或岗位的企业，具备税务筹划技能的专业人才也十分缺乏。有的企业不得不聘请社会中介机构代为筹划，甚至有的企业盲目蛮干，只有等到出了问题，面临税务机关的处罚时才想到请税务师事务所亡羊补牢。显然，我国企业的现状难以适应经济建设快速发展的客观需要。他们还没有认识到，税务筹划不是临时性措施，而是关系企业设立、重组、筹资、投资和经营活动全过程管理的一门专业技术和方法。税务筹划方案的制订及其执行，只有在与应税有关的经济业务发生之前，企业方可有效地进行规划，促使纳税业务按照预先计划的方向发展，最终实现纳税筹划的目标。

为此，我们根据教育部高等教育财经类教材目录的要求编写了《企业税务筹划》一书。本书的结构分为三篇，其内在的逻辑是：第一篇企业税务筹划的概念与基本原理，包括第一、二、三章；第二篇企业设立、生产经营与清算重组的税务筹划，包括第四、五、六、七章；第三篇跨国经营与涉外业务的税务筹划，包括第八、九、十章。本书的特点在于打破了很多税务筹划教材按照税种分别阐述的界限，以企业生存和成长的周期过程为主线，让读者从易于理解的企业设立、生产经营、清算重组以及跨国经营等不同阶段，综合各个税种来思考税务筹划问题，理论紧密联系实际，实用性强。

本教材的第一章、第四章和第五章由长春税务学院的曹晓雪副教授编写；第二章、第三章和第九章由北京京税祥瑞财务顾问有限公司王祥首席咨询师编写；第六章、第七章、第八章和第十章由北京国家会计学院于长春教授编写。最后，全书由于长春教授总纂定稿。

这本教材是设置在学习过经济学、企业财务会计、财务管理和中国税法等相关专业基础课程、专业课程之后的一本更有实务性意义的专业教科书，适合高等院校的财政、税收、会计学、财务管理和企业管理及工商管理等财经专业的教学使用，也可以作为企业相关管理人员的涉税业务参考书。

企业税务筹划本身就是一种税务征纳双方以税收法规为标准所进行的博弈。问题是作为依据的税收法规具有很强的时效性。纳税人正是因为发现了税法对自己有利的条款或者漏洞，才据以进行税务筹划。而税法的制定者(包括税务机关)也由于发现了税法的漏洞或逆法意识的税务筹划行为，必然采取弥补税法漏洞的措施。因此，税收法规是经常变动的，昨天可能还是成功的税务筹划案例，明天就会变成是违法的偷税行为。所以，应该说明，本书的写作是以2009年3月为止生效的税收法规为依据的，并不适用此后国家颁发的新税收法规。

在本书的编写和出版过程中，北京CFO发展研究中心郭良川先生提供了大量宝贵的案例资料，北京大学出版社的李娟编辑给予了大力支持，在此一并表示诚挚的感谢！更加感激许多专家学者多年来发表的大量研究成果，为本书的写作奠定了理论基础！限于作者的学识水平，书中难免存在肤浅与谬误之处，还望读者不吝指正。

作 者

2009年3月30日

目　　录

第一篇　企业税务筹划的概念与基本原理

第二篇　企业设立、生产经营与清算重组的税务筹划

第三篇　跨国经营与涉外业务的税务筹划

21世纪经济与管理规划教材

财务管理系列

第一篇

企业税务筹划的概念与基本原理

第一章　企业税务筹划基本理论

［学习目标］　通过本章的学习，应该理解企业税务筹划的概念，掌握税务筹划与偷税、漏税、抗税等行为的区别；理解税务筹划的目标、特点和条件，深刻领会税务筹划的基本原理和基本方法；清醒地认识税务筹划存在的风险并掌握防范税务筹划风险的意识和手段；学会处理税务筹划纠纷的程序。

第一节　企业税务筹划概述

一、税收法律关系

税收是国家凭借其政治权力，依法参与社会产品和国民收入分配的一种形式，具有强制性、无偿性和固定性的特征。国家征税与纳税人纳税形式上表现为利益分配的关系，经过法律明确其双方的权利与义务后，这种关系实质上已上升为一种特定的权责关系。税收法律关系在总体上与其他法律关系一样，都是由权利主体、客体和法律关系内容三方面构成，但在三方面的内涵上，税收法律关系则具有其特殊性。第一，在我国税收法律关系中，权利主体一方是代表国家行使征税权利的税务机关，另一方是履行纳税义务的纳税人；第二，在税收法律关系中权利主体双方法律地位平等，只是因为主体双方是行政管理者与被管理者的关系，所以双方的权利与义务不对等；第三，国家税务主管机关行使权利的主要表现在于依法征税、进行税务检查以及对违法者进行处罚，其义务主要是向纳税人宣传、咨询、辅导税法，及时把征收的税款解缴国库，依法受理纳税人对税收争议的申诉等。纳税义务人的权利主要有多缴税款申请退还权、延期纳税权、申请减免税权、申请复议和提起诉讼权等；纳税义务人的义务主要是按税法规定办理税务登记、进行纳税申报、接受税务检查、依法缴纳税款等。

在税收的征纳过程中，征纳双方之间存在着利益冲突，这种冲突形成了税收博弈关系，具体表现为：国家税务机关要在法律规定的范围内，尽可能地使税收及时、足额上缴国库，维护正常的税收秩序，保证国家的财政收入；纳税人要在不违法的前提下，尽可能经济地缴税，减少或延期支付税收方面的资金，使自身的税收负担最小化，保证企业财务目标的实现。征管方通过监管使纳税人“不少上缴一分钱的税款”，纳税人通过筹划“不多上缴一分钱的税款”，征纳双方在这样一个税收博弈中寻求均衡点。

由于税收法律关系的特殊性以及税收法规还存在一定的选择空间、减免税等优惠，还有未尽事宜，税收征管机关仍然存在一定的自由裁量权和解释权等，都为纳税人进行税务筹划提供了较大的余地。对于企业来说，缴纳多少税金、何时缴纳税金，某种程度上可以由企业的生产经营状况、筹资、投资、经营等行为决定，纳税人可以事先安排。随着市场经济和现代企业制度的建立和不断完善，企业已成为自主经营、自负盈亏、自我约束、自我发展的主体，企业有动力对生产经营活动事先规划和安排以合理地减轻税负，实现企业经济纳税的管理目标。另外，随着我国加入WTO，经济的国际化进程不断加快，税务筹划的空间也随之扩大，企业税务筹划的范围已不仅限于国内，需要以全球视野对企业的各项经济业务活动进行周密的事先筹划和安排，实现全球税收负担的最小化，最终实现企业全球利润的最大化。税务筹划已越来越受到企业的关注，成为企业理财的重要组成部分。企业税务筹划的观念也正逐步更新，"野蛮者抗税，愚昧者偷税，糊涂者漏税，精明者进行纳税筹划"。

二、税务筹划的概念

依法纳税是每个纳税人的法定义务。每个纳税人都应依照法律的规定及时、足额地缴纳税款。同时，依法进行税务筹划也是纳税人的一项基本权利，纳税人有权不多缴一分钱税。纳税与税务筹划相伴而生，自从国家税收产生，纳税筹划就应存在，这是"理性经济人"的必然选择。但是税务筹划这一概念被社会关注和法律认可，要追溯到20世纪30年代。1935年，英国上议院议员汤姆林爵士针对"税务局长诉温斯特大公"一案指出："任何人都有权根据法律安排自己的事务，以便减少纳税支出。如果他通过安排，成功减少了纳税额，那么尽管税务局长或其他纳税人可能不欣赏他的筹划，但也不能强迫他多缴税。"自此英国及许多受英国影响的国家对纳税人的税务筹划的处理都参照这一判例精神。1947年，美国法官汉德在一个税务案件中有一段作为美国税务筹划法律依据的话："法院一直认为，人们安排自己的活动以达到低税负的目的，这是无可指责的。每个人都可以这样做，不论他是富人，还是穷人。而且这样做是完全正当的，因为他无须超过法律的规定来承担国家税收。税收是强制课征，而不是自愿捐赠，以道德名义来要求税收，纯粹是奢谈。"①

税务筹划(tax planning)在产生和发展过程中一直没有一个统一的解释，不同的学者对其含义的理解不同，有不同的表述。②以下是国内外比较典型的几个税务筹划定义。

荷兰国际财政文献局《国际税收辞典》中是这样定义的：税务筹划是指纳税人通过经营活动或个人事务活动的安排，实现缴纳最低的税收。

印度税务专家N.J.雅萨斯威在《个人投资和税务筹划》一书中说，税务筹划是"纳税人通过财务活动的安排，以充分利用税收法规所提供的包括减免税在内的一切优惠，从而获得最大的税收利益"。

美国南加州W.B.梅格斯博士在其编著的《会计学》中提出：人们合理而又合法地安排自己的经营活动，使之缴纳尽可能最低的税收。他们使用的方法可以称为税务筹划……少缴税和递延缴纳税收是税务筹划的目标所在。另外，他还指出：在纳税发生之前，有系统地对企业经营或投资行为做出事先安排，以达到尽量少缴所得税，这个过程就是税务筹划。

---

① 王虹、陈立：《纳税筹划》，清华大学出版社2006年版。

② 宋献中、沈肇章：《税务筹划与企业财务管理》，暨南大学出版社2002年版。

盖地教授对税务筹划概念的表述为："税务筹划是纳税人依据所涉及的现行税法，遵循税收国际惯例，在遵守税法的前提下，运用纳税人的权利，根据税法中的'允许'、'不允许'以及'非不允许'的项目、内容等，对企业组建、经营、投资、筹资等活动进行的旨在减轻税负、有利财务目标实现的谋划和对策。"①

张中秀教授的观点是，纳税筹划应包括一切采用合法和非违法手段进行的纳税方面的筹划和有利于纳税人的财务安排，主要包括节税筹划、避税筹划和实现涉税零风险。

王泽国在其《企业如何进行纳税筹划》中指出，税务筹划是指纳税人为达到减轻税务负担和实现涉税零风险的目的，在税法允许的范围内，对企业的经营、投资、理财、组织和交易等各项活动进行事先计划和安排的过程。②

黄凤羽认为，税务筹划是指纳税人或其代理人在遵守税收法律、法规的前提下，通过企业或个人涉税事项的预先安排，实现合理减轻税收负担目的的一种自主理财行为。③

王祥认为，税务筹划实际是财务预算中企业对税务活动的规划，这种规划的目的首先是降低或者消除税务风险，其次才是降低企业税负，特殊情况下为了降低税务风险，还可能适当增加税负，但换来企业税务安全和税务形象及社会形象的提升。在当前税收严征管的大环境下，税务风险的降低应是税务筹划的首要目标，这在国家税务总局出台的《大企业税务风险管理指引征求意见稿》中可以得到有力佐证。

我国注册税务师执业资格考试教材编写组编写的《税务代理实务 2006》中指出：一般的理解是，税务筹划指的是在税法规定的范围内，通过对经营、投资、理财活动的事先筹划和安排，尽可能地取得"节税"的税收利益，其要点在于"三性"：合法性、筹划性和目的性。④

税务筹划的概念表述不一而足，综合各种税务筹划的表述，对税务筹划范畴的研究可以归纳为以下三种主要观点：

第一种观点认为，税务筹划的本质是通过合法手段，减轻税收负担，实现经济纳税。该观点强调在遵循税收法律、法规的前提下，在税法允许的范围内为实现经济、合理的纳税而进行的设计和运筹。这种观点认为，如果纳税人获得的税收收益是立法者所期望的或至少是立法者所接受的，就是税务筹划；反之，则不是税务筹划。这种税务筹划要求纳税人的筹划行为合理、合法，并且符合立法宗旨和立法精神。

第二种观点认为，依法纳税是纳税人的合法权利，纳税人有权根据税法中的"允许"、"不允许"以及"非不允许"的项目、内容等，对企业组建、经营、投资、筹资等活动进行谋划。虽然有些税务筹划行为不符合税收的立法精神和立法宗旨，但根据"法无明文不罚"、"法无明文不为罪"的原则，认为这种税务筹划是一种不违法行为，所以是一种合法行为。

第三种观点认为，纳税人在安排纳税事宜时有的是顺从税法的立法意图，有的则有

---

① 盖地：《纳税申报与纳税筹划》，立信会计出版社 1998 年版。

② 王泽国：《企业如何进行纳税筹划》，北京大学出版社 2003 年版。

③ 黄凤羽："税收筹划理论与实践"，北京税收与市场调查研究中心：《纳税筹划方法集萃》，机械工业出版社 2005 年版。

④ 全国注册税务师执业资格考试教材编写组：《税务代理实务 2006》，中国税务出版社 2006 年版。

违税法的立法意图。例如，纳税人有动机去钻税法的空子。但是钻税法空子（避税）可以分为合法避税（顺法避税）和非法避税（逆法避税），合法避税即税务筹划，非法避税即偷逃税，不属于税务筹划。

由此可见，税务筹划有广义和狭义之分。广义的税务筹划是指纳税人通过“非违法”手段获取税收利益。“非违法”手段有两方面的含义：一是遵纪守法，利用现行税法赋予的税收优惠或选择机会，获得税收利益；二是利用现行税制和税收政策法规的漏洞、缺陷来规避纳税义务或通过转移税负而使纳税人获得税收利益。

狭义的税务筹划即节税筹划，是指纳税人为实现税后收益最大化的财务目标，在税法允许的范围内以适应税收政策导向为前提，采用税法所赋予的税收优惠或选择机会，对自身筹资、经营、投资和分配等财务活动进行科学、合理的事先规划和安排，以达到节税目的，是一种财务管理活动。狭义的税务筹划概念强调：税务筹划的本质是节税，节税是一种在税收法律允许的范围内，服从税收政策导向，取得正当税收利益以减轻纳税人税收负担的经济行为。相对于广义的税务筹划定义而言，狭义的税务筹划定义的内涵比较小，狭义的税务筹划的基础是不违法，而且必须符合税收政策导向；税务筹划的空间主要是税收优惠政策和事先的选择机会。

广义的税务筹划与狭义的税务筹划的区别如表 1-1 所示。

表 1-1　广义税务筹划与狭义税务筹划的区别

	节税筹划	避税筹划
法律性质	合法	非违法
政府态度	倡导	反避税
风险性	低风险	风险不确定，视政府对避税态度而定
策划手段	通过对生产、经营、筹资等活动的安排以享受税收优惠政策	钻税法、征管上的漏洞以减轻税收负担
作用	有利于促进税收政策的统一和调控效率的提高	有利于提高税法质量

资料来源：张艳纯，《企业纳税筹划》，湖南大学出版社 2004 年版。

在综合现有的几种主要企业税务筹划的定义之后，可以认为，企业税务筹划应该是企业在一定的税收法律框架下，在不违反税法和有关法规的前提下，在企业管理层可以接受的风险范围内，凭借一定的筹划手段，对企业涉税活动进行事先周密规划和安排，尽可能经济地纳税，旨在实现企业价值最大化目标的一种理财活动。本书主张广义的税务筹划观点，即税务筹划包括节税与合理避税两个方面的内容，在以后的章节中，对节税与避税不做区分，统称税务筹划。

正确地理解税务筹划需要掌握以下几个要点：

（1）税务筹划具有目的性，其目的就是尽可能地减少纳税支出，使纳税行为的税收支出尽可能地经济，但是经济的纳税目标必须服务于企业财务管理的终极目标，即企业价值最大化。如果经济纳税目标与企业价值最大化目标冲突，要以企业价值最大化目标为标准来选择纳税筹划行为。

（2）税务筹划不是事后诸葛，而是事前的周密规划和安排。

（3）税务筹划的主体是纳税人。

(4) 筹划的对象是纳税人的涉税业务活动，税务筹划必须借助于一定的手段，筹划的实质是一种理财活动。

(5) 税务筹划具有风险，管理层和筹划者必须控制风险水平。

(6) 税务筹划是在一定的税收法律环境下进行，不能超出税法的规定范围，税务筹划必须以不违法为前提条件。①

三、税务筹划与相关概念辨析

(一) 节税

1. 节税的含义

节税(tax saving)是在税法规定的范围内，纳税人以税负最低且企业价值最大化为目的，对企业组建、经营、投资、筹资等经济活动进行的涉税选择行为。

2. 节税的特点

第一，合法性。节税是在符合税法规定的前提下，在税法允许甚至鼓励的范围内进行的纳税优化选择。

第二，符合政府政策导向。税收作为有力的宏观调控手段(杠杆)，各国政府都根据纳税人谋求利润最大化的动机，有意识地通过税收优惠、鼓励政策，引导投资、消费，使纳税人在实现节税目的的同时，政府也实现了其政策导向。

第三，多样性。各国的税法不同，会计准则、会计制度也不尽一致，甚至在每个国家的不同时期，其税法、会计准则、会计制度也有变动，而且在不同地区、不同行业之间也存在差异。这种差异越大、变动越多，纳税人节税的余地越大、形式越多。

3. 节税的形式

节税的形式包括：利用税收照顾性政策、鼓励性政策等进行的节税，这是最基本的节税形式。根据税法的规定，在企业组建、经营、投资与筹资过程中进行旨在节税的选择；在税法规定的范围内，选择不同的会计政策、会计方法以达到节税的目的。

(二) 避税

1. 避税的概念

避税可以定义为纳税人通过对法律应该包括，但由于种种原因而未能包括进去的范围加以利用，旨在达到规避、降低或延迟纳税义务，实现企业价值最大化的一种方法。避税常用以描述个人或企业通过精心安排，利用税法的漏洞、特例或其他不足之处来钻空取巧，以达到少缴税的目的；法律中用以防范或遏止各类法律所不允许的避税行为者的规定条款，称为“反避税条款”。

2. 避税的分类

(1) 按是否符合立法意图，避税分为顺法意识避税和逆法意识避税两种类型，即合法避税与非法避税。顺法意识避税活动及其产生的结果与税法的立法意图相一致，它不影响或削弱税法的法律地位，也不影响或削弱税收的职能作用，如纳税人利用税收的起征点避税。逆法意识的避税是与税法的立法本意相悖的，它是利用税法的不足进行反制

---

① 宋献中、沈肇章等：《税务筹划与企业财务管理》，暨南大学出版社2002年版。

约、反控制的行为,但也并不影响或削弱税法的法律地位,如国家为鼓励外商到中国投资,给予外商投资企业一些优惠政策,我国就出现假合资企业的情况。

(2)按涉及的税境,避税可以分为国内避税和国际避税。国内避税是纳税人利用国内税法所提供的条件进行的避税。国际避税比国内避税更普遍、更复杂。纳税人的避税活动一旦具备了某种涉外因素,从而与两个或两个以上国家的税收管辖权产生联系,就构成了国际避税。国际避税是在不同税境(国境)下的避税。国际避税产生的原因很多,从纳税人的角度,当然是为了追求自身税后利益最大化,进而实现自身价值最大化;从客观条件看,主要是因为各国税制存在的差异(税收管辖权、税率、获利机会等),税收的国际协调不够,国家之间的政治、经济以及税收方面的合作、协定不同,例如,有的国家为了吸引外资推动本国经济发展,在税收上制定了一些特定的优惠政策等,这些都为国际避税提供了机会。

(3)按涉及的税收法规制度,避税可以分为利用选择性条款避税、利用伸缩性条款避税、利用不明确条款避税和利用矛盾性条款避税等几类。利用选择性条款避税,是针对税法中某一项目、某一条款并列规定的内容,纳税人从中选择有利于自己的内容和方法,如纳税期限、折旧方法、存货计价方法等。利用伸缩性条款避税,是针对税法中有的条款在执行中有弹性,纳税人按有利于自己的理解去执行。利用不明确条款避税,是针对税法中过于抽象、过于简化的条款,纳税人根据自己的理解,从有利于自身利益的角度去进行筹划。利用矛盾性条款避税,是针对税法相互矛盾、相互冲突的内容,纳税人进行有利于自己的决策。

(三)税务筹划与避税、节税、偷税等的关系①

避税是指纳税人利用税法漏洞或者缺陷钻空取巧,通过对经营及财务活动的精心安排以期达到规避税负的经济行为。避税的实施者根据"法律无明文规定不为罪"的原则,认为避税合法。在形式上它不违反法律,但是实质上却与立法意图、立法宗旨相悖。节税是指遵循税收法规和政策的要求,以合法方式少缴纳税收的行为。节税是合法而且合理的行为,其合理性体现在节税的行为是符合立法精神的。节税是完全符合政府的政策导向的,国家不但允许,而且鼓励(体现在税收的优惠政策上)。因为避税遵循"法无明文不罚"、"法无明文不为罪"的原则去寻求纳税人利益,所以不符合政府的政策导向。税收征管机关面对纳税人避税成功而不能处罚(因为法律一般没有可追溯性),只能加强对今后税收立法和修订工作,尽量弥补税法漏洞。世界上没有哪一个国家在法律中规定避税合法,从而予以保护;但也没有哪一个国家在法律中规定避税违法,从而予以惩处。偷税是纳税人有意违反税法的规定,使用欺骗、隐瞒的手段,不缴或少缴税款的违法行为。

税务筹划与偷、逃、抗、欠、骗税的根本区别是:税务筹划以不违法为前提,而偷、逃、抗、欠、骗税均属于违法行为,要承担行政责任和(或)刑事责任。偷税一般是在纳税义务已经发生后进行的,纳税人通过缩小税基、降低税率适用档次等欺骗、隐瞒手段来减少应纳税额。欠税是纳税人超过税务机关核定的纳税期限而发生的拖欠税款的行为。以暴

① 苏春林:《纳税筹划(第二版)》,北京大学出版社2005年版。

力或威胁的方法拒不缴纳税款的行为是抗税。骗税是采取弄虚作假和欺骗的手段,将本来没有发生的应税(应退税)行为虚构成发生了应税行为、将小额的应税(应退税)行为伪造成大额的应税行为,即事先根本没有向国家缴过税或没有缴过那么多税,而从国库中骗取退税款。逃税是纳税人对已经发生的应税经济行为的实现形式和过程进行某种人为的安排和解释,使之成为非应税行为的行为。漏税是纳税人无意识(非故意)发生的漏缴或少缴税款的行为。

从时间和手段上看,避税是在纳税义务发生后进行的,通过对一系列以税收利益为主要动机的交易进行人为安排实现的。而税务筹划则是在纳税义务尚未发生时进行的,是对生产经营活动的事前选择、安排实现的。从时间上看,税务筹划、节税、避税与偷、逃、抗、欠、骗税的区别,可以用图 1-1 表示。

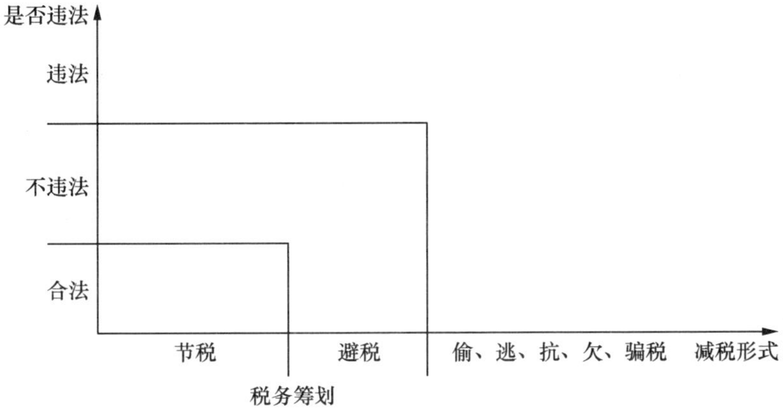

图 1-1　税务筹划、节税、避税与偷、逃、抗、欠、骗税的区别

资料来源:盖地,《企业纳税筹划》,东北财经大学出版社 2004 年版。

(四) 税务筹划名称辨析

在我国,税务筹划的名称不同,主要有税务筹划、纳税筹划、税收筹划、税收策划等。本书赞同以下观点:在征纳双方法律地位平等但不对等的情况下,对公法来说,应遵循“法无授权不得行”的原则,如果征管方也可进行筹划,则会造成对公法的滥用。对纳税人来说,可遵循“法无明文不为过(罪)”。因此,涉税筹划只能是纳税人(企业、单位、个人)的筹划或策划。纳税人进行税务筹划是其一项基本权利,而对征管方来说,只能是依法征管、依法治税。在明确筹划主体的前提下,再根据会计理论与实务来划分。既然税务会计与税收会计是两类非常明确的不同主体的会计,税收会计的主体是税收的征缴机关,而税务会计的主体是负有纳税义务的纳税人,因此纳税人的涉税筹划称为税务筹划较为妥当。

四、税务筹划的特点

1. 合法性

税法是国家制定的,用以调整国家与纳税人之间在征纳税方面的权利和义务关系的法律规范的总称,是国家依法征税、纳税人依法纳税的行为准则。税务筹划是在不违反税法的前提下进行的，它要求纳税人在对现行税法及其法规进行研究之后，对涉税行为进行的一种优化选择。税务筹划在考虑税收利益时，还必须顾及其他法规、经营条件、投资环境等问题，使其选择的纳税方案与国家法规相符合。不违法是税务筹划的最重要特征。

2．超前性

税务筹划的超前性是指作为纳税人的企业在从事投资、筹资、经营活动之前，就把税收作为影响最终成果的一个重要因素来进行考虑，进而做出投资、筹资、经营决策，以期获得最大税后利润。税务筹划一般都是在应税行为发生之前就对自己的纳税方式和规模做出了规划、设计和安排，可以事先测算出税务筹划的效果，因而具有一定的超前性。与税务筹划相反，偷税、逃税一般都是在涉税活动发生的事中或事后进行的。投资经营者进行投资或经营调整前有许多纳税方案存在，不同的纳税方案形成税负的轻重不同。

3．目的性

税务筹划具有明确的目的性，那就是尽可能地获取税收利益。税收利益有两层含义：一是减少纳税的绝对额，即直接以减税免税形式减少应纳税数额；二是延迟纳税时间或获得税务的时间价值，以减少利息支出，或减轻税收负担等。一切税务筹划的安排都要以实现税务筹划目标为核心，一切税务筹划的方案优劣、取舍都以税务筹划的目标实现为出发点和归宿。

4．时效性

纳税筹划不存在一劳永逸、一成不变的模式，要因地制宜、因时制宜。国家的税收法律法规是纳税人进行税务筹划的外部条件，它实际上决定了纳税人的税务筹划行为的空间范围。税务筹划是在现行税收法律、法规的约束之下进行的。因为任何事物都处于不断发展和变化之中，税收法规也不例外，税收政策措施是依据一定时期的国家发展需要制定的，随着时间的推移，国家的税收法律会根据新情况和新的需要而进行修正和完善，当国家的某项政策随着形势发生变化而变化的时候，相应的税务筹划方案可能随之失去效力或出现与设计之初相反的结果。

5．全局性

企业在进行税务筹划时，要将纳税问题与其他财务活动和经营决策问题一并进行考虑，在全面权衡利弊的基础上，制订税务筹划方案。企业在进行筹划时不能只盯着个别税种税负的高低，而应着眼于整体税负的轻重。税收支付的多少不等于企业整体收益的增加，如果有多种纳税方案可供选择，企业要选择使自身价值最大化的方案，而不一定是税负最轻的方案。企业要以全局的角度、整体的观念来看待不同的方案，否则会误导经济行为，或造成投资失误。

上述的特点体现在日常企业经营活动的会计记录中，并且会计部门根据记录的信息进行税款的计算和缴纳。所以，税负的高低和税务筹划活动虽然与税务会计人员的工作密切相关，但是不能认为责任都应由会计人员承担，因为业务部门经营活动才是企业行为的实质，而会计信息不过是对其活动的反映。其关系如图 1-2 所示。

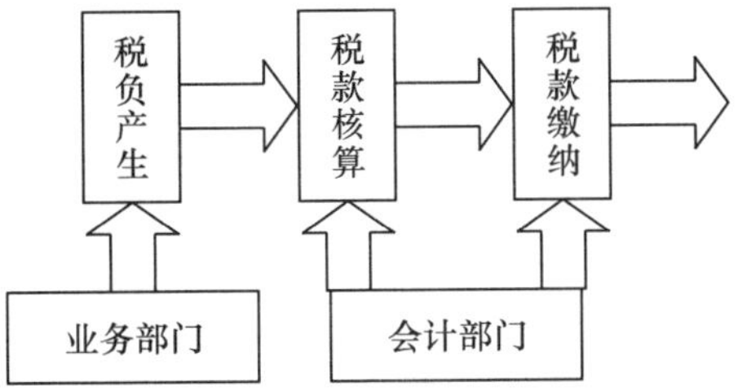

图 1-2　业务部门与会计部门的关系

五、税务筹划赖以存在的条件

1. 纳税人界定的可变通性

任何一个税种都要对其特定的纳税人给予法律的界定。不同的税种有不同的纳税人,甚至同一税种下也有各种纳税人,而同一个企业会同时被多个税种界定为该税种的纳税人,因而面临多个税种的同时课征。这意味着企业可以利用多个税种在纳税人界定上的交叉或空白,选择成为某种特定的纳税人,同时也就选择了相应的税收待遇。例如,我国的增值税暂行条例和实施细则规定了增值税有两类纳税人,一类是小规模纳税人,一类是一般纳税人,两种纳税人在适用税率、计算应缴税金的方法等方面有很大差别,选择不同的纳税人身份对税收负担会产生一定的影响。

2. 征税范围的弹性

税法对征税范围的规定也不是不可变通的,尚存在征税范围不周详的条款,而且往往存在一些扣除项目和免税项目。例如,税法对混合销售行为,是按“经营主业”来确定征税的,只选择一个税种:增值税或营业税。在实际经营活动中,企业的兼营和混合销售往往同时进行,在税务筹划时,如果企业选择缴纳增值税,只要使应税货物的销售额占到总销售额的50%以上;如果企业选择缴纳营业税,只要使应税劳务占到总销售额的50%以上。也就是企业完全可以通过控制应税货物和应税劳务的所占比例,来达到选择作为低税负税种的纳税人的目的。

3. 计税依据的弹性

税额的计算关键取决于两个因素:一是计税依据,二是适用税率。税额就取决于计税依据的大小和税率的高低。纳税人在税率既定的前提下,计税依据越小,应纳税额也就越小,纳税人的税负也越轻。为此纳税人就会想方设法寻求缩小计税依据的可能性。在企业所得税中,常见的一种做法就是在税法允许的范围内尽量多列成本费用支出,以减少应纳税所得额。

4. 税率的差异

当计税依据一定时,税率越高,纳税额越多;反之,税率越低,纳税额越少。不同税种有不同的税率,同一税种中不同的税目也有不同的税率。纳税人尽可能避开高税率,寻求低税率。例如,我国对于混合销售行为根据不同情况选择征收增值税或营业税,对于特定行业、特定企业、特定地区给予低税率政策等,都为税务筹划提供了施展的空间。

5. 税收优惠

所谓税收优惠，是国家在税收方面给予纳税人和征税对象的各种优待的总称，是政府通过税收制度，按照预定目的，减除或减轻纳税义务人税收负担的一种形式。税收优惠是税收制度和财政政策不可缺少的重要组成部分。通过税收优惠政策导向影响人们生产与消费偏好来实现的，所以也是国家调控经济的重要杠杆。税收优惠对税务筹划潜力的影响表现为：税收优惠的范围越广、差别越大、方式越多、内容越丰富，则纳税人税务筹划的活动空间就越广阔，节约的潜力也就越大。

六、税务筹划目标

税务筹划目标是指通过纳税筹划要达到的税负状态以及经济利益的状况。税务筹划目标决定了税务筹划的范围和方向，是税务筹划应当解决的关键问题。

税务筹划目标分为最终目标和具体目标两个层次：税务筹划的最终目标是实现企业价值最大化，税收负担最小化；税务筹划的具体目标通常表现为某项税负或某期税负的降低。

在既定纳税义务（即既定的投资与经营地点、方式、内容）的前提下，税收是一种绝对成本，选择税务筹划方案一般以减少绝对的税款支出、增加税后利润为目标。但是在生产经营方案未定，即纳税义务尚未确定的情况下，税收是一种相对成本，节税方案未必就是最优的方案，未必有利于实现企业的最终财务目标或与企业的最终财务目标相一致。

在实现企业价值最大化目标的前提下，税务筹划的具体目标可概括为以下几方面：

（一）实现涉税零风险

企业的税务筹划面临很大的不确定性，风险广泛存在，所以通过税务筹划来控制风险，理想的目标是涉税零风险。涉税零风险是指纳税人账目清楚，纳税申报正确，缴纳税款及时、足额，不会出现任何关于税收方面的处罚等问题而给企业带来不利影响，即在税收方面没有任何风险，或风险极小可以忽略不计的一种状态。① 因为税收具有强制性，如果偏离了纳税遵从，企业将面临涉税风险。税制又具有复杂性、频变性，这就意味着纳税义务不能自动履行，即纳税人必须不断学习，及时、正确掌握现行税法，并随之进行相应的筹划，才能恰当履行纳税义务。

（二）纳税成本最低化

纳税成本最低化与恰当履行纳税义务，都是防卫型的税务筹划目标，也都是最基本的税务筹划目标。纳税人为履行纳税义务，必然会发生相应的纳税成本，包括直接纳税成本和间接纳税成本。前者是纳税人为履行纳税义务而付出的人力、物力和财力，后者是纳税人在履行纳税义务过程中所承受的精神负担、心理压力等。直接纳税成本容易确认和计量，间接纳税成本则需要估算或测算。纳税人在进行税务筹划时要控制纳税成本，进行成本收益的权衡。

---

① 尹光：《浅析税收筹划的目标》，2003 年 6 月 11 日，www. dzwww. com/sdby/zpxd/200306110805. htm。杨俊、罗峥：《合法节税：新经理人税务筹划手册》，中国纺织出版社 2003 年版。

（三）获取资金的时间价值

资金的时间价值，是指由时间的原因使资金价值量发生的变化，是因为放弃现在使用资金的机会而取得的按放弃时间长短计算的报酬。它包括新增价值、货币的贬值和风险报酬三部分。资金的时间价值，表示为社会在一段时间里的平均资金利润率，又称折现率，它应该是同一时间贷款利率、债券利率、股息率、资金利润率的综合体现。由于资金具有时间价值，我们应当尽量减少当期的应纳税所得额，以延缓当期的税款缴纳。虽然这笔税款迟早是要缴纳的，但现在无偿地占用这笔资金就相当于获得了一笔无息贷款。

七、税务筹划的意义

（一）有助于提高纳税人的纳税意识

随着我国税收征管体系的健全，税收征管力度的加大，公司偷税、漏税、逃税等行为被发现的可能性也增加了，而且企业税务违法行为一旦被发现，将面临行政处罚和行事处罚，后果严重。因此，企业应树立依法纳税的意识，不能有妄图通过违法行为来达到减少企业税负的侥幸心理。

（二）有助于提高企业的财务与会计管理水平

随着市场经济的逐步确立，公司应转换经营观念，树立全新的经营理念，创品牌，树形象，诚实守信，依法纳税。一个财务会计制度混乱、经营管理水平低的公司是无法立足于市场的，更谈不上有大的发展前景。税务筹划工作是一项系统工程，纳税人进行税务筹划，对于健全财务会计管理制度、依法纳税、树立良好的商业信誉和外部形象有着积极的作用。资金、成本、利润是企业经营管理和会计管理的三大要素。税务筹划就是为了实现资金、成本、利润的最优效果，从而提高企业的经营管理水平。企业进行税务筹划离不开会计，会计人员既要熟知会计准则，更要熟知现行税法，按照税法要求设账、记账、编报财务会计报告、计税和填报纳税申报表及其附表，从而也有利于提高企业的财务与会计管理水平。

（三）有助于优化产业结构和资源的合理配置

税务筹划是以充分利用税收优惠政策为筹划基点的，因此税务筹划方案基本上能够体现国家税收优惠政策的引导作用，有利于贯彻国家的宏观调控政策。纳税人根据税法中税基与税率的差别，根据税收的各项优惠政策，进行投资决策、生产经营布局、产品结构调整等，尽管在主观上是为了减轻税负，但在客观上却是在国家税收的经济杠杆作用下，逐步走向了优化产业结构和生产力合理布局的道路，体现了国家的产业政策，有利于促进资本的流动和资源的合理配置。

（四）有利于不断健全和完善税制

纳税筹划人必须密切地关注国家税收法规及其最新的动向，及时根据税收法规安排纳税人企业的经营活动，实现税务筹划的目标。纳税人的税务筹划，可以促使税务当局及早发现税法中的缺陷和漏洞，并对其及时进行补充和修订，从这方面来说，纳税筹划对税法的健全起到促进作用。

第二节　税务筹划的基本原理

一、税法与会计之间的原则差异

税金的计算与缴纳是以企业财务会计的核算资料为基础的，但是企业会计准则与税法之间目标的不同，导致了两者之间采用的原则和方法必然存在差异。因为企业财务会计的目标是为投资人、债权人及政府和其他利益相关者提供有利于其进行经济决策的财务信息；而税法的目标是保证政府所需的财政收入及时、足额地收缴入库并利用税收这一经济杠杆调节纳税人关系与行为。税法与会计之间的原则差异主要如下：

（一）税法和会计准则的课税原则与会计信息质量要求的差异

现行税法虽然没有从形式上提出课税原则，但课税原则的思想、具体内容和要求是体现在若干条款中的。贯彻这些课税原则，要求企业在填报纳税申报表时，要按税法原则进行纳税调整。这与《企业会计准则——基本准则》第二章会计信息质量要求（对强调编制企业财务报告中所提供会计信息质量的基本要求）既有相通之处，又存在一些差异。

1. 可靠性

《企业会计准则——基本准则》第十二条规定：企业应当以实际发生的交易或者事项为依据进行会计确认、计量和报告，如实反映符合确认和计量要求的各项会计要素及其他相关信息，保证会计信息真实可靠、内容完整。现行税法也要求企业在计算应纳税额时，各项收入、成本、费用、亏损与损失的内容都必须是真实可靠、内容完整的，如果是虚假申报，将以偷税论处。真实可靠性是所得课税的前提条件，在收入的确认方面，企业的收入必须是全面、完整的；在成本、费用扣除方面，要求纳税人能够提供形式和内容都是真实的凭证。《企业所得税法》第八条要求，企业实际发生的支出才允许扣除。企业在计算应纳税所得额时，应当以实际发生的交易或事项为依据，准确地反映企业的经营成果和纳税能力，即纳税人可扣除的费用不论何时支付，其金额必须是确定的。也就是说，所有与申报纳税相关的交易或事项必须已经实际发生，要保证收入与支出的数字准确、资料可靠；对没有实际发生的交易或事项，企业不能估计或预计数额计入应纳税所得额。所以，真实可靠、内容完整，是我国企业税收管理和会计管理需要加强的共同方面。

2. 相关性

《企业会计准则——基本准则》第十三条规定：企业提供的会计信息应当与财务会计报告使用者的经济决策需要相关，有助于财务会计报告使用者对企业过去、现在或者未来的情况做出评价或者预测。《企业所得税法》第八条要求，企业实际发生的与取得收入有关的支出才允许扣除。企业所得税的相关性原则，要求纳税人可扣除的成本、费用和损失必须与取得收入直接相关，即与纳税人取得收入无关的支出不允许在税前扣除。根据相关性原则，第一，与企业生产经营无关的支出不允许在税前扣除，如企业的非公益性赞助支出、企业为雇员承担的个人所得税、已出售给职工的住房的折旧费用等；第二，属于个人消费性质的支出不允许在税前扣除，如企业高级管理人员的个人娱乐支出、健身费用、家庭消费等。所以，虽然都被称为相关性，税法的相关性原则与会计准则的相关性要求的内容是不同的。

3. 可理解性

《企业会计准则——基本准则》第十四条规定：企业提供的会计信息应当清晰明了，便于财务会计报告使用者理解和使用。《企业所得税法》没有可理解性的规定，但税法对纳税人和税务机关来讲都应是可理解的。

4. 可比性

《企业会计准则——基本准则》第十五条规定：企业提供的会计信息应当具有可比性。同一企业不同时期发生的相同或者相似的交易或者事项，应当采用一致的会计政策，不得随意变更。确需变更的，应当在附注中说明。不同企业发生的相同或者相似的交易或者事项，应当采用规定的会计政策，确保会计信息口径一致、相互可比。《企业所得税法》第二章规定的应纳税所得额、第三章规定的应纳税额，对于同一企业不同时期的申报与缴纳数，不同企业发生的相同或相似业务的企业所得税负担，都具有可比性，这可以应用于企业纳税评估。

5. 实质重于形式

《企业会计准则——基本准则》第十六条规定：企业应当按照交易或者事项的经济实质进行会计确认、计量和报告，不应仅以交易或者事项的法律形式为依据。但税法的实质重于形式原则，是指企业应当按照交易或事项的经济实质进行应纳税额的计算，而不应当仅仅按照它们的法律形式或人为形式作为所得课税的依据。在实际工作中，交易或事项的外在法律形式或人为形式并不总能完全真实地反映其实质内容。所以，应税基础想反映其所拟反映的交易或事项，就必须根据交易或事项的实质和经济现实，而不能仅仅根据它们的法律形式进行核算和反映。例如，销售商品的售后回购，如果企业已将商品所有权上的主要风险和报酬转移给购货方，并同时满足收入确认的其他条件，则销售实现，应当确认应税收入；如果企业没有将商品所有权上的主要风险和报酬转移给购货方，或没有满足收入确认的其他条件，即使企业已将商品交付购货方，销售也没有实现，不应当确认应税收入。再如，以融资租赁方式租入的资产，虽然从法律形式来讲企业并不拥有其所有权，但是由于租赁合同中规定的租赁期相当长，接近于该资产的使用寿命；租赁期结束时承租企业有优先购买该资产的选择权；在租赁期内承租企业有权支配资产并从中受益，所以，从其经济实质来看，企业能够控制其创造的未来经济利益，在税务处理上应该将以融资租赁方式租入的资产视为企业的资产，允许企业计提折旧并在税前扣除。以上是税法与会计准则对实质重于形式原则的共同方面，但是，税法的实质重于形式原则，比会计准则的要求有更深的内涵。根据这一原则，当企业实施其他不具有合理商业目的的安排，而减少其应纳税收入或者所得额时，税务机关有权按照合理方法调整。这是税法特别纳税调整的一般反避税条款。

6. 重要性

《企业会计准则——基本准则》第十七条规定：企业提供的会计信息应当反映与企业财务状况、经营成果和现金流量等有关的所有重要交易或者事项。企业所得税法没有重要性的原则，企业在计算缴纳企业所得税时，不区分项目的性质和金额的大小，税法规定征税的一律征税,税法规定不征税或免税的一律不征税或免税。

7. 谨慎性

《企业会计准则——基本准则》第十八条规定:企业对交易或者事项进行会计确认、计量和报告应当保持应有的谨慎,不应高估资产或者收益、低估负债或者费用。税法不承认谨慎性原则,企业按照谨慎性原则,根据应收款项的可收回性、固定资产的使用寿命、无形资产的使用寿命、商品降价、售出存货可能发生的退货或者返修等经营风险和不确定性进行会计职业判断而计提的各项资产减值准备、预计负债等,在计算缴纳企业所得税时需要进行纳税调整。《企业所得税法》第八条要求企业实际发生的支出才允许扣除;第十条第七款规定未经核定的准备金支出不允许在税前扣除。

8. 及时性

《企业会计准则——基本准则》第十九条规定:企业对于已经发生的交易或者事项,应当及时进行会计确认、计量和报告,不得提前或者延后。税法要求纳税人要及时申报缴纳企业所得税,收入必须及时确认,成本、费用和损失必须及时扣除。因此,及时性是企业所得税法与会计准则的共同要求。

(二)新税法与新准则会计基础及其从属原则的差异

1. 会计基础的差异

《企业会计准则——基本准则》第九条规定:企业应当以权责发生制为基础进行会计确认、计量和报告。凡是当期已经实现的收入和已经发生或应当负担的费用,不论款项是否收付,都应当作为当期的收入和费用;凡是不属于当期的收入和费用,即使款项已在当期收付,也不应当作为当期的收入和费用。税法没有专门条款规定应纳税所得额的计算以权责发生制为基础,这是因为考虑到应纳税所得额的计算,在一定的特殊条件下,个别条款或规定是以收付实现制为基础的。所以,税法采用的是混合制基础。收付实现制是与权责发生制相对应的一种会计基础,它是以收到或支付的现金作为确认收入和费用等的依据。国外的公司所得税,往往允许纳税人选择使用权责发生制或是收付实现制。虽然如此,新企业所得税法应纳税所得额的计算基本上是以权责发生制为基础的,只是在特殊的情况下有例外。例外情形至少如下:

第一,事业单位应纳税所得额的计算。根据《事业单位会计准则》第十六条规定,会计核算一般采用收付实现制,但经营性收支业务核算可采用权责发生制。在确定事业单位的应纳税所得额时,要考虑事业单位的收付实现制基础。

第二,非居民企业应纳税所得额的确定。非居民企业在其注册成立的所在国,按照该国的税法可能是可以选用收付实现制的。《企业所得税法》第三十七条规定:非居民企业取得本法第三条第三款规定的各项所得应纳的所得税,实行源泉扣缴,以支付人为扣缴义务人。税款由扣缴义务人在每次支付或者到期应支付时,从支付或者到期应支付的款项中扣缴。预提所得税的计算与缴纳,无疑是以收付实现制为基础的。

第三,收入总额的确定。从企业课税考虑,仅以权责发生制为基础是不够的,因为一旦确定收入,纳税人在一定期限内必须将税款缴纳入库,所以要考虑纳税人的现实支付能力。当纳税人有较强的支付能力时,即使在会计上按照权责发生制没有确认为所得,在税收上也要按收付实现制征收税款入库;当纳税人没有现金流入、无支付能力时,即使在会计上按照权责发生制应当确认为所得,在税收上也可考虑按收付实现制不征收税款入库。前者比如,房地产商已取得房地产的预售收入,在没有办理完工决算的情况下,在会计上未确认为收入时,也应当对预售收入征收所得税。后者比如,企业以分期收款方式销售货物和提供劳务的,可以按照合同约定的应收价款日期确定收入的实现;企业受托加工、制造大型机械设备、船舶,从事建筑、安装、装配工程业务和提供劳务,持续时间跨越纳税年度的,应当按照纳税年度内完工进度或者完成的工作量确定收入的实现;企业以产品分成的形式取得收入的,应当按照分得产品的时间确定收入的实现,等等。另外,《企业所得税法》第七条规定的不征税收入中的财政拨款,依法收取并纳入财政管理的行政事业性收费、政府性基金,都是以收付实现制为基础的。

第四,扣除的确定。《企业所得税法》第八条规定:企业实际发生的与取得收入有关的、合理的支出,包括成本、费用、税金、损失和其他支出,可以在计算应纳税所得额时扣除。这里税法强调实际发生原则,往往是以收付实现制为基础的,如企业按照权责发生制计提的各项资产减值准备和其他准备金,按照《企业所得税法》第十条第八款的规定,在计提时不允许扣除,应在实际发生损失时才允许扣除。

2. 两项从属原则的差异

企业会计准则在确定权责发生制会计基础后,没有再单独规定配比原则、区分收益性支出与资本性支出的原则,是因为这两项原则是从属于权责发生制原则的,其原理已包含在权责发生制原则之中。虽然会计准则没有这两项原则,但从税法的角度对这两项从属原则单独进行分析仍然具有现实的意义。

(1) 配比原则

企业所得税的配比原则,是指企业在计算应纳税所得额时,同一会计期间内的各项收入和与其相关的成本、费用,应当在该会计期间内确认。具体来讲,企业所得税的配比原则包括两层含义:一是因果配比,即将收入与其对应的成本、费用相配比。其中,应税收入应与为取得应税收入而支出的相对应的成本、费用相配比;不征税收入或免税收入应与为取得不征税收入或免税收入而支出的相对应的成本、费用相配比。这种因果配比关系,体现在《企业所得税法》的多条规定中:第八条规定,企业实际发生的与取得收入有关的、合理的支出,包括成本、费用、税金、损失和其他支出,可以在计算应纳税所得额时扣除。第十条规定,与取得收入无关的其他支出不得扣除。第十一条第五款规定,与经营活动无关的固定资产不得计算折旧扣除。第十二条第三款规定,与经营活动无关的无形资产不得计算摊销费用。二是时间配比,即将一定时期的收入与同时期的为取得该收入而支出的相对应的成本、费用与损失相配比。当期的收入应在当期申报,当期的成本、费用与损失应在当期扣除,不允许提前或滞后扣除。实际上,税法上的配比原则的内涵,与会计上的配比原则的内涵是有区别的,因为会计上的收入没有应税收入、不征税收入和免税收入之别,也没有超过纳税年度逾期不允许扣除的规定。会计上允许会计估计变更和差错更正,而税法上申报不实是要依法承担法律责任的。

(2) 区分收益性支出与资本性支出的原则

企业所得税的区分收益性支出与资本性支出的原则,是指企业在计算应纳税所得额时,应当合理划分收益性支出与资本性支出的界限,凡支出的效益仅及一个纳税年度的,应当作为收益性支出,允许在支出发生的当年在税前扣除;凡支出的效益及于两个或两个以上纳税年度的,应当作为资本性支出,不允许当年直接在税前扣除,应通过折旧等项目逐年在税前进行摊销。《企业所得税法》关于收益性支出的规定如下:第八条,企业实际发生的与取得收入有关的、合理的支出,包括成本、费用、税金、损失和其他支出,可以在计算应纳税所得额时扣除。第十五条,企业领用或者销售存货,按照规定计算的存货成本,可以在计算应纳税所得额时扣除。《企业所得税法》关于资本性支出的规定如下:第十一条,在计算应纳税所得额时,企业按照规定计算的固定资产折旧准予扣除。第十二条,在计算应纳税所得额时,企业按照规定计算的无形资产摊销费用准予扣除。第十三条,企业发生的下列支出,作为长期待摊费用,按照规定在计算应纳税所得额时扣除:① 已足额提取折旧的固定资产的改建支出;② 租入固定资产的改建支出;③ 固定资产的大修理支出;④ 其他应当作为长期待摊费用的支出。第十四条,企业对外投资期间,投资资产的成本在计算应纳税所得额时不得扣除。如果企业在计算应纳税所得额时,没有正确划分收益性支出与资本性支出,将原本应计入资本性支出的计入收益性支出,就会低估资产和当期收益,造成多计当期支出的时间性差异,导致当期应纳税所得额的减少,延迟缴纳企业所得税;将原本应计入收益性支出的计入资本性支出,就会高估资产和当期收益,造成少计当期支出的时间性差异,导致当期应纳税所得额的增加,提前缴纳企业所得税。企业的资本性支出,包括固定资产、生物资产、无形资产、长期待摊费用、投资资产等方面的支出,都不允许当年直接在税前扣除。

二、税务筹划的基本原则

1. 不违法原则

税务筹划以国家现行税法及相关法规等为法律依据,要在熟悉各法规定的前提下,对纳税方案进行优选。不违法是税务筹划的底线,税务筹划不能以违法为代价,任何违反税法的行为以及以避税为名行偷税之实的筹划都将会受到法律的制裁。不违法原则是税务筹划的首要原则。

2. 成本效益原则

税务筹划作为企业的一项理财活动,不仅应考虑到可能的税收利益,而且要考虑到税务筹划过程中发生的成本费用。对于某个涉税业务,要认真进行全部预期成本和全部预期收益的比较,只有发生的有关费用、成本小于取得的收益,该项筹划方案才是合理的。税务筹划要在成本与收益的比较基础上,选择出最优的筹划方案。

3. 适时调整原则

任何税务筹划方案都是在一定的时间、一定的法律环境下,以一定的公司经营活动为背景制定出来的,具有明显的针对性和时效性。税收法律政策会随着经济情况的变化或配合国家宏观政策需要而修改,纳税人的经营活动也在发生变化。所以,设计的税务筹划方案可能会因为所处的环境条件变化而不能发挥原筹划的正面作用,反而可能产生负面影响。当筹划方案不能适应相关法规制度时,不仅不能带来税务筹划设计之初所要实现的税收利益,还可能使企业为之付出代价。企业需要根据自身生产经营项目、地域、自身发展阶段等特点,尽可能地估计到税务筹划的各种可能的不利结果,将风险控制在合理范围内。而且,企业要密切关注所处的税收法律环境的变化,在公司的战略框架下对税务筹划方案进行适时调整。

4. 综合性原则

税务筹划的综合性原则指的是企业在进行税务筹划时,必须统筹安排,从全局出发,考虑到各种相关因素(税收因素和非税收因素),在综合权衡的基础上,做出最后的决策。首先,税务筹划要综合考虑各种可能影响税负的涉税因素。税务筹划的基本方法只有放在特定的环境中考虑,才能做出准确的决策。脱离企业的具体环境,将无助于企业的具体工作,甚至有误导作用。其次,要综合考虑税收因素和非税收因素,确保满足企业目标,符合企业利益。一味地追求税收负担的降低,可能会导致公司总体利润的下降。在进行税务筹划时,不能以牺牲企业整体利益为代价。

三、税务筹划的基本方法

1. 缩小税基

缩小税基是指纳税人通过缩小计税基数的方式来减轻纳税义务和规避纳税负担的行为。纳税人可以充分利用可享受的优惠政策直接减少应纳税额,来减轻或免除纳税义务。缩小税基还可以借助于财务会计的手段,一种比较常用的做法是使各项纳税收入最小化,尽量取得不被税法认定为应税所得的经济收入;另一种常用的做法是在税法允许的范围和限额内,尽可能使各项成本费用最大化。

2. 降低税率

降低税率是指纳税人通过降低适用税率的方式来降低纳税负担的行为,一般可采用低税率法和转让定价法。低税率法是纳税人通过合法的途径,使自己直接适用较低的税率。例如,我国《企业所得税法》规定,对于重点扶持和鼓励发展的产业和项目,给予企业所得税优惠。对于符合条件的小型微利企业,减按20%的税率征收企业所得税;对于国家需要重点扶持的高新技术企业,减按15%的税率征收企业所得税。企业可以有目的地选择适用这些低税率政策。转让定价是关联企业间提供商品和劳务所采用的价格。企业可以通过转让定价,将高税率的企业所得向低税率企业转移。

3. 延迟纳税

资金有时间价值,延缓纳税相当于享受无息贷款。一般而言,应纳税款期限越长,所获得的利益越大。例如,将折旧由直线折旧法改为加速折旧法,可以把前期的利润推迟到以后期间,这就推迟了纳税的时间,即可获得延缓纳税的利益。另外,对能够合理预计发生额的成本费用,采用预提方式及时入账,以及尽可能缩短成本的摊销期限等方法,都可收到合法延迟纳税的效果。

四、税务筹划的基本步骤

1. 根据企业的具体情况,熟知税法及相关规定

要进行税务筹划,首先必须了解企业的具体情况,税务筹划必须因地制宜。在了解企业情况的前提下,熟知税法及相关法律,全面掌握税法的各项规定,尤其是各项税收优惠、税收鼓励政策。

2. 确立税务筹划目标,对备选方案进行筛选

根据企业的具体情况和税法及相关法规的有关情况,确立税务筹划的目标,建立多个备选方案。对筹划方案,根据税务筹划的目标进行定量和定性分析。通过分析对筹划备选方案进行修改,筛选其中税务筹划成本最低、税后利润最大、企业各项风险最小的方案。

3. 税务筹划方案的评估

税务筹划方案是在特定的环境条件下制订的,这些环境条件处在变化之中,在选择方案时要对环境的变化进行估计,将风险控制在可以接受的水平上。

4. 实施后的反馈和调整

对税务筹划方案的实施情况进行跟踪、评价,及时地掌握出现的情况,需要时做必要的调整。另外,也为今后税务筹划提供参考。

五、税务筹划的基本知识结构要求

税务筹划是一项技术性、政策性、法律性很强的工作,选择合适的开展途径才能使税务筹划效果最好、风险最小。开展税务筹划必须具备特定的知识结构,否则无法开展税务筹划工作。开展税务筹划需要具备的知识如下:

1. 税法知识

税法是税务筹划的准绳,税务筹划必须依据税法操作,所以熟悉税法是必要条件。熟悉税法知识的标准是:第一,熟悉税收知识,了解税收的起源、特征、规律、税收经济效应,具备税收意识;第二,熟悉税收制度,了解税收制度结构、法律效力层次、立法原意,尤其是立法原意的判断能力;第三,熟悉税务机关,了解税务部门的部门职能、运行流程、征收模式、税务干部特点等,具备和税务干部沟通的能力;第四,熟悉税法公告渠道,及时关注税法变化,多途径查阅税法。

2. 会计知识

税收的征管是建立在企业的财务会计资料的基础上的,企业所选用的会计政策、会计处理方法虽然不完全决定支付多少税金,但是会对其产生重大影响。进行税务筹划,必须对会计法、会计准则等相关法规的内容有深入的了解,掌握会计法规的动态、动向;明晰会计法规内容与税法要求的差异所在;掌握会计知识从而能灵活运用,以达到谋求企业利益最大化的目的。

3. 其他经济法规知识

税务筹划是对纳税人的涉税活动进行筹划和安排以期达到有利于纳税人的目的。因为涉税活动复杂多样,必然会涉及相关法规的遵循问题,所以税务筹划人员必须在税务筹划时对相关经济法规一并考虑,具备相关经济法规知识。其他经济法规知识包括公司法、证券法、合同法、外汇管理等方面的知识。

4. 纳税人生产经营知识

税收贯穿于企业生产经营的全过程,任何税务筹划方案都是在一定的时间、一定的法律环境下,以一定的企业生产经营活动为载体制定的。企业税务筹划的过程实际上是依托企业生产经营活动,对税收政策的差别进行选择的过程,因而具有明显的针对性和

时效性。一旦企业预期经营活动发生变化，如投资对象、地点、企业组织形式、资产负债比例、存货计价方法、收入实现时点、利润分配方式等某一方面发生变化，企业就会失去享受税收优惠和税收利益的必要特征和条件。具备纳税人生产经营的相关知识，了解生产经营活动的特点和规律，有利于制订出适合企业的恰当的税务筹划方案。生产经营知识包括供、产、销、存等方面的知识。

第三节　税务筹划的风险

一、税务筹划风险概念及来源

（一）税务筹划风险概念

税务筹划风险是指企业涉税行为因为未能正确履行税收法律法规的有关规定，影响纳税准确性、及时性，导致的企业经济或其他利益的可能损失。具体表现为：企业涉税行为中的不确定因素最终导致企业比预期多缴税款，或者因为少缴税款、不能及时缴纳税款引发税务机关对其进行检查、调整、处罚等。

税务筹划给企业带来利益的同时也会带来非常大的风险，从20世纪末的四大会计师事务所被告案例可以对税务筹划风险窥见一斑。20世纪90年代，避税方案大行其道，给美国政府税收造成严重损失。据美国财政部估计，非法避税每年使政府损失税收达一百多亿美元。恶性避税在美国渐呈蔓延之势，四大会计师事务所均有不同程度的染指。购买避税方案的公司也会因此受到牵连——补缴税款、税务机关对该公司的行政处罚以及该公司社会声誉的降低。

随着经济全球化进程的不断加快，企业的交易行为越来越复杂，加之税收政策的频繁调整，税收征管力度不断加大，企业面临的纳税风险正在逐步升级。税务筹划不是单纯的技术问题，而是一项有很强政策性的工作，如果操作不当，不但不能达到目的，反而要遭受处罚和制裁，会给纳税人造成很大损失。所以无论是中介机构还是纳税人自身，在进行税务筹划时，都要谨慎处之，不仅要考虑税务筹划带来的收益，同时也要清醒地看到税务筹划背后的风险，并学会用法律武器保护自己。

（二）税务筹划风险的来源

1．政策风险

政策风险包括政策选择风险和政策变化风险。政策选择风险是指对政策选择正确与否的不确定性。该种风险的产生主要是筹划人对政策精神认识不足、理解不透、把握不准所致，即筹划人自认为采取的行为符合国家的政策精神，但实际上不符合国家的法律法规。另外，为了适应市场经济的发展，体现国家的产业政策，及时调整经济结构，一个国家的税收政策不可能是固定不变的，总是要随着经济形势的发展做出相应的变更，对现行的税收法律、法规进行及时的补充、修订或完善，不断废止旧政策，适时推出新规章。从这个意义上讲，政府的税收政策总是具有不定期或相对较短的时效性，这也给企业的税务筹划带来风险。

2. 操作风险

由于税务筹划经常是在税收法规规定的边缘操作，以帮助纳税人实现利益最大化；加上我国税收立法体制层次多，法规还不完善，不仅法规内容存在很多模糊之处，而且法规之间还有一些冲突或摩擦，这就给纳税人的税务筹划带来了很大的操作风险。从实践中看，操作风险包含两个方面的内容：一是对有关税收优惠政策运用和执行不到位的风险；二是在系统性税务筹划过程中对税收政策的整体性把握不够，形成税务筹划的综合运用风险。如果不能系统理解和全面掌握，并加以综合运用，就很容易顾此失彼，出现税务筹划失败的风险。

3. 经营风险

税务筹划是一种合理、合法的预先谋划行为，税务筹划的过程实际上就是对税收政策的差别进行选择的过程。企业日后的生产经营活动必须符合所选税收政策要求的特殊性。这些特殊性，在给企业的税务筹划提供可能性的同时，也对企业的某一方面的经营活动（经营范围、经营地点、经营期限等）带来了约束性，从而影响企业经营活动本身的灵活性。在市场经济条件下，企业的生产经营活动并非一成不变，必须随着市场的变化和企业战略管理的要求而进行相应的调整。因此，经营活动的变化时时影响着税务筹划方案的实施，企业必然面临由此可能产生的风险。

4. 执法风险

税务风险与税收的执法情况有很强的相关性。税收执法力度大，执法严格，执法税务人员专业水平高，则税务筹划的风险相对较大。我国税务行政管理体系复杂，税务执法主体多元化（包括海关、财政、国税、地税等多个政府部门），税务行政管理存在着重叠，这也加大了公司的涉税风险。此外，税收法律法规中赋予税务行政机关过多的自由裁量权，纳税人即使有较为充分的理由，税务机关也可以利用“税收政策的解释权归税务机关”加以否定，从而加大了公司的涉税风险。

此外，税务筹划还面临筹划成果与筹划成本之间得不偿失的风险，如对企业的情况没有进行全面的比较和分析，导致筹划成本大于筹划成果；筹划方向与企业总体目标不一致的风险，从表面上看有成果，而实际上企业并没有从中得到实惠，等等。以上这些都是税务筹划过程中客观存在的风险，也是企业在税务筹划过程中应当加以研究和重视的因素。

（三）税务筹划风险影响因素

1. 税收法规的变化频繁

目前我国正处于经济变革时期，为了适应经济发展的需要，税收政策频繁变化。税收法律法规和政策不断地修改和调整，具有很大的不稳定性。例如，随着经济的发展，地区性的税收优惠政策正在转换，外资企业的优惠待遇已逐渐取消等。由于税务筹划方案的运作从最初的项目选择到最终取得成功，需要较长的时期，如果期间税收法规、政策发生了变化，就可能使原税务筹划方案由合法变成不合法、由合理变成不合理。越是长期的税务筹划，其不确定性就越大。

2. 税收法规不完善

我国的税法体系缺少一个发挥核心作用的母法——税收基本法；税收立法层次较

低，许多税收法规都是以暂行条例的形式执行的，既削弱了税法的刚性，又影响了税务执法。而且，现有的法规和规章还不完善，一些具体税收条款的设置无法覆盖所有的税收事项，或者由于经济情况发生了变化，税法未及时调整，如税法中对一些无法一一列举的事项，以“其他”加以概括；税收法规有些内容表述不够精确，以及不同层次的税收法规规定间的差异，导致公司在对这些税收法规的理解上可能会出现偏差，从而影响公司的涉税行为，加大公司涉税行为法律效力的不确定性，从而增加公司的涉税风险。

3．税务筹划人员的素质

纳税人如果不能正确理解有关税收法规，或者不知道某些重要的政策法规，或未能正确行使纳税人的权利，极可能使企业付出税务成本。税收法律法规有明确的法定性原则，但其中也存在着模糊、不明确的规定。另外，一项法律法规出台之后，往往后续还有若干补充规定，造成税收法规相当复杂，给准确、全面地理解和运用税收法规带来了一定的难度。企业的经济业务复杂，业务涉及多个税种，各个税种的应纳税额的计算方法和税收优惠各不相同，这就要求筹划人员精通税收法规，全面理解和准确把握国家税收法律法规的立法精神。由于我国还没有建立完善的税法体系，相当部分的税收法规还需要进行全面统筹，因此往往引起税法规定与纳税人实际情况相背离，使纳税人无所适从；有些税收法规变化过快，难以让纳税人及时准确掌握，也是造成纳税人税务筹划风险增加的重要原因之一。

再加上我国纳税人与税务机关的交流不够，信息传播渠道不畅通，纳税人难以及时准确掌握税收政策法规的变动。如果公司不及时了解这些变动，调整自己的涉税行为，极可能使自己本来合法的纳税行为变为不合法，加大公司的涉税风险。

二、税务筹划风险防范

1．加强税收政策的学习

我国正处于经济变革时期，为了适应经济发展的需要，税收政策变化频繁，所以纳税人要及时学习、把握税收政策。

（1）通过学习税收政策，可以准确把握税收法律政策。既然税务筹划方案主要来自税收法律政策中对计税依据、纳税人、税率等的不同规定，那么对相关税法全面了解就成为税务筹划的基础环节。有了这种全面了解，才能预测出不同纳税方案的风险，并进行比较，优化选择，进而做出对纳税人最有利的税收决策。反之，如果对有关政策、法规不了解，就无法预测多种纳税方案，税务筹划活动就无法进行。

（2）通过学习税收政策，可以提高风险意识，密切关注税收法律政策变动。成功的税务筹划应充分考虑企业所处外部环境条件的变迁、未来经济环境的发展趋势、国家政策的变动、税法与税率的可能变动趋势、国家规定非税收因素对企业经营活动的影响，综合衡量税务筹划方案，处理好局部利益与整体利益、短期利益与长远利益的关系，为企业增加效益。

2．保持账证完整

企业的会计账簿、记账凭证等是记录企业经营情况的真实凭据，它不仅是税务机关据以征税的重要依据，也是企业在接受税务检查时证明自己没有违反税收法律法规的依据，同时税收优惠的享受也需要正确的账务处理支持。因此，企业依法取得并保全会计凭证和记录，保证账证完整，正确进行各项会计处理和纳税申报并及时足额地缴纳税款，是企业税务筹划的首要环节，也是控制筹划风险、提高筹划效率的技术基础。

3. 加强与税务机关的联系

企业应加强与当地税务机关的联系，充分了解当地税务征管的特点和具体要求，进行税务筹划。由于税法规定往往有一定的弹性区间，加之各地具体的税收征管方式有所不同，税务机关和税务干部在执法中具有一定的“自由裁量权”，税务筹划人员对此很难准确把握。比如，税务筹划行为与偷税行为在理论上的界定是比较清晰的，但在实际操作中，纳税人的“税务筹划”行为极易被税务机关认定为偷税或逃税。这就要求从事税务筹划的人员在正确理解税收政策的规定、正确运用财会知识的同时，随时关注当地税务机关税收征管的特点和具体方法。事实上，如果不能适应主管税务机关的管理特点，或者税务筹划方案不能得到当地主管税务部门的认可，就难以体现它应有的收益。税务筹划人员应该确立沟通观念，争取税务机关的指导和认同，避免筹划成果转化上的风险。

4. 保持筹划方案适度灵活

企业所处的经济环境不是一成不变的，国家的税制、税法、相关政策为了适应新的经济形势，会不断地调整或改变，这就要求企业的税务筹划方案必须保持适度的灵活性，考虑自身的实际情况，不断地重新审查和评估税务筹划方案，适时更新筹划内容，评价税务筹划的风险，采取措施回避、分散或转嫁风险，比较风险与收益，使税务筹划在动态调整中为企业带来收益。

第四节　税务筹划的纠纷及解决

根据税法的规定，纳税人或其他当事人认为税务机关的具体行政行为侵犯其合法权益，可依法寻求税收法律救济。

一、税务行政复议

1. 税务行政复议概念

税务行政复议是指纳税人和其他税务当事人，认为税务机关做出的具体行政行为侵犯其合法权益，依法向上一级税务机关或本级人民政府提出复议申请，复议机关对该具体行政行为的合法性、适当性进行审查并做出裁决的制度和活动。

2. 税务行政复议的受案范围

行政复议的受案范围有两个：一是对具体行政行为不服提出的复议申请；二是对抽象行为不服提出的复议申请。对具体行政行为不服提出的复议申请受案范围如下：

（1）税务机关做出的征税行为，包括：① 收税款、加收滞纳金；② 扣缴义务人受税务机关委托做出的代扣代缴、代收代缴行为。

（2）税务机关做出的责令纳税人提供纳税担保行为。

（3）税务机关做出的税收保全措施，包括：① 书面通知银行或者其他金融机构暂停支付存款；② 扣押、查封商品、货物或其他财产。

（4）税务机关未及时解除税收保全措施，使纳税人合法权益遭受损失的行为。

(5) 税务机关做出的税收强制执行措施，包括：① 书面通知银行或其他金融机构从其存款中扣缴税款；② 拍卖扣押、查封商品、货物或其他财产。

(6) 税务机关做出的税务行政处罚行为，包括：① 罚款；② 没收非法所得。

(7) 税务机关不予依法办理的行为，包括：① 不予审批减免税；② 不予抵扣税款；③ 不予退还税款；④ 不予颁发税务登记证、发售发票；⑤ 不予开具完税凭证和出具票据；⑥ 不予核准延期申报，批准延期缴纳税款；⑦ 税务机关做出的通知出境管理机关阻止出境行为；⑧ 税务机关做出的其他税务具体行政行为。

纳税人和其他税务当事人，认为税务机关的具体行政行为所依据的下列规定不合法，在对具体行政行为申请行政复议时，可一并向复议机关提出该规定的审查申请：① 国家税务总局和国务院及其他工作部门的规定；② 其他各级税务机关的规定；③ 县级以上地方各级人民政府及其工作部门的规定。

以上规定不含国务院各部、委员会和地方人民政府指定的规章，以及国家税务总局制定的具有规章效力的规范性文件。

3．税务行政复议申请

(1) 纳税人及其他税务当事人对地方税务机关做出的征税行为不服的，应当先向本县市地税局法规处申请行政复议，对复议决定不服的，再向人民法院起诉。

(2) 申请人对税务机关做出的征税行为以外的其他税务具体行政行为不服的，可以申请行政复议，也可以直接向人民法院提起行政诉讼。

(3) 申请复议的期限：① 申请人对税务机关做出的征税行为不服，申请行政复议的，必须先依照税务机关根据法律、行政法规规定的税额、期限缴纳或者解缴税款及滞纳金，然后在实际缴清税款和滞纳金后 60 日内提出行政复议申请；② 除以上规定外，申请人可以在得知税务机关做出具体行政行为之日起，60 日内提出行政复议申请。

(4) 申请复议的方式：可以书面申请，也可以口头申请。口头申请的，复议机关应当当场记录申请人的基本情况、行政复议请求以及申请行政复议的主要事实、理由和时间。

(5) 复议管辖机关。税务行政复议由做出具体行政行为的税务机关的上级税务机关管辖。具体规定有：① 省级以下各级税务局做出的具体行政行为的复议，其上一级机关为行政复议机关；省级税务局由国家税务总局（地方税务局还可以是省级人民政府）为行政复议机关；计划单列市由省级税务机关为复议机关。② 国家税务总局做出的具体行政行为的复议，国家税务总局为行政复议机关。③ 税务所、各级税务局的稽查局以自己的名义做出的具体行政行为的复议，其主管税务机关为复议机关。④ 对扣缴义务人或接受税务机关委托的组织或个人做出的扣缴税款或代征税款行为不服申请的复议，由主管该扣缴义务人或委托税务机关的上一级税务机关为复议机关。⑤ 对国、地税（稽查局、税务所）共同做出的具体行政行为不服的，向国家税务总局申请行政复议；对税务机关与其他行政机关共同做出的具体行政行为不服的，向其共同的上一级行政机关申请。

二、税务行政诉讼

1．税务行政诉讼概念

税务行政诉讼是指纳税人和其他税务当事人认为税务机关的具体行政行为侵犯了

自己的合法权益，依法向人民法院提起诉讼，通过人民法院对案件进行审理并做出裁决的途径来维护自己合法权益的一种法律救济方式。

2. 纳税人可提起税务行政诉讼的受案范围

(1) 对税务机关做出的罚款决定不服的；

(2) 认为税务机关侵犯了法定的经营自主权的；

(3) 认为税务机关违法要求履行义务的；

(4) 认为税务机关违法侵占了自己的财产的。

3. 纳税人提起税务行政诉讼应遵循的程序

纳税人提起税务行政诉讼，应遵守一定的程序条件。程序条件是指提起诉讼是否需要以先经过税务行政复议为前提条件。根据税法的规定，主要有两种情况：一是纳税人、扣缴义务人、纳税担保人同税务机关在纳税上发生争议时，应先向其上一级税务机关申请复议，对复议不服的，才能向人民法院提起诉讼；二是对其他税务争议，纳税人可直接向人民法院提起诉讼。

4. 纳税人提起税务行政诉讼的时效

纳税人不服税务行政复议机关做出的复议决定的，可以在收到复议决定书之日起15日内向人民法院提起诉讼。复议机关逾期不做出决定的，纳税人可在复议期满之日起15日内向人民法院提起诉讼。纳税人直接向人民法院提起诉讼的，应当在知道税务机关做出具体行政行为之日3个月内向人民法院提起诉讼。

三、税务行政赔偿

税务行政赔偿，是指纳税人、扣缴义务人、纳税担保人的合法权益受到税务机关做出的具体行政行为侵犯，造成损失时，有权依法请求赔偿，税务机关有责任予以赔偿。

1. 赔偿申请

赔偿请求人因税务机关做出的具体税务行政行为侵犯其合法权益造成损失，向税务机关提交《赔偿申请书》，赔偿请求人书写申请书确有困难的，可以委托他人代书，也可以口头申请，由赔偿义务机关记入笔录。

赔偿请求人在申请税务行政复议时，同时提出赔偿申请的，应当按照复议程序办理。

赔偿请求人在税务行政诉讼中提出赔偿申请的，须按诉讼程序办理。

2. 赔偿申请审查

税务机关将收到的《赔偿申请书》登记，按照下列程序进行审查：

(1) 确定赔偿义务机关；

(2) 申请赔偿的行为，必须是依法被确认为违法并给赔偿请求人造成了损害；

(3) 赔偿请求符合《中华人民共和国国家赔偿法》规定的赔偿请求条件，有明确的赔偿义务人，有具体的请求、事实根据和理由，在法律规定的申请期限内；

(4) 一项损害尚未取得赔偿；

(5) 尚未超过申请赔偿的期限；

(6) 申请赔偿的有关材料齐全。

审查完毕，制作《赔偿申请书审查表》。

3. 赔偿申请处理

税务机关根据《赔偿申请书审查表》,对赔偿申请做以下相应处理:

(1) 对不符合赔偿条件的,应制作《不予受理决定书》;

(2) 对赔偿申请缺少必需资料的,应制作《限期补正通知书》;

(3) 对符合赔偿条件的,应制作《受理通知书》。

4. 行政赔偿环节决定受理

请求人提出赔偿申请后,按下列事项进行审理:

(1) 损害事实;

(2) 违法行为与损害结果之间是否有因果关系;

(3) 在审理过程中,请求人撤回赔偿申请,县局同意时,赔偿申请审理终止;

(4) 审理完毕,在收到赔偿申请之日起45日内制作完成《赔偿决定书》。

5. 赔偿决定执行

赔偿决定执行具体工作程序按税务执行的一般税务执行程序进行。

赔偿义务机关决定予以赔偿的,应当自收到赔偿申请之日起两个月内给予赔偿。赔偿义务机关逾期不赔偿的,赔偿请求人可以自期满之日起,三个月内向人民法院提起诉讼。税务机关给予赔偿后,需要向有故意或重大过失的责任人员进行追偿的,应制发《追偿责任人员通知书》;有共同赔偿义务机关的,应制发《共同赔偿追偿通知书》。

本章小结

作为纳税人的企业有依法进行税务筹划的权利。税务筹划不是经济行为发生之后的亡羊补牢,而是经济行为发生之前以节税为目标的事先规划。税务筹划的最主要特点是其合法性和预先性;税务筹划的条件是税收法规存在的差异和漏洞;税务筹划的基本原理和基本方法是进行税务筹划的原则与手段。税务筹划既然是利用税法的优惠与漏洞,就存在被税务机关稽查并处罚的风险,识别税务筹划风险、防范税务筹划风险的技术和处理税务筹划纠纷的方法,也是税务筹划人员有必要掌握的能力。

复习思考题

1. 什么是税务筹划?税务筹划与避税、节税、偷税、漏税和逃税、抗税之间有何不同?
2. 企业税务筹划有哪些特点?企业税务筹划需要具备哪些必要的条件?
3. 企业税务筹划依据的原则有哪些?
4. 企业税务筹划的基本方法有哪些?
5. 什么是税务筹划风险?如何防范这些风险?
6. 什么是税务筹划纠纷?如何处理这些纠纷?

第二章　企业税务筹划流程

［学习目标］　通过本章的学习，应该理解税收法规的弹性空间；掌握企业税务筹划的基本流程；学会开展企业税务诊断的步骤和方法；能够进行企业税务筹划方案的制订；了解企业税务筹划方案的实施要点、跟踪辅导及其应注意的关键问题。

第一节　企业税务筹划空间

一、税法的弹性空间

1. 纳税环节方面

纳税环节是税收的一个重要问题。税法规定了各税种纳税的具体环节，而在其他非纳税环节不再缴税。例如，消费税在进口、生产消费税应税产品的环节缴纳，如果企业在生产环节实现的收入少，流通环节实现的收入多，则可以显著地降低按率征税的消费税税负。由于税法规定了纳税环节，只要减少了纳税环节的征税对象，就可以减少企业的税款。所以，企业可以通过合法的关联交易，减少纳税环节计税对象的数额，减轻企业的税负。

2. 课税对象方面

课税对象本身也存在可调整性。例如，增值税实行按收入计算销项税额并依法抵扣进项税额的办法征收税款，企业可以通过合法的手段，减少本环节的纳税额，将税负转嫁给其他企业。而作为企业所得税征税对象的应纳税所得额，在一个企业内部也存在可调整性。例如，企业可以将到期的设备在本期报废，也可以推迟到下期报废，进而影响当期的应纳税所得额。企业还可以在本期采取增加支出、减少当期利润、增加企业以后获利能力的实际行动，将企业的利润转化为企业的技术储备和核心生产力，形成隐性的无形资产。课税对象的可调整性，决定了企业可以通过调整相关的课税对象，调整企业的获利能力。如果某种税费实行按量征收，那么税费支出就只与数量有关，而与销售额没有直接的联系。如果企业单位产品的售价高，单位收入承担的税负就低；单位产品售价低，单位收入承担的税负就高。相同的数量承担了相同的税费，而相同的数量所对应的收入并不相同，由此形成销售收入税费率的不同。企业为了降低税负，必然会多生产单位售价高的产品来降低税负。例如，每瓶白酒都缴纳 0.5 元的消费税，如果某种白酒每瓶售价 5 元，按销售收入计算，则税负为收入的 10%；如果每瓶白酒售价为 50 元，则按销售收入计算的税负为 1%。如果以销售收入总额为税基，每元收入尽管承担了相同的税费，但企业每元收入的获利空间并不相同。在这种情况下，企业会放弃增值低的业务，拓展增值高的业务。课税对象的固定性，也就决定了课税对象的局限性，正是这种局限性，促使企业采取对自己最为有利的措施。企业在追求自身利益的过程中，通过对税费进行相应的计算和比较，发现税负的差异，自觉不自觉地追求低税负、高效益的经营管理目标。

3. 税收优惠政策方面

企业税务筹划的另一个动力来自企业发展壮大的需要。首先，国家为了促进企业的技术进步，制定了若干鼓励企业技术进步的税收优惠政策。例如，国家对购置列入目录范围内的环境保护、节能节水和安全生产专用设备，可以按专用设备投资额的10%抵免当年企业所得税应纳税额；企业当年应纳税额不足抵免的，可以向以后年度结转，但结转期不得超过5个纳税年度。由于国家制定了促进企业进步的若干税收优惠政策，企业为了增强其市场竞争力，会充分利用税收的优惠条件，对企业的技术进步进行系统的规划，采取促进企业技术进步的具体措施。企业是市场竞争的主体，企业经营的最高目标是实现企业价值的最大化，而企业的价值在于企业的获利能力而不在于企业存量资产的变现价值。企业拥有了区别于他人的核心技术，就在市场竞争中占据了战略制高点，占据了有利的地位。企业在技术上具备了使用一代、储备一代、开发一代的技术潜力，就有了连续获利的前提条件。企业的生产手段实现了技术进步和升级，就有了物质上的保证。市场竞争和对技术进步的追求，促使企业对税费进行筹划，力争以最小的代价实现企业价值最大化的目标。

4. 起征点方面

税法规定了税收起征点，在起征点以下，企业可以依法不纳税；超过起征点后，则需要就全部课税对象计算缴纳税金。由于起征点的存在，企业会尽可能地利用起征点回避纳税义务。而税法规定的各种减免规定，则诱使企业努力争取享受减税或免税的税收优惠待遇。对于一般的企业来说，总是从享受税收减免优惠待遇出发进行税务筹划。

从某种意义上来说，税收优惠政策是企业进行税务筹划的诱因。在市场竞争的环境中，部分企业享受税收优惠政策，而其他企业不享受税收优惠政策，税负上的不平衡促使企业尽力满足享受税收优惠政策的基本条件，通过享受税收优惠政策来减轻税负。税收优惠政策是企业减轻税负的重要着眼点，但不是税务筹划的全部。对税务筹划来说，企业仅仅利用税收优惠政策是远远不够的。企业应在税务筹划的过程中，促进企业的管理工作上等级、上水平，实现企业资源的优化组合和最佳匹配，提高企业的获利能力，实现企业价值最大化的目标。

正是经济利益的驱动、市场竞争的压力和税费本身客观上存在可以筹划的空间，促使企业进行税务筹划。在企业实际税负存在差异的情况下，企业可以通过合法的手段实现低税负的目标。

5. 其他方法

例如，临界点的筹划，就是利用税法规定中的有关数字等规定寻找筹划点，比如其他应收款股东借款只要超过年底不还款，就要征收20%的个税，则企业只要想法绕过“年底”的临界点即可规避20%的个税，具体就是年底还款，年初再借出。

二、新旧税法过渡中的税务筹划空间

我国的税制改革尚处在不断进行中:2008 年 1 月 1 日实行了新的《企业所得税法》,2014 年 1 月 1 日又推行了营业税改征增值税,未来几年还将就房产税、环保税等税种、税率进行改革。作为持续经营的企业纳税人,面对税制改革的客观环境变化带来的税收负担变动,必然要估算其能够对自身经济效益产生的影响,继而采取有效措施,降本增效。客观地讲,每一次新旧税法变动的交替时期,都存在税负重新估算的必要性与税务筹划的可行性。

1. 与收入有关的筹划

在新旧税法交替时期,对于销售货物、提供劳务的企业,如果实行新税法后税率有所提高,可以创造条件提前在新税法实施之前确认收入;而对于实行新税法后税率有所降低的企业,则可以创造条件延迟到新税法实施之后确认收入。

例如,某运输公司原缴纳营业税,适用税率 3%,从 2014 年 1 月 1 日起改为缴纳增值税,适用税率 11%;经过估算,因近期无固定资产投资,该公司可取得增值税抵扣的进项税额大约占营业收入的 4%,所以,鉴于"营改增"初期税负较高的情况,如果能够提前在 2014 年之前完成运输业务,达到提前确认收入效果,就可以节约 7% 的流转税。相反,如果该公司恰好拟投资购买一批运输车辆,在缴纳营业税时作为购置固定资产的增值税额是不允许作为进项税额扣除的,可是 2014 年起运输企业购置车辆的增值税就可以作为进项税额扣除了,为此,就无须特意把营业收入提前确认,而需要把运输车辆的购置时间推迟到 2014 年进行。

2. 与成本费用有关的筹划

在新旧税法或纳税人身份变更时期,有关成本费用的筹划安排,也会影响到企业的税负增减变化。

例如,某企业到今年年末为止将被终止高新技术企业资格,届时原先享受 15% 的所得税优惠税率将改为 25% 的标准税率。现在已知该企业的办公楼房使用期超过 10 年,达到重新装修的要求。如果今年进行重新装修,就会确认这笔较大金额的非经常性费用支出,从而减少今年的利润,于是今年的所得税优惠税率不能充分享受;如果在不影响生产经营活动的条件下,把企业办公楼房的装修推迟到明年,就可以加大明年的费用支出,减少明年的利润,从而在明年适用较高所得税税率的情况下,节约相当于装修费用 10% 的税款支出。

3. 其他经营活动的税务筹划

其他经营活动的税务筹划主要是指对企业转让股权、债务重组、资产重组等活动产生的收益的筹划。同样,这些活动只要能够择机推迟或提前,企业就可以根据自身税率变动的情况,在新旧税法过渡时期进行税务筹划,节约所得税支出。

税务筹划也是企业的一种经营活动,同样要遵守国家的法律、法规,因此,企业在开展税务筹划活动时,一定要分清合理避税与偷逃税款的界限,通过适当地安排经营活动、合理的财务协调和会计处理,来达到税务筹划的目标。

第二节 税务风险诊断技术

一、税务风险及其分类

税务风险是指企业涉税行为未能正确有效遵守税收法规而导致企业未来利益的可能损失，具体表现为企业涉税行为影响纳税准确性的不确定因素。

(一) 税收政策遵从面临的风险

(1) 税收政策改变导致的风险。税收政策是国家制定的指导税收分配活动和处理各种税收分配关系的基本方针和基本准则。税收法律、法规是税收政策法律形式的集中体现。国家的税收政策在不同时期和不同税收法律制度中有不同的表现形式和内容，企业税收人员有可能没有及时掌握新的税收法规而导致税收法规滥用、错用，从而给企业带来税务风险。

(2) 税务行政执法不规范导致的风险。税收法律、法规的不明晰和各级机关在执法时未按相关法律、法规或法定程序受理税务纳税事项从而给企业带来税务风险。由于我国目前税务行政执法主体多元化，包括海关、财政、国税、地税等多个政府部门，各部门之间在税务行政执法上常常重叠，且税务执法部门拥有较大的自由裁量权，加上税务行政执法人员业务素质和其他因素影响，税务行政执法不规范行为时有发生，造成有的企业该缴的税未缴，不该缴的税反而缴了，给企业带来税务风险。

(3) 纳税人员素质有限，不能完全理解税务法规，造成本意以外的税收犯规，从而给企业带来税务风险。企业在日常经营活动中，由于办税人员自身业务素质的限制，对有关税收法规的精神把握不准，理解不透，虽然主观上没有偷税的意愿，但在纳税行为上却没有按照有关税收规定操作，或者在表面上、局部上符合规定，而在实质上、整体上没有按照有关税收规定操作，造成事实上的偷税、逃税，给企业带来税务风险。

(二) 纳税金额核算面临的风险

(1) 税收法规界限不明确，导致纳税人对业务的划分出现困难。现阶段，我国尚没有统一的税收基本法，现有的税收法律、法规层次较多，部门规章和地方性法规众多，企业要应对国税和地税两套征纳系统。又因为国税和地税在同一方面的规定不尽相同，或者模糊不清，导致纳税人员无法正确划分业务种类或采用正确的税收方法等，这些都会给企业带来税务风险。

(2) 税基的计算错误和税率的选择失误导致的税务风险。税收法规的不明晰，会计人员对税法理解不透、把握不准，或依据失真的会计信息计算税额，从而导致计算的税基不正确，或税率的选择错误，进而给企业带来税务风险。另外，办税人员或审检部门主观差错，也有可能造成企业在税额计算上的问题。

(三) 税务筹划面临的风险

税务筹划可以给企业带来节税利益，但同时也存在相应的风险。企业如果无视这些风险的存在而盲目进行税务筹划，其结果可能事与愿违。税务筹划风险是指税务筹划活动因各种原因(如税收政策的调整和预期经济活动的变化)导致失败而付出的代价。

1. 经济环境变化风险

企业的纳税事宜与税收政策以及所处的经济环境密切相关。一般来说，政府为促进经济增长，会实行积极的财税政策，制定减免税或退税等税收优惠政策，鼓励企业生产和投资，这时，企业的税负相对较轻或稳定；反之，政府为抑制某产业的发展就会利用税收杠杆调整税收政策，这时，企业的税负可能加重或不稳定。另外，政府在国民经济发展的不同阶段、不同时期或地区，运用税收杠杆在内的宏观经济政策，针对不同产品或行业实行差别性税收政策，使得税收政策经常处于变化之中。从这个意义上讲，政府的税收政策总是具有应时性或相对较短的时效性，这种税收环境的不确定性将会给相关人员开展税务筹划（特别是中长期筹划）带来较大的风险，所以任何企业的税务筹划都将面临经济环境变化所引致的风险。

2. 税收政策改变导致的风险

由于我国正处于经济变革时期，为了适应经济发展的需要，税收政策的变化比较频繁，不够稳定，如果企业不及时调整自己的涉税业务，就会使自己的纳税行为由合法转变为不合法，从而产生税务风险。

3. 税务行政执法力度导致的风险

随着我国国民经济的发展和国家财政支出的不断增长，国家对税收检查和处罚的力度不断加强。从国家税务总局到地方各级税务机关，都不断出台新的规范税务检查工作的文件和政策。这就意味着纳税人在规范纳税操作方面的工作必须相应加强，否则纳税人会因对税务机关执法力度、程序与步骤不熟悉而导致税务风险的增大。

4. 筹划人员的纳税意识风险

企业纳税人员的纳税意识与企业的税务风险有很大的关系。如果企业依法纳税意识很强，税务筹划的目的明确，那么只要筹划人员依法严格按照规则精心筹划，风险一般不高。但是，有的企业纳税意识淡薄或者对税务筹划有误解，认为筹划的目的就是通过所谓的“筹划”尽可能少纳税或不纳税，甚至授意或唆使筹划人员通过非法手段达到偷税的目的，从事这类筹划事项的风险就很高。因此，企业必须提高纳税意识。

5. 筹划人员的职业道德风险

税务筹划人员的职业道德水平影响其对风险的判断和筹划事项的最终完成结果。有的企业为了增加利润、减少成本，会要求筹划人员做出违背职业道德的行为，如伪造、变造、隐匿记账凭证等；在账簿上多列支出或者不列、少列收入等，这些都会给企业带来税务上的风险。

6. 财务管理和会计核算风险

企业的财务管理能力、会计核算水平以及内部控制制度，既影响可供筹划的涉税资料的真实性和合法性，也容易导致筹划人员筹划方案的失误。如果筹划方案是依据虚假的涉税资料做出的，就很可能产生失误，风险极大。

二、企业税务筹划风险的防范

企业税务筹划风险的防范属于企业风险管理的重要组成部分，应该纳入企业内部控制制度，引起管理当局的高度重视，常抓不懈。企业税务筹划风险防范，主要应该做好以下工作：

1. 树立风险防范意识

首先，企业自身应做到依法诚信纳税，建立健全内部会计核算系统，完整、真实和及时地对经济活动进行反映，准确计算税金，按时申报，足额缴纳税款，健康参与市场竞争。其次，在对外签订各种经济合同时，要严格审查对方当事人的纳税主体资格和纳税资信情况，防止对方当事人转嫁税务风险；对合同条款要认真推敲，防止产生涉税歧义和误解，尽量分散税务风险。

2. 提高企业涉税人员的业务素质

企业应采取各种行之有效的措施，利用多种渠道，帮助财务、业务等涉税人员加强税收法律、法规、各项税收业务政策的学习，了解、更新和掌握税务新知识，提高运用税法武器维护企业合法权益、规避企业税务风险的能力，为降低和防范企业税务风险奠定良好的基础。

3. 树立正确的纳税意识和税务筹划风险意识，在依法纳税的前提下开展税务筹划

在强调对企业税务筹划人员的培训外，也应对企业的高层管理人员进行培训，向他们灌输正确的纳税理念，使之破除以往把税务事宜只看作是财务部门工作的陈旧观念，树立全员参与、全员控制的新思维，积极理解支持财务部的工作。

4. 密切关注税收法规政策的变化，树立法治观念，避免筹划手段选择上的风险

税务筹划的规则决定了依法筹划是税务筹划工作的基础。严格遵守相关税收法规是进行筹划工作的前提，一项违法的税务筹划，无论其成果如何显著，注定是要失败的。面对这种风险，企业一定要熟悉税收法规的相关规定，掌握与自身生产经营密切相关的内容，选择既符合企业利益又遵循税法规定的筹划方案。

5. 评估税务筹划风险，定期进行纳税健康检查

评估税务筹划风险就是企业对具体经营行为涉及的纳税风险进行识别并明确责任人，这是企业税务筹划风险管理的核心内容。在这一过程中，企业要理清自己有哪些具体经营行为，哪些经营行为涉及纳税问题，这些岗位的相关责任人是谁，谁将对控制措施的实施负责等。此外，还应定期进行纳税健康检查，消除隐藏在过去经济活动中的税务风险，发现问题，立即纠正。

6. 坚持成本效益原则

税务筹划可以达到节税的目的，使企业获得一定的收益。但是，无论是由企业内部设立专门部门进行税务筹划，还是由企业聘请外部专门从事税务筹划工作的人员，都要耗费一定的人力、物力和财力，而这些可能完全是出于税收方面的考虑，而非正常的生产经营需要。所以，税务筹划与其他管理决策一样，必须遵循成本效益原则。只有当税务筹划方案的收益大于支出时，该项税务筹划才是正确的、成功的。

7. 加强和中介组织的合作

税收问题先天具有的专业性、复杂性、实效性使得企业仅凭自己的力量往往很难应付，企业的税务筹划人员往往不能全面地掌握企业发生的所有业务涉及的税收政策，特别是企业在发生特种业务时，税收政策可能规定得不明确，企业又不愿意或不便与税务机关沟通，所以寻找一个专注于税收政策研究与咨询的中介组织显得十分必要。中介组

织还可以作为企业税收风险的外部监控人，代为承担企业内部审计部门的一部分职责，更好、更专业地监督、发现企业的税收风险并提供解决方案。

8. 搞好税企协调

由于某些税收政策具有相当大的弹性空间，税务机关在税收执法上拥有较大的自由裁量权，现实中企业进行的税务筹划的合法性还需要税务行政执法部门确认。在这种情况下，企业特别需要加强与税务机关的沟通，争取在税法的理解上与税务机关取得一致，特别在某些模糊和新生事物的税收处理方面，要能得到税务部门的认可。

9. 定期进行纳税健康检查

为保障企业健康纳税、安全纳税，实现税务风险最小化，企业应定期对涉税业务开展检查，发现问题，立即纠正。既可以采用内部检查的方法，也可以聘请税务师事务所进行税务审计，目的就是消除隐藏在过去经济活动中的税务风险。

三、税务风险诊断技术

税务诊断是以企业税收利益最大化和合理控制税务风险为目标，依据国家税收法律的有关规定，对企业的税务筹划空间和涉税风险进行科学评估，据以挖掘出有效降低企业整体税负和税务风险途径的一种管理手段。

（一）税务诊断原则

为使税务诊断达到预期的效果，诊断时必须遵守以下原则：

1. 合法性原则

税务诊断必须依照税法及相关经济法规进行。如果税务诊断中应用的筹划方法和风险防范措施与税法相违背，不仅不能提高效益、控制风险，反而会增加企业的税务风险。因此，合法性是首要原则。

2. 成本效益原则

税务诊断必须尽量以较低的成本进行；同时，诊断的改进方案必须按照实施成本小于获得收益的原则进行取舍，这是保障诊断效益的必要原则。

3. 客观性和科学性原则

税务诊断的客观性和科学性是诊断措施有效性的保证。因此，税务诊断必须有一套严格、客观且科学的诊断程序与方法。在诊断过程中也必须始终按照这套科学程序和方法进行，以保证税务诊断过程和结果的客观性和科学性。

4. 独立性原则

进行企业税务诊断的人员，无论是外聘的诊断专家，还是内部人员，都不应受企业行政的制约和干预，而应该处于独立地位，以便正确、客观地行使诊断职能。只有保持税务诊断的独立性，才能保证诊断结果和改进措施的客观、可靠。

5. 针对性原则

企业税务诊断没有固定的标准可供参照。同样的“病症”，其治疗措施和方案却可能不同。税务诊断人员必须根据企业的具体情况来选择合适的诊断程序和治疗措施，这样才能使税务诊断更加深入、有效。

（二）税务诊断的内容

税务诊断作为对企业涉税业务及其处理进行诊断的系统，主要包括税务风险诊断和税务筹划两大功能模块。

税务风险诊断模块按照现状、成因诊断及应对这一思路设计，具体包括税务风险的现状诊断、成因诊断及应对措施设计三大子模块。其中，税务风险的现状诊断通过对企业的涉税业务、纳税情况等方面的分析，诊断出企业涉税处理出现异常的地方。税务风险的成因诊断则通过对企业内、外部税务影响因素进行分析，找出产生税务风险的根源。具体来说，外部因素分析主要是对企业外部税收法律环境变化引致的风险进行分析，如税收实体法、征管法的变革对企业税务风险程度的影响分析等；而内部因素分析则从企业管理人员的风险意识、企业税务工作制度和程序，以及税务筹划方案的实施等方面进行分析。最后，企业税务风险应对措施设计将根据前两个子模块的分析结果，设计具体的风险应对和规避措施，将税务风险控制在可承受的范围内。

税务筹划模块则包括税务筹划空间诊断、税务筹划方案与措施设计以及税务筹划绩效评估三个子模块。首先，税务筹划空间诊断主要通过对企业的涉税业务、纳税情况及相关的税收政策等方面的分析，挖掘出可获取企业税收利益的空间。然后，税务筹划方案与措施设计子模块利用筹划空间分析的结果，针对企业的具体情况，设计出提高企业税收利益的具体税务筹划措施。税务筹划绩效评估子模块对企业原有的和新设计的筹划方案的实施效果进行分析与评价，从而进一步完善税务筹划实施方案，发挥税务筹划的作用。

上述两大模块并不孤立，二者之间有着密切的联系。一方面，税务筹划存在风险，因此涉税风险的评估与控制有利于降低因进行税务筹划而增加的税务风险，从而保证税务筹划的可行性；另一方面，企业过重的税务负担也是导致税务风险的重要原因之一，因此税务筹划在减轻企业税负的同时，也在一定程度上降低了企业的风险。税务诊断的内容如图 2-1 所示。

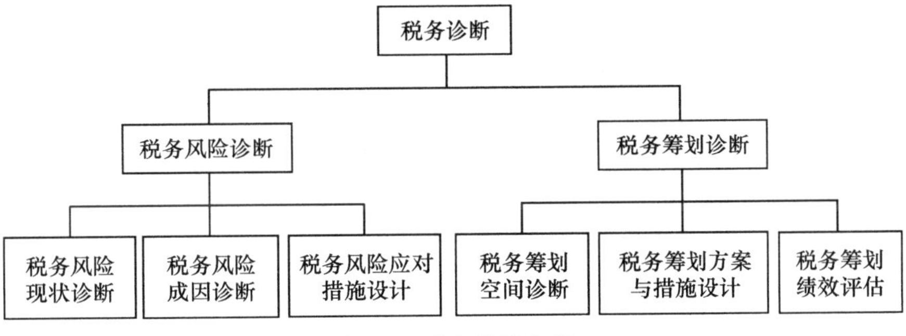

图 2-1　税务诊断内容

（三）税务诊断步骤

由于税务诊断具有一定的复杂性，因此必须按照合理的步骤，采用科学的方法进行诊断。一项完整的税务诊断工作应包括以下具体步骤：

（1）诊断准备阶段。在税务诊断实施前对企业进行初步了解，做一些必要的组织筹备工作，包括明确税务诊断目的，初步了解企业的基本情况，确定诊断工作日程和计划等。

（2）诊断资料收集阶段。在税务诊断实施前，诊断小组应尽可能收集企业生产经营活动的税务资料（如材料采购、产品生产、市场营销、财务管理等方面的资料），并对所收集的资料进行归纳、整理、分析等加工处理，以形成完整的税务诊断基础数据资料。由于税务诊断在很大程度上是依靠所收集的税务资料进行分析，因此该步骤在整个诊断过程中起着十分重要的作用。

（3）正式诊断阶段。这一环节是税务诊断的实施阶段。诊断人员需要在获取各种完备资料的基础上，运用科学、客观、定性和定量相结合的诊断技术，对所获取的、经过鉴别的资料和统计数据进行分析，揭示税务活动内部存在的问题，并初步提出评价方案以及改进税务管理工作的途径、措施。通过广泛征求包括企业人员在内的各方意见以及成本效益评估，优选出可行性强、经济效果好的方案，提交诊断报告。

（4）实施指导阶段。这一阶段是达到税务诊断最终目的的重要环节之一。首先，向企业决策人员及相关管理人员介绍诊断过程中所发现的问题及其相应对策；其次，帮助企业制订实施方案的具体计划和措施；再次，有针对性地培训企业管理人员和涉税人员；最后，对整个实施过程进行跟踪，适时对方案进行合理的调整、补充，使诊断方案更加有效。

（5）诊断考核阶段。这是对税务诊断的效果进行检验的阶段。该阶段应重点收集诊断过程中相关人员的反馈意见，并据此对诊断的效果进行评价，以便不断提高税务诊断人员的服务质量及水平。

（四）税务诊断方法

采用科学的税务诊断方法是实现税务诊断目标的关键。税务诊断主要采用以下方法：

1. 定性分析法

税务诊断的定性分析法主要是指税务诊断人员利用调查、询问等手段对企业的经营、纳税情况进行定性描述后，根据自身经验判断及相关法规的比对，找出企业涉税处理上存在的问题。常用的定性分析方法是问卷调查法，即通过专门设计的调查问卷来进行诊断。它将各个诊断项目具体化为相应的问题，通过查阅资料和访谈寻找出问题的答案并填入问卷中，然后再对这些问题和答案进行分析、总结和归纳，从中找出企业税务管理中存在的问题和有待改进的地方。具体的税务诊断调查问卷示意表如表2-1所示。

表2-1　企业税务风险诊断总体情况表

诊断内容	序号	问题	答案	税务风险分析
1. 企业基本情况	1-1	企业的组织形式是什么？		
	1-2	企业的经营范围包括哪些？		
	1-3	企业的规模有多大？		
	1-4	企业的性质是什么？		
2. 企业行业状况	2-1	企业的行业特征是什么？		
	2-2	企业所在的行业有哪些税收优惠政策？		

（续表）

诊断内容	序号	问题	答案	税务风险分析
3. 企业业务状况	3-1	企业有哪些境外业务和境外收入？		
	3-2	顾客群和供应商有哪些类型和特征？		
	3-3	业务中是否有国家鼓励或免税的业务？		
4. 企业投资状况	4-1	目前有哪些投资方式？		
	4-2	投资的行业有哪些？		
	4-3	投资的地域有哪些？		
	4-4	企业集团内部关联业务的类型有哪些？		
5. 企业融资状况	5-1	目前有哪些融资方式？		
	5-2	各融资方式的比例是多少？		
	5-3	融资合同是否齐全、合理？		
	5-4	融资方式是否符合国家规定？		
	5-5	利息的处理是否符合税法的规定？		
6. 企业纳税状况	6-1	企业涉及的税种有哪些？税率是多少？		
	6-2	企业目前享受哪些税收优惠政策？		
	6-3	企业所缴税金的变化趋势是怎样的？		
	6-4	企业是否成为当地的主要税源企业？		
	6-5	主管税务机关的执法水平如何？		
	6-6	企业所处的税收环境是宽松还是严厉？		
	6-7	企业以前是否因为纳税问题被处罚过？		

注：企业在具体诊断时并不局限于上述问题。

定性分析法的主要优点是执行简单、易操作，而缺点是对问题的探究不够深入，主观性强，对问题产生原因的推测可能存在较大的主观性。

2. 定量分析法

定量分析法是指通过指标体系、量化模型等客观的数量分析方法，对企业税务状况进行分析，以求找出其中存在的异常情况的方法，其常用的分析方法是指标分析法。指标分析法是指诊断人员在税务诊断过程中，通过对比同一纳税人不同历史时期相同的涉税指标和不同纳税人同一历史时期相同涉税指标的数据变化，诊断纳税人纳税行为的一种方法。指标分析法要真正在税务诊断中起到作用，必须按照一定的原则建立起科学的税务诊断指标体系。

（1）目标性原则。在税务诊断有一个明确的诊断目标的前提下，指标的选择应有利于实现税务诊断的期望目标和效果，它要求指标体系紧扣诊断目标而建立。如果融入脱离税务诊断目标的指标，将对评价的效果和针对性产生极大影响。

（2）针对性原则。指标的选择与构建应以企业的具体业务情况为基础，并能够针对其经营性质和涉及的税种的特点、范围来建立合理的评价体系。

（3）层次性原则。指标体系的建立要有明确的逻辑层次关系，即指标体系中的各个指标之间的相互关系要明确，上级指标和下级指标之间的层次关系要分明。

（4）客观可量性原则。所选取与构建的指标要能够客观地反映所需的诊断信息，并且该指标应是可量化的，其量化依据应来源于企业客观的经营资料和数据，如企业的财务报表、纳税申报表等。鉴于不同行业或不同规模的企业涉税业务情况和特点存在较大的差异，我们认为税务诊断难以像财务诊断那样建立一种通用的诊断指标体系，因此，对于不同企业在其不同的发展阶段，税务诊断人员应依照其具体的税务诊断目标，建立有针对性的、有效的指标体系。图 2-2 是针对诊断企业税负是否存在异常变化和是否有足够的纳税支付能力设计的一个初步的税务诊断指标体系示意图。

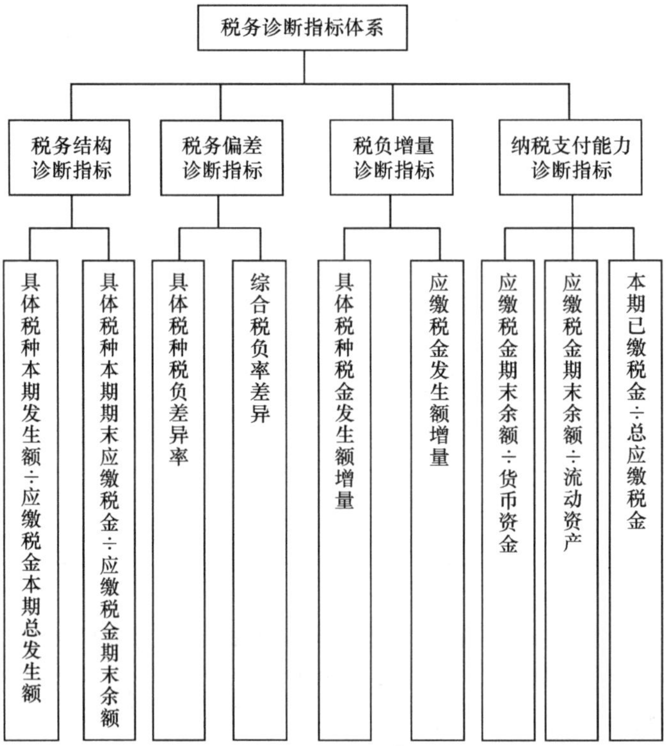

图 2-2　税务诊断指标体系

注：① 税负差异率 =（企业税收负担率 − 行业税收负担率）÷ 行业税收负担率 × 100%
② 综合税负率 =（主营业务税金 + 所得税）÷ 销售收入
③ 总应缴税金 = 应缴税金期初余额 + 应缴税金本期发生额

指标体系建立后，要对各指标的数值进行合理的标准化，再根据各部分的重要性，由诊断人员选择合理的方法研究确定相应的权重，最后将各部分指标加权综合，得到企业税负率和纳税支付能力方面的总体风险水平。而对于部分出现异常的指标，应该利用杜邦分析法的思想对其进行进一步分解和研究，以找出深层的原因，为税务诊断人员挖掘企业税务存在的真正问题提供突破口，同时为提出相应的改进建议及措施提供可靠、具体的依据。图 2-3 为利用杜邦分析法对综合税负率进行分析。

综合税负率 =（主营业务税金 + 所得税）÷ 销售收入 = 主营业务税金 ÷ 销售收入 + 所得税 ÷ 销售收入 =（本期消费税金额 + 本期营业税金额 + 其他税种金额）÷ 销售收入 +（收入项目金额 − 扣除项目金额）× 所得税税率 ÷ 销售收入

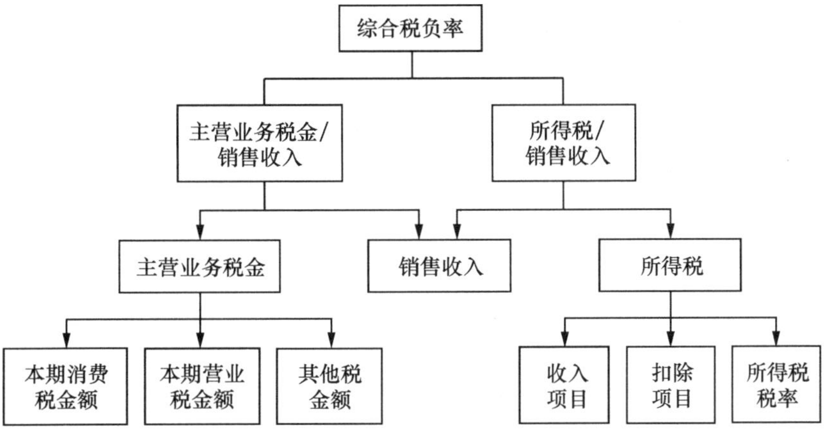

图 2-3 综合税负率分析(杜邦分析法)

定量分析法的优点在于对问题研究深入,分析手段较客观。但是,该方法需要收集大量的资料,对其所运用的分析工具的科学性和适用性要求高,执行难度较大。

定性分析法和定量分析法都有着各自的优点,因此,在税务诊断中应综合运用定性分析法和定量分析法。首先,在税务诊断选案(诊断对象)上,应先定性分析后定量分析。因为定性分析的易操作性可以帮助税务诊断人员较快地掌握企业的经营情况和税务状况,并通过访问调查手段使诊断人员进一步明确和缩小诊断范围,有利于定量分析中有针对性地建立诊断指标体系,从而找出异常的指标,使问题进一步具体化。其次,对定性分析和定量分析的结果进行综合分析和利用。综合分析并不孤立地看待定性分析和定量分析。定性分析中发现的问题也许是导致定量分析中指标异常的主要原因;在定量分析中,当出现的异常指标难以分解时,往往可以利用定性分析的方法对其进行跟踪和深入分析,发现问题的潜在根源。最后,在税务诊断的两大功能分析中,税务筹划应以定性分析为主,因为税务筹划部分往往比较难以量化,需要分析企业的业务情况和税务特点,结合相应的税收政策提出筹划的措施和建议,因此,一般采用定性分析的方法。而税务风险分析应以定量分析为主,由于需要考察企业本期税务的变化状况,就要将所需的税务信息进行量化后做出一个客观的比较,因此,一般以定量分析为主。

(五) 需要注意的问题

由于税务诊断是一项复杂且关系企业整体利益和风险的工作,因此,在诊断过程中还应注意以下问题:

第一,在诊断人员选择方面,要挑选既精通税收法规,又熟练掌握风险管理和财务管理方法的人员。因为企业税务诊断是以税务工作为诊断对象,缺乏对税收法规方面的了解将难以胜任该项工作。同时,该工作又要对税务风险进行控制,所以对风险管理和财务管理知识的掌握也十分重要。

第二,在税务诊断的宣传方面,应该加大税务诊断必要性和诊断收益的宣传,引起企业管理人员的重视。同时,这样也可以使得诊断人员在工作中得到相关人员的支持和配合。

第三,应注意税务诊断的动态性。从税务诊断方法的选定到具体诊断指标的选择并非一成不变,当企业的内外部环境发生变化时,税务诊断人员应该根据具体情况对原来使用的方法和评价指标进行适当的调整。

四、财务报表税务问题诊断策略

（一）财务报表税务问题五步诊断法[①]

税务风险五步诊断法具体包括以下几个模块：

1．望：观察企业外观

在进入企业老板办公室、财务部门之前，就对企业的各个方面进行观察、调研，初步判断企业面临的税收环境和管理水平，对企业的税务风险、税务筹划的空间有一个大概判断。望的主要内容包括观察企业名称、坐落地点、厂容厂貌、企业规模、企业文化、员工素质、业务流程、车间管理情况等。

2．闻：倾听企业汇报

通过听取企业老板、财务、生产、销售、保管、办公室等人员汇报，了解企业财税工作的流程和存在的疑难财税问题，询问他们对纳税现状的看法。一般来讲，企业拿不准、吃不透的税收政策和会计规定，是企业税务风险的高发区域，也是将来财税顾问的重点领域。

3．问：询问企业情况

通过询问企业财务经理或税务经理，具体、全面了解企业的生产流程和工艺、账务设置情况、财税处理方法、财税疑难问题等，同时简单查阅企业会计报表等会计资料，了解每个会计科目核算的内容，具体分析判定企业的税务风险。问是“税务风险五步诊断法”的核心所在。

4．切：把脉企业症结

根据了解到的情况和财税政策，分析企业存在的问题或根源，为以后的顾问项目确定工作的方向。

5．推：预测企业风险

推测企业财税风险的大小，定性描述企业的财务、税收风险，出具税务风险诊断报告。

（二）会计报表税务风险的表现形式

1．货币资金

（1）货币资金尽管与企业的利润、经营活动净现金流量没有直接的关系，但如果企业常年亏损而资产质量却很好，可能暗示着企业隐瞒了账外收入。

（2）货币资金余额过大，意味着可能存在私人银行卡、大额股东借款的情况。私人银行卡是一种普遍现象，对应的收入一般不会申报缴税。大额股东借款长期不归还的，根据财税〔2003〕158号文件的规定要缴纳个人所得税。

（3）货币资金余额出现负数，意味着企业有隐瞒的账外收入。

（4）银行日记账余额与银行对账单余额是否核对相符，银行已收、企业未收的未达账项会暴露企业的账外收入。

（5）出纳对其保管的现金未做到日清月结，月末未与会计及时对账，库存现金的盘

---

① 财务报表税务问题五步诊断法是北京京税祥瑞国际财务顾问公司、中华财税咨询网首席咨询师王祥先生在总结多年税务风险诊断经验的基础上，加以总结、提升的一套先进的税务诊断法。税务风险五步诊断法的神奇在于不用翻阅企业的会计资料，仅凭对企业会计报表的审查，在两三个小时之内就可以分析判断企业的税务风险。

点账实不符，将会暴露企业的账外小金库。

2. 应收账款和坏账准备

（1）应收账款余额很小或为零，意味着企业有可能按收付实现制确认收入。

（2）应收账款中很可能有关联交易形成的应收款，关联交易定价的合理性、关联交易的真实性会引起税务稽查人员的关注。

（3）核销坏账的手续是否完备，坏账损失要经税务机关审批。

（4）与客户长期不对账，长期不采取措施清收欠款。

3. 其他应收款

（1）与生产经营无关的借款不允许计提坏账准备，提取坏账准备时应予剔出。

（2）股东借款根据财税〔2003〕158 号规定要缴纳个人所得税。财税〔2008〕83 号文件规定：投资者个人、投资者家庭成员或企业其他人员向企业借款用于购买房屋及其他财产，将所有权登记为投资者、投资者家庭成员或企业其他人员，且借款年度终了后未归还借款的，实质均为企业对个人进行了实物性质的分配，应依法计征个人所得税。

（3）是否有股东抽逃的出资。

4. 预付账款

采购惯例是采购时不付清货款，对方就不开具发票，但有时可能原材料已经收到并投入使用，暂估入账的成本不允许税前扣除。

5. 应收补贴款

应收补贴款对应的是补贴收入，补贴收入除非有明确的文件规定不计入企业的应纳税所得额，否则应计入应税所得，缴纳企业所得税。

6. 存货

（1）账实不符，经不起税务机关的盘点。

（2）账面数量、金额为负数，明显地多结转了成本。

（3）三级明细账设置不全，隐瞒部分三级明细账的赤字。

（4）低值易耗品没有台账，税务机关怀疑虚列低值易耗品时没有证据反驳。

（5）成本结转方法不统一，经不起税务机关的复查。

（6）存货余额小于应付账款余额，与经济生活不吻合，意味着多抵进项税额或虚计产品成本。

（7）生产性企业在计算生产成本时，记账凭证后未附料、工、费耗用清单，无成本计算依据，有胡拼乱凑做假账之嫌。

（8）销售废料，没有计提并缴纳增值税。

（9）对外捐赠原材料、产成品未计提相应的销项税额。

（10）取得的增值税专用发票的开具方与收款人不一致，依规定如果收款人与发票开具方不一致，不可以抵扣增值税进项税额。

（11）生产成本科目未按成本项目设明细账进行核算，制造费用科目期末仍保留有余额。

（12）存货数量未定期与仓库对账，存货盘点时会计部门不参与盘点。

7. 待处理流动资产损失

（1）相应的进项税额没有转出。

（2）转入营业外支出时，没有税务机关的批复，不能税前列支。

8．长期股权投资

(1) 与投资收益不吻合,有投资无收益或无投资有收益。

(2) 投资手续不完备,不能认定为股权投资。

(3) 税收政策和会计处理多变,政策把握难度较大。

9．固定资产及累计折旧

(1) 构建手续不合法(白条),原值依据不充分,影响折旧。

(2) 股东投入的房产等没有办理变更登记手续,不能计提折旧。

(3) 年限、残值率、折旧方法不符合税法的规定。

(4) 固定资产处理后,收入存入小金库,不销账,仍计提折旧。

(5) 新成立的企业如果折旧率较高,预示着多提折旧。

10．在建工程

(1) 在建工程中白条较多。

(2) 已完工但因为没有决算未转入固定资产,少提折旧、漏缴房产税。

11．无形资产

(1) 购置时没有取得发票、没有证书,不能证明属于企业的无形资产,从而不能摊销。

(2) 股东投入的无形资产没有办理产权转移手续,不能摊销。

(3) 摊销年限短于税法规定的年限。

12．长期待摊费用

(1) 费用项目虚假。

(2) 摊销方法随意。

(3) 长期待摊费用与正常的成本、费用混淆。

13．短期借款

(1) 余额过大,同时缺乏用钱的项目。

(2) 手续不完备,借款合同未约定利率和还款期。

14．应付账款

(1) 数额大且增值税负低,存在虚抵进项税额的可能。

(2) 两年以上未能支付的,应转入应税所得而未转。

(3) 为了多抵进项税额,购买虚假的专用发票导致应付账款虚挂。

15．预收账款

(1) 长期挂账,实为应确认的收入。

(2) 余额零散,实为应结转收入的尾款。

(3) 虚挂、预收账款余额很大,应计收入而未计。

16．应付职工薪酬

(1) 工资单无签章,或存在代领现象。

(2) 工资单上人数与劳动合同、考勤记录、岗位设置不吻合,虚列工资。

(3) 个人所得税没有代扣代缴或部分代扣代缴。

(4) 年底应付工资尽量不留余额,提取的工资最迟汇算清缴前支付完毕。

(5) 公司员工的工资上限都人为控制在个人所得税的扣税标准左右或以内,给人以假账嫌疑。

(6) 企业所得税法对福利费的范围进行了进一步的明确，允许税前列支的职工福利费，按计税工资和实际支付的工资中较低的数计算。

17. 应付股利

实际支付时应代扣代缴股东的个人所得税；对于支付给境外非居民的2008年以后的股利则应在按合同规定实际支付时间与入账时间孰先时扣缴。

18. 应交税费

(1) 提取的税金要尽快入库，不要给税务造成拖欠税款的印象。

(2) 地方政府的免税条、会议纪要、公函对税务机关没有法律效力。

(3) 享受税收优惠的，应取得税务机关的批复文件。

(4) 忽视了印花税的申报。

(5) 代扣代缴个税返还的手续费的税务处理差别很大，有些企业作为对企业财务人员的劳动报酬，有些企业(如银行)要求记入应纳税所得额。有些地方的税务机关没有及时返还，有些企业收到后没有及时入账。

(6) 公司终止经营时，不办理税务注销，该公司法定代表人和股东将上黑名单。

19. 其他应付款

(1) 虚假的职工集资实为隐瞒的收入。

(2) 股东借款实为隐瞒的收入或未分配的利润。

(3) 没有按债务人名称设置明细账户名称，而是按款项性质设置明细账户名称的，基本都是应结转的收入。

(4) 超过1年以上包装物的押金没有转为收入。

20. 预计负债

预计负债对应的费用、成本不允许税前列支。

21. 实收资本

(1) 用盈余公积和未分配利润转增资本时，应代扣代缴个人所得税。

(2) 资本公积转增资本不缴个人所得税。

22. 未分配利润

(1) 长亏不倒的企业意味着有偷税行为。

(2) 利润不通过正规的渠道分配，逃避分红的个人所得税。

23. 营业收入

(1) 现金结算的业务没有申报纳税(两套账)。

(2) 视同销售的行为没有申报纳税。

(3) 不同税率的收入没有明细核算，导致从高适用税率。

(4) 不按税法规定的时间确认收入。

(5) 销售折扣不允许冲减销售收入而冲减。

(6) 价外费用未计入销售额，而是计入其他应付款。

(7) 以物易物直接按成本转账，未确认收入。

(8) 以旧换新销售扣除了旧货物的收购价格。

(9) 还本方式销售扣减了收入中还本支出。

(10) 关联交易定价不公允,转移利润。

(11) 收入指标不均衡,大起大落。

24. 营业成本

(1) 结转销售成本时与收入不配比,未附销售成本计算表,将未入账部分的收入所对应的成本也结转。

(2) 根据开票收入和老板的意图倒挤销售成本。

(3) 销售成本率大起大落,变化趋势与市场行情不吻合。

(4) 成本费用中公司费用与股东个人消费混杂在一起,不能划分清楚,未代扣代缴个人所得税,相关费用不得计入公司成本费用。

(5) 毛利率与同行业水平相比严重偏低,或月份间的毛利率忽高忽低,有假账之嫌。

(6) 行政性罚款进入成本。

25. 营业税金

(1) 营业税、增值税等与主营业务收入不匹配。

(2) 城建税及教育费附加等与相关的流转税计税依据不匹配。

26. 财务费用

(1) 财务费用与借款金额不配比。

(2) 集资利息没有正规的单据而不能税前扣除。

(3) 支付集资利息时没有代扣代缴营业税和个人所得税。

(4) 关联企业的借款利息超过规定的标准,违背了新企业所得税法中反资本弱化条款。

27. 管理费用

(1) 费用发票没有抬头或抬头不规范、没有日期。

(2) 大额费用发票没有消费清单。

(3) 发票联号。

(4) 发票没有单价、数量,只有金额。

(5) 将业务招待费转为办公用品费用发票,超出正常的数值范围。例如,有的企业每年购入复印纸上千吨。

(6) 采用虚假发票入账。

(7) 技术开发费用未单列明细科目或升级为一级科目单独核算,导致不能享受加计扣除的税收政策。

28. 销售费用

(1) 运费发票虚假。

(2) 销售人员的实物、旅游等方式的提成没有扣缴个人所得税。

(3) 广告费要么没有,要么超标。

第三节　税务风险诊断实例

本节通过表 2-2、表 2-3、表 2-4、表 2-5 和表 2-6 举五个案例说明不同行业的企业税务诊断的流程。

表 2-2　食用酒精生产行业税务风险诊断

<table>
<tr><td colspan="2">行业名称</td><td colspan="2">食用酒精生产行业</td></tr>
<tr><td rowspan="22">生产工艺及特点</td><td>工艺流程</td><td colspan="2">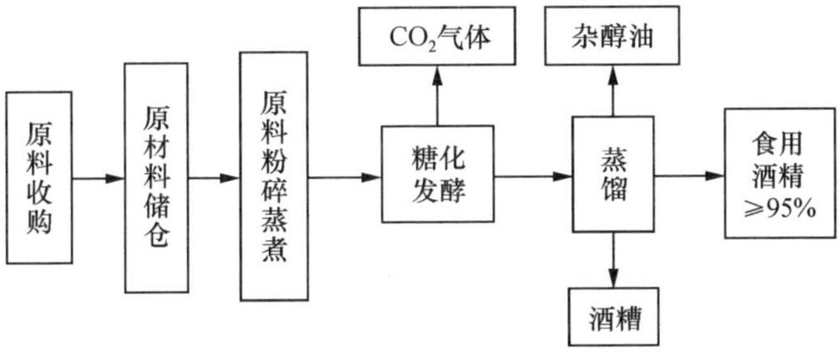
</td></tr>
<tr><td rowspan="8">生产用原材物料</td><td>原料</td><td>瓜干（木薯或玉米）</td></tr>
<tr><td>主要材料</td><td></td></tr>
<tr><td>辅助材料</td><td>糖化酶、酵母</td></tr>
<tr><td>低值易耗品</td><td></td></tr>
<tr><td>燃料</td><td>原煤</td></tr>
<tr><td>动力</td><td>电力</td></tr>
<tr><td>包装物</td><td>酒罐、酒桶</td></tr>
<tr><td>其他</td><td></td></tr>
<tr><td rowspan="4">生产产品</td><td>主要产品</td><td>酒精</td></tr>
<tr><td>副产品</td><td>杂醇油、CO_2 气体</td></tr>
<tr><td>下脚料</td><td>酒糟</td></tr>
<tr><td>其他</td><td></td></tr>
<tr><td rowspan="3">产品形态特点</td><td>主要产品</td><td>95 度（含）以上为酒精，95 度以下为白酒；以瓜干或木薯生产的酒精为薯类酒精；以玉米为原料生产的酒精为粮食酒精；薯类酒精加浆降度生产薯类白酒；粮食酒精加浆降度生产粮食白酒。</td></tr>
<tr><td>副产品</td><td></td></tr>
<tr><td>其他</td><td></td></tr>
<tr><td>生产设备特点及使用情况</td><td colspan="2">酒精生产设备在正常生产的情况下，一般每年需要停产大修理一次。</td></tr>
</table>

（续表）

<table>
<tr><td colspan="3">行业名称</td><td>食用酒精生产行业</td></tr>
<tr><td colspan="2" rowspan="3">主要经济技术指标</td><td>投入产出指标</td><td>以瓜干为原料生产的酒精，正常出酒率为34%—34.5%，即每100公斤瓜干生产34—34.5公斤95度的酒精。
以木薯为原料生产的酒精，正常出酒率为40%—42%，即每100公斤木薯生产40—42公斤95度的酒精。
以玉米为原料生产的酒精，正常出酒率为32%—33%，即每100公斤玉米生产32—33公斤95度的酒精。</td></tr>
<tr><td>能源消耗指标</td><td></td></tr>
<tr><td>其他指标</td><td></td></tr>
<tr><td colspan="2" rowspan="2">税务参考指标</td><td>行业税负率</td><td></td></tr>
<tr><td>其他</td><td></td></tr>
<tr><td colspan="2">财务会计制度</td><td colspan="2">执行《企业会计制度》。
酒类行业核算特点：核算酒精、白酒统一按折成65度白酒计算。如何折算详见企业《酒精加浆（降度）折算资料》。</td></tr>
<tr><td rowspan="4">在税收方面可能出现的主要问题及环节</td><td rowspan="3">增值税方面</td><td>收购环节</td><td>（1）未按规定开具《农产品收购统一发票》，如填写项目不齐全等；
（2）收购小规模纳税人（个体户）货物开具《农产品收购统一发票》；
（3）收购一般纳税人货物开具《农产品收购统一发票》；
（4）虚开《农产品收购统一发票》；
（5）从销售方取得虚假的农产品销售普通发票。</td></tr>
<tr><td>生产环节</td><td>（1）隐匿副产品及下脚料；
（2）隐匿酒精生产数量。</td></tr>
<tr><td>销售环节</td><td>（1）隐匿产品、副产品及下脚料销售收入；
（2）发出商品未做销售；
（3）销售货物收取价外费用未计税，如收取非代垫运费、应计税包装物押金未计税等；
（4）用于样品、捐赠、广告、抵债等产品未计税；
（5）无正当理由低价销售货物；
（6）将酒精加浆勾兑成白酒销售，隐匿白酒销售收入。</td></tr>
<tr><td>消费税方面</td><td>生产销售环节</td><td>（1）隐匿产品销售收入；
（2）发出商品未做销售；
（3）销售货物收取价外费用未计税，如收取非代垫运费、应计税包装物押金未计税等；
（4）用于样品、捐赠、广告、抵债、管理部门等产品未计税；
（5）无正当理由低价销售货物；
（6）将酒精加浆勾兑成白酒销售，仍故意按酒精申报消费税。</td></tr>
</table>

（续表）

<table>
<tr><td colspan="3">行业名称</td><td>食用酒精生产行业</td></tr>
<tr><td rowspan="4"></td><td rowspan="3">企业所得税方面</td><td>收购环节</td><td>虚开《农产品收购统一发票》，取得交易不真实、虚开的农产品销售发票。</td></tr>
<tr><td>生产环节</td><td>（1）隐匿副产品及下脚料；
（2）隐匿酒精生产数量；
（3）虚增生产成本。</td></tr>
<tr><td>销售环节</td><td>（1）隐匿产品、副产品及下脚料销售收入；
（2）发出商品未做销售；
（3）销售货物收取价外费用未计税，如收取非代垫运费、应计税包装物押金未计税等；
（4）用于样品、捐赠、广告、抵债、管理部门等产品未计税；
（5）无正当理由低价销售货物。</td></tr>
<tr><td colspan="2">其他方面</td><td></td></tr>
<tr><td>常用检查方法</td><td colspan="3">（1）实地到企业生产车间、重点发酵车间、蒸馏车间，查看有关的生产设备，了解企业设备生产能力，检查各种副产品、下脚料的收集及处理情况。
（2）突击检查收购原料的地磅室等计量部门，调取相关的过磅资料，结合投入产出指标，测算本期酒精产量，然后与本期实际入库数量相对比，检查是否隐匿酒精产量；核对全年原料收购情况，确定企业是否存在虚开《农产品收购统一发票》及接受虚假的农产品销售发票的问题。
（3）检查企业《农产品收购统一发票》开具及农产品购进普通发票取得的情况，落实是否存在未按规定开具发票的情况，必要时可选取本地或本市供应原料的个人大户进行实地调查。
（4）调取产成品库“保管账”、产品出库凭证，检查本期发出各种产品的数量，然后与本期结转销售成本的发出产成品数量相对比，并结合“应收账款”、“其他应收款”等往来账户，查找是否有应做销售的发出商品未计税的情况。需要说明一点，只要企业“应收账款”科目存在贷方余额，一般企业就存在发出商品问题。
（5）计算各月产成品的平均销售单价，检查有无异常波动；抽查几个主要客户，测算企业对各客户的平均销售单价是否有异常差异。
（6）检查“原材料”、“产成品”账户有无红字余额，入库、发出及结转是否符合规定。
（7）检查企业“应付账款”、“其他应付款”、“应收账款”、“其他应收款”等往来科目，以及“包装物”的核算及发出情况，以确认是否有应税价外收费、包装物押金未计税的情况。
（8）检查企业“管理费用”、“销售费用”、“营业外支出”、“生产成本”等科目，查看是否存在用于样品、捐赠、广告、抵债、管理部门等产品未计税的问题。
（9）检查企业“应对账款”、“其他应付款”、“应收账款”、“其他应收款”等往来科目及“预计负债”等科目，以确认企业是否有虚构及预提各项费用的情况。</td></tr>
</table>

表 2-3　纺织生产行业税收风险诊断

行业名称			纺织生产行业
生产工艺及特点	工艺流程		纺纱:原材料收购→仓储→清花→梳棉→并条→粗纺→细纺→络筒→成品纱。 织布:成品纱→生产准备(整经、浆纱、络纬)→织布→整理→成品布。
	生产用原材物料	原料	棉花、涤纶
		主要材料	成品纱
		辅助材料	浆料
		低值易耗品	维修配件
		燃料	原煤
		动力	电力
		包装物	棉条筒、纱管、纸筒、包装袋
		其他	蒸汽
	生产产品	主要产品	纱、布
		副产品	
		下脚料	斩刀棉、回丝
		其他	
	产品形态特点	主要产品	成品纱为台体结构,按不同的支数及原料投入,分棉纱、涤纱、涤棉纱,成品纱按重量计算。 不同的纱织成的布分为棉布、涤棉布、涤纶布,成品布打包后按长度计量。
		副产品	
		其他	
	生产设备特点及使用情况		大体上每周一扫车,半年一平车,轮换维护,全年不停止生产。 纺纱有环锭纺和气流纺两种形式,织布分有梭织机、喷气织机、键杆织机三种形式,具体情况有差别。
主要经济技术指标	投入产出指标		(1) 百米成品布耗纱量 = 每英寸经线(经密)与纬线根数之和(纬密)÷支数 ×0.0645。 (2) 成品纱的投入产出率按国家标准。 (3) 棉纱投入产出比(棉花:棉纱):精梳为 1.4:1;粗梳为 1.1:1。
	能源消耗指标		(1) 每百米布耗电 25 度左右。 (2) 一吨纱用电约 1 300 度。
	其他指标		
税务参考指标	行业税负率		全国 3.54%;全省 4%;全市 2.58%
	其他		增值税税率 13%
财务会计制度			执行《企业会计制度》。

（续表）

<table>
<tr><td colspan="3">行业名称</td><td>纺织生产行业</td></tr>
<tr><td rowspan="7">在税收方面可能出现的主要问题及环节</td><td rowspan="3">增值税方面</td><td>收购环节</td><td>(1) 未按规定开具《农产品收购统一发票》,如填写项目不齐全等;
(2) 收购小规模纳税人(个体户)货物开具《农产品收购统一发票》;
(3) 收购一般纳税人货物开具《农产品收购统一发票》;
(4) 虚开《农产品收购统一发票》;
(5) 从销售方取得虚假的农产品销售普通发票。</td></tr>
<tr><td>生产环节</td><td>在建工程用工用料列入生产成本。</td></tr>
<tr><td>销售环节</td><td>(1) 隐匿产品、副产品及下脚料销售收入;
(2) 发出商品未做销售;
(3) 销售货物收取价外费用未计税,如收取非代垫运费等;
(4) 以物易物不计销售与购进;
(5) 无正当理由低价销售货物。</td></tr>
<tr><td rowspan="3">企业所得税方面</td><td>收购环节</td><td>虚开《农产品收购统一发票》,取得交易不真实、虚开的农产品销售普通发票。</td></tr>
<tr><td>生产环节</td><td>(1) 隐匿下脚料;
(2) 虚增生产成本。</td></tr>
<tr><td>销售环节</td><td>(1) 隐匿产品下脚料销售收入;
(2) 发出商品未做销售;
(3) 销售货物收取价外费用未计税,如收取非代垫运费等;
(4) 无正当理由低价销售货物;
(5) 委托加工不计销售收入。</td></tr>
<tr><td>其他方面</td><td></td><td></td></tr>
<tr><td>常用检查方法</td><td colspan="3">(1) 实地到企业生产车间,重点是清花车间、梳棉车间,查看有关的生产设备,了解设备生产能力,检查废棉、下脚料的收集及处理情况。
(2) 突击检查收购原料的地磅室等计量部门,调取相关的过磅资料,结合投入产出指标,核对全年原料收购情况,确定企业是否存在虚开《农产品收购统一发票》及接受虚假的农产品销售发票的问题。
(3) 检查企业《农产品收购统一发票》开具及农产品购进普通发票取得的情况,落实是否存在未按规定开具发票情况,必要时可选取供应原料的个人大户进行实地调查。
(4) 调取产成品库“保管账”、产品出库凭证,检查本期发出各种产品的数量,然后与本期结转销售成本的发出产成品数量相对比,并结合“应收账款”、“其他应收款”等往来账户,查找是否有应做销售的发出商品未计税的情况。
(5) 计算各月产成品的平均销售单价,检查有无异常波动;抽查几个主要客户,测算企业对各客户的平均销售单价是否有异常差异。
(6) 检查“原材料”、“产成品”账户有无红字余额,入库、发出及结转是否符合规定。
(7) 检查企业“应付账款”、“其他应付款”、“应收账款”、“其他应收款”等往来科目,以确认是否有应税价外收费的情况。
(8) 检查企业“管理费用”、“销售费用”、“营业外支出”、“生产成本”等科目,查看是否存在用于样品、捐赠、抵债等产品未计税的问题。
(9) 检查企业“应付账款”、“其他应付款”、“应收账款”、“其他应收款”等往来科目及“预计负债”等科目,以确认企业是否有虚构及预提各项费用的情况。
(10) 调取车间工资计算单,核对计工产量与会计核算产品产量是否一致,以检查是否存在有销售不记账问题。
(11) 检查原材料、生产成本等科目,看是否有已耗配件,电力、人工等在生产成本与在建工程划分不清的问题。
(12) 检查企业合同,看有无委托加工业务不计销售收入情况。</td></tr>
</table>

（续表）

<table>
<tr><td colspan="2">行业名称</td><td>纺织生产行业</td></tr>
<tr><td colspan="2">典型案例</td><td>越达纺织有限公司成立于1992年，为增值税一般纳税人，投资3 500万元，现有纺织机械470台（套），纺纱能力为15 000纱锭，生产人员850人，2004年税负率为2.1%。
2005年10月检查人员到企业进行检查时发现，该企业与新华棉纺厂2005年4月签订一份委托加工合同，越达纺织有限公司提供150吨纯棉，委托新华棉纺厂加工成21支棉纱，要求在一个月内完工，业务完成后越达纺织有限公司收到棉纱115.4吨，而无加工费支付凭证。
摘自企业的分录为：
借：委托加工材料——棉花　1 815 000
　贷：原材料——棉花　1 815 000
借：原材料——棉纱　1 815 000
　贷：委托加工材料——棉花　1 815 000
检查人员对委托加工费的支付提出疑义。越达纺织有限公司相关人员介绍，该笔业务是真实的，只是加工费已含在棉花中，国家标准是每吨21支棉纱需要棉花1.08吨，而加工双方协议，每加工1吨棉纱付给棉花1.3吨，由于棉花质量不便控制，加工费及棉花质量差价含在多付的0.22吨棉花中，这样双方互相不开票，也没有质量纠纷，省去了不少麻烦。
根据“以物易物是一种销售行为应当征收增值税”的规定，应计增值税销项税额39 935.32元（1 815 000 ÷ 150 × 0.22 × 115.4 × 13%），用于抵顶留底税款。根据《中华人民共和国税收征收管理法》第六十三条规定，按偷税处以0.5倍的罚款19 967.66元。
建议调整会计分录为：
借：应收账款　347 130.12
　贷：营业收入　307 194.80
　　应交税费——应交增值税（销项税额）　39 935.32
借：营业外支出　19 967.66
　贷：银行存款　19 967.66
借：原材料——棉纱　307 194.80
　贷：应收账款　307 194.80
借：营业成本　307 194.80
　贷：原材料——棉花　307 194.80</td></tr>
</table>

表2-4　肉食加工行业税收风险诊断

<table>
<tr><td colspan="2">行业名称</td><td colspan="2">肉食加工行业</td></tr>
<tr><td rowspan="9">生产工艺及特点</td><td>工艺流程</td><td colspan="2">生制品：生猪接收→待宰管理→送宰→淋浴→麻电、放血→割头→剥皮→开膛→劈半→分割、预冷→包装→速冻→换装→冷藏→销售
熟制品：原料肉→腌制（普通肠）、滚揉（高档肠）→斩拌→填充→杀菌→包装→销售</td></tr>
<tr><td rowspan="8">生产用原材物料</td><td>原料</td><td>生猪</td></tr>
<tr><td>主要材料</td><td>生猪、白条肉</td></tr>
<tr><td>辅助材料</td><td>蛋白粉、骨素、淀粉、鸡蛋、卡拉胶、香精</td></tr>
<tr><td>低值易耗品</td><td>车间工器具、车间物料</td></tr>
<tr><td>燃料</td><td>煤</td></tr>
<tr><td>动力</td><td>电</td></tr>
<tr><td>包装物</td><td>纸箱、铝线、包装袋、胶带、片膜、肠衣</td></tr>
<tr><td>其他</td><td></td></tr>
</table>

（续表）

<table>
<tr><td>行业名称</td><td colspan="3">肉食加工行业</td></tr>
<tr><td rowspan="9">生产工艺及特点</td><td rowspan="4">生产产品</td><td>主要产品</td><td>冻猪分割肉、火腿肠系列产品</td></tr>
<tr><td>副产品</td><td>谷素、肠衣、炼油</td></tr>
<tr><td>下脚料</td><td>猪毛、猪蹄壳</td></tr>
<tr><td>其他</td><td></td></tr>
<tr><td rowspan="3">产品形态特点</td><td>主要产品</td><td>（1）猪分割肉：分为鲜肉和冻肉，其中冻肉是以纸箱包装后再冷藏。
（2）熟制品火腿肠：以标准袋包装后再装入标准箱。</td></tr>
<tr><td>副产品</td><td>（1）谷素、炼油均是桶装液体。
（2）肠衣是固体。</td></tr>
<tr><td>其他</td><td></td></tr>
<tr><td>生产设备特点及使用情况</td><td colspan="2">（1）生猪分割流水线在正常情况下每半年检修一次。
（2）搅拌锅、包装机在正常情况下每季度检修一次。</td></tr>
<tr><td rowspan="3">主要经济技术指标</td><td colspan="2">投入产出指标</td><td>以生猪为原料生产的肉产品，出品率为83.36%，其中白条类产品占34.42%、胚油占10.52%、精肉占13.66%、头蹄类产品占7.39%、下货类产品占5.24%、排骨类产品占4.29%、骨头类产品占3.34%、油脂类产品占4.5%，即100公斤生猪生产出白条类产品34.42公斤、胚油10.52公斤、精肉13.66公斤、头蹄类产品7.39公斤、下货类产品5.24公斤、排骨类产品4.29公斤、骨头类产品3.34公斤、油脂类产品4.5公斤。</td></tr>
<tr><td colspan="2">能源消耗指标</td><td>每宰杀100公斤生猪耗用水0.4方、电0.48度、煤0.65公斤。</td></tr>
<tr><td colspan="2">其他指标</td><td></td></tr>
<tr><td>财务会计制度</td><td colspan="3">执行《企业会计制度》。
（1）一般采用品种法计算生产成本。
（2）固定资产折旧计提一般采用平均年限法。
（3）发出存货成本计价一般采用移动加权平均法。</td></tr>
</table>

（续表）

<table>
<tr><td colspan="3">行业名称</td><td>肉食加工行业</td></tr>
<tr><td rowspan="7">在税收方面可能出现的主要问题及环节</td><td rowspan="3">增值税方面</td><td>收购环节</td><td>（1）未按规定开具《农产品收购统一发票》，如填写项目不齐全等，农产品出售人地址仅写到市、区、镇，而不是详细地址；
（2）收购小规模纳税人（个体户）货物开具《农产品收购统一发票》；
（3）收购一般纳税人货物开具《农产品收购统一发票》；
（4）虚开《农产品收购统一发票》；
（5）从销售方取得虚假的农产品销售普通发票。</td></tr>
<tr><td>生产环节</td><td>（1）隐匿副产品及下脚料；
（2）隐匿生猪宰杀数量。</td></tr>
<tr><td>销售环节</td><td>（1）隐匿产品、副产品及下脚料销售收入；
（2）发出商品未做销售；
（3）销售货物收取价外费用未计税，如收取非代垫运费等；
（4）用于样品、捐赠、广告、抵债等产品未计税；
（5）无正当理由低价销售货物。</td></tr>
<tr><td rowspan="3">企业所得税方面</td><td>收购环节</td><td>虚开《农产品收购统一发票》；取得交易不真实、虚开的农产品销售普通发票。</td></tr>
<tr><td>生产环节</td><td>（1）隐匿副产品及下脚料；
（2）隐匿猪产品生产数量；
（3）虚增生产成本。</td></tr>
<tr><td>销售环节</td><td>（1）隐匿产品、副产品及下脚料销售收入；
（2）发出商品未做销售；
（3）销售货物收取价外费用未计税，如收取非代垫运费等；
（4）用于样品、捐赠、广告、抵债、管理部门等产品未计税；
（5）无正当理由低价销售货物。</td></tr>
<tr><td>其他方面</td><td></td><td></td></tr>
<tr><td colspan="2">常用检查方法</td><td colspan="2">（1）实地到企业生产车间，重点是屠宰车间，查看有关的生产设备，了解设备生产能力，检查各种副产品、下脚料的收集及处理情况。
（2）突击检查收购原料的地磅室等计量部门，调取相关的过磅资料，结合投入产出指标，测算本期各类猪产品产量，然后与本期实际入库数量相对比，检查是否隐匿猪产品产量；核对全年原料收购情况，确定企业是否存在虚开《农产品收购统一发票》及接受虚假的农产品销售发票的问题。
（3）检查企业《农产品收购统一发票》的开具、农产品购进普通发票取得及付款情况，落实收购业务是否真实，必要时可选取本地或本市供应原料的个人大户或到银行进行实地调查。
（4）调取产成品库“保管账”，产品出、入库凭证以及业务部门的购销合同，检查本期发出、入库各种产品的数量，然后与本期结转销售成本的发出产成品数量相对比，并结合“应收账款”、“其他应收款”等往来账户，查找是否有应做销售的发出商品未计税的情况，是否存在账外经营情况。需要说明一点，只要企业“应收账款”科目存在贷方余额，一般企业就存在发出商品问题。
（5）计算各月产成品的平均销售单价，检查有无异常波动；抽查几个主要客户，测算企业对各客户的平均销售单价是否有异常差异；看关联企业间调拨产品价格是否偏低。
（6）检查“原材料”、“产成品”账户有无红字，入库、发出及结转是否符合规定，看有无原材料、产成品发生非正常损失或直接赠送他人未做进项税额转出或未提销项税额情况。
（7）检查企业“应付账款”、“其他应付款”、“应收账款”、“其他应收款”等往来科目，以及“包装物”的核算及发出情况，以确认是否有应税价外收费；包装物耗用与产成品产量是否配比；发票单位名称与汇入款项的单位名称是否相符。</td></tr>
</table>

（续表）

<table>
<tr><td>行业名称</td><td>肉食加工行业</td></tr>
<tr><td>常用检查方法</td><td>（8）检查企业“管理费用”、“销售费用”、“营业外支出”、“生产成本”等科目，查看是否存在用于样品、捐赠、广告、抵债、管理部门等产品未计税问题；看有无总机构费用在分支机构列支，减少应纳税所得额问题。
（9）检查企业“应付账款”、“其他应付款”、“应收账款”、“其他应收款”等往来科目及“预计负债”等科目，以确认企业是否有虚构及预提各项费用的情况。</td></tr>
</table>

表 2-5 复混肥生产行业税收风险诊断

<table>
<tr><td colspan="2">行业名称</td><td colspan="2">复混肥生产行业</td></tr>
<tr><td rowspan="19">生产工艺及特点</td><td>工艺流程</td><td colspan="2">原料采购→原料储存→原料粉碎→成球→烘干→冷却→包装→复混肥</td></tr>
<tr><td rowspan="8">生产用原材物料</td><td>原料</td><td>钾肥、一铵、二铵、尿素、碳酸氢铵、钙粉、氯化铵、过磷酸钙、钙镁磷肥、磷肥</td></tr>
<tr><td>主要材料</td><td></td></tr>
<tr><td>辅助材料</td><td>防结剂、黏土、膨润土</td></tr>
<tr><td>低值易耗品</td><td></td></tr>
<tr><td>燃料</td><td>烟煤</td></tr>
<tr><td>动力</td><td>电力</td></tr>
<tr><td>包装物</td><td>编织袋、内衬袋</td></tr>
<tr><td>其他</td><td></td></tr>
<tr><td rowspan="4">生产产品</td><td>主要产品</td><td>氮、磷、钾不同养分、不同标号的复混肥</td></tr>
<tr><td>副产品</td><td>盐酸</td></tr>
<tr><td>下脚料</td><td>煤渣</td></tr>
<tr><td>其他</td><td></td></tr>
<tr><td rowspan="3">产品形态特点</td><td>主要产品</td><td></td></tr>
<tr><td>副产品</td><td></td></tr>
<tr><td>其他</td><td></td></tr>
<tr><td>生产设备特点及使用情况</td><td colspan="2">复混肥每年 2 月、3 月、6 月、8 月、9 月、10 月为旺季，其设备受酸碱腐蚀厉害，每年需进行数次检修，特别是每年 11、12 月为大修理季节。</td></tr>
<tr><td rowspan="3">主要经济技术指标</td><td colspan="2">投入产出指标</td><td>成品率大约为 95%</td></tr>
<tr><td colspan="2">能源消耗指标</td><td></td></tr>
<tr><td colspan="2">其他指标</td><td></td></tr>
<tr><td>财务会计制度</td><td colspan="3">执行《企业会计制度》。
（1）低值易耗品采用五五摊销法；
（2）计提坏账准备按 0.5% 的比例。</td></tr>
</table>

（续表）

<table>
<tr><td colspan="3">行业名称</td><td>复混肥生产行业</td></tr>
<tr><td rowspan="7">在税收方面可能出现的主要问题及环节</td><td rowspan="3">增值税方面</td><td>购进环节</td><td>（1）购进包装袋不及时索取发票。
（2）购进应税化肥入账时记入免税化肥。</td></tr>
<tr><td>生产环节</td><td>隐匿副产品及下脚料。</td></tr>
<tr><td>销售环节</td><td>（1）隐匿副产品及下脚料收入。
（2）销售废旧包装袋不入账。</td></tr>
<tr><td rowspan="3">企业所得税方面</td><td>购进环节</td><td>虚列购进成本。</td></tr>
<tr><td>生产环节</td><td></td></tr>
<tr><td>销售环节</td><td></td></tr>
<tr><td colspan="2">其他方面</td><td></td></tr>
<tr><td colspan="2">常用检查方法</td><td colspan="2">（1）检查地磅室等计量部门，调取相关的过磅资料，或者调取保管账，与购进材料的账面数相核对，或者盘点库存，与会计账面数核对，看是否有购进应税化肥计入免税化肥中。
（2）检查包装物暂估入库的情况，看购进时是否取得了发票，检查相关往来账户，看货款支付情况。
（3）统计原材料发出的吨数、产成品及半成品入出库数量，结合库存盘点，测算废旧包装物的销售，看是否存在以旧抵顶包装物货款的现象（尤其是关联企业之间）。
（4）根据化学反应式，计算出副产品盐酸的理论产值。
（5）检查“在建工程”科目，实地观察企业的工程建设情况，看铝合金及钢结构产品承建单位是否缴纳了增值税；如果没有，看施工单位是否在施工地报验了税务登记，必要时由国税局和企业签订代征税款协议书，由企业代征代缴增值税。</td></tr>
</table>

表 2-6　板材加工行业税收风险诊断

<table>
<tr><td colspan="2">行业名称</td><td colspan="2">板材加工行业</td></tr>
<tr><td rowspan="9">生产工艺及特点</td><td>工艺流程</td><td colspan="2">原木→锯断→木段旋切→芯板干燥→芯板修补→芯板涂胶→组坯→板坯预压→板坯修整→板坯腻修→板坯砂光→二次组坯→二次整压→锯边→砂光→合板分拣→入库打包</td></tr>
<tr><td rowspan="8">生产用原材物料</td><td>原料</td><td>原木（杨木等）</td></tr>
<tr><td>主要材料</td><td>杨木、原木</td></tr>
<tr><td>辅助材料</td><td>胶水、面粉、修理用备件</td></tr>
<tr><td>低值易耗品</td><td>推车、铁架板、氧气瓶、煤气瓶</td></tr>
<tr><td>燃料</td><td>煤</td></tr>
<tr><td>动力</td><td>电</td></tr>
<tr><td>包装物</td><td>包装纸箱、打包带</td></tr>
<tr><td>其他</td><td></td></tr>
</table>

（续表）

<table>
<tr><td colspan="3">行业名称</td><td colspan="2">板材加工行业</td></tr>
<tr><td rowspan="9">生产工艺及特点</td><td rowspan="4">生产产品</td><td>主要产品</td><td colspan="2">多层板</td></tr>
<tr><td>副产品</td><td colspan="2">三合板</td></tr>
<tr><td>下脚料</td><td colspan="2">锯边、锯头</td></tr>
<tr><td>其他</td><td colspan="2">废料</td></tr>
<tr><td rowspan="3">产品形态特点</td><td>主要产品</td><td colspan="2">1 220 × 2 440 × (3.6—40) mm(多层板)</td></tr>
<tr><td>副产品</td><td colspan="2">1 220 × 1 830(三合板)</td></tr>
<tr><td>其他</td><td colspan="2"></td></tr>
<tr><td>生产设备特点及使用情况</td><td colspan="3">日本进口旋切机、台湾四十层热压机、台湾砂光机、陕西榆次热压机，技术先进，节能、产量大。</td></tr>
<tr><td rowspan="3">主要经济技术指标</td><td colspan="2">投入产出指标</td><td colspan="2">每 100 立方米杨木产出多层板 70—75 立方米。
每 100 立方米夹芯板产出多层板 90—95 立方米。</td></tr>
<tr><td colspan="2">能源消耗指标</td><td colspan="2">煤炭：100 立方米多层板耗费 4 吨。
电能：100 立方米耗费 4 500 度。</td></tr>
<tr><td colspan="2">其他指标</td><td colspan="2">胶：每 100 立方米消耗 10—11 吨。
面粉：每 100 立方米消耗 3.5—4 吨。</td></tr>
<tr><td>财务会计制度</td><td colspan="4">执行企业会计制度，按照权责发生制、实收实付制进行日常核算。</td></tr>
<tr><td rowspan="6">在税收方面可能出现的主要问题及环节</td><td rowspan="3">增值税方面</td><td colspan="2">收购环节</td><td>（1）未按规定开具《农产品收购统一发票》，如填写项目不齐全等；
（2）收购小规模纳税人（个体户）货物开具《农产品收购统一发票》；
（3）收购一般纳税人货物开具《农产品收购统一发票》；
（4）虚开《农产品收购统一发票》；
（5）从销售方取得虚假的农产品销售普通发票。</td></tr>
<tr><td colspan="2">生产环节</td><td>（1）隐匿副产品及下脚料；
（2）隐匿板材产品生产数量。</td></tr>
<tr><td colspan="2">销售环节</td><td>（1）隐匿产品、副产品及下脚料销售收入；
（2）发出商品未做销售；
（3）销售货物收取价外费用未计税，如收取非代垫运费等；
（4）用于样品、捐赠、广告、抵债等产品未计税；
（5）无正当理由低价销售货物；
（6）出口板材产量达不到，外购板材共计出口，多退税款。</td></tr>
<tr><td rowspan="3">企业所得税方面</td><td colspan="2">收购环节</td><td>虚开《农产品收购统一发票》，取得交易不真实、虚开的农产品销售发票。</td></tr>
<tr><td colspan="2">生产环节</td><td>（1）隐匿副产品及下脚料；
（2）虚增生产成本。</td></tr>
<tr><td colspan="2">销售环节</td><td>（1）隐匿产品、副产品及下脚料销售收入；
（2）发出商品未做销售；
（3）销售货物收取价外费用未计税，如收取非代垫运费等；
（4）用于样品、捐赠、广告、抵债、管理部门等产品未计税；
（5）无正当理由低价销售货物。</td></tr>
</table>

（续表）

行业名称	板材加工行业
其他方面	
常用检查方法	（1）主要将企业的现金流水账与企业向税务机关申报的资料进行对比，从中发现往来资金流的蛛丝马迹。 （2）实地到企业生产车间重点检查，查看有关的生产设备，了解企业设备生产能力，检查各种产品、下脚料的收集及处理情况。 （3）突击检查收购原料的地磅室等计量部门，调取相关的过磅资料，结合投入产出指标，测算本期板材产量，然后与本期实际入库数量相对比，检查是否隐匿板材产量；核对全年原料收购情况，确定企业是否存在虚开《农产品收购统一发票》及接受虚假的农产品销售发票的问题。 （4）检查企业《农产品收购统一发票》开具及农产品购进普通发票取得的情况，落实是否存在未按规定开具发票情况，必要时可选取本地或本市供应原料的个人大户进行实地调查。 （5）调取产成品库“保管账”、产品出库凭证，检查本期发出各种产品的数量，然后与本期结转销售成本的发出产成品数量相对比，并结合“应收账款”、“其他应收款”等往来账户，查找是否有应做销售的发出商品未计税的情况。需要说明一点，只要企业“应收账款”科目存在贷方余额，一般企业就会存在发出商品问题。 （6）计算各月产成品的平均销售单价，检查有无异常波动；抽查几个主要客户，测算企业对各客户的平均销售单价是否有异常差异。检查“原材料”、“产成品”账户有无红字余额，入库、发出及结转是否符合规定。 （7）检查企业“应付账款”、“其他应付款”、“应收账款”、“其他应收款”等往来科目，以及“包装物”的核算及发出情况，以确认是否有应税价外收费、包装物押金未计税的情况。 （8）检查企业“管理费用”、“销售费用”、“营业外支出”、“生产成本”等科目，查看是否存在用于样品、捐赠、广告、抵债、管理部门等产品未计税问题。 （9）检查企业“应付账款”、“其他应付款”、“应收账款”、“其他应收款”等往来科目及“预计负债”等科目，以确认企业是否有虚构及预提各项费用的情况。
典型案例	××木业私营有限责任公司2001年7月办理工商营业执照，2003年1月开业，同年3月办理税务登记，为增值税一般纳税人，现有职工156人，经营范围为木材经营加工。 根据上级要求及领导安排，检查组于2006年1月3日至5日对群众举报××木业私营有限责任公司从事生产经营做假账偷税一案进行调账，在调账过程中只调取了企业账外账，并对有关当事人进行询问，提取了与案件有关的证据资料，经检查发现以下违法事实： 2005年3月至10月销售杨木下脚料金额508 769.00元（含税），记入两套账，未向税务机关申报，违反了《中华人民共和国增值税暂行条例》第一条、第六条的规定，应补提销项税额73 923.70元。 处理意见： （1）追缴增值税款73 923.70元。 （2）根据《中华人民共和国税收征收管理法》第六十三条第一款，上述行为已构成偷税，建议处以偷税数额50%的涉税罚款，罚款金额36 961.85元。 （3）根据《中华人民共和国税收征收管理法》第三十二条，从滞纳税款之日起，按日加收滞纳税款万分之五的滞纳金。 以上问题是纳税人违反国家税收法律、法规，将取得下脚料收入记入账外账，隐瞒收入，少计税款，责任在纳税人，该公司应加强对税收法律、法规的学习，吸取教训，不再发生此类违章问题。

第四节 税务筹划技术

第一章已经介绍过，税务筹划的基本技术方法包括缩小税基、降低税率和延期纳税三个方面。本节在其基础上进一步介绍这些技术方法的具体运用。

一、税务筹划最基本的技术——延期纳税技术

（一）延期纳税概念

延期纳税是指延缓一定时期后再缴纳税收。狭义的延期纳税专门指纳税人按照国家有关延期纳税规定进行的延期纳税；广义的延期纳税还包括纳税人按照国家其他规定可以达到延期纳税目的的财务安排和纳税计划，比如，按照折旧政策、存货计价政策等规定来达到延期纳税的财务安排。

政府制定延期纳税规定主要有以下原因：

一是避免先征后退，节约征税成本。比如，我国规定，境外进入免税区的货物，除国家另有规定外，免征增值税和消费税，以后如果免税进入保税区的货物运往非保税区，则再照章征收增值税和消费税；以后如果保税区生产的产品运往境外，除国家另有规定外，免征增值税和消费税。这个规定就性质来说，是一种延期纳税。

二是防止纳税人税负畸轻畸重。比如，有的国家规定，农民在某一年度取得特别多的所得，可以将这一年的所得分散到数年之内缴纳税收。

三是鼓励和促进投资。比如，有些国家允许只要国外子公司的利润留在国外继续投资经营，不汇回国内，就可以一直延缓至汇回国内时再纳税。因此，延期纳税也是属于国家财税政策的一部分。

（二）税务筹划的延期纳税技术

1．延期纳税技术的概念

延期纳税技术是指在合法和合理的情况下，使纳税人延期纳税而相对节税的税务筹划技术。纳税人延期缴纳本期税收并不能减少纳税人纳税绝对总额，但等于得到一笔无息贷款，可以增加纳税人本期的现金流量，使纳税人在本期有更多的资金扩大流动资本，用于资本投资；如果存在通货膨胀和货币贬值，延期纳税还可以更有利于企业获得财务收益。

2．延期纳税技术的特点

延期纳税技术运用的是相对节税原理，一定时期的纳税绝对额并没有减少，是利用货币时间价值节减税收，属于相对节税型税务筹划技术；大多数延期纳税涉及财务制度各个方面的许多规定和其他一些技术，并涉及财务管理的许多方面，需要有一定的数学、统计和财务管理知识，各种延期纳税节税方案要通过较为复杂的财务计算才能比较、决策，技术较为复杂；延期纳税技术可以利用税法延期纳税规定、会计政策与方法的选择以及其他规定进行节税的税务筹划技术，几乎适用于所有纳税人，适用范围较大；延期纳税主要是利用财务原理，不是某些相对来说风险较大、容易变化的政策，因此，延期纳税节税技术具有相对确定性。

3. 延期纳税技术的要点

(1) 延期纳税项目最多化。在合法和合理的情况下,尽量争取更多的项目延期纳税。在其他条件包括一定时期纳税总额相同的情况下,延期纳税的项目越多,本期缴纳的税收就越少,现金流量就越大,相对节减的税收就越多。

(2) 延长期最长化。在合法和合理的情况下,尽量争取纳税延长期最长化。在其他条件包括一定时期纳税总额相同的情况下,纳税延长期越长,由延期纳税增加的现金流量所产生的收益也将越多,因而相对节减的税收也越多。

比如,税法规定购置的高新技术设备和环保产品设备,可以采用加速折旧法,在其他条件基本相似或利弊基本相抵的条件下,尽管总的折旧额基本相同,但选择加速折旧法可以在投资初期缴纳最少的税收,而把税收推迟到以后期间,相当于延期纳税。

二、税务筹划最有效的技术——转让定价技术

该种方法既涉及缩小税基,又涉及降低税率。众所周知,商品价格是围绕价值上下波动的,并受市场上商品的供求关系影响,即同类商品存在一个统一的市场价格标准。但是,作为市场主体的企业对其所经营商品价格的制定具有独立的自主权,只要买卖双方都愿意接受,某种商品的交易价格就可以高于或低于其市场平均价格。正因为如此,集团公司可利用关联企业之间的业务往来,对货物往来、劳务结算、财产租赁、贷款利息等制定其特殊的内部交易价格,以实现企业经营管理的各项财务目标,如避免或推迟缴纳企业所得税等。关联企业之间转让定价的具体做法如下:

(一) 货物的转让定价

集团公司利用其关联公司之间提供原材料、产品销售等往来,通过采用“高进低出”或“低进高出”等内部作价办法,将收入转移到低税负地区的独立核算企业,而把费用尽量转移到高税负地区的独立核算企业,从而达到转移利润和减轻公司整体税负的目的。

(二) 劳务的转让定价

关联企业之间除了上面提到的材料和产品贸易往来之外,还会经常相互提供各种劳务服务。其做法同货物的转让定价基本相同,关联企业之间可以利用提供劳务服务的内部作价方式来实现利润的转移,从而减轻整体税负。

(三) 管理费用的转让定价

企业集团总部为其下属公司提供各种管理服务,因此,有关的管理费用必须分摊给下属公司。集团公司为了降低企业整体税负,往往没有按合理标准来分配管理费用,而是对高税率子公司多分配费用,对低税率子公司少分配费用,使企业获得最大的经济利益。

(四) 有形资产的转让定价

在企业的生产经营过程中,关联企业之间经常发生生产设备等有形资产的租赁行为,这就为我们进行税务筹划提供了空间。例如,通过制定内部租赁价格(即租金价格),达到转移利润和减轻税负的目的。在我国珠海经济特区,一家外商投资公司以融资租赁方式向其国外母公司租用价值500万美元的资本设备,合同规定母公司按原值的140%收取本金、租金及管理费,租期为8年,期满后设备归子公司所有。

这种租赁形式表面上看来比较优惠——子公司亦称该设备贷款是由母公司提供的，母公司收取的租金率低于贷款利率，因此按我国税法规定可以就其租金免征所得税——但经过深入调查发现，母公司向该公司收取租金采取逐年递减的方式，第一年为25%，第二年为15%等，租赁期年平均租金率为8.68%，超过了同期国际金融市场的一般利率水平。这种利用有形资产租赁业务规避税收的方法，在大型跨国企业中并不鲜见。

（五）无形资产的转让定价

无形资产，是指企业拥有的商标、商誉、专利权、专有技术等产权。由于无形资产具有单一性和专有性的特点，转让定价没有统一的市场标准价格可供参照，其转让定价比货物及劳务更为自由灵活和方便，转让定价亦可包含于被转让的设备款之中，但是如果国内企业将无形资产的转让定价包含在设备中，则应考虑国家对出售固定资产征税的其他税收政策法规。

（六）资金的转让定价

资金的价格表现为贷款或借款的利息。关联公司之间可以通过其内部结算银行发生借贷行为，常常表现为总公司对分公司进行贷款。这样，总公司就可通过对税率高的分公司实行高利率贷款的政策，而对税率低的分公司实行低利率贷款的政策，使公司利润从高税率公司向低税率公司转移，以减轻整体所得税税负。

总之，以减轻集团公司整体税负为目的的转让定价的基本做法是：当卖方处于高税率地区而买方处于低税率地区时，其交易就以低于市场价进行；反之，则以高于市场价进行交易。

例如，A企业当年实现利润500万元，税率25%，A企业通过转让定价的方法，将其100万元利润转给适用20%税率的关联小企业，则：

不进行利润转移时应纳所得税税额为：

$$500 \times 25\% = 125(\text{万元})$$

通过转让定价后应纳所得税税额为：

$$400 \times 25\% + 100 \times 20\% = 120(\text{万元})$$

通过转让定价后少纳所得税税额为：

$$125 - 120 = 5(\text{万元})$$

如果对此例做进一步的分析，可以看出，如果各关联企业都适用同一比例税率，且各企业均处于盈利的情况下，则转让定价对集团公司整体所得税税负将不产生任何影响。但如果各关联企业适用不同的所得税税率，则转让定价大有筹划的空间。

如果集团内各关联企业之间利润相差悬殊，或有其他税收优惠，有必要利用转让定价的方法，将利润转到有税收优惠的企业，以降低或减轻集团整体税负水平。

三、税务筹划最正统的技术——免税技术

（一）免税概念

免税技术属于缩小税基的筹划方法。免税是国家对特定的地区、行业、企业、项目或情况（特定的纳税人或纳税人的特定应税项目，或由于纳税人的特殊情况）所给予纳税人

完全免征税收的优惠或奖励措施。

免税可以是国家的一种税收优惠方式,同时也可以是国家出于其政策需要的一种税收奖励方式,它是贯彻国家经济、政治和社会政策的经济手段。比如,我国对于某些遭受严重自然灾害地区的农业生产在一定时期给予免税,就属于国家帮助那些地区恢复生产的税收照顾。又如,我国现行企业所得税法规定,对于农作物新品种的选育、中药材的种植、林产品的采集等予以免税。这种税收奖励也可称为税收优惠、税收鼓励、税收刺激或税收激励。

各国税法里的免税优惠政策随处可见,是各国税收制度的一个重要组成部分,是采用免税技术合法筹划节税的法律渊源。

(二) 税务筹划的免税技术

1. 免税技术概念

免税技术是指在合法和合理的情况下,使纳税人成为免税人,或使纳税人从事免税活动,或使征税对象成为免税对象而免纳税负的税务筹划技术。免税人包括自然人、免税公司、免税机构等。

一般来说,税收是不可避免的,每个人都要缴纳税收,但是纳税人可以成为免征(纳)税收的纳税人——免税人。通过合法和合理地利用免税规定,企业可以节减税收。

2. 免税技术特点

免税技术具有以下特点:

(1) 免税技术运用的是绝对节税原理,直接免除纳税人的税收绝对额,属于绝对节税型税务筹划技术。

(2) 免税技术简单易行,一般不需要利用数理、统计、财务管理等专业知识进行税务筹划,也无须通过复杂的计算,甚至不用计算、不用比较,就能知道是否可以节减税收,技术非常简单直观。

(3) 免税是对特定纳税人、征税对象及情况的减免,比如必须从事特定的行业,在特定的地区经营,满足特定的条件等,而这些不是每个纳税人都能或都愿意做到的。因此,免税技术往往不能普遍运用,适用范围狭窄。

(4) 免税技术具有一定风险性,在能够运用免税技术的企业投资、经营活动中,往往有一些是被认为投资收益率低或风险高的地区、行业、项目和行为。比如,投资高科技企业可以得到免税待遇,还可能得到超过社会平均水平的投资收益率,但风险性极高,非常可能因种种原因而导致投资失败,使免税优惠变得毫无意义。

(三) 免税技术要点

在免税技术手段运用过程中,应注意做到以下两点:

(1) 尽量争取更多的免税待遇。在合法和合理的情况下,尽量争取免税待遇,争取尽可能多的项目获得免税待遇。与缴纳税收相比,免征的税收就是节减的税收,免征的税收越多,节减的税收也越多。

(2) 尽量使免税期最长。在合法和合理的情况下,尽量使免税期延长。许多免税政策都有期限规定,免税期越长,节减的税收越多。

四、其他税务筹划技术及其运用

(一) 税率差异技术及其运用

税率差异技术是指在法律规定允许的范围内,利用税率差异而直接节减税收的技术。这里的税率差异包括税率的地区差异、国别差异、行业差异、企业类型差异等。地区差异技术的运用,根据我国《企业所得税暂行条例》(老企业所得税法)的有关规定,国家对"老、少、边、穷"地区新办的企业,可在三年内减征或免征所得税;对设在开发区、经济特区、高新技术产业区的企业国家都有减、免税的有关规定。但对于以前的地区税率差异,现行企业所得税法及实施条例有所改变,税收优惠格局逐步由区域优惠过渡到行业优惠。对于行业差异,如国家对高新技术企业规定了15%的税率。作为企业的投资者,应首先选择投资低税率的行业,并尽可能选择在低税率的区域投资。

(二) 分割技术及其运用

分割技术是指在法律规定允许的范围内,使所得财产在两个或两个以上纳税人之间进行分割而直接节减税收的技术。企业在运用这一技术时,主要考虑流转税及企业所得税这两项,而流转税主要是增值税。例如,农业部门所属的肥料生产企业和农药生产企业,按现行税法规定,大多数产品需缴纳增值税,如果产品增值潜力较大,则其缴纳的增值税较多,此时,不妨把企业分割成两个企业,一个是生产企业,另一个是销售企业,通过转移定价,减少生产企业销售利润,从而达到企业少缴增值税的目的,而销售企业销售化肥、农药按税法规定是免缴增值税的。同样,现行企业所得税法规定,符合条件的小型微利企业的税率为20%,把一个企业分割成两个独立的企业,使拆分后的两个企业都符合新企业所得税法的小型微利企业的标准,通过降低企业所得税的适用税率,就可达到少缴所得税的目的。

(三) 扣除技术及其运用

扣除技术是指在法律规定允许的范围内,使扣除额、减免额、冲抵额等尽量增加而直接节减纳税,或调整各个计算期的扣除额而相对节税的技术。运用这一技术时,企业必须充分利用计税工资及其三项费用的扣除、企业业务招待费的扣除、企业广告费用的扣除、职工劳动保险费的扣除、折旧扣除、捐赠的扣除,以及对技术开发费、残疾人工资的加计扣除。企业要充分认识和了解税法规定的各种费用扣除因素,通过合理税务筹划、成本核算来减轻企业税负。

(四) 抵免技术及其运用

抵免技术是指在法律规定允许的范围内,使税收抵免额增加而绝对节税的技术。《企业所得税法》第二十三条规定了企业所得税的抵免条款:居民企业来源于中国境外的应税所得、非居民企业在中国境内设立机构、场所,取得发生在中国境外但与该机构、场所有实际联系的应税所得(即境外负有纳税义务的所得),已在境外缴纳的所得税税额,可以从其当期应纳税额中抵免。抵免限额为该项所得依照规定计算的应纳税额;超过抵免限额的部分,可以在以后五个年度内,用每年度抵免限额抵免当年应抵税额后的余额进行抵补。第二十四条规定了饶让条款:居民企业从其直接或者间接控制的外国企业分得的来源于中国境外的股息、红利等权益性投资收益,外国企业在境外实际缴纳的所得税税额中属于该项所得负担的部分,可以作为该居民企业的可抵免境外所得税税额,在第二十三条规定的抵免限额内抵免。企业要充分利用国家间的税率差异和税收优惠政策差异,充分享受现行《企业所得税法》抵免条款和饶让条款,合法地节约税款。

(五) 退税技术及其运用

退税技术是指在法律规定允许的范围内,使税务机关退还已纳税款而直接节税的技术。根据税法政策规定,有些税款是直接减免的,有的是即征即退的,有的是先征后退的,这就要求企业管理人员平时注重相关材料的收集、整理、保管,而且材料要求完备,符合有关部门的规定。对有些材料还需要诸如劳动、技术、民政等部门的批准,做到内容上、形式上、逻辑上合理合法,这样才能为办理退税提供方便。

第五节　税务筹划方案的制订

一、税务筹划方案需量身定做

税务筹划方案是税务筹划理论与企业实际相结合的产物,世界上没有完全相同的两个税务筹划方案,也没有一成不变的税务筹划方案,所以制订税务筹划方案不能脱离具体的企业。税务筹划方案只能根据企业的实际情况、各税种的特点、税法的规定来量身定做。

(一) 对企业进行深入、细致的调研

深入、细致、周密的调研是摸清企业真实情况的前提,调研工作越是深入全面,掌握的资料越翔实,设计制作的税务筹划方案也就越具有针对性和可行性。制作税务筹划方案必须注重调研工作。做好调研工作,需要从以下几个方面着手:

1. 做好调研前的准备工作

(1) 熟悉企业的组织结构、经营范围、经营地点、业务发展情况、规模大小、对外投资等事项,对企业事先有一个比较细致的了解。

(2) 搜集国家对该企业的行业税收政策和宏观调控政策,对企业的发展前景做到心中有数、轮廓清晰。

(3) 做好调研工作计划,防止遗漏调研项目。调研工作计划应包括调研目的、调研小组组成人员、调研时间、调研事项、调研的范围、提交调研报告的日期、应注意的问题等内容。调研工作计划应翔实可行。

(4) 选派知识、经验、阅历丰富的调研人员组成调研小组,并指明调研小组负责人。调研小组负责人应有较强的领导组织能力和沟通能力,善于发现问题和思考问题,并有较强的文字功底。

2. 调研工作的实施

(1) 与企业领导班子、财务人员、具体经办人员座谈,详细了解存在的税收风险和产生的根源,仔细听取他们的见解,与他们探讨解决问题的思路和方法。企业的老板和员工与企业共同成长,远远比调研人员了解企业,他们看问题也更深刻,他们的见解和想法对调研小组有很好的参考作用。

(2) 深入企业的生产车间、仓库、销售门市、财务、人事部门进行调研,一方面尽量熟悉企业的业务流程和生产工艺,另一方面尽量发现更多的问题和管理漏洞。调研时要不耻下问,不怕苦不怕累,不要走马观花,更不要不懂装懂。

(3) 做好调研记录,对发现的问题和税收风险,要及时地做好书面记录,防止事后遗忘和疏漏。在条件允许的情况下,最好形成完整的调研工作底稿。

3. 撰写调研报告

调研报告是调研工作的结果,也是设计制作税务筹划方案的基础,必须重视调研报告的写作。

(1) 对调研工作中获取的素材加以整理、分类、提升,写出财税专家的高度和水平。

(2) 善于透过现象看本质,抓住问题的要害。

(3) 思路清晰、文笔流畅、全面翔实、重点突出。

一般来说,调研报告应包括如下内容:企业基本情况、调研目的、调研小组组成人员、实施的调研方法、调研中审核的资料、国家宏观调控政策和税收政策、企业所处的税收环境、发现的税务风险和税务筹划空间、发生税务风险的根源、解决税务风险的思路等。

(二) 熟悉每个税种的特点和筹划空间

(1) 企业所得税是税务筹划的重点。准予从收入额中扣除的项目、免于计入应纳税所得额的项目、减免税优惠项目,是关系到企业所得税税负的三个主要方面,也是进行企业所得税税务筹划的着手点和切入点。由于企业所得税是根据应纳税所得额计征,而应纳税所得额的计算比较复杂,税收优惠政策又比较多,故筹划空间非常大。

(2) 增值税具有涉及面广、税收量大、以票扣税、以票管税的特点,增值税的筹划对于节税和降低成本意义甚大。增值税税务筹划主要包括以下几种选择:对征税方式的选择,对经销加工和纯粹加工的选择,以及对视同销售不同计账方式的选择。

(3) 消费税是对部分工业品在生产和进口环节征收的一种税,具有独特的调节功能和经济杠杆作用。关联企业之间的转移定价和兼营业务的税务筹划值得研究。

(4) 营业税可从计算税收的各个环节进行税务筹划。包括:利用营业税的减免税政策,筹划减少营业额,避免兼营业务从高适用税率的可能性,规避税收管辖权,以及合理选择纳税义务的发生时间等。

(5) 个人所得税因其复杂性以及与个人利益的密切关联性,早已受到各方面的关注,针对个人所得税而进行的税务筹划研究也越来越复杂。纳税人身份的税务筹划、享受附加减除费用的税务筹划、分次申报纳税的税务筹划、扣除境外所得的税务筹划、捐赠抵减的税务筹划等都值得各方认真思考。

(6) 土地增值税是针对企业有偿转让国有土地使用权而征收的一种税,对房地产开发企业有着举足轻重的影响。合法减轻房地产开发企业的土地增值税负担,对房地产开发企业有着非凡的意义。由于土地增值额计算复杂,并且税率跳跃性强,税务筹划的空间也很大。

(7) 其他小税种的筹划。其他小税种主要包括土地使用税、印花税、房产税、车船税等行为税种。其特点是计算简便,税负较轻,一般不是税务筹划方案的重点。

（三）熟悉每个税种的具体、详细的规定

设计制作税务筹划方案，仅熟悉每个税种的特点和大致的筹划空间是远远不够的，还要全面掌握每个税种的具体的细微的规定，由于国家税收政策的多变性，税务筹划师还应尽可能掌握最新的税收政策，只有这样才能制作出适应企业实际情况的税务筹划方案。目前我国的税收政策已达二十多万条，熟悉每个税种的具体、详细的规定，不是一朝一夕的事情，必须依靠平时的积累。世界上没有成功的税务筹划方案可以复制，税务筹划方案只能量身定做。

二、税务筹划方案的内容

目前，税务筹划在中国还是一项新生事物，关于税务筹划方案的具体内容和格式，国家和行业协会并没有硬性的规定，一般由税务筹划师根据工作需要自由掌握和确定。我们认为一个完整的税务筹划方案，应包括以下几个部分的内容：

（一）企业基本情况

企业的老板和财务人员对企业的基本情况应该是很熟悉的，这部分内容对企业老板和财务部门来说是没必要的。但税务筹划方案的阅读者并不限于企业本身，还有可能是其他人员，如咨询公司的部门经理、税务律师、总咨询师等，如果项目经理发生变动，后任项目经理也需要了解企业的基本情况，所以这部分内容还是不可省略的。企业基本情况应以简洁为主，尽量以概括、精练的语言加以简要描述。

（二）主要的税务风险和税务筹划的空间

这部分内容主要出自调研报告，向方案使用人描述税务筹划拟解决的主要税收风险和财税管理中存在的主要问题。这部分内容主要为下面的税务筹划方案做铺垫，也不是税务筹划方案的主要内容，应简略处理。

（三）具体的税务筹划方案

这部分内容是税务筹划方案的核心内容，告诉企业今后如何改变业务流程和账务处理才能合法减轻税负，应详细、准确地描述，如果文字不好描述，也可配以示意图加以说明。该部分内容还可以通过数字进行计算对比，给企业投资者进行定量的描述。

（四）税务筹划方案的节税原理和可行性分析

这部分内容主要说明提供的税务筹划方案为什么能为企业节税，税务筹划的关键点在什么地方。可行性分析主要阐述税务筹划方案企业是能够做到的，不存在操作上的困难，可以从税务筹划方案的可操作性和咨询公司的专业实力两方面来论证。

（五）税务筹划方案的节税效果测算

通过将实施税务筹划方案后的税负与实施前的对比，让企业的决策者看到税务筹划方案带来的节税效果，进而增强实施税务筹划方案的信心，减少税务筹划方案实施中的难度。通过节税效果的测算，还可以让企业决策者认可税务咨询公司的专业实力，增强下一步合作的信心，减少今后合作中的不信任感。

（六）税务筹划方案的政策依据

这部分内容主要罗列制作税务筹划方案所依据的税收法规。为了既增强权威性又节约篇幅，可以只罗列文件名称、文件号和最直接的税收规定，而不把文件的内容全部罗列。

（七）与税务筹划方案有关的业务流程变革和会计处理

自古财税不分家，企业的税务处理变革后有可能涉及业务流程账务处理的变革，在这种情况下，税务筹划方案还要包括与税务筹划方案有关的业务流程变革和会计处理的相关内容。

（八）税务筹划方案的实施步骤

税务筹划方案具有一定的超前性，如果企业的管理手段、业务流程、人员配备还不成熟，税务筹划方案就要分阶段、分步骤实施，所以税务筹划方案中还应有实施步骤，包括每一步骤实施的时间、内容和要求。

需要说明的是，上述八个部分的内容并不是一成不变的，税务筹划师可以根据不同企业的具体情况加以增减。

三、制订税务筹划方案需要注意的问题

（一）主线明确

由于税务筹划方案内容多且复杂，制订税务筹划方案时一定要主线明确，不论税务筹划方案包括几个部分的内容，每个部分的内容下面再分多少个层次，主线不能没有也不能乱，这样写出的税务筹划方案才能让人一目了然。如果不能把握主线，就会导致偏离主题、内容一团乱麻，看后让人不知所云。试想，如果制订的税务筹划方案没有人能看得懂，企业怎么去实施？不能实施的税务筹划方案是没有任何价值的。

（二）行文流畅

由于税务筹划方案专业性较强，解决的问题比较复杂，制作税务筹划方案时一定要做到行文流畅，通俗易懂，尽量少用专业术语。要知道，企业的决策者很少有财务、税务出身的，如果制作的税务筹划方案语句不通、晦涩难懂，企业的领导者怎能理解税务筹划方案的精髓？又怎能正确贯彻税务筹划方案的内容？这同样会导致税务筹划方案不能落到实处，不能得到实施。

（三）注意规避职业风险

由于税务筹划的经济活动是在法律的边界运作，税务筹划人员很难准确把握其确切的界限，再加上税务筹划师出于行业竞争和自身利益的考虑，过度利用纳税人节税的心理，不考虑纳税人可能承担的风险和法律责任，进行筹划设计时钻法律的空子，给纳税人带来很大的风险。为了规避这类风险，在制作税务筹划方案时，应使用适当的语句，准确描述税务筹划方案给企业带来的收益。在方案的末尾，还应提醒企业管理当局：我们的纳税建议仅供贵公司决策层进行参考，并不构成贵公司交纳税款的法律依据。

第六节　税务筹划方案的实施

一、向企业管理当局讲解税务筹划方案

1. 讲解税务筹划方案的必要性

实施税务筹划方案的前提是企业管理当局正确理解税务筹划方案，深刻领会税务筹

划方案的内涵。由于税务筹划方案是税务筹划师在深刻调研的基础上,根据国家税收政策设计制作出来的,专业性很强,企业管理当局并不知道设计的理念、设计的方法,再加上企业管理当局财税知识的欠缺,一开始他们对税务筹划方案并不能理解,甚至是看不明白。但他们在企业决策和管理中却起着举足轻重的作用,他们的态度和决心直接决定着税务筹划方案实施结果的好坏。在实施税务筹划方案前,一定要向企业管理当局详细讲解税务筹划方案,与他们进行深入的沟通,充分获得企业管理当局的理解和支持。

2. 讲解税务筹划方案应注意的问题

(1) 尽量使用通俗易懂的语言,少用专业术语。将专业性很强的税务筹划方案向一群财税知识欠缺的企业管理当局讲清楚,并不是一件容易的事。讲解之前需要做好充分的准备,尽最大可能把专业术语、枯燥的数字和法条变为通俗易懂的语言。必要时可以将税务筹划方案制作成幻灯片,并用浅显易懂的故事、道理作比喻。

(2) 注意沟通技巧,并有足够的耐心。与企业管理当局讲解沟通税务筹划方案,一定要注意说话的技巧,不能直接问他们听懂了没有,应采用委婉的语句,问他们自己表述清楚了没有。因为他们平时位高权重,企业员工向他们汇报问题时态度都很谦恭,如果我们说话时不注意沟通技巧,就会发生不愉快的事情。由于每个人的理解力和思维习惯不同,他们对税务筹划方案的理解也不一样,有可能会提出这样那样的问题,甚至会问一些很幼稚的问题,在这种情况下,税务筹划师要有足够的耐心,不能表现出不耐烦、不屑一顾的神情。

二、组建实施税务筹划方案的领导班子

1. 组建实施税务筹划领导班子的必要性

税务筹划方案是以合法减轻企业税负为目的,对企业的投资、融资和经营活动而做的提前安排,对整个企业今后的发展规划、管理流程有重大影响。实施税务筹划方案的过程中,会改变某些岗位部门的权力,增加某个岗位的工作量,甚至会触动某些部门和个人的利益,这就需要企业领导的协调。另外,人都是有惰性的,不愿接受新生事物,不愿改变已经熟练的工作方法,这也需要企业领导给予督促。实施税务筹划方案仅依靠企业财务部门和税务筹划师是远远不够的,因为实施税务筹划是整个企业的事情,而不是财务部一个部门的事情。为了顺利实施税务筹划方案,一定要组建实施税务筹划的领导班子。

2. 实施税务筹划领导班子组成人员

领导班子组成人员中应设立领导小组组长一职,并由企业的董事长或总经理担任,以确保领导小组的权威性。领导小组的成员应包括企业财务部门、采购部门、人事部门、计划部门、生产部门的部门经理,以便于实施税务筹划方案时部门之间工作职责、部门利益的协调。为了保持税务筹划方案的保密性,领导小组办公室可以设在财务部门,日常的实施工作由财务部门兼职处理,涉及其他部门配合时再通知其他成员予以协调。税务筹划师也应是领导小组的成员之一,其职责是处理实施税务筹划方案中的各种技术难题,随时提供财税政策咨询服务。

三、对税务筹划方案进行细化和微调

1. 细化和微调的必要性

税务筹划师在设计制作整体税务筹划方案时，对局部的、细节性的问题考虑并不周全，有时甚至会忽略一些问题，在实施税务筹划方案的过程中，这些细枝末节的问题就会逐渐暴露出来，有些问题的处理太粗，需要细化；有些问题的处理欠妥，需要重新考虑。在实施税务筹划方案时，必须随时对税务筹划方案进行局部的细化和微调。另外，在实施税务筹划方案的过程中，国家的财税政策有可能发生变化，对不合时宜的税务筹划方案也需要进行及时的调整。可见，没有对局部方案的细化和微调，就没有税务筹划方案的顺利实施。

2. 做好方案调整的记录

对税务筹划方案进行调整时，一定要做好书面记录，详细记录方案调整的原因、调整的内容，双方签字认可。之所以这样做，是因为调整税务筹划方案是很慎重的事情，涉及企业和税务咨询机构双方的利益，双方的企业老板都要了解、掌握方案的变动情况，后任税务筹划师也需要了解整个税务筹划方案的实施变动过程。方案调整表是实施税务筹划方案的重要资料，应及时归档保管，格式如表 2-7 所示。

表 2-7　税务筹划方案调整表

<table>
<tr><td>项目名称</td><td colspan="2"></td><td colspan="2">方案设计者</td><td></td></tr>
<tr><td>项目内容</td><td colspan="5">□税务风险诊断　□税务筹划　□财务制度设计</td></tr>
<tr><td>项目阶段</td><td colspan="5">□项目诊断阶段　□方案设计阶段　□辅导实施阶段　□跟踪服务阶段　□监督检查阶段</td></tr>
<tr><td colspan="2">调整前内容</td><td colspan="2">调整原因与依据</td><td colspan="2">调整后内容</td></tr>
<tr><td colspan="2"></td><td colspan="2"></td><td colspan="2"></td></tr>
<tr><td colspan="6">项目组意见：
项目经理：　　日期：</td></tr>
<tr><td colspan="6">专家委员会意见：
专家委员会责任人：　　日期：</td></tr>
<tr><td colspan="6">双方确认：
客户签章确认：　　税务咨询机构签章确认：
日期：　　日期：</td></tr>
</table>

四、实施税务筹划应注意的问题

(1) 注意培养正确的纳税意识，建立合法的税务筹划观念，以合法的税务筹划方式，合理安排经营活动。同时,应深入研究掌握税法规定和充分领会立法精神,使税务筹划活动遵循立法精神,以避免避税之嫌。

(2) 全面了解与投资、经营、筹资活动相关的税收法规、其他法规以及处理惯例。

既然税务筹划方案主要来自不同的投资、经营、筹资方式下的税收规定的比较,因此,对与投资、经营、筹资活动相关的税收法规、其他法规以及处理惯例的全面了解,就成为税务筹划的基础环节。有了这种全面了解,才能预测出不同的纳税方案,并进行比较,优化选择,进而做出对纳税人最有利的投资决策、经营决策或筹资决策。反之,如果对有关政策、法规不了解,就无法预测多种纳税方案,税务筹划活动就无法进行。

(3) 具体问题具体分析,不能照搬他人套路。

现实生活中,税务筹划没有固定的套路或模式,税务筹划的手段及形式也是多样的,所以针对不同的问题,因地制宜,具体问题具体分析。税务筹划方案及结果随纳税人具体情况的不同而不同,随着国家有关政策的变化而变化。对他人适用的方案,对自己不一定适用;此时适用的方案,彼时不一定适用。

(4) 注意税收与非税收因素,综合衡量税务筹划方案,处理好局部利益与整体利益的关系。

影响企业税务筹划的因素很多,其中有税收与非税收因素。直观上看,税务筹划是为了税收支付的节约,但企业进行税务筹划的根本目的不能仅仅停留在节约税收支付这一点上,而是要通过节约税收支付达到增加收益,有助于企业发展的目的。因此,综合衡量税务筹划方案,处理好局部利益与整体利益的关系,就成为税务筹划的核心问题。这就要求我们在进行税务筹划时,要由上而下,由粗到细,逐渐达到所期望的最优的总体效益。这可以从三方面理解:

第一,不能仅仅盯住个别税种的税负高低,要着眼于整体税负的轻重。从更大的范围来看,如果某种方案的资本收益率最高,但并非应纳税金最少,那么这个方案仍然是最理想的方案。因此,资本收益率的最大化也是税务筹划的目的,即要以最小的代价换得最大的收益。

第二,要用长远的眼光来选择税务筹划方案。有的税务筹划方案可能会使纳税人在某一时期税负最低,但却不利于其长远的发展。因此,在进行税务筹划方案选择时,不能仅把眼光盯在某一时期纳税最少的方案上,而是要考虑企业的发展目标,去选择有助于企业发展、能增加企业整体收益的税务筹划方案。

第三,企业还应考虑企业所处外部环境条件的变迁、未来经济环境的发展趋势、国家政策的变动、税法与税率的可能变动趋势、国家规定的非税收的奖励等非税收因素对企业经营活动的影响,综合衡量税务筹划方案,处理好局部利益与整体利益的关系,为企业增加效益。

(5) 注意保持账证完整。就企业税务筹划而言,保持账证完整是最基本且最重要的原则。

税务筹划是否合法,首先必须通过纳税检查,而检查的依据就是企业的会计凭证和记录,如果企业不能依法取得并保全会计凭证或记录不健全,税务筹划的结果可能无效或者大打折扣。

第七节 税务筹划项目的跟踪与辅导

一、跟踪与辅导的意义

1. 跟踪与辅导是税务筹划咨询项目必不可少的阶段

一个完整的税务筹划咨询项目不仅仅是税务筹划方案的制作和实施,还应包括后续的跟踪和辅导。当税务筹划方案宣讲完毕、实施税务筹划的领导小组成立以后,税务筹划方案就进入了实施阶段。企业管理当局和财务人员出于自身能力和视野的限制,他们本身不可能将税务筹划实施下去。对于税务筹划师来讲,此时的跟踪与辅导是必不可少的。税务筹划师应根据服务合同的内容,定期或不定期到服务企业进行跟踪和辅导,解决方案实施过程中的疑难问题,把控税务筹划咨询实施的方向,确保税务筹划项目按计划顺利实施。

2. 跟踪与辅导是固化税务筹划效果的重要手段

跟踪与辅导不仅是确保税务筹划方案顺利实施的重要保障,也是固化税务筹划效果的重要手段。只有通过了税务机关检查的税务筹划方案才是成功的税务筹划方案,这样的税务筹划方案也才会得到企业的认可。税务筹划方案实施完毕后,是否能得到税务机关的认可,是否能通过税务机关的检查,如何与税务机关沟通税务筹划方案中的一些技术问题,国家的税收政策变化以后,原来的税务筹划方案还是否可行,这些都需要持续地跟踪和辅导。只有跟踪和辅导到位,才能固化税务筹划的效果,受到企业的好评。

3. 跟踪与辅导是提升税务筹划师社会价值的重要途径

税务筹划师的社会价值在哪里?我们认为,税务筹划师的价值就在于合法地帮助企业降低税收负担,帮助企业依法纳税,确保国家利益和企业利益都不受损。对客户企业的跟踪辅导,可以使税务筹划师为企业更好地出谋划策,解决更多的疑难问题,提供更大的增值服务,从而以点带面,得到广大企业的认可。在优胜劣汰的市场经济条件下,只有得到广大企业认可的税务筹划师才会有市场需求,他的专业实力才能得到充分的发挥,他的社会价值也才能得到提升。

二、跟踪与辅导的方法

1. 随时关注企业的发展和方案落实情况

企业是不断发展变化的,国家的财税政策也是不断发展变化的,每一时点税务筹划方案实施的结果也是不一样的,在跟踪和辅导时,一定要随时关注企业的发展和方案的落实情况,在跟踪与辅导时知道企业的情况发生了哪些变化,国家新出台了哪些新税收政策,做到心中有数,避免盲目性。在跟踪与辅导时还要强化责任心,把客户企业当作自己的衣食父母。只有这样,才能做到想企业之所想、急企业之所急,才能做好税务筹划项目的跟踪与辅导。

2. 定期或不定期地到企业进行调查研究

税务筹划方案实施一个阶段后,大部分内容得到落实,但也肯定会出现这样那样的问题,各部门配合执行的力度也不一样,甚至还会出现执行不下去的情况。税务筹划师在跟踪与辅导时,就需要找人座谈,了解情况,调查研究,进而分析查找原因,对症下药,从而使跟踪与辅导更有针对性。如果在实施方案时出现重大偏差,还要就调研的情况撰写调研报告,分析出现重大偏差的原因,提供给企业管理当局和税务咨询公司的领导,以便于吸取教训,改进工作。

3. 定期或不定期地召开协调会

前面说过,在实施税务筹划方案时,有可能因为人的惰性而不愿改进目前的工作,也有可能触及某些部门或个人的利益而遭到抵触。税务筹划师在跟踪与辅导时就要适时动员领导小组召开业务协调会,把业务流程改进的目的、方法告诉他们,充分沟通协调,打消他们的顾虑和误会,取得他们的配合和支持,使税务筹划方案得到贯彻执行。

4. 定期或不定期地开展企业内训

对在实施税务筹划方案时遇到的共性的技术难题、国家颁布的重要财税法规,税务筹划师可以企业内训的形式进行有针对性的培训,以提高他们的政策水平和认知能力。开展内部培训是跟踪与辅导的重要形式。培训的人员、内容、形式多种多样,可以是小范围的,也可以是整个企业。

5. 进行个别交流或辅导

对于非共性的特殊的问题,可以采用个别交流和辅导的形式,既可提高辅导的效果,又可节约时间。个别交流或辅导的形式、内容更加灵活多样,可以随时随地进行。

6. 定期或不定期地发送最新的财税法规

对路途较远的外地企业,也可采用电子邮件的形式,定期地发送国家新颁布的财税法规和政策解读,以便企业能较快地获取、理解对他们有用的法规政策。如果能结合企业的具体情况进行政策解读,指出政策中的利用空间,效果会更好。

跟踪与辅导的方法并不限于上述六种,税务筹划师可以根据企业需求和业务实际,找出更多、更好的跟踪与辅导的方法。

三、跟踪与辅导需要注意的问题

1. 注重跟踪与辅导的质量

税务筹划师在企业眼中是财税方面的权威,其到企业提供跟踪与辅导服务时,企业的领导和财务人员都非常珍惜这种难得的学习机会,他们在百忙之中抽出时间全程奉陪,全力配合支持税务筹划师的工作,但当前有些税务筹划师却片面、机械地执行税务咨询服务合同约定的现场服务次数,追求跟踪与辅导的数量,忽视跟踪与辅导的质量,不仅没有解决实施税务筹划方案中出现的问题,还打乱了企业的正常工作秩序,导致企业怨言很多。在跟踪与辅导中,税务筹划师一定要从实际出发,贯彻成本效益原则,注重跟踪与辅导的质量。

2. 做好跟踪与辅导记录

跟踪与辅导是税务筹划师提供现场服务的主要形式,也是履行税务服务合同的重要方面。在跟踪与辅导中,税务筹划师一定要做好跟踪与辅导的记录,形成跟踪与辅导的工作底稿并及时归档,作为履行合同、日后备查的资料。做好跟踪与辅导记录还可为以后分析总结税务筹划工作经验提供良好的素材。跟踪与辅导记录并没有固定的格式,但总体要求是简洁明了、如实反映跟踪与辅导的情况,税务筹划师可以根据企业情况和工作需要自行设计。

本章小结

因为税收法规存在弹性空间,所以才有税务筹划的余地。税务筹划弹性的利用,主要在于顺法意识的优惠政策利用,也不排除在合法性原则下逆法意识的方法利用。以税务筹划基本方法为依托,具体的税务筹划方法多种多样,其实际运用应该密切结合企业的实际情况,量身定制税务筹划方案。作为企业的税务筹划师(筹划人员),必须掌握企业税务调查、发现税务风险、制订企业税务筹划方案、指导实施税务筹划方案和进行跟踪与辅导的一系列技术方法。

复习思考题

1. 如何理解税法弹性? 税法弹性包括哪些内容?
2. 企业税务筹划的方法都有哪些? 这些税务筹划方法如何分类?
3. 结合自己熟悉的一个企业情况,对该企业的税务筹划进行诊断。
4. 什么是企业税务筹划方案? 如何制订企业税务筹划方案?
5. 如何实施企业税务筹划方案? 实施税务筹划方案应该注意哪些问题?
6. 为什么说企业税务筹划方案必须"量身定做"?
7. 为什么在企业税务筹划方案实施后,还要对其进行跟踪与辅导?

案例分析

如何防范税务风险

"平时对下属公司要求都非常严格,为什么一查还出这么多问题? 作为一家上市公司,企业的形象非常重要,怎么可以出现偷逃税问题? 如果最后的处理结果不理想,我怎么向公司董事会和股东大会交代?"杨总在得知税务检查结果后,顿时火冒三丈。

"杨总,这个结果确实出乎我们的意料,平时我们一有新的税收政策,都会及时转发给下属公司,大会小会上也反复强调要依法纳税。但是公司这几年发展确实太快了,新业务、新情况层出不穷,公司财务人员少,每天的正常业务可以说是疲于应付,没有时间和渠道钻研学习新的税收政策。即使看到了新政策,也没有精力去研究这些政策对公司的影响。这次税务检查发现的一些新问题,税务局说的政策依据我们根本没听说过。近两年,公司财务人员更换频繁,办税人员基本都是新人,他们对税收政策掌握得少,对公司业务也不太熟悉,才导致这次检查出了些问题,总部加强对下属单位的管理,应该可以避免这类问题再次发生。”财务经理老张急忙解释。

财务部小王补充道:“我认为公司应当鼓励大家学习税务筹划来解决当前的问题。”

杨总说:“办税人员的素质是税务筹划能解决的吗?公司对下属公司纳税状况的掌控是税务筹划能解决的吗?咱们公司业务相对复杂,可涉及的税收政策却相对简单,有没有筹划的空间值得探讨。即使有空间,能够带来多少收益?操作的合法性谁能保证?不要只考虑税务筹划,做好基础工作更重要,依法纳税才能让我们免于被动。”

怎么做才能避免在税务检查时再次出现类似问题?张经理于是向W税务咨询公司求助。

思考:作为W税务咨询公司的税务筹划师,你分析了上文中的公司现状后会提出怎样的税务筹划方案?

第三章 税务筹划方案举例

［学习目标］ 通过本章的学习，应该形成熟练掌握税收法规、调查研究企业税负状况、比较分析企业若干纳税方案、精心编制企业税务筹划方案的技术与能力；了解企业税务筹划方案的内容、格式以及制定方法，培养为企业提供税务筹划咨询服务的技术和能力。

第一节 M公司出口业务的税务筹划方案

一、M公司基本情况

M公司系生产企业，其2013年5月出口销售收入为6 000万元，内销收入为500万元，进项税额为700万元，上期留抵进项税额为100万元，6月出口销售收入为1 000万元，内销收入为4 000万元，进项税额为300万元，退税率为13%。

二、税务筹划方案

方案1 办理出口退税时全部报送相关单证

5月应纳税额及免、抵、退税计算如下：

“免、抵、退”税额 = 6 000 × 13% = 780（万元）

免抵退税不得免征和抵扣额 = 6 000 × 4% = 240（万元）

应纳税额 = 500 × 17% −（100 + 700 − 240）= −475（万元）

应退税额 = 475（万元）

留抵税额 = 0（万元）

6月应纳税额及免、抵、退税计算如下：

免抵退税不得免征和抵扣额 = 1 000 × 4% = 40（万元）

应纳税额 = 4 000 × 17% −（0 + 300 − 40）= 420（万元）

留抵税额 = 0（万元）

方案2 筹划报送

5月报送出口单证金额1 000万元。

“免、抵、退”税额 = 1 000 × 13% = 130（万元）

免抵退税不得免征和抵扣额 = 1 000 × 4% = 40（万元）

应纳税额 = 500 × 17% −（100 + 700 − 40）= −675（万元）

应退税额 = 130（万元）

留抵税额 = 545（万元）

6月报送出口单证金额6 000万元。

“免、抵、退”税额 = (5 000 + 1 000) × 13% = 780(万元)

免抵退税不得免征和抵扣额 = (5 000 + 1 000) × 4% = 240(万元)

应纳税额 = 4 000 × 17% − (545 + 300 − 240) = 75(万元)

留抵税额 = 0(万元)

方案3 筹划报送

5月增值税专用发票认证的进项税额为300万元。

“免、抵、退”税额 = 6 000 × 13% = 780(万元)

免抵退税不得免征和抵扣额 = 6 000 × 4% = 240(万元)

应纳税额 = 500 × 17% − (100 + 300 − 240) = −75(万元)

应退税额 = 75(万元)

留抵税额 = 0(万元)

6月应纳税额及免、抵、退税计算如下:

“免、抵、退”税额 = 1 000 × 13% = 130(万元)

免抵退税不得免征和抵扣额 = 1 000 × 4% = 40(万元)

应纳税额 = 4 000 × 17% − [0 + (400 + 300) − 40] = 20(万元)

留抵税额 = 0(万元)

从以上三个方案可以看出,各种方案下M公司的征税总量是相等的,合计应退税额为55万元。但是,由于生产企业在办理增值税的免、抵、退税时需要提供出口报关单、出口收汇核销单(或电子数据,远期收汇无须提供)和出口发票等出口单证,单证不齐是无法办理退税的,而单证是否收齐企业自身是可以控制的;同时,生产企业增值税的免、抵、退税又会受到退税期可以抵扣的增值税进项税额影响,而企业自行决定是否将增值税专用发票到税务机关认证又决定了当期可以抵扣的增值税进项税额。由于上述因素的影响,M公司在办理免、抵、退税时通过出口单证报送和当月认证专用发票达到调整各月的纳税和退税情况,从而达到节约资金时间价值的目的。不难看出,方案1在5月获取了最大的退税,从而成为最优方案。

三、案例点评

(1) 本案例仅是针对M公司的出口业务制订的税务筹划方案,没有涉及M公司的账务处理问题,也没有调研的过程和实施步骤,属于局部的、简单的税务筹划方案。

(2) 本方案采用了对比法,列举了三个方案,并对每个方案的节税效果、操作难度进行对比分析,最后得出结论。

(3) 利用数字说话,说服力较强。

第二节 A设备安装公司税务筹划案例

A设备安装公司的主要经营业务有二:一是销售主体工程的配套设备或设施,该业务归属于增值税的纳税范围,税率为17%;二是从事相关工程的安装服务,该业务要按营业税之“建筑业”项目纳税，税率为3%。并且，这两种经营业务往往是混合在一起的，如果处理不当，就必须依据税法按照高税率纳税。在承揽业务方面，A设备安装公司还有一个普遍现象，那就是在总承包工程中（有资质的总承包商承接），取得一些分包工程。限于税法对分包工程和转包工程的区别对待（转包业务不允许扣除，要重复纳税），在承接此类业务时若处理不当，也会增加由总承包商转嫁的税收成本，或向外“转手”的重复纳税成本。

一、如何解决混合销售问题

（1）A设备安装公司为了赚取非自产设备的差价，往往与安装工程“打包”，即操作成“一揽子”工程，这就变成了混合销售，依据税法要按17%缴纳增值税。

（2）购买设备和安装服务的工商业客户，为了取得购进固定资产的进项税，抵扣增值税，也往往要求A设备安装公司把设备买价和安装费用开在同一张增值税发票上，这也变成了混合销售。

针对现存问题，税务筹划的建议是：

（1）尽量把“非自产货物变成自产货物”，即将一些可以改造的非自产货物（能够记进半成品的尽量记进半成品），进一步改造或加工，变成自产货物。这样，对政府、房地产公司等那些非增值税纳税人（不要求取得增值税专用发票的客户）来说，就可以分别开具销售货物的增值税发票和提供安装服务的建筑业发票，从而解决混合销售问题。

（2）拆分公司，从事专业服务。这是针对缴纳增值税需要购进固定资产进项税抵扣的一般纳税人的策略，即把一个设备安装公司拆分为设备销售公司和建筑安装公司：设备销售公司专门销售设备，收款开具增值税专用发票；建筑安装公司专门从事安装服务，收款开具建筑业发票。配合一定让利的商业谈判，让一般纳税人客户接受“二对一”的交易模式，也可以解决设备安装业务中的混合销售问题。

二、如何减轻“转手”工程税负

受公司资质和安装能力等限制，A设备安装公司涉及的“转手”工程主要分两种情况：一是总承包商转给设备安装公司，二是设备安装公司转给其他单位。这个“转手”过程如果处理不当，就会增加税负，或者享受不到税法规定的税收优惠。

《营业税暂行条例》明确了“纳税人将建筑工程分包给其他单位的，以其取得的全部价款和价外费用扣除其支付给其他单位的分包款后的余额为营业额”，并将扣除适用范围由原规定的“工程分包或者转包”调整为“建筑工程分包”，对转包业务不再允许扣除；同时根据建筑行业有关“严禁个人承揽分包工程业务”等规定，对分包给个人的工程业务也不得扣除分包价款。《营业税暂行条例实施细则》规定：除本细则第七条规定外，纳税人提供建筑业劳务（不含装饰劳务）的，其营业额应当包括工程所用原材料、设备及其他物资和动力价款在内，但不包括建设方提供设备的价款。

再比照A设备安装公司的“转手”现象，税务筹划建议有三点：

（1）切记符合分包性质，且不要分包给个人。税法只对分包工程（分包给个人除外）有税收优惠，除此之外，均全额纳税。所以，设备安装公司在“转手”过程中，一定要采取符合税法规定的分包方式来减轻税负。

(2) 签订多方合同,提前明确参与方的职责,消除"转手"现象,从而最大限度地节约税款。例如,A 设备安装公司在承接分包工程时,与甲方和总承包商签订三方合同,约定总承包商的承包额和自己的承包额,甲方分别打款到总承包商和设备安装公司的账户,这就消除了"转手"现象,减轻总承包商可能转嫁的税负。在以自己为主承接工程并要向外分包时,也可以签订三方合同,从而消除"转手"现象,减轻税负。

(3) 比较不同的工程设备提供方式的利益,从中择优。税法明确了"建设方提供设备的价款"不计入工程总额纳税,那就要对"建设方提供设备减少的纳税额和承建方提供设备可能赚取的中间差价"进行比较分析,或对"承建方提供设备增加的税负和中间赚取的设备差价"进行比较分析,看看哪个更合算。若设备中间不赚钱,一定要让建设方提供。

三、案例点评

这个方案折射出了税务筹划的复杂性和系统性。我国长期以来许多企业都习惯于搞"大而全"和"小而全",即"麻雀虽小,五脏俱全",其实这种体制不利于减轻税负。但也要看到,这种体制有利于相关业务的协同效应发挥。通过 A 设备安装公司分拆的税务筹划,一方面可以解决混合销售适用增值税高税率的负担;另一方面根据三方分包合同可以减少营业额的确认,减轻税负。任何税务筹划都有两面性。前述的分析仅是简化分析,尚未根据具体数据进行定量分析,也未考虑到与增值税、营业税相关的其他税种的影响变化情况。在实际工作中,应该依据具体数据进一步测算税务筹划的效果。

第三节　W 房地产公司税务筹划咨询方案

一、税务筹划咨询方案正文

W 房地产开发有限公司:

根据 2××8 年 4 月 24 日贵公司和我公司的"业务委托协议"的规定,我公司对贵公司进行了深入调研工作,并于 2××8 年 5 月 20 日出具了诊断报告。现根据调研中发现的问题和税务服务协议的内容,谨提出以下税务筹划方案。

第一部分　企业基本情况

W 房地产开发有限公司(以下简称"贵公司")于 2××2 年 4 月注册成立,注册资金 2 000 万元,贵公司于 2××7 年 1 月 30 日新增注册资本 6 000 万元,增资后的注册资本为 8 000 万元,股权构成情况是张某出资 5 600 万元,股权比例为 70%,刘某出资 2 400 万元,股权比例为 20%,另有其他自然人出资 10%。贵公司法人代表为张某。注册地址为某市某区永兴小区东里 8 号楼,经营范围为房地产开发和销售。

目前,贵公司会计基础工作较薄弱,部分会计数据与实际明显不相符,会计资料"假账"特征较为明显;贵公司员工人数在 40 人左右,没有成立分支机构和关联企业,也没有成型的内部控制制度和财务管理制度,由于规模不大,贵公司"人治"特征也比较明显。贵公司缴纳的主要税种有营业税及附加、企业所得税和土地增值税,没有税收优惠政策可以享受。贵公司与全国的房地产企业一样,税收负担较重,规避税负的主要手段是不计收入或少计收入,导致大量账外收入和账外资产的存在,经不起税务机关的"仔细"检查和内查外调，存在较大的税收风险。

随着贵公司的发展，企业有“立足某省，走向全国”的长远发展规划，同时企业及企业家的社会影响面也越来越大，出于公司长远发展和企业家的社会责任感，贵公司有“规范账务、依法纳税”的愿望，更有“零风险节税”的强烈需求。

第二部分 在财税风险诊断中发现的问题

（一）财务工作滞后于企业的发展

贵公司近几年业务发展很快，经营规模快速膨胀，商品房销售收入呈跳跃式增长。但财务部门的战略定位还始终处于记账、算账的原始财务工作状态，没有做到财务工作的事前统筹和计划管理，他们尽管兢兢业业、默默无闻地做了大量的基础工作，但财务工作仍是被动的、滞后的。2××8年×月×日至×日我们看到2××7年12月财务报告仍是草表；现金日记账、银行存款日记账、大部分科目的明细账仍未结完账，给我们的诊断工作带来很大困难，影响了工作的进度，财务工作跟不上公司老总的发展思路，跟不上企业管理对财务管理的要求，跟不上企业发展的步伐，财务工作缺乏前瞻性，使工作容易陷入被动状态。我们曾要求贵公司填写“诊断资料清单”，但至诊断报告发出之前贵公司仍未能提供。

（二）股东、主要领导从企业借款金额巨大

根据财税〔2003〕158号文件规定，企业股东从企业借款，年底不予归还且不用于企业经营的，视同企业对股东进行的利润分配，依法缴纳个人所得税。从贵公司的明细账“其他应收款”科目看，股东张某从企业借款985.5万元，股东李某从企业借款705.5万元，应视同贵公司对股东的利润分配，缴纳个人所得税约338.2万元。总经理李某从企业借款227.7万元，借款金额巨大，引人注目。

（三）疲于应付日常工作

目前贵公司财务部设有兼职财务总监1人，会计人员5人。会计核算全是手工核算。经初步统计共有39本手工账，其中“预收账款”账簿26本、现金日记账2本。对于2××7年12月31日拥有31 669万元资产、银行存款九个账户的企业来说，会计核算手段非常落后。一名出纳员，登记现金日记账还兼办审查合同、办理产权；一名会计还要登记现金日记账，审查合同、预收房款、会计凭证归档；一名会计登记明细账，复核合同、整理销售资料、控制房源、佣金提取、参与价格制定；一名会计在售楼处作为收银员收款，审合同，管法人章、合同章，开收据；一名会计任财务部长，登记总账，编制财务报表以及管理财务部对内对外工作。现金日记账重复记账，许多销售部的工作由财务部来做。他们没有精力去做精细的财务管理，预测公司下期的销售收入、费用指标，进而编制财务预算，分析公司财务报表，认真查找日常财务管理工作中存在的问题。他们的工作内容基本就是被动地记录经济交易事项，定期向外界提供会计报表，根据老总的要求汇总一些会计数据，很少在事前参与筹划、运作经营业务。

（四）手工记账易产生差错

由于财务部会计核算工作量巨大，记账重复、手工记账就容易产生差错。例如，固定资产累计折旧科目，2××7年12月31日资产负债表（草表）为2 670 356.33元，另一张2××7年12月31日资产负债表（草表）为2 668 588.14元，两张草表金额不一致。2××8年×月×日再次查账看到固定资产累计折旧已调整完成。

再如，手工记账的格式不符合规范：一是2××7年1月建新账时，没盖“上年结转”章，易造成概念错误；二是2××7年1月建新账时金额记错位置，例如，“实收资本”上年结转金额记在“贷方发生额”，而没记在“贷方余额”易造成概念错误；三是现金日记账、银行存款日记账“本月合计”、“累计”空格没金额；四是“过次页”、“承前页”空格没盖章，记账不规范；五是账面铅笔数字太多，结完账应擦掉，写上钢笔金额。

（五）财务人员综合素质有待提高

目前财务部拥有5名财务人员，除公司领导聘请的兼职财务总监和财务部长具有高级会计师职称、实战经验比较丰富、视野较为开阔外，其他财务人员都是初级会计职称或没有职称，他们尽管具备一定的财务专业知识，但由于工作经验少，视野比较狭窄，会计业务综合素质有待提高。平时缺乏税务分析，我们只见贵公司2××7年12月财务报表（草表），没见到贵公司的年度财务分析报告。

（六）空白收据应加强管理

2××8年×月×日在调查中发现：空白收据、在用收据、作废收据都归收款员管理，收款员没有登记领用台账，空白收据也没有编号。空白收据应由财务部专人管理，并进行编号，收款员到财务部领取，以旧换新。

（七）定额发票没有填写发票抬头和日期

我们发现贵公司取得的定额发票，大部分都没有填写发票抬头和付款日期。定额发票不填写发票抬头和付款日期，税务人员不能判定是否属应于本单位列支，是否属于本年度的发票。当主管税务机关完不成当年的税收任务时，就会从严掌握税前扣除的标准，这些没有抬头和付款日期的发票就会被纳税调整。

（八）虚列职工人数，规避高管人员个人所得税

2××7年贵公司支付给高管人员的工资大大超过了个税的起征点，为了规避贵公司高管人员的个人所得税，贵公司便采取虚列职工人数、一人领取多人工资的做法，漏交了大量的个人所得税。

（九）整体税负偏重，税收风险较大

对贵公司构成沉重税收负担的税种主要有土地增值税和企业所得税，税收风险较大的税种是个人所得税。目前贵公司每年缴纳土地增值税约3000万元，企业所得税约1500万元，构成了贵公司税收的绝大部分，对贵公司的现金流和利润造成巨大的影响。个人所得税的税收风险主要表现在股东借款和虚列职工人数上。

第三部分　咨询服务要点

经过前期的两次实地调研，我们对贵公司的发展定位、财务管理现状和税收风险有了较为深刻的了解。根据国家的现行政策和企业发展的现状，我们认为咨询服务要点应放在以下几个方面：

1. 税务筹划

针对贵公司目前土地增值税、企业所得税、个人所得税的税负过重、税收风险大的房地产行业税负特点，对公司整个管理架构和经营架构进行分析、优化，在符合国家法律法规的基础之上，力争以较小的代价最大限度地规避税收风险，减轻税收负担，降低整体税负。

2. 财务管理

依据贵公司实际情况，结合国家财务和税法的相关要求，完善公司财务管理体系，使公司的财务管理体系科学、合理，成为企业管理的有力工具；帮助企业建立全面预算管理机制，提高财务管理水平。

3. 会计核算

依据企业总体业务和财务战略建立规范的会计核算体系，引进先进的会计核算手段，使会计核算体系能够及时、准确地反映企业的经营管理情况，彻底改变为税务算账的现行的财务核算状况。

4. 审计监督

建立、完善审计监督机制，定期对贵公司的财务体系进行健康检查，及时纠正发现的问题，并提供解决问题的方案，使公司的财务体系能够安全、平稳、高效地运行。

5. 人员培训

为了提高贵公司财务相关人员的观念和素质，对公司的董事长、总经理等高层管理人员和中层管理干部进行相关的财务、税法知识培训，对各个岗位财务人员进行专业的岗位培训，使税务筹划方案能够顺利实施。

第四部分　对房地产行业的形势分析

（一）2××7年我国房地产市场运行的特点

1. 全国房价总体涨幅很大，部分热点城市房价持续拉高，供不应求是主因

2××7年我国房地产市场总体上价格涨幅较大，70个大中城市新建商品住房、二手房的销售价格持续走高，2××7年8月份，新建商品住房销售价格同比上涨9%，二手住房的销售价格同比上涨7.9%，部分热点城市房价上涨连续保持两位数的增速。导致2××7年房价持续走高的主要原因是供不应求。

2. 土地供应量不足

近两年来，土地供不应求的态势仍在持续，形成供不应求的市场预期，土地供应量的不足表现在以下两个环节：(1) 土地出让面积不足；(2) 开发企业囤积土地导致出让土地无法全部形成当期的有效市场供应。

3. 多种需求集中释放，投资需求大量入市

(1) 投资和投机性的需求。以投资和投机为目的的需求，买房直接用于投资，以增值获利。

(2) 改善型需求。高收入家庭对改善型需求的支付能力较强，家庭收入越高，利用自有资金购房的比例越高。

(3) 城市拆迁导致的刚性需求。目前中国正处于城市建设快速推进的时期，城市房屋拆迁带来的被动需求随之增加。

4. 地价、房价倒挂现象严重，推动房价上涨

2××7年各地的房地产市场出现了大量地价、房价倒挂的现象，招标、拍卖、挂牌等公开出让土地的楼面地价接近或高于同地段新建房屋的价格。地价、房价倒挂的状况已经造成了许多地方的开发企业通过推迟开盘时间、放缓销售速度等方式“捂盘惜售”。

（二）2××7年国家的房地产调控措施

1. 增大土地供应量，加快供地速度

根据国家房地产市场调控的要求，部分地区加大了房地产开发的土地供应量。2××7年1—5月，全国住宅用地的供应量同比增长35.5%，普通商品房的土地供应总量同比增加76.3%，经济适用房的土地供应总量同比增加166%。

2. 抑制开发企业囤积土地行为，增加市场房屋的有效供给

2××7年，各级政府针对开发企业囤积土地的行为采取了以下措施：

（1）缩减土地一次性出让规模；

（2）对开发时限提出明确要求；

（3）不能分期取得建设用地使用权证书；

（4）改预征土地增值税为清算土地增值税。

3. 加大闲置土地处置力度

国土资源部出台通知，要求加大闲置土地处置力度。

（1）改变毛地出让、净地交付的模式，实行建设用地使用权“净地”出让。在处理好土地的产权、补偿安置，完成必要的通水、通电、通路、土地平整等前期开发后，才可公开出让。

（2）明确了土地闲置费的征收标准。按出让或划拨土地价款的20%征收土地闲置费。部分地区加大了闲置土地回收力度，成效明显。

4. 实行差别的住房抵押贷款政策，保护自住需求，抑制投资投机需求

2××7年9月，中国人民银行和中国银监会发布了《关于加强商业性房地产信贷管理的通知》，规定对已利用贷款购买住房又申请购买第二套（含）以上住房的，贷款首付款比例不得低于40%，贷款利率不得低于同期同档次基准利率的1.1倍，对购买首套自住房且套型建筑面积在90平方米以下，以及超过90平方米的，首付比例仍分别维持不得低于20%和30%的比例。这项规定将住房的消费与住房的投资严格区分开来。对于第一套自住购房的贷款仍是采取保护及鼓励的政策，首付成数没有调整，仍然采取优惠利率。第二套房的首付成数提至四成，这一政策有望有效地抑制投资投机需求，深圳在该政策出台后，市场成交量明显下降。

5. 加快完善以廉租房为重点的住房保障制度

在房价快速上涨、低收入家庭住房问题日益突出的情况下，政府高度重视住房保障制度的完善，明确将其列为政府公共服务的一项重要职责。2××7年8月，国务院出台了24号文件，明确了将廉租房作为住房保障制度的重点，廉租住房制度的保障对象由低保家庭扩大到低收入家庭，形成廉租房和经济适用房对低收入住房困难家庭的全覆盖，并确保多渠道保障资金的到位和土地等政策资源的优先配置。具体措施如下：

（1）将廉租房作为住房保障制度的重点；

（2）扩大住房保障覆盖面，解决“夹心层”的住房困难；

（3）确保廉租房保障资金来源；

（4）优先确保廉租房建设用地；

（5）多渠道解决低收入家庭的住房问题。

（三）2××8年房地产市场展望

1. 房地产市场持续发展的支撑因素没有改变

我们分析，支撑房地产市场持续发展的几大因素将长期存在。第一，中国经济持续快速增长是支撑房地产市场的最基本、最主要的因素。2××8年，这一点并没有变化。第二，城市化进程加快拉动购房需求。目前中国城市化水平每年以大致1个百分点的速度增长，这部分城市新增人口将产生大量的住房需求。

2. 供应紧张状况将得到一定程度的缓解，但制约供给的因素依然存在

2××8年，增加土地出让面积，加快供地速度，对开发企业囤积土地的行为进行抑制，加大闲置土地的清理力度，大幅增加保障性用房的供应量，等等，一系列调控措施将继续执行，供应紧张的状况将得到一定程度的缓解。

但从另一方面看，土地供应量的大幅增加仍存在较强的制约。

(1) 对土地出让数量的控制将是长期的。确保18亿亩耕地面积是不可逾越的底线，这意味着对土地出让数量进行严格控制的政策将是长期的，是不能松动的。

(2) 征地拆迁难度将加大，增加土地供应的难度。《物权法》实施后，客观上征地拆迁的难度将加大，拆迁周期会延长，这无疑会增加土地供应的难度。

(3) 开发企业储备充裕的土地是贵公司生存发展的需要，短期内难以得到改变。房地产开发企业，特别是房地产上市公司，土地储备的多寡是衡量其投资价值的关键指标，因此，其储备土地存在内在驱动，抑制出让土地如期形成市场供应。

3. 调控重在政策的落实，加强政策的执行力成为关键

目前，调控政策的目标是解决房地产市场运行中的突出矛盾，政策指向与措施是有针对性的，关键是调控政策能否得到切实的执行。37号文件规定，将调整住房供应结构、控制住房价格过快上涨纳入地方政府工作的目标责任制。24号文件规定，对城市政府解决低收入家庭住房问题进行目标责任制管理，纳入对城市政府的政绩考核之中。下一步加强政策的执行力成为调控的关键环节。

4. 低收入家庭的住房预期逐渐向好

随着住房供应结构调整、加大对低收入家庭住房保障力度的政策目标的确立，以及具体政策措施的出台和逐步落实，预计2××8年，这些政策措施的效果将得以显现。低收入家庭的住房困难问题将逐步得到缓解，低收入家庭的住房预期逐渐向好。

以上是我们对2××7、2××8年中国房地产形势的分析，为及时分析××省及××市的房地产政策及形势服务，我们将继续关注××省及××市的房地产政策和发展趋势，以保证顾问方案的落实执行。

第五部分　税务筹划

对已开发的一期、二期工程，已没有税务筹划的空间，税务筹划的重点放在新开工项目上，在开工运作之前，要做好可行性研究，在合法的前提下筹划和降低税负，规避税收风险。

房地产企业的税务筹划主要以土地增值税和企业所得税两个税种为主，当然，在税务筹划的同时会发生相应的税收成本，争取以较低的税收成本赢得更大的税收收入。

（一）土地增值税的筹划方法

由于土地增值税是调整房地产企业炒买炒卖土地获取暴利的税种，所以土地增值税是房地产企业的主要税种。对土地增值税的筹划尤为必要。

1. 土地增值税适用税率的筹划

土地增值税适用超率累进税率，增值率越高适用税率就越高。纳税人在销售不动产或转让土地使用权时，如果增加一个（或多个）中间环节，则可以将一次高增值分解为两次（或多次）低增值，从而降低增值率和土地增值税适用高税率的金额。增加中间环节的筹划方法适用于两种情形：一是增值率超过50%的情形，增加中间环节后，可减少增值部分适用高税率的金额；二是开发普通住宅的情形，增加中间环节后，可将贵公司销售给中间商（如自设销售W公司）的增值率控制在20%以下，这样第一环节的增值可免征土地增值税。

在对土地增值税进行筹划时，应注意以下两个问题：

一是关联企业之间转让土地使用权或者销售不动产时，不能违反《中华人民共和国税收征收管理法》及其实施细则有关关联交易的限制性规定，因此纳税人必须事前策划，在土地或者不动产市场价格持续上涨的过程中，先以适当的价格在关联企业间进行销售，然后再销售给其他购买人。

二是产权多次转移可能会增加一定的费用，纳税人应当综合测算，在降低税负的同时增加收益。

2. 设立房屋销售公司

设立房屋销售公司，增加房屋交易的环节，以降低增值率。增加交易的环节，相应要增加契税和营业税，注意税收成本同税收收益的比例。

需要说明的是，如果房地产开发公司将房屋销售给关联方销售公司，则需要注意税法对关联交易的限制。

因此，房地产开发公司将房屋销售给关联方销售公司时，应当合理确定贵公司在零售环节所应取得的适当利润，从而防止税务机关要求企业对关联交易进行纳税调整。

3. 税收优惠临界点

《中华人民共和国土地增值税暂行条例实施细则》规定，纳税人建造普通标准住宅出售，增值额未超过扣除项目金额之和20%的，免征土地增值税。这几项扣除项目分别为：① 取得土地使用权所支付的金额；② 开发土地和新建房及配套设施（以下简称房地产开发）的成本；③ 开发土地和新建房及配套设施的费用；④ 与转让房地产有关的税金；⑤ 对从事房地产开发的纳税人可按①、②两项规定计算的金额之和，加计20%的扣除。据此可知，如果贵公司能够减少土地增值额，将增值率控制在20%以内，就能够有效地规避这块税收。并且，只要付出的代价低于获得的节税利益，筹划方案就是可行的。因此，贵公司完全可以采用逆向思维方式，通过降低售房收入或提高房地产开发成本的途径来满足免税条件，以获得更多的税后净收益。

需要说明的是，贵公司在参照这种思路开展筹划时，应该结合具体情况具体分析。如上述方法只有在土地增值率略高于20%时方可使用；纳税人不能通过增加房地产开发费用（房产开发费用及销售费用）来降低增值率，原因在于这些费用并不能够据实列支，而是按照固定比例在税前扣除；此外，从利润最大化的角度分析，纳税人也可以采取提价销售，前提是加价额必须大于土地增值税免税额与增加的营业税之和。

（二）企业所得税的筹划

在进行土地增值税筹划的同时，也相应增加了企业所得税的筹划空间。另外，企业所得税还可以从以下方面筹划：

1. 利用折旧会计政策的选择

最常用的折旧方法有直线法（平均年限法和工作量法）和加速折旧法。税法赋予企业固定资产折旧方法和折旧年限的选择权。

在上述各种折旧方法中，运用不同的折旧方法所计算出来的折旧额在量上不一致，分摊到各期的固定资产成本也存在差异，进而影响各期营业成本和利润。这一差异为避税筹划提供了可能。

从应纳税额的现值来看，运用双倍余额递减法计算折旧时税额最少，年数总和法次之，而运用直线法计算折旧时税额最多。

在比例课税的条件下，加速固定资产折旧有利于企业节税，因为它起到了延期缴纳所得税的作用。但是，在累进课税的条件下，加速固定资产折旧的节税效果会受到多方面因素的制约，需要根据不同企业的具体情况、税率累进的急剧程度以及银行利率大小等，进一步作具体测算分析。

2. 利用股票投资核算方法的避税筹划

这里所谈的股票投资是指企业利用股票作长期投资，其会计核算方法有两种：成本法和权益法。采用不同的核算方法，在被投资企业处于低所得税税率地区时，对企业的所得税缴纳有不同的影响。这就为企业的避税筹划提供了可能。

比较成本法和权益法，成本法在其投资收益已实现但未分回投资之前，投资企业的“投资收益”账户并不反映其已实现的投资收益，而权益法无论投资收益是否分回，均在投资企业的“投资收益”账户反映。这样，采用成本法的企业就可以将应由被投资企业支付的投资收益长期滞留在被投资企业账上作为资本积累，以长期规避部分投资收益应补缴的企业所得税。

（三）税务筹划的实际运作

1. 在国际避税港成立母公司，实施国际避税

国际避税港是指对跨国纳税人提供低税、免税或给予大量税收优惠的国家和地区。某些国家和地区建立避税港，旨在吸引外资，引进先进技术，扩大就业和发展经济。国际避税港可分为无税避税港、低税避税港、特惠避税港。

(1) 无税避税港：不征个人所得税、公司所得税、资本利得税和财产税，如百慕大群岛、巴哈马、瓦努阿图、开曼群岛等。

(2) 低税避税港：以低于一般国际水平的税率征收个人所得税、公司所得税、资本利得税和财产税等税种，如列支敦士登、英属维尔京群岛、荷属安德列斯群岛和我国的香港、澳门等。

(3) 特惠避税港：在国内税法的基础上采取特别的税收优惠措施，如爱尔兰的香农、菲律宾的巴丹、新加坡的裕廊等地区。在国际避税港成立子公司，利用关联交易尽量把

利润转移至国际避税港，但在实施关联交易时应注意我国税法对关联交易的限制性规定，不可无限度地高进低出，超出国家和主管税务机关的容忍度，同时要注意使公司避免成为企业所得税下实际管理机构在中国境内的居民纳税人。

2. 成立建筑W公司、设计W公司、装饰W公司、售楼W公司，分散贵公司的土地增值额和利润

我们知道，土地征用及拆迁补偿费、前期工程费、基础设施费、建筑安装工程费、公共配套设施费、开发间接费用等均构成房地产W公司的开发成本，房地产W公司取得收入减除这些成本费用后，就是土地增值额和利润，要缴纳沉重的土地增值税和企业所得税。成立建筑W公司、设计W公司、装饰W公司、售楼W公司后，就可以比较容易地控制房地产W公司的收入和建造成本，进而向上下游W公司分散利润，少交土地增值税和企业所得税，控制房地产W公司的税负。

成立上述W公司后，贵公司由单体W公司变成企业集团，这就扩大了税务筹划的空间，便于向低税率的地区和企业分散、转移利润，由于这种分散和转移利润是在纳税义务发生之前筹划和运作的，纳税义务尚未产生，与偷税有本质的区别。企业集团框架搭建以后，只需按照事先设计好的思路、制订的计划开展业务，按照会计和税法规定进行账务处理即可。企业集团框架如图3-1所示。

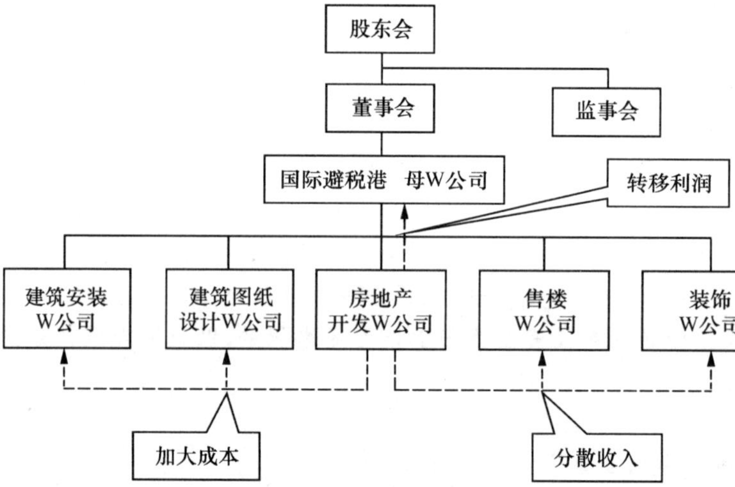

图3-1　企业集团框架

第六部分　新税务架构下的财务管理体系

（一）集团W公司会计岗位设置图（见图3-2）

以前的财务管理体系仅考虑单体房地产W公司的财务，未将老板名下的其他W公司管控在内。现在财务体系的设立必须从集团的角度考虑，统一资金管理和调度，统一财务人员，统一财务会计制度，为W公司领导的决策提供全面、及时、准确的集团会计数据。

（二）财务岗位设立的要求

(1) 财务工作的机构、岗位要合理设置，其职责权限要合理划分，坚持不相容职务相互分离，确保不同机构和岗位之间权责分明、相互制约、相互监督。

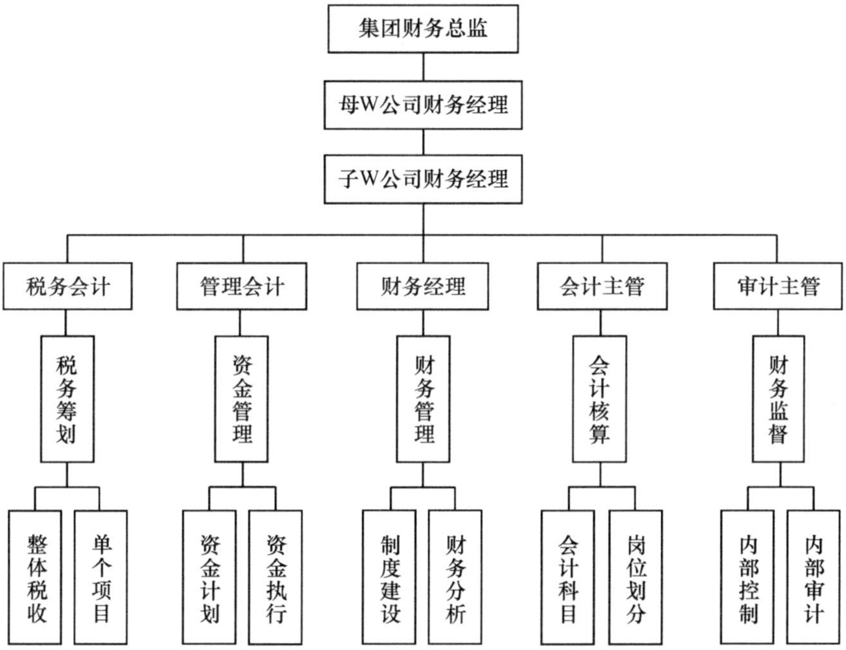

图 3-2　集团 W 公司会计岗位设置

(2) 会计岗位的设立要符合内部控制的要求，应当遵循成本效益原则，以合理的控制成本达到最佳的控制效果。

(3) 会计岗位的设立要保证会计资料真实、完整；保护单位资产的安全、完整；针对业务处理过程中的关键控制点，落实到决策、执行、监督、反馈等各个环节。

(4) 会计岗位的设立应随着外部环境的变化、单位业务职能的调整和管理要求的提高，不断修订和完善。

根据房地产企业的实际业务情况，对会计岗位重新合理分工，应收账款(预收款)实行专人负责，合同的审核、合同的保管、合同保证金的收取和退还、按揭款的办理及入账、银行保证金的退回、公积金贷款的管理、房款尾款的收取等事情均由一人完全负责，同时其他会计岗位实行监督职能，这样的分工可以提高工作效率和工作质量。

(三) 财务岗位描述

1. 财务总监

(1) 财务总监应把主要精力放在 W 公司的资源配置、战略规划、筹资、投资、资产增值、资金运作和企业财务战略方面。

(2) 制定集团统一的会计制度、财务制度与内部审计制度及实施细则。

(3) 组织、领导集团的财务管理、会计核算与内部审计工作。

(4) 参与拟订集团财务战略、重大经营计划和全面预算管理方案。

(5) 审核 W 公司的财务报表、报告、各种内部管理报表、财务综合分析报告和专题分析报告。

(6) 及时发现并制止下属 W 公司违反国家财经法律、法规和集团财务、会计、审计制度的行为。

(7) 定期向集团总经理、董事会报告 W 公司资产运作状况和财务情况,并接受质询。

(8) 监督检查下属单位的财务运作和资金收支情况。

(9) 负责集团财审团队建设,选拔和推荐财务负责人。

(10) 列席集团总部董事会、总裁办公会,独立提出财务议案,并提交董事会讨论。

(11) 定期与银行、税务、工商等相关机构联络沟通,取得他们对集团各项财务工作的理解和支持。

(12) 承办 W 公司领导交办的其他工作。

2. 母子 W 公司的财务经理

(1) 根据企业中长期经营计划组织编制企业年度综合财务计划和控制标准,全面负责 W 公司的财务工作。

(2) 建立健全财务管理体系,对财务部门的日常管理、年度预算、资金运作等进行总体控制。

(3) 主持财务报表及财务预决算的编制工作,为企业决策提供及时有效的财务分析,保证财务信息对外披露的正常进行,有效地监督、检查财务制度和预算的执行情况,并做出适当、及时的调整。

(4) 负责对企业税收进行整体筹划与管理,按时完成税务申报及年度审计工作。

(5) 精确地监控和预测现金流量,确定和监控企业负债和资本的合理结构,统筹管理和运作企业资金,并对其进行有效的风险控制。

(6) 对企业重大的投资、融资、并购等经营活动提供建议和决策支持,参与风险评估、指导、跟踪和控制。

(7) 参与确定企业的股利政策,与投资者进行顺畅沟通,保证股东利益最大化。

(8) 与相关政府部门建立并保持良好的关系。

(9) 向上级主管汇报工作,并提供有益的建议。

3. 主管会计

(1) 执行 W 公司的各项财务管理制度,确保 W 公司会计核算数据准确、无误。

(2) 核签、编制会计凭证,整理保管财务会计档案。

(3) 登记、保管各种明细账、总分类账。

(4) 定期对账,如发现差异,查明差异原因,处理结账时的有关财务调整事项。

(5) 设计、修订会计制度和会计表单,分析财务结构,编制会计报告、报表。

(6) 熟悉成本核算的法规及开发企业相关的成本核算办法和成本管理规程,正确核算和结转开发产品成本。

(7) 具体执行资金预算及控制预算内的经费支出,管理往来账、应收款、应付款、固定资产、无形资产,每月计提核算税金、费用、折旧等费用项目。

(8) 完成财务经理交办的其他工作。

4. 出纳员

(1) 负责现金支票的收入、保管和签发、支出工作。

(2) 严格按照企业的财务制度报销结算企业各项费用。

(3) 逐笔登记总账及明细账,定期上缴各种完整的原始凭证。

(4) 定期或不定期与银行对账。

(5) 按照企业领导的要求,编制各种资金报表。

(6) 配合会计人员做好每月的报税和工资的发放工作。

(7) 管理银行账户、转账支票与发票。

(8) 整理、分类会计单据。

(9) 完成其他由上级主管指派及自行开展的工作。

5. 审计主管

(1) 在上级领导下,拟订审计计划方案。

(2) 按照审计程序和审计方法,获得充分的审计证据以支持审计发现和审计建议,为企业运营提供增值服务。

(3) 编写审计工作底稿,进而编制审计报告,确保审计证据支持审计目的。

(4) 实施专项审计任务,评价、完善各项内控制度。

(5) 建立管理审计档案。

6. 管理会计

(1) 对财务成本进行预算,提出决策分析数据。① 进行成本、销售和利润的预测;② 参与生产经营短期决策和长期投资决策,提供有关决策分析的数据。

(2) 协助财务经理编制全面预算,确定各项财务目标。① 根据生产经营目标,编制企业的全面预算,确定目标成本和目标利润; ② 提出增收节支的措施,保证成本目标和利润目标的实现,提高经济效益。

(3) 对财务成本进行控制,开展价值分析。① 建立财务成本控制体系,对成本和资金进行控制,保证生产经营目标和利润目标的完成; ② 对完工产品进行财务分析,按部门进行利润的敏感性分析,以挖掘降低目标的潜力。

(4) 评价经济业绩,考核责任单位实绩和成果。① 建立成本和利润责任中心,编制责任预算,保证企业生产经营目标的实现;② 通过对各责任中心业绩报告的实际数与预算数的对比,考核评价各责任中心的工作实绩和经营效果。

7. 税务会计

(1) 办理母子W公司税务相关的缴纳、查对、复核等事项。

(2) 办理有关的免税申请及退税冲账等事项。

(3) 办理税务登记及变更等有关事项。

(4) 编制有关的税务报表及相关分析报告。

(5) 协助财务经理实施税务筹划方案。

(6) 办理其他与税务有关的事项。

(四) 建立规范的财务管理制度

建立规范的财务管理制度,以制度约束人,按制度说话。根据我们对贵公司财务管理制度的调查和了解,结合房地产企业的行业特点,财务管理制度应从以下几个方面进行完善:

1. 建立规范的财务关系管理制度

建立规范的财务关系管理制度,财务管理必须理顺同各部门之间的关系,分清各个部门、岗位对数据管理流程应配合的事项,确定财务与销售的关系、财务与生产的关系、财务与技术的关系、财务与人事的关系。

2. 建立规范的预算管理制度

预算是现代企业管理、财务管理最基本的管理手段。做好年度预算,在年度预算的基础上做好每个月的资金计划,以保证W公司资金按照计划严格执行。预算管理应以"八张表"为基础,逐项落实到位。财务部责无旁贷是财务管理预算部门,应认真研究"八张表",理解"八张表"的真正含义和实际操作。财务部门抓住这一最好时机深入研究,提出方案,指导W公司各部门做好财务预算,使财务工作由过去被动地帮助总经理、董事长批钱,变主动帮助总经理、董事长审查筹划资金,让整个W公司各部门都学会理财,带出一支会理财的队伍。

3. 建立规范的会计核算制度

按照现代企业制度的要求,根据房地产行业特点,制定规范的会计核算制度,以会计科目为中心,做好企业的会计基础工作,从而保证会计资料的及时、准确。

以企业会计制度规范企业会计核算,会计科目是企业会计制度的核心。房地产企业应按财政部2006年新发布的《企业会计准则》及《企业会计准则——应用指南》的规定,设置和使用会计科目;同时,在不影响会计核算要求和报表指标汇总,以及对外提供统一会计报表的前提下,可根据实际情况自行增设、减少或合并某些会计科目。

正确划分完成和在建开发产品之间的开发成本,办理合同结算和项目结算,分别结转完工开发产品成本,按建筑面积计算完工产品单位成本。

根据有关规定分别计算可售面积和不可售面积应负担的成本,按与结算销售收入配比的原则相应结转完工开发产品的销售成本。

4. 建立全面的经济分析制度

财务分析是W公司财务部根据财务报表对W公司财务状况、经营活动、现金流量进行的较系统分析。我们要做好对W公司年度、月度经营情况的分析;做好每个新开工项目的可行性研究,为W公司的决策提供及时、准确的财务信息;做好每个完工项目的各项指标的分析,特别是税务筹划结果的分析,是否以最小的税收成本获得最大的税收收益。

5. 建立规范的内部稽核制度

成立内部审计部门,由专人负责W公司的内部审计工作,保证W公司各项管理制度和财务制度的贯彻执行,检查各个流程是否合理、有效,检查各项内部控制措施是否到位、执行。

第七部分　相关人员的培训(简略)

(一) 财务人员的培训

(1) 新企业会计准则和会计制度的培训;

(2) 最新税收政策及学习技巧培训;

(3) 会计人员职业道德的培训;

(4) 日常财务工作技巧的培训;

(5) 税务筹划理念、方法的培训;

(6) 税务稽查应对技巧的培训。

（二）中层干部的培训

(1) 基本财税知识的培训；

(2) 企业财务工作重要性和特殊性的培训；

(3) 最新的财税政策培训；

(4) 如何配合财务部门的工作培训；

(5) 非财务人员的财务管理培训。

（三）高层管理人员的培训

(1) 基本财税知识的培训；

(2) 高层管理人员如何看懂会计报表和财务分析报告；

(3) 高层管理人员如何管控企业的财务(包括如何管理财务人员、如何管理企业的资金、如何管理企业的税收、如何管理企业的成本、如何管理企业的利润)；

(4) 国家对企业及相关行业的宏观调控政策及应对；

(5) 高层管理人员与财务人员、政府相关财税部门沟通交流技巧培训。

第八部分　顾问工作阶段性计划(见表 3-2)

表 3-2　顾问工作阶段性计划

时间	责任人/协助人	目标计划
2××8 年×月		(1) 商定财务顾问工作方案。 (2) 方案确定,做好方案前期准备工作。
2××8 年×—×月		(1) 初步建立起运作框架和财务体系的架构。 (2) 制定、完善各项财务管理制度和内部控制制度,并向全体员工发布。 (3) 对前期项目的税负进行分析,对后期项目进行策划。
2××8 年×—×月		(1) 顾问方案中的新项目税务筹划运行。 (2) 对顾问方案试运行中出现的问题进行解决,需要对方案做出调整的,按规定程序进行调整。
2××9 年×月		(1) 各部门报销售计划、费用计划和采购计划,为编制下年的预算做准备。 (2) 财务部门对各部门上报的计划数据进行加工整理,初步编制 2××9 年的财务预算。 (3) 预算批准后,将 W 公司的整体预算按部门和实践进度进行分解。

说明:

(1) 上述顾问阶段性目标可以根据实际进度进行适时调整,并不是一成不变的。经过大致一年的运作和实施,初步建立起规范的财务管理和会计核算体系。

(2) 对于阶段性的工作目标,项目小组在出外勤之前要根据具体进度进行细化,确定具体、翔实的跟踪辅导工作计划,并做好现场跟踪辅导记录。

××税务顾问有限公司

2××8 年×月×日

二、案例点评

（1）这是一个比较完整的税务筹划方案，包括企业基本情况、诊断中财税风险、税务咨询顾问要点、行业宏观分析、税务筹划、与税务筹划有关的财务管理框架和岗位制度、人员培训、阶段性的工作计划等八个部分的内容，内容丰富、全面、翔实，篇幅较长。

（2）尽管本方案内容较多，篇幅较长，但从框架上看，一根主线贯穿始终，一气呵成：企业基本情况——财税诊断中的问题——财税顾问的要点——行业宏观背景分析——税务筹划——财务管理架构的更改及岗位职责——人员培训——阶段性的工作目标。有了这根主线，不论局部的内容多么详细，都不会偏离主题。

（3）在跟踪辅导服务中，如何在避税港设立母W公司？如何进行收入的分解和成本的控制？对相关人员培训的具体内容是什么？这些内容需要在跟踪辅导中慢慢细化。从这个层面来讲，该税务筹划方案尽管篇幅较长，仍然算作一个纲领性的方案。

（4）这是一个房地产公司的税务筹划方案，结合了很多房地产公司的具体情况。对于其他类型企业的税务筹划方案，也同样是量身定做，但由于企业情况不同，税务筹划方案的内容可以有变化、增减。不论怎样变化、增减，主线突出、详略得当、行文流畅的基本要求不变。

（5）制作税务筹划方案时，一定要进行换位思考：假如你是一个企业的老板或财务总监，最希望税务筹划方案中有哪些内容？这些内容怎么组织才能让人看起来更明白、更清晰？

本章小结

税务筹划方案可以有大有小。但一个比较完整的税务筹划方案，包括企业基本情况、诊断中财税风险、税务咨询顾问要点、行业宏观分析、税务筹划、与税务筹划有关的财务管理框架和岗位制度、人员培训、阶段性的工作计划等八个部分的内容。其中的逻辑关系是：企业基本情况——财税诊断中的问题——财税顾问的要点——行业宏观背景分析——税务筹划——财务管理架构的更改及岗位职责——人员培训——阶段性的工作目标。

复习思考题

1. 简述企业税务筹划方案的基本格式与必要内容。

2. 根据上一章内容，对一个你熟悉企业的税务筹划诊断结果，制订一份企业税务筹划方案。

案例分析

税务筹划方案的可行性

某省的两个自然人在该省某市设立一家房地产开发公司甲，注册资本 8 000 万元。公司在将所购 1 亿元土地“五通一平”（开发成本及费用约 1 000 万元）之后，土地市场评估价格已上涨到 1.5 亿元。现另一家房地产开发公司乙欲得到该宗地块，如果直接向甲公司购买，则甲公司应纳税款为：

$$营业税 = (15\,000 - 10\,000) \times 5\% = 250（万元）$$

（注：有的地方解释“国税发〔2003〕16 号”文中差额计税的规定不适用于房地产开发企业，则营业税 = 14 000 × 5% = 700 万元。）

$$土地增值额 = 15\,000 - 10\,000 - 600 - (10\,000 + 600) \times 5\% - 180 - 275 - (10\,000 + 600) \times 20\% = 1\,295（万元）$$

$$土地增值率 = 1\,295/13\,705 = 9.45\%$$

$$土地增值税 = 1\,295 \times 30\% = 388.5（万元）$$

$$企业所得税 = (15\,000 - 10\,000 - 600 - 180 - 320 - 275 - 388.5) \times 33\% = 1\,068.045（万元）$$

$$乙公司应缴契税 = 15\,000 \times 3\% = 450（万元）$$

鉴于此项交易中较重的税负，有位人士为双方设计了一个税务筹划方案：由乙公司及乙公司的大股东（系一自然人）按经评估后的甲公司净资产账面价值 1.1 亿元（含土地评估增值 4 000 万元）受让甲公司的全部股权，甲公司变更股权后持续经营，并在新股东的主导下进行后续的房地产开发。该人士称：甲公司股东将全部股权转让给乙公司股东时，按“财税字〔2002〕191 号”文之规定，无须缴纳营业税；另一方面，乙公司及其大股东系通过收购其股权间接取得了土地使用权，而不是通过资产买卖取得土地使用权，这样甲公司无须为土地增值缴纳土地增值税和企业所得税，可谓“一举两得”。

交易双方遂依计而行，并一次性支付完交易价款，在变更股权的同时，甲公司将土地使用权的账面价值从 1 亿元调为 1.4 亿元，差额部分记入“资本公积”。甲公司经过两年房地产开发、销售，在清盘时进行土地增值税和企业所得税清算，地价成本均按 1.4 亿元计算。

然而，当地主管税务机关在对甲公司和乙公司进行纳税检查时，做出了如下处罚决定：

(1) 根据《企业所得税法实施条例》第五十六条规定：“企业的各项资产，包括固定资产、生物资产、无形资产、长期待摊费用、投资资产、存质等以历史成本为计税基础。”“企业持有各项资产期间资产增值或减值，除国务院财政、税务主管部门规定可以确认损益外，不得调整该资产的计税基础。”甲企业的企业所得税纳税处理违反了上述规定，应予补税并罚款。

(2) 根据《土地增值税暂行条例》及其实施细则的规定，计算土地增值额时扣除项目中的“取得土地使用权所支付的金额”是指“纳税人为取得土地使用权所支付的地价款和按国家统一规定交纳的有关费用”。在股权变更前后，甲公司作为“纳税人”的身份是连续的，故计算土地增值额时能够扣除的地价只能是最初购入时的成本1亿元。因此，甲公司在土地增值方面也构成偷税，应予补税和罚款。

乙公司向甲公司原股东支付股权交易价款时，未代扣代缴个人所得税，应予罚款。

思考:该案例给我们什么启示？企业投资的税务筹划应注意什么问题？

第二篇

企业设立、生产经营与清算重组的税务筹划

第四章　企业设立阶段的税务筹划

［学习目标］　通过本章的学习，应该了解企业创立阶段与纳税有关的各种经济业务，掌握企业不同组织类型、不同经营方式、不同设立地点、不同经营范围、不同投资方式和不同资本结构所涉及的不同税负，以便能够正确选择企业创立阶段的税务筹划方案。

第一节　企业设立的选择

企业是依据法律设立的以营利为目的从事生产经营活动的经济组织。企业有多种类型，按照其法律责任和组织形式划分，企业通常分为公司制企业、个人独资企业和合伙制企业。按照投资人和国籍划分，企业又可分为（内资）国有企业、民营企业、上市公司和外资企业。企业设立的税务筹划，是在投资者初次投入资金或因开发市场、拓展规模时需要进行的策划。通常，在企业设立时，需要考虑的问题是在什么地点设立企业？选择何种企业类型设立企业？业务扩展中适于设立分公司还是子公司？经营范围及其有关经营问题是否符合并能够享受国家的税收优惠政策？相关的抉择会导致对企业未来经营和发展的不同影响，产生不同的税务后果。

一、公司制企业与合伙企业、个人独资企业的选择

（一）法规依据

国家税务总局《关于股份制企业转增资本和派发红股征免个人所得税的通知》（国税发〔1997〕198号）规定，股份制企业用资本溢价的资本公积金转增股本不属于股息、红利性质的分配，对个人取得的转增股本数额不作为个人所得，不征收个人所得税，而合伙企业、个人独资企业和个体工商户等非公司制企业组织形式不能享受这一优待。

《企业所得税法》规定，公司制的企业法人单位是独立的纳税人。《个人所得税法》第三条第五款规定，利息、股息和红利所得应缴纳个人所得税。利息、股息和红利所得，是指个人拥有债权、股权而取得的利息、股息和红利的所得。

根据《税法》规定，个人独资企业和合伙企业从2000年起停止征收企业所得税。个人独资企业和合伙企业每一纳税年度的收入总额减除成本、费用以及损失后的余额，作为投资者个人的生产经营所得，比照个人所得税法“个体工商户的生产、经营所得”应税项目，适用5%—35%的五级超额累进税率，计算征收个人所得税。

（二）筹划要点

公司是指依法设立的以营利为目的的由股东投资形成的企业法人。我国公司法规定的公司形式有有限责任公司和股份有限公司。公司制企业属于法人企业，由于法人企业有独立的法人财产权，所以各国税法往往对公司利润征收企业所得税。当公司税后利

润以股息红利的形式分配给投资者时,投资者还需要按其分得的股息红利数额缴纳个人所得税。因此,对于公司制企业的利润来说,存在“双重征税”问题。

合伙企业是由两个或两个以上自然人共同出资、共同经营、共享收益、共担风险,并对合伙企业债务承担无限连带责任的组织,合伙企业不具有法人资格。从2000年1月1日起,我国对合伙企业合伙人的投资经营所得参照个体工商户的生产、经营所得征收个人所得税,适用五级超额累进税率,不存在所得税重复征收的现象。

个人独资企业是在中国境内设立,由一个自然人投资,财产为投资人个人所有,投资人以其个人财产对企业债务承担无限责任的经营实体。我国从2000年1月1日起,对个人独资企业投资者的投资所得参照个体工商户的生产、经营所得征收个人所得税。

由于设立合伙企业、个人独资企业等非公司制企业组织形式的纳税人仅交个人所得税,而采用公司制企业组织形式的纳税人承担企业所得税和个人所得税双重税负,所以企业在设立前的税务筹划,仅从这个角度来看设立合伙企业、个人独资企业和个体工商户的组织形式比公司制企业的组织形式节税。但是由于企业的具体情况不同,结果还存在差异。具体分析如下:

如果企业的组织形式是公司制,而且对企业实现的税后利润全部分配给股东,则根据《企业所得税法》的规定,除了按照法定税率缴纳企业所得税外,还要缴纳20%的个人所得税。综合税负由企业所适用的所得税税率决定:如果企业适用的所得税税率为25%,则其综合税负为40%(25% +75% ×20%);对符合小型微利企业条件的按20%的税率征收企业所得税,其综合税负为36%(20% +80% ×20%);对符合国家需要重点扶持的高新技术企业,按15%的税率征收企业所得税,其综合税负为32%(15% +85% ×20%)。

如果企业的组织形式为个体工商户、独资企业、合伙企业,其综合税负的高低则取决于利润和分回红利的金额大小,金额大,适用的税率就高;反之,金额小,则适用的税率就低。但税率的最高限是35%。个体工商户的生产、经营所得按年度计算缴纳个人所得税,适用5%—35%的超额累进税率。税率表如表4-1所示。

表4-1 个体工商户的生产、经营所得和对企事业单位的承包经营、承租经营所得适用税率表

级数	全年应纳税所得额		税率(%)	速算扣除数
	含税级距	不含税级距		
1	不超过15 000元的	不超过14 250元的	5	0
2	超过15 000元至30 000元的部分	超过14 250元至27 750元的部分	10	750
3	超过30 000元至60 000元的部分	超过27 750元至51 750元的部分	20	3 750
4	超过60 000元至100 000元的部分	超过51 750元至79 750元的部分	30	9 750
5	超过100 000元的部分	超过79 750元的部分	35	14 750

注:1. 本表所列含税级距与不含税级距,均为按照税法规定以每一纳税年度的收入总额减除成本、费用以及损失后的所得额;2. 含税级距适用于个体工商户的生产、经营所得和由纳税人负担税款的对企事业单位的承包经营、承租经营所得;不含税级距适用于由他人(单位)代付税款的对企事业单位的承包经营、承租经营所得。

例 4-1　某合伙企业是由五个合伙人出资组建的，各人的出资比例均为 20%，经营了一年以后获得了 20 万元的税前利润。根据现行税法，各合伙人应按个体工商户的生产经营所得缴纳个人所得税，适用的税率为五级超额累进税率。

各合伙人应纳税额为：

$$200\,000 \div 5 \times 20\% - 3\,750 = 4\,250(\text{元})$$

纳税后，各合伙人所取得的净收益为：

$$40\,000 - 4\,250 = 35\,750(\text{元})$$

所取得的净收益为：

$$35\,750 \times 5 = 178\,750(\text{元})$$

如果该企业为公司制企业，被认定为小型微利企业，适用 20% 的企业所得税税率。RJ 应纳税额为：

$$200\,000 \times 20\% = 40\,000(\text{元})$$

纳税后，企业所取得的净收益为：

$$200\,000 - 40\,000 = 160\,000(\text{元})$$

合伙企业所取得的净收益 178 750 元大于企业所取得的净收益 160 000 元，因此合伙制的税负比公司制低。

例 4-2　A 企业是由五个人共同出资组建的合伙企业，当年实现的税前利润 50 万元全部用于分配，分配比例为每人 20%。

每人的税后净利为：

$$500\,000 \div 5 \times 30\% - 9\,750 = 20\,250(\text{元})$$

五个人分享的税后利润总共为：

$$500\,000 - 20\,250 \times 5 = 398\,750(\text{元})$$

如果 A 企业是公司制，适用税率为 25%，则：

企业所得税为：

$$500\,000 \times 25\% = 125\,000(\text{元})$$

税后净利为：

$$500\,000 - 125\,000 = 375\,000(\text{元})$$

选择哪种组织形式，除了要考虑公司制企业的利润向投资者分配涉及企业所得税和个人所得税两项，即“双重征税”问题以外，还要结合所设立企业的规模和盈利能力等因素。通常情况下，对于经营风险不大、投入资本较少的小型企业，宜采取独资或合伙的企业组织形式。对于规模较大、管理水平要求较高的大企业，应该采用公司制。

另外需要注意的是，公司制企业还存在其他纳税有利的方面。例如，公司以企业的应纳税所得额为计税依据，出现亏损时可以在以后 5 年内用税前利润弥补，但是合伙企业的年度亏损不能像公司那样可以用以后盈利年度的利润弥补。

二、分公司与子公司的选择

（一）法规依据

《中华人民共和国企业所得税法实施条例》（国务院令〔2007〕第512号）规定，独立核算的法人企业为独立纳税人。

国家税务总局关于《跨地区经营汇总纳税企业所得税征收管理暂行办法》（国税发〔2008〕28号）规定，除了国家另有规定的少数特大型企业集团外，只有总公司下属的直接从事业务经营活动的分支机构或附属机构方可与其总公司汇总纳税。

（二）筹划要点

分公司是与总公司相对应的法律概念。分公司没有独立的法律地位，它只是总公司下属的直接从事业务经营活动的分支机构或附属机构。分公司不具有企业法人资格，不具有独立的法律地位，不独立承担民事责任。

分公司的特征具体表现为：① 分公司没有自己的独立财产，其实际占有、使用的财产是总公司财产的一部分，列入总公司的资产负债表中；② 分公司不独立承担民事责任；③ 分公司没有自己的章程，没有董事会等形式的公司经营决策和业务执行机关；④ 分公司名称，只要在总公司名称后加上分公司字样即可。

子公司是与母公司相对应的法律概念。子公司具有法人资格，可以独立承担民事责任，母公司、子公司各为独立的法人并且子公司受母公司的实际控制。

子公司的特征具体表现为：① 子公司具有独立的法人资格，有独立财产权；② 子公司独立承担民事责任；③ 子公司有自己的章程，可以设立董事会等形式的公司经营决策和业务执行机关；④ 子公司名称遵循公司登记法规。

分公司和子公司在税收上的差别主要表现在如下方面：

1. 企业所得税方面

分公司和子公司在税收上的差别主要表现在企业所得税的纳税主体不同产生的税收待遇上。如果设立分公司，由于其一般不具有独立于总公司的法律地位，所以把总公司和分公司视为一个纳税主体，由总公司汇总纳税。如果设立子公司，由于子公司具有独立法人资格，税收上子公司独立承担纳税义务，与母公司分别进行纳税，无法实现母子公司间盈利和亏损的合并弥补；另外，如果设子公司，则可以利用关联方关系，通过关联交易进行合理避税。

在设立企业的分支机构时，对于预计创立阶段较长或者分支机构在一段时间内无法盈利的行业，一般设立分公司，可以将分公司的亏损抵减总公司的利润，减轻公司的整体税负；对于设立阶段较短、扭亏为盈迅速的行业，可以设立子公司，让子公司独立地享受税收优惠待遇，在税收优惠期不纳税或少纳税；甚至经过计算和安排，将两种方式结合起来，在初期设立分公司，待公司盈利后再转为子公司，这样既可以享受税前弥补亏损的好处，又可以享受减税或免税的税收优惠。

例 4-3 A公司生产多种产品，其中甲产品的生产需要经过两道工序连续加工，第一道工序的产品单位成本为500元。第一道工序完工后直接转到第二道工序上继续加工。第二道工序完工后，产品的单位成本为600元。假设该产品的单位售价为1 000元。2013年销量为50 000件。A公司的所得税税率为25%。为了计算简便，假设企业没有发生其他费用，无其他纳税调整事项。

A公司应纳所得税额计算如下：

$$(1\,000-600)\times 5\times 25\% = 500(\text{万元})$$

如果公司在税收优惠地区设立一家全资子公司B，且B公司的所得税税率为15%。A公司可以将上述产品在第一道工序完工后按成本加成20%后，以600元的售价销售给B公司。有关计算如表4-2、表4-3所示。

表4-2　设立子公司的所得税计算表　　单位：万元

项目	A	B	合计	合并数据
销售收入	600 × 5 = 3 000	1 000 × 5 = 5 000	8 000	5 000
销售成本	500 × 5 = 2 500	600 × 5 = 3 000	5 500	2 500
应税所得额	100 × 5 = 500	400 × 5 = 2 000	500 × 5 = 2 500	2 500
所得税税率	25%	15%		
所得税税额	125	300	425	425

表4-3　不设立子公司的所得税计算表　　单位：万元

项目	金额
销售收入	1 000 × 5
销售成本	600 × 5
应税所得额	400 × 5
所得税税率	25%
所得税税额	500

通过设置子公司，将高税率区的所得向低税率区转移，从而实现降低应纳税额的目的。本例中，没有考虑设立新公司增加的成本。在实际工作中，筹划人员要综合考虑涉税活动的各种影响因素，按成本收益原则来决定筹划活动的优劣。

另外，在实行汇总纳税后，成员企业发生税法上的亏损不能用自身以后年度实现的税收上的盈利来弥补，从而成员企业在实行汇总纳税与不实行汇总纳税时缴纳的企业所得税会产生差异，进而对自身的税后利润产生影响。

例4-4　某总公司实行汇总纳税，其合并企业仅有公司总部和下属A、B分公司，其中公司总部无纳税所得，无企业所得税，并且总部和分公司、下属分公司之间无任何需要在合并会计报表时予以抵消并影响合并利润的关联交易。表4-4为个别纳税时税收和合并利润情况，表4-5则是汇总纳税时税收和合并利润情况。

表 4-4　所得税和利润情况表(个别纳税)　　单位:万元

单位	项目		行次	第一年	第二年	合计
总公司	税前利润		(1)	0	0	0
	所得税	税法亏损额或盈利额	(2)	0	0	0
		应税所得	(3)	0	0	0
		税率	(4)	30%	30%	
		所得税	(5) = (4) × (3)	0	0	0
	税后利润		(6) = (1) - (5)	0	0	
A 分公司	税前利润		(7)	10 000	12 000	22 000
	所得税	税法亏损额或盈利额	(8)	-3 000	5 000	
		应税所得	(9)	0	(5 000 - 3 000) = 2 000	2 000
		税率	(10)	30%	30%	
		所得税	(11) = (10) × (9)	0	600	600
	税后利润		(12) = (7) - (11)	10 000	11 400	21 400
B 分公司	税前利润		(13)	12 000	14 000	26 000
	所得税	税法亏损额或盈利额	(14)	4 000	6 000	
		应税所得	(15)	4 000	6 000	10 000
		税率	(16)	30%	30%	
		所得税	(17) = (16) × (15)	1 200	1 800	3 000
	税后利润		(18) = (13) - (17)	10 800	12 200	23 000
个别纳税	税前利润(合并报表)		(19)	22 000	26 000	48 000
	合并所得税		(20) = (5) + (11) + (17)	1 200	2 400	3 600
	税后利润(合并报表)		(21) = (19) - (20)	20 800	23 600	44 400

表 4-5　所得税和利润情况表(汇总纳税)　　单位:万元

单位	项目		行次	第一年	第二年	合计
集团总部	税前利润		(1)	0	0	0
	所得税	税法亏损额或盈利额	(2)	0	0	
		应税所得	(3) 如果(2) < 0,则(3) = 0; 如果(2) > 0,则(3) = (2)	0	0	0
		税率	(4)	30%	30%	
		所得税	(5) = (4) × (3)	0	0	0
	税后利润		(6) = (1) - (5)	0	0	0

（续表）

单位	项目		行次	第一年	第二年	合计
A	税前利润		(7)	10 000	12 000	22 000
	所得税	税法亏损额或盈利额	(8)	-3 000	5 000	
		应税所得	(9) 如果(8) <0,则(9) =0; 如果(8) >0,则(9) =(8)	0	5 000	5 000
		税率	(10)	30%	30%	
		所得税	(11) =(10) ×(9)	0	1 500	1 500
	税后利润		(12) =(7) -(11)	10 000	10 500	20 500
B	税前利润		(13)	12 000	14 000	26 000
	所得税	税法亏损额或盈利额	(14)	4 000	6 000	
		应税所得	(15) 如果(14) <0,则(15) =0; 如果(14) >0,则(15) =(14)	4 000	6 000	10 000
		税率	(16)	30%	30%	
		所得税	(17) =(16) ×(15)	1 200	1 800	3 000
	税后利润		(18) =(17) -(16)	10 800	12 200	23 000
合并纳税	税前利润(合并报表)		(19)	22 000	26 000	48 000
	所得税	税法亏损额或盈利额	(20) =(2) +(8) +(14)	1 000	11 000	
		合并后应税所得	(21) 如果(20) <0,则(21) =0; 如果(20) >0,则(21) =(20)	1 000	11 000	
		税率	(22)	30%	30%	
		合并所得税	(23) =(21) ×(22)	300	3 300	3 600
	税后利润(合并报表)		(24) =(19) -(23)	21 700	22 700	44 400

从表 4-4 可以看出,由于实行个别纳税,A 公司第一年产生的税法上的亏损 3 000 万元可用自身第二年的税法上的盈利 5 000 万元予以弥补,第二年实际应纳税所得额为 2 000 万元,缴纳所得税为 600 万元,其税后利润为 11 400 万元;而在表 4-5 中由于实行汇总纳税,A 公司第一年产生的税法上的亏损 3 000 万元无法用自身第二年的税法上的盈利 5 000 万元予以弥补,第二年实际应纳税所得额为 5 000 万元,缴纳所得税为 1 500 万元,其税后利润为 10 500 万元。

通过比较 A 公司实行汇总纳税与实行个别纳税时第二年的税后利润情况可以看出,实行汇总纳税时 A 公司的税后利润较实行个别纳税减少了 900 万元,而这正是 A 公司第一年产生的亏损 3 000 万元与适用税率 30% 的乘积。可见,汇总纳税中不同于一般企业的亏损弥补方式对 A 公司的税后利润产生了影响。

从前述的分析可以看出,因实行汇总纳税导致 A 公司第二年的税后利润减少了 900 万元,那么这 900 万元的利润究竟去了哪里？无论是否实行汇总纳税,两年中集团总部与下属A、B公司缴纳给税务当局的所得税款均是3 600万元，合并报表后的税后利润均是44 400万元，即成员企业发生亏损时产生的纳税利益并没有转移到税务当局或其他外部单位，而是在集团内部进行转移；并且在此过程中，由于汇总纳税的成员企业A、B并无直接往来，该种转移只能是通过汇总纳税的方式从下属成员企业向企业集团总部的转移。

需要说明的是，汇总纳税的结果并非必然伴随利润转移。如果企业税法上的亏损额大于企业今后连续五年税法上的盈利额，此时无论是否实行汇总纳税均不会导致利润的内部转移；同时，当年税法上盈利而前五年没有发生税法上的亏损的企业也不会因汇总纳税产生利润转移现象。

2. 流转税方面

在流转税方面，分公司和子公司也存在一定的差别。分公司和总公司之间的交易通过设计可以形成公司内部交易，一般没有纳税义务，不需缴纳流转税。而子公司作为独立法人，它与母公司之间的交易，应适时确认销售收入，并计算缴纳相关的流转税。同时，由于母子公司之间的关系密切，在税法上被认定为存在关联关系的企业，若母子公司之间的关联交易没有遵循独立交易原则，主管税务机关可能根据市场正常价格予以调整，并按调整后的价格计算缴纳税款并加收相应的利息。

三、企业人员结构的选择

（一）法规依据

《企业所得税法》第三十条规定，企业安置残疾人员及国家鼓励安置的其他就业人员所支付工资，可以在计算应纳税所得额时加计扣除。《企业所得税法实施条例》第九十六条规定，企业安置残疾人员所支付的工资的加计扣除，是指企业安置残疾人员的，在按照支付给残疾职工工资据实扣除的基础上，再按照支付给残疾职工工资的100%加计扣除。残疾人员的范围适用《中华人民共和国残疾人保障法》的有关规定。企业安置国家鼓励安置的其他就业人员所支付的工资的加计扣除办法，由国务院另行规定。

《财政部、国家税务总局关于促进残疾人就业税收优惠政策的通知》（财税〔2007〕92号）第一条规定，对安置残疾人的单位，实行由税务机关按单位实际安置残疾人的人数，限额即征即退增值税或减征营业税的办法。实际安置的每位残疾人每年可退还的增值税或减征的营业税的具体限额，由县级以上税务机关根据单位所在区县（含县级市、旗，下同）适用的经省（含自治区、直辖市、计划单列市，下同）级人民政府批准的最低工资标准的6倍确定，但最高不得超过每人每年3.5万元。

此外，对安排残疾人达到一定比例的企业，还可以少交或免交应向税务机关交纳的残疾人保障金；国家对于企业招收安置复员转业军人、国有企业改制分流人员和下岗待业人员，也有相应的减免税优惠政策。

（二）筹划要点

针对残疾人员的优惠政策为企业的税收提供了筹划的空间。比如，有一家刚成立的10个人的管理咨询公司，如果预计年度销售额为1 000万元，正常情况下应该缴纳增值税、所得税 80 万—100 万元。如果这家公司安排几位残疾人员做秘书、接待、后勤人员，这些员工的工资就可以加计扣除，从而减少应交纳的企业所得税、增值税和残疾人保障金。这些雇用人员并不是公司的核心管理人员，对公司的影响并不大。

四、利用新办企业的财政和税收优惠政策鼓励优惠

（一）法规依据

地方性鼓励投资的财税政策因地区而异。上海浦东的规定最为全面清晰，可以作为范本。请参考上海浦东新区财政局关于印发《浦东新区促进现代服务业发展的财政扶持意见》的通知（浦财经〔2005〕12 号）以及浦东新区人民政府关于印发《浦东新区促进高新技术产业发展的财政扶持意见》的通知（浦府〔2005〕293 号）。

在《企业所得税法》中，对从事国家重点扶持的公共基础设施项目投资经营的所得，可以免征、减征企业所得税。《企业所得税法实施条例》进一步明确了国家重点扶持的公共基础设施项目，是指《公共基础设施项目企业所得税优惠目录》规定的港口码头、机场、铁路、公路、城市公共交通、电力、水利等项目，并对投资于这些项目的税收优惠做了具体规定。

（二）筹划要点

当前我国的税收政策对各类经济特区和高新技术开发区有较多的优惠。在这些地方设立企业与在内地设立企业相比，必将会享受更多的减免税收政策。国家为了支持老少边穷地区加速经济发展，尤其为了加快西部经济欠发达地区的经济建设，对投资西部地区往往给予一定的税收优惠，旨在对这些地区进行税源培植。尤其是贫困县和少数民族地区的政策更为宽松。凡在这些地区设立企业，均比在内地一般地区节约税金支出。

在一些地区，地方财政会对新办企业给予一定的鼓励措施，包括给予新办企业一次性的资金补贴（比如给予新引进的银行、保险类金融机构总部 1 500 万元的一次性补贴，土地出让金或房屋租金补贴，对高层管理人员按人数的一次性补贴），设立专项教育资金用于企业员工培训及高层管理人员子女就学等。同时，在企业设立后的若干年内，按企业所交税款给予一定比例的财政返还等。根据当地政府经济规划和布局，不同性质及行业的新办企业的优惠不同。一些优惠条件相当可观，因此对这一点要予以充分考虑。

地区性的优惠政策往往不是很明确，很大程度上取决于协商和争取。同时，地区性优惠政策的不稳定性较大，存在提前取消的风险。

尽管现行《企业所得税法》取消了原《外商投资企业和外国企业所得税法》中新办生产企业“两免三减办”的税收优惠，但如果是投资于符合《公共基础设施项目企业所得税优惠目录》规定的港口码头、机场、铁路、公路、城市公共交通、电力、水利等项目，还是可以享受新办该类企业的税收优惠，即投资时取得的经营所得自项目取得第一笔生产经营收入所属纳税年度起第一年至第三年免征企业所得税，第四年至第六年减半征收企业所得税。

五、国内注册地点的选择

（一）法规依据

《企业所得税法》第五十条规定，除税收法律、行政法规另有规定外，居民企业以企业登记注册地为纳税地点；但登记注册地在境外的，以实际管理机构所在地为纳税地点。居民企业在中国境内设立不具有法人资格的营业机构的，应当汇总计算并缴纳企业所得税。

（二）筹划要点

1. 选择居民与非居民企业

按照我国的《企业所得税法》规定，居民企业是指依法在中国境内成立，或者依照外国（地区）法律成立但实际管理机构在中国境内的企业。非居民企业是指依照外国（地区）法律成立且实际管理机构不在中国境内，但在中国境内设立机构、场所的，或者在中国境内未设立机构、场所，但有来源于中国境内所得的企业。居民企业应当就其来源于中国境内、境外的所得缴纳企业所得税。非居民企业在中国境内设立机构、场所的，应当就其所设机构、场所取得的来源于中国境内的所得，以及发生在中国境外，但与其所设机构、场所有实际联系的所得，缴纳企业所得税。非居民企业在中国境内未设立机构、场所的，或者虽设立机构、场所但取得的所得与其所设机构、场所没有实际联系的，应当就其来源于中国境内的所得缴纳企业所得税。企业的注册经营地点是判定其为税法居民纳税人还是非居民纳税人的主要标准。对于居民企业而言，其要承担无限的纳税义务，就其来源于中国境内、境外的所得缴纳企业所得税，税率为25%。非居民企业承担有限纳税义务——就其所设机构、场所取得的来源于中国境内的所得，以及发生在中国境外，但与其所设机构、场所有实际联系的所得缴纳企业所得税，税率为25%；对于未在中国设立机构和场所的非居民企业或者虽设立机构、场所但取得的所得与其所设机构、场所没有实际联系的，仅就其来源于中国境内的所得缴纳企业所得税，税率为20%。这些居民企业和非居民企业纳税义务的不同规定，给企业选择注册经营地点提供了筹划空间。

2. 选择税收优惠区

我国为了加快区域发展，曾经实行了区域性的税收优惠政策。例如，经济特区、沿海经济开发区、经济技术开发区、边境开放城市、高新技术开发区、保税区、贫困地区等都有不同的税收优惠政策。企业在这些地方设立与在其他地区设立相比，享有更多的税收实惠，凡在这些地区设立的企业，均比在一般地区节约税款支出。现行《企业所得税法》的税收优惠措施，重点已由区域税收优惠为主转为产业优惠为主，已基本取消区域性税收优惠，不再偏向于经济特区、经济技术开发区、沿海经济开放区等，而仅仅保留了西部地区和民族自治地区的税收优惠政策。民族自治地方的自治机关对本民族自治地方的企业应缴纳的企业所得税中属于地方分享的部分，可以决定减征或者免征。自治州、自治县决定减征或者免征的，须报省、自治区、直辖市人民政府批准。

中国对国内及外国投资者在特定地区投资给予相关的税收优惠待遇。所以，投资者必须清楚了解并比较项目设置地址的各项税收优惠政策和财政补贴政策。不同的税收优惠政策和优惠产业方向，都可以成为注册地点筹划的考虑对象。在利用区域税收优惠政策选择注册地点时主要应考虑企业自身的特点，依据自身条件“对号入座”。

中国入世后的税制改革方向是将产业政策和地区优惠相结合。为了符合中国对入世的承诺，给予外国投资者的超国民待遇的税收优惠政策已被逐步取消。

六、海外注册地点的筹划

（一）法规依据

中国与其他国家或地区签订了避免双重征税的税收协定。在此，请特别参阅《中华人民共和国政府和巴巴多斯政府关于对所得避免双重征税和防止偷漏税的协定》《中华人民共和国政府和毛里求斯共和国政府关于对所得避免双重征税和防止偷漏税的协定》。

（二）筹划要点

当计划到海外投资时，投资者肯定要比较投资地对外国投资者提供的税收优惠程度。如果目标国对投资者所在国的税收待遇不够优惠，或反之所在国对在目标国的投资的税收待遇不够优惠，投资者可能会考虑在某一国际避税地先行设立公司，并进行投资。避税地一般是指一国或地区的政府为促进国外资本流入，繁荣本国或本地区的经济，弥补自身的资本不足和改善国际收支状况，或引进先进技术提高本国或本地技术水平，吸收国际民间投资，在本国或本地区划出的一定区域或范围，在这里投资的企业可以享受不纳税或少纳税的优惠待遇。目前，全世界存在众多国际避税地，一般可分为三大类：第一类是没有直接税的纯“避税地”，在这种避税地没有个人所得税和法人所得税，也没有净财富税、遗产税和赠与税，如巴哈马、开曼群岛等；第二类则是普通避税港，是对外国经营者给予特别税收优惠，如新加坡、牙买加等；第三类则是对经营投资提供某些税收优惠的国家和地区，如英国、加拿大等。在这些地方设立子公司或分公司，利用当地税基窄、税率低的便利条件，可转移或冲抵企业利润，从而达到避税效果。

但是，企业在进行这种安排时要特别关注以下两个方面：

一是《企业所得税法》对外国企业是否属于我国的居民纳税人设立了实际管理机构的判定标准。凡是实际管理机构在中国境内的，均为中国的居民纳税人，要按照现行《企业所得税法》的规定在中国境内纳税。

二是对外投资时要注意规避税务机关的特别纳税调整。我国《企业所得税法》规定，由居民企业，或者由居民企业和中国居民控制的设立在实际税负明显低于我国税法规定税率水平（25%）的国家（地区）的企业，并非由于合理的经营需要而对利润不做分配或者减少分配的，上述利润中应归属于该居民企业的部分，应当计入该居民企业的当期收入。为了简化判定由中国居民企业，或者由中国居民企业和居民个人控制的外国企业的实际税负，税法规定中国居民企业或居民个人能够提供资料证明其控制的外国企业设立在美国、英国、法国、德国、日本、意大利、加拿大、澳大利亚、印度、南非、新西兰和挪威的，可免于将该外国企业不作分配或者减少分配的利润视同股息分配额，计入中国居民企业的当期所得。这一规定的主旨在于反国际避税，对于在低税率国家和地区的我国居民纳税人的投资，在企业非正常不分配红利的情况下要将其应得的红利计入应纳税所得。因此，在境外低税率国家（地区）投资未取得投资收益时应有合理理由，以避免税务机关的特别纳税调整。

七、经营范围的选择

（一）法规依据

1.《企业所得税法》在经营范围方面的优惠政策

《企业所得税法》第三十三条规定，企业综合利用资源，生产符合国家产业政策规定的产品所取得的收入，可以在计算应纳税所得额时减计收入。《企业所得税实施条例》第九十九条规定，《企业所得税法》第三十三条所称减计收入，是指企业以《资源综合利用所得税优惠目录》规定的资源作为主要原材料，生产国家非限制和禁止并符合国家和行业相关标准的产品取得的收入，减按90%计入收入总额。

《企业所得税法》第三十四条规定，企业购置用于环境保护、节能节水、安全生产等专用设备的投资额，可以按一定比例实行税额抵免。《企业所得税实施条例》第一百条规定，《企业所得税法》第三十四条所称税额抵免，是指企业购置并实际使用《环境保护专用设备企业所得税优惠目录》、《节能节水专用设备所得税优惠目录》和《安全生产专用设备所得税优惠目录》规定的环境保护、节能节水、安全生产等专用设备的，该专用设备的投资额的10%可以从企业当年的应纳税额中抵免；当年不足抵免的，可以在以后5个纳税年度内结转抵免。

2. 增值税法在经营范围方面的优惠政策

2008年修订后的《增值税暂行条例》第十五条规定，从事部分项目可以免征增值税，主要有农业生产者销售的自产农产品、避孕药品和用具、古旧图书，以及直接用于科学研究、科学试验和教学的进口仪器、设备等。

除此之外，财政部和国家税务总局以部门规章的形式发布了多项在经营范围方面的增值税优惠政策，主要包括：① 对符合条件的增值税一般纳税人销售再生资源缴纳的增值税实行先征后退政策；② 黄金生产和经营单位销售黄金和黄金矿砂实行免征增值税政策；③ 非国有粮食购销企业经营军队用粮、救灾救济粮、水库移民口粮和政府储备食用植物油实行免税政策；④ 废旧物资综合利用的税收优惠，具体可参见《财政部、国家税务总局关于资源综合利用及其他产品增值税政策的通知》；⑤ 对供残疾人专用的假肢、轮椅、矫形器（包括上肢矫形器、下肢矫形器、脊椎侧弯矫形器）免征增值税；⑥ 对增值税一般纳税人销售自行开发生产的软件产品增值税实际税负超过3%的部分实行即征即退政策；⑦ 以三剩物和次小薪材为原料生产加工的综合利用产品实行增值税即征即退政策等。

3. 营业税法在经营范围方面的优惠政策

2008年修订后的《营业税暂行条例》第八条规定，从事部分项目可以免征营业税，主要有托儿所、幼儿园、养老院、残疾人福利机构提供的育养服务，婚姻介绍，殡葬服务；医院、诊所和其他医疗机构提供的医疗服务，农业机耕、排灌、病虫害防治、植物保护、农牧保险以及相关技术培训业务，家禽、牲畜、水生动物的配种和疾病防治等。

除此之外，财政部和税务总局以部门规章的形式发布了多项在经营范围方面的营业税优惠政策，主要包括：高校后勤服务收入、学生公寓租金收入、学校食堂餐饮服务收入免税，营利性医疗机构取得的收入3年内免税等。

（二）筹划要点

中国一直推行产业政策，对国内及海外投资者在指定行业设立企业给予税收优惠。对投资者提供税收优惠的行业有：高新技术企业、第三产业（包括与农业生产有关的行业、科研机构和高等学校的技术成果转让、咨询服务等）以及利用废水、废气、废渣等生产的企业等，投资者应全面了解其投资行业的税收优惠政策。

任何国家都有其特殊的国情，每个国家中不同地区也有各自不同的情况，在发展经济的过程中有的行业会领先甚至超前，有的行业会落后甚至停滞。于是不同国家、不同地区以及不同时期的税法会体现对某些行业的税收倾斜。这些行业倾斜政策构成了行业优惠，使得企业设立时对行业的筹划具有现实意义。不仅如此，把握了国家的产业政策鼓励方向，还会对企业的未来发展具有长远影响。这种根据国家和地区产业政策和税收优惠规定，通过对投资行业的选择达到节税效果的税务筹划又称为投资产业节税法。

国家产业结构优化政策具有一定的地域性，故而投资产业的选择也可分为两个不同层次，即在地点一致的情况下，选择税负相对较轻的行业投资；在地点不同的情况下，选择税负相对较轻的地点和行业投资。

要进行投资行业的筹划，首先必须对行业间的税收待遇进行比较，这种比较按行业性质可分为两个层次。

1. 生产类行业间的税收比较

中国现行税法对特定的生产制造类企业给予了相对较多的税收优惠。这些优惠在某种程度上体现了国家的战略方针，主要有以下几个方面：

(1) 农业初级产品及其加工产品，以及关系到国计民生的物品如水、煤、气等实行增值税优惠税率，体现对农业发展的支持；

(2) 以废水、废气、废渣等“三废”物品为原料进行生产的企业以及从事废旧物资回收的企业减免征收企业所得税以及增值税，体现国家的可持续发展战略；

(3) 国家需要重点扶持的高新技术企业的所得税税率优惠，体现国家科教兴国的战略方针；

(4) 对于从事出口业务的企业，实行出口免税及退税，体现国家鼓励出口、积极开拓国际市场的政策导向；

(5) 对于农、林、牧、副、渔等行业及不发达地区的行业实行多方面税收优惠措施，体现国家鼓励开发“老、少、边、穷”地区的决心。

2. 服务性行业间的税收比较

中国现行税法中，企业所得税、增值税、营业税等对服务性行业的税收支持主要表现在以下几方面：

(1) 对从事农林牧渔业项目的所得免征、减征企业所得税；

(2) 对符合条件的技术转让所得免征、减征企业所得税；

(3) 创业投资企业从事国家需要重点扶持和鼓励的创业投资，可以按投资额的一定比例抵扣应纳税所得额。

(三) 经营方向的筹划

为了调整国民经济结构和产品结构，国家利用税收杠杆调节企业资金的投向，对称为"瓶颈"产业的能源交通和高新科技部门投资，采取鼓励政策。例如，《企业所得税法》规定，对内外资企业统一实行25%的所得税税率，但是对于国家需要重点扶持的高新技术企业，减按15%的税率征收企业所得税。企业从事农、林、牧、渔业项目（如蔬菜、谷物、薯类、油料、豆类、棉花、麻类、糖料、水果、坚果的种植，农作物新品种的选育，中药材的种植，林木的培育和种植，灌溉、农产品初加工、兽医、农技推广、农机作业和维修等农、林、牧、渔服务业项目等）的所得，可以免征、减征企业所得税；企业从事国家重点扶持的公共基础设施项目（国家重点扶持的公共基础设施项目，是指《公共基础设施项目企业所得税优惠目录》规定的港口码头、机场、铁路、公路、城市公共交通、电力、水利等项目）的投资经营的所得，自项目取得第一笔生产经营收入所属纳税年度起，第一年至第三年免征企业所得税，第四年至第六年减半征收企业所得税。符合条件的环境保护、节能节水项目（包括公共污水处理、公共垃圾处理、沼气综合开发利用、节能减排技术改造、海水淡化等）的所得，自项目取得第一笔生产经营收入所属纳税年度起，第一年至第三年免征企业所得税，第四年至第六年减半征收企业所得税。在选择经营方向时选择有政策鼓励的领域，企业会从中受益匪浅。

由于固定资产投资是国民经济发展的基础工作，固定资产投资方向调节税在征收上体现了国家引导资金投向的奖限政策。凡是对国家急需发展的项目投资，实行零税率；对国家一般鼓励发展的项目投资，适用5%的税率；对一般项目的投资，适用10%或15%的税率；对国家限制发展的项目投资，适用30%的税率。在进行投资项目决策时，应充分考虑国家的急需，在税负压力与资金合理投向上做出正确的选择。如果投资的企业经营方向不同，在今后经营期间就会缴纳不同的流转税，生产和商品流通企业缴纳增值税，饮食娱乐企业缴纳营业税，采掘业企业缴纳资源税。当前，为了拉动经济、鼓励投资，固定资产投资方向调节税暂停征收。

(四) 投资行业选择过程中应注意的几个问题及可供选择的渠道

在选择所投资的行业时，首先应以企业利润最大化为目标。除了税收因素之外，还要考虑其他的商业因素，如资源、土地、人力及市场等，不必费尽千辛万苦投资税负最低的行业，即不要为节税而节税；其次，要充分估计筹划获利的机会成本有多少；最后，必须充分考虑所选行业享受优惠的条件，如地域、时间等方面的限制，否则可能会得不偿失。

在选择投资行业时，应将眼光放得更长远一些，根据国民经济的发展前景，尽可能选择符合国家产业发展方向的项目。从以往的经验来看，此类项目往往容易得到税收优惠待遇。

第二节　出资方式与资本结构的选择

一、企业出资方式的选择

（一）法规依据

《公司法》第二十七条规定，股东可以用货币出资，也可以用实物、知识产权、土地使用权等可以用货币估价并可以依法转让的非货币性财产作价出资。对作为出资的非货币性财产应当评估作价，核实财产，不得高估或者低估作价。全体股东的货币出资金额不得低于有限责任公司注册资本的30%。第二十八条规定，股东应当按期足额缴纳公司章程中规定的各自所认缴的出资额。股东以货币出资的，应当将货币出资足额存入有限责任公司在银行开设的账户；以非货币性财产出资的，应当依法办理其财产权的转移手续。

《中外合资经营企业法》（主席令〔2001〕第48号）第五条规定，中外合营企业各方可以现金、实物、工业产权等进行投资。外国合营者作为投资的技术和设备，必须确实是适合中国需要的先进技术和设备。中国合营者的投资可包括为合营企业经营期间提供的场地使用权。如果场地使用权未作为中国合营者投资的一部分，合营企业应向中国政府缴纳使用费。

《外资企业法》（国务院令〔2001〕第301号）第二十五条规定，外国投资者可以用可自由兑换的外币出资，也可以用机器设备、工业产权、专有技术等作价出资。经审批机关批准，外国投资者也可以用其从中国境内开办的其他外商投资企业获得的人民币利润出资。第二十六条规定，外国投资者以机器设备作价出资的，该机器设备应当是外资企业生产所必需的设备。该机器设备的作价不得高于同类机器设备当时的国际市场正常价格。第二十七条又规定，外国投资者以工业产权、专有技术作价出资的，该工业产权、专有技术应当为外国投资者所有。该工业产权、专有技术的作价应当与国际上通常的作价原则相一致，其作价金额不得超过外资企业注册资本的20%。

《中外合作经营企业法实施细则》（外贸部令〔1995〕6号）第十八条规定，合作各方向合作企业的投资或者提供的合作条件可以是货币，也可以是实物或者工业产权、专有技术、土地使用权等财产权利。中国合作者的投资或者提供的合作条件，属于国有资产的，应当依照有关法律、行政法规的规定进行资产评估。在依法取得中国法人资格的合作企业中，外国合作者的投资一般不低于合作企业注册资本的25%。在不具有法人资格的合作企业中，对合作各方向合作企业投资或者提供合作条件的具体要求，由对外贸易经济合作部（现为商务部）规定。其第十九条规定，合作各方应当以其自有的财产或者财产权利作为投资或者合作条件，对该投资或者合作条件不得设置抵押权或者其他形式的担保。

《财政部、国家税务总局关于股权转让有关营业税问题的通知》（财税〔2002〕191号）规定，以无形资产、不动产投资入股，参与接受投资方利润分配，共同承担投资风险的行为，不征收营业税；对股权转让也不征收营业税。

《财政部、国家税务总局关于土地增值税一些具体问题规定的通知》（财税字〔1995〕48号）规定，对于以房地产进行投资、联营的，投资、联营的一方以土地（房地产）作价入股进行投资或作为联营条件，将房地产转让到所投资、联营的企业中时，暂免征收土地增值税。对投资、联营企业将上述房地产再转让的，应征收土地增值税。《财政部、国家税务总局关于土地增值税若干问题的通知》（财税〔2006〕21号）规定，对于以土地（房地产）作价入股进行投资或联营的，凡所投资、联营的企业从事房地产开发的，或者房地产开发企业以其建造的商品房进行投资和联营的，均不免征土地增值税。

（二）筹划要点

按投资物的性质，一般可将投资方式分为三类，即现金投资、无形资产投资和有形资产投资。投资方式不同，企业设立程序就不同，享受的实际税收待遇也不相同，甚至存在很大差别。因此，有必要对投资方式进行筹划。

1. 有形资产投资方式

中国现行税法规定，按中外合资经营企业中外双方所签合同的规定，作为外方出资的机械设备、零部件及其他对象，合营企业以投资总额内的资金进口的机械设备、零部件及其他对象，以及经审批，合营企业以增加资本新进口的国内不能保证供应的机械设备、零部件及其他对象，可以免征关税和进口环节的增值税。这种规定是国家为了鼓励中外合资经营企业引进国外先进机械设备而制定的，同时也是一种可以用来节税的投资方式。此外，外国投资者用于出资的有形资产的增值部分不需在中国缴纳所得税，其资本利得部分在不同的国家税收待遇不一样。中国的投资者以不动产出资，不对转让环节征收营业税。

例4-6 某内资企业（非房地产企业）准备与某外国企业于2007年联合投资设立中外合资企业（非房地产企业），投资总额为8 000万元，注册资本为4 000万元，其中中方1 600万元，占40%；外方2 400万元，占60%。中方准备用使用过的机器设备1 600万元和房屋、建筑物1 600万元投入，投入方式有两种：一是以机器设备作价1 600万元作为注册资本投入，房屋、建筑物作价1 600万元作为其他投入。二是以房屋、建筑物作价1 600万元作为注册资本投入，机器设备作价1 600万元作为其他投入。这两种方案看似仅字面上的变换，但事实上蕴涵着丰富的税收内涵，最终结果大相径庭。

方案一：按照税法规定，企业以设备作为注册资本投入，参与合资企业利润分配同时承担投资风险，不征增值税和相关税金及附加。但把房屋、建筑物直接作价给另一企业，作为新企业的负债，不共享利润、共担风险，应视同房产转让，需要缴纳营业税、城建税、教育费附加及契税（契税由受让方缴纳）。另外，企业出售自己使用过的固定资产（不动产），其售价超过原值（计税基础）的，还要计征土地增值税。

应缴税金为：

营业税 $=1\,600\times5\%=80$（万元）

城建税、教育费附加 $=80\times(7\%+3\%)=8$（万元）

契税 $=1\,600\times3\%=48$（万元）

方案二：房屋、建筑物作为注册资本投资入股，参与利润分配，承担投资风险，按国家税收政策规定，不征营业税、城建税及教育费附加，房产投资也不需要交纳土地增值税，但需要征收契税（由受让方缴纳）。

其最终的应缴税金为：

契税 =1 600 ×3% =48（万元）

通过上述两个方案的对比可以看出，中方企业在投资过程中，采用不同的出资方式，最终税收负担相差很大。

如果企业欲将不动产销售，上述案例亦提供了极佳的思路，企业只要在投资入股后再将股权转让，就可避免高额的营业税和土地增值税。但是，需要考虑的一个因素是，此方式下新成立的企业取得的房屋不是购买的，其在今后销售时是要按销售的全额交纳营业税，无法扣除任何价款。土地的销售亦可参照该思路进行。

2. 无形资产投资方式

无形资产是指不具备有形资产的实物形态，企业长期使用的非货币性长期资产，包括专利权、商标权、著作权、非专利技术、土地使用权、商誉等。用无形资产进行投资，不仅可以获得一定的超额利润，还能达到节税的目的。例如，甲、乙代表中外双方投资者，欲投资开办一家中外合资企业。创办过程中需要乙的一项技术，价值 50 万美元。如果此项技术由甲向乙购买，则乙方应就该项技术转让收入缴纳预提所得税。如果在筹划过程中决定该技术转让由乙作为无形资产投资，则税款便可省去，因为中国税法规定，中、外方投资者以无形资产出资不需缴纳营业税和企业所得税。

一般从投资者的角度考虑，企业以增值税应税项目对外投资时企业的行为视同销售，要缴纳增值税。如果企业以无形资产或者不动产投资入股，参与接受投资方的利润分配、共同承担投资风险的，不缴纳营业税。如果企业以不动产或无形资产投资入股，不承担经营风险，而是收取固定利润，则需要区别对待；如果企业以不动产或土地使用权投资入股，收取固定利润的，属于将场地、房屋等有偿转让使用权，应按“服务业”税目中的“租赁业”项目缴纳营业税；以商标权、专利权、非专利技术、著作权、商誉等投资入股，收取固定利润的，属于转让无形资产使用权的，要按照“转让无形资产”的税目缴纳营业税。

从被投资者的角度，有形资产和无形资产投资更具有税收优势。因为有形资产中的设备投资的折旧可以在税前抵扣，减少应纳税所得额，无形资产的摊销费用也具有同样的抵税作用。在进行投资发生产权转让时，如果高估了有形资产和无形资产的价值，则对于投资企业来说节省了投资成本，对被投资企业来说则有虚增资本和多计折旧两方面的影响。

3. 现金投资方式

现金投资方式一般是指以货币进行投资的方式。在投资方式筹划过程中，投资者一般都会优先考虑采用有形资产投资和无形资产投资两种方式。这其中的原因是多方面的。首先，有形资产投资或无形资产投资方式中的设备投资折旧费及无形资产摊销费可在税前扣除，从而达到削减所得税税基的节税效果；其次，在变动有形资产和无形资产产权时，必须进行资产评估，由于评估方法选择的不同往往会导致高估资产价值，这样既可节省投资成本,又能通过多列折旧费及摊销费缩小企业所得税税基。但是,对于符合条件的外商投资项目,在其投资总额内进口的符合条件的自用设备,可以免征进口环节关税和增值税(国发〔1997〕37 号)。在所需设备具备上述可以享受税收优惠条件时,要对不同出资方式进行比较。

出资方式还存在另外一种分类方法,即按出资期限将出资方式分为分期出资方式和一次性出资方式。在投资方式选择中,一般选取前者。中国现行法规规定:中外合营企业合营双方应在合营合同中注明出资期限,并按合营合同规定的期限缴清各自的出资额;合同中规定一次性缴清出资的,合营双方应自营业执照签发之日起 6 个月内缴清;合同中规定分期缴付出资的,双方第一期出资额不得低于各自认缴出资的 15%,且应自营业执照签发之日起 3 个月内缴清,其最后一期出资可自营业执照签发之日起 2 年内缴清。中外合作经营企业合作各方的出资参照此规定执行。依据上述规定,分期出资可以获得资金的时间价值,不但能缩小所得税税基,在盈利的经济环境下还能实现少投入资本、规避风险、充分利用财务杠杆效应的作用。总之,在出资方式的选择过程中,应充分考虑自身的特点,以达到减轻税负、增加利润的目的。

二、企业资本结构的选择

(一) 法规依据

《国家工商行政管理局关于中外合资经营企业注册资本与投资总额比例的暂行规定》第三条规定,中外合资经营企业的注册资本与投资总额的比例,应当遵守如表 4-6 所示的规定。

表 4-6 注册资本与投资总额的比例要求

总投资额(美元)	最低注册资本额要求(美元)
300 万元或以下	70%
300 万—1 000 万元	至少 50% 且不低于 210 万元
1 000 万—3 000 万元	至少 40% 且不低于 500 万元
超过 3 000 万元	至少 33.3% 且不低于 1 200 万元

第六条规定,中外合作经营企业、外资企业的注册资本与投资总额比例参照此规定执行。内资企业没有注册资本与投资总额比例的限制。

(二) 筹划要点

1. 资本结构的税务筹划

资本结构是指企业各种资金的构成及其比例关系。在实务中,资本结构有广义和狭义之分。广义的资本结构是指企业全部资本的构成,它不仅包括长期资本,而且包括短期资本;狭义的资本结构是指长期资本结构,即长期债务资本和权益资本的比例。合理的资本结构可以获得财务杠杆利益,这是由利息的固定性和税前支付性决定的。但是债务资本会给企业带来一定的财务风险,包括定期还本付息的风险,以及因企业利润率下降导致的所有者收益下降的风险。

选择适当的资本结构应注意以下几个方面：

首先，树立风险意识，举债前必须进行认真而慎重的风险分析，坚持量力而行的原则，保持合理的负债水平。

其次，注意分析负债环境，不断调整负债水平。在金融环境比较宽松、银行利率走低、企业产品销售良好且利润率高于利息率时，负债水平可以高些。企业内部管理好、优质资产比例高、资金周转较快、需要资金时，负债水平也可以高些。

最后，要注意优化筹资结构。风险小、成本低的负债是理想的负债。企业要充分利用应付账款、预收账款等不需要支付利息的流动负债。

2. 投资规模的税务筹划

在市场经济条件下，市场需求是确定企业投资规模的首要因素，也是决定性因素。此外，行业的技术特点，原材料、燃料、动力的保证程度，专业化分工水平，可筹集到的资金数量和外部协作配套条件等，也是确定项目投资规模必须要考虑的因素。企业的经营规模过小可能使企业在行业中不具有较强的竞争力，没有规模经济优势；而规模过大可能使企业的经营不够灵活。投资规模的大小直接影响企业将来的生产经营规模及生产经营过程中的纳税水平。

对于增值税的纳税义务人企业，其投资规模影响到其纳税人身份的确定：是一般纳税人，还是小规模纳税人。税法规定：从事货物生产或提供应税劳务的纳税人，以及从事货物生产或提供应税劳务为主的纳税人，年应税销售额在50万元以上的；从事货物批发或零售的纳税人，或从事货物批发或零售为主的纳税人，年销售额在80万元以上的；年应税销售额未达到上述标准，但会计核算健全的，能够准确提供税务资料的，认定为一般纳税人。小规模纳税人与一般纳税人的税负要经过比较才能确定孰轻孰重，企业应根据比较后的结果进行决策。

税务筹划是企业规模决策的重要因素。例如，企业进行长期股权投资后，投资损益的确认应根据其投资在被投资单位中所占的比重来决定是采用成本法还是采用权益法的会计处理方法，两种方法确认的损益数量不同会影响到税收数量。两种处理方法的区别在于，成本法是投资依投资成本计量价值，权益法则投资最初按投资成本计价，在以后根据企业对被投资企业的所有者权益份额的变动来调整投资的账面价值。通常情况下，投资企业拥有被投资企业超过20%的股权但未达到控制时，被认为是对被投资企业具有影响力，应采用权益法计量长期股权投资的价值，因此企业可以通过对投资规模的控制来选择计量方法，进而进行税务筹划。

投资规模的确定要依据企业对自身经营能力的分析，还要把握企业经营外部环境，注意宏观经济动态和政策导向，以获得最大的税收优惠。

三、企业控股结构对投资利润的影响

（一）法规依据

《企业所得税法》第二十六条规定，企业的下列收入为免税收入：

（1）国债利息收入；

（2）符合条件的居民企业之间的股息、红利等权益性投资收益；

（3）在中国境内设立机构、场所的非居民企业从居民企业取得与该机构、场所有实际联系的股息、红利等权益性投资收益。

（二）筹划要点

企业控股结构的策划对投资者尤其重要，应小心考虑。股权的结构对于利润、运营、管理以及股权重组都会有重大影响。同时，股权结构对于企业融资等其他方面也会有重大影响。在合资企业中所占的股本比例，可以影响对合资企业的控制权和资金的利用效率，即以有限的资金控制尽可能多的资产。对于外商投资企业的投资者来说，还可以从以下几方面关注控股结构：

（1）投资公司的注册地选择会直接影响投资收益的会计确认时间。假设一外资企业由一家美国公司直接设立拥有，根据美国有关税法，其中国子公司所赚取但尚未分配的利润也可能在美国母公司即时征税。而一般情况下，母公司在子公司分红派息时发生纳税义务。

（2）股息在某些国家是免税的。例如，新加坡公司从中国子公司取得的利润在新加坡不用征税。

（3）考虑未来可能发生的企业股权结构的变更。合理的筹划可减少或避免集团将来内部重组或转让所产生的税负。例如，通过设立一家投资性公司来统一管理在中国的股权，可以使将来股权转让更具灵活性，并且能达到节税的目的。

本章小结

企业按照其法律责任和组织形式划分，通常可以分为公司制企业、个人独资企业和合伙制企业。按照投资人和国籍划分，企业又可分为（内资）国有企业、民营企业、上市公司和外资企业。企业设立阶段是在投资者初次投入资金的阶段，此时就有必要进行税务筹划。母子公司分别作为独立法人单独纳税，而总分公司作为一个统一的纳税人汇总纳税；个人独资企业和合伙制企业不缴纳企业所得税，而缴纳个人所得税；居民企业取得的全部所得额都作为所得税税基，而非居民企业仅就其来源于中国境内的所得计算纳税。另外，以现金出资和以非现金资产出资均不对资产的产权转让征收营业税，仅对转让增值部分征收所得税。投资于国家鼓励的产业还可以享受优惠的税收政策。这一阶段的税务筹划关系到企业建立以后的长期税负。

复习思考题

1. 企业的不同组织类型对于税务筹划有何影响？
2. 企业在设立期间选择不同设立地点对税务筹划有何影响？
3. 企业选择不同的投资方式对税务筹划有何影响？
4. 不同的资本结构对于企业的税负有何影响？

5. 选择不同的出资方式对企业税务筹划有何影响？

案例分析

企业设立采用"公司加农户"模式的税务筹划

公司加农户，这是目前税务筹划中一个比较成熟的思路，其关键就在于如何将部分农产品简单加工业务前移给农户，通过其手工作坊进行加工制作成农业初级产品，然后公司再以收购的方式将农业初级产品收购过来，达到抵扣增值税进项税额的目的。享誉全国的菊花饮品的生产就是一个很好的例证。

江苏海星菊花饮品有限公司是专门生产菊花饮品的涉农工业企业。可以采取直接向农户收购菊花后自行加工成产成品的出售模式；也可以采取公司加农户的生产模式，即企业与农户签订产供合同，公司向农户提供资金、种苗、样品、规格等，农户作为公司的辅助生产车间，完成菊花的种植、采集和整理，以及蒸制、杀青和干制成菊花饼等生产流程，然后再由公司将农户生产的菊花饼收购过来，进行烘焙、提炼、包装等精加工，制成菊花饮品、菊花晶等上市销售，这种生产方式特别适合于对种植业农产品的精加工、深加工。有两种方案可供选择：

方案一：2011 年公司为直接收购农户生产的菊花支付 120 万元，上门收购运输费用 10 万元，蒸制、杀青和干制成菊花饼耗用人工费等不得抵扣进项税额的费用 19 万元、电费等支出 5.88 万元可抵扣进项税额 1 万元，生产菊花饮品耗用电费、辅助材料等进项税额 3.4 万元，销售菊花饮品取得收入 200 万元。其应纳增值税额及税收负担率计算如下：

(1) 增值税销项税额 $=200\times17\%=34$（万元）

(2) 允许抵扣的进项税额 $=120\times13\%+10\times7\%+1+3.4=20.7$（万元）

(3) 应缴纳增值税 $=34-20.7=13.3$（万元）

(4) 增值税负担率 $=13.3/200=6.65\%$

方案二：2011 年收购农户生产的菊花饼支付 144.88 万元，上门收购运输费用 10 万元，生产菊花饮品耗用电费、辅助材料等进项税额 3.4 万元，销售菊花饮品取得收入 200 万元。

其应纳增值税额及税收负担率计算如下：

(1) 增值税销项税额 $=200\times17\%=34$（万元）

(2) 允许抵扣的进项税额 $=144.88\times13\%+10\times7\%+3.4=22.93$（万元）

(3) 应缴纳增值税 $=34-22.93=11.07$（万元）

(4) 增值税负担率 $=11.07/200=5.53\%$

思考：通过上述两个方案的比较，直接收购菊花比收购菊花饼生产的菊花饮品的增值税负担增加还是减少？试进行方案点评。

企业股权投资中的纳税筹划

甲公司于2011年3月15日以银行存款1 000万元投资于乙公司，占乙公司（非上市公司）股本总额的70%，乙公司当年获得净利润500万元。乙公司保留盈余不分配。2012年9月，甲公司将其拥有的乙公司70%的股权全部转让给丙公司，转让价为人民币1 210万元。转让过程中发生税费0.7万元。

思考：甲公司应当如何进行税务筹划？

第五章　企业筹资阶段的税务筹划

［学习目标］　通过本章的学习，了解企业从不同的筹资渠道，采用不同的筹资方式对税负的影响；领会权益筹资的税务利益和成本；熟悉债务筹资的税盾作用；掌握不同债务筹资方式税务筹划的差异；领会货币时间价值在税务筹划方案分析中的意义。

第一节　企业筹资税务筹划概要

企业筹资，也称融资，融通和筹集资金的简称，是指企业根据其生产经营、对外投资以及调整资本结构等需要，通过一定的渠道，采取适当的方式，获取所需资金的一种行为。除企业成立初期时所需资金投入外，处在经营期的企业还需一定数量的资金作为日常营运或扩张之用。筹资渠道，是指筹措资金来源的方向与通道，体现资金的来源与流量。目前我国企业筹资渠道主要包括：银行信贷资金、其他金融机构资金、其他企业资金、居民个人资金、国家资金和企业留存资金。筹资方式，是指企业筹集资金所采用的具体形式。目前我国企业的筹资方式主要有发行股票、利用留存收益、向银行借款、企业间拆借、利用商业信用、发行债券和租赁等。筹资渠道解决的是资金来源问题，筹资方式则解决通过何种方式从该渠道取得资金的问题。对不同的筹资渠道，采用不同的筹资方式，筹措同一笔资金会发生不同的筹资成本。筹资成本中包含的纳税因素，日益成为企业税务筹划研究的一个重要问题。

一、筹资活动的税务影响

当投资者的自有资金不足，或自有资金的机会成本和风险成本高于筹资成本时，筹资决策就势在必行。而筹资决策的税务筹划的目的就是考虑如何使整个筹资活动的税务成本降到最低水平，并取得企业整体效益最大化。一般来说，上述筹资的渠道和方式都可以满足企业对资金的需要，但是从纳税的角度来考察，这些筹资方式与渠道的结合，构成了不同的筹资方法，同时形成了不同的筹资成本，进而对企业的税负产生不同的影响。

如何使税收成本降到最低水平，首先需要了解筹资活动的税务影响。在分析企业筹资的税务筹划时，需要考虑以下两个方面：一是筹资结构的变动对企业经营绩效与整体税负的影响；二是合理的筹资结构，应同时实现节税与所有者总体收益最大化的双重目标。

筹资结构是由企业筹资方式决定的，不同的筹资方式将形成不同的税前、税后资金成本。从税务筹划的角度分析，筹资方式考虑的要点有：

（1）负债筹资（包括向银行借款、向非金融机构或企业拆借、企业内部筹资、发行债券、租赁等)；

(2) 权益筹资(包括企业自我积累、发行股票)；

(3) 货币时间价值与税务筹划综合考虑。

通常情况下,企业内部筹资和企业之间拆借资金方式效果最好,向金融机构借款次之,自我积累最差。这可以从空间与时间两个层面加以分析。

从空间上看,通过企业内部筹资和企业之间拆借资金,涉及的人员、机构较多,这就为企业寻求降低筹资成本和实现税务筹划提供了较为广阔的运作空间;而向金融机构借款的效果虽然不如前两种方式,但企业仍旧可以利用与金融机构的长期业务往来关系,寻求一定规模的税负减轻;企业自我积累方式中由于资金拥有者与使用者融为一体,税收负担难以转嫁与分摊,因而往往难以进行税务筹划。

从时间上看,税务筹划的长期性决定了其与企业的生产经营周期紧密结合,最终筹划效果需要在一个生产经营周期结束之后才能体现出来。企业的自我积累资金是其长期经营活动的成果,筹集过程非常漫长,而这些资金一旦再投入到经营过程之中,产生的税负需由企业自身负担;而负债筹资却与之不同,其筹资周期较短,并且投资收益可以在企业和出资者之间进行分摊,债权人也要承担一定的税负,由于利息费用可以在税前扣除,企业偿还利息后,应税所得会有所降低。

在筹资活动中企业面临着不同筹资组合的方案。例如,我国税法规定:企业发行股票,以及靠自我积累筹措的资金,因其成本体现为税后净利润的分配,即股利发放,所以无税前扣抵,其纳税负担重于向金融机构或非金融机构借款的纳税负担。再如,向金融或非金融机构借款的税负,因国家宏观利率政策的控制作用,其利息水平相对低于企业间拆借,所以相对企业拆借资金的税负较轻。而企业间拆借资金(利用商业信用除外)的税负比起融资租赁来,就更加为重了,因为融资租赁固定资产的租金中的利息和手续费部分不但可在税前扣抵,而且预先提取的折旧费也可以在税前扣除。另外,税法还规定,企业发行债券、借款所发生的准予税前扣除的利息支出是指建造、购进固定资产竣工结算后发生的各项利息支出。建造、购进固定资产竣工决算投产前的利息,则应全部计入该项固定资产的原值,在以后的折旧中扣除,这就为企业进行税务筹划提供了条件。

二、各种筹资方式的税务筹划概要

(一) 负债筹资

较常见的一种企业筹集资金的方式是发行企业债券。债券可以等价发行,也可以溢价发行或折价发行。在溢价发行或折价发行时,溢价款或折价款必须在发行期内摊销。溢价或折价摊销进入财务费用,冲减利息费用或增加利息费用。利息费用作为扣除项可在应税所得额中扣除,纳税人利息费用的多少直接影响纳税人应纳所得税额的多少。摊销方法有直线法和实际利率法两种,虽然两种方法不影响利息费用的总和,但却影响各年的利息费用摊销额,从而影响各年的应纳所得税额。因此,企业通过发行债券筹集资金时,可以在两种方法上进行筹划,以实现递延纳税。

(二) 权益筹资

企业发行股票是对企业权益的再分配,谈不上使企业所有者收益最大化,但是却存在老股东在企业中的利益是否因新股东的加入而被稀释的问题。若公开发行股票，必然过程漫长，手续复杂。企业的自我积累资金（例如，将企业的留存收益转增资本等）是其长期经营活动的成果，筹集过程也非常漫长，并且这些资金一旦再投入到经营过程之中，其收益产生的税负完全由企业自身负担。

（三）租赁

租赁作为一种特殊的筹资方式，在企业生产经营中已得到广泛应用。租赁是指出租人与承租人之间签订的一种契约或合同关系，资产的所有者（出租人）在契约规定的期限内，以收取一定租金为条件，将其资产转让给承租人使用。

当前在企业理财中，租赁已成为实现税务筹划的一种重要手段。承租人和出租人都可以从租赁中获得利益。就承租人而言，既可以避免因长期拥有设备而带来的负担与风险，又可通过租金的支付，抵减应纳税所得额，减轻实际税负。就出租人而言，出租可以减少使用与管理设备所需追加的投入，不必操心具体的经营活动，坐享租金收入。

从承租人融资的角度来看，租赁通常可分为经营租赁和融资租赁两种。

1. 经营租赁

经营租赁也称为服务租赁，是指当其他生产经营公司需要短期使用设备时，可采用向租赁公司短期租赁设备，并由租赁公司提供维护等售后服务的可撤销的短期契约性服务活动。经营租赁具有以下特点：

(1) 经营租赁是一种服务。它适用于更新快、短期使用的设备租赁，出租设备一般是由租赁公司根据市场需要选定，购入之后再寻找承租企业。

(2) 与设备资产的经济寿命相比，经营租赁的租期较短，因而承租人可以借此获得一个试用设备的机会，从而避免在不完全了解设备的情况下盲目购入的风险。

(3) 在合理的限制条件内可以中途解约。

(4) 经营租赁的租金一般比融资租赁高，但其维修、保养等由出租人负担。

经营租赁的租金费用依据合同支付，每期金额固定，税务筹划的空间较小。但是，由于它是表外筹资，不影响资产负债率，有利于企业偿债能力的表现，可提升企业的再融资能力。

2. 融资租赁

融资租赁也称为资本或金融租赁，是指公司需要添置设备时，不是采用购买方式，而是委托租赁公司根据公司的要求选择代为购入所需资产，然后公司以租赁的方式从租赁公司租入该项资产，从而达到融通资金的目的。它是一种采用“融物”形式的、不可撤销的中长期筹资形式。

在实际操作中，一般把符合下列条件之一的，认定为融资租赁：

(1) 租赁期满时，租赁资产的所有权无偿转让给承租人，或承租人有权按低于其公允价值的价格购买所租赁的资产。

(2) 租赁期超过资产寿命的大部分(75%)。

(3) 租金的资金现值应几乎相当于租赁资产的原账面价值(90%)。

融资租赁是企业筹资的一种重要方法。采用这种租赁形式，企业可以获得租赁公司的设备使用权，实际上相当于获得了企业购置设备所需的资金，所以这是一种将资金筹措和设备租赁结合在一起的筹资方法。

（四）资金时间价值与税务筹划的综合考虑

资金的时间价值是指资金在经历一定时间的投资和再投资后所增加的价值，也称为货币的时间价值。通俗地说，现在的1元钱和今后某个时点的1元钱，其经济价值是不相等的，或者说其经济效用是不相同的。现在的1元钱比1年后的1元钱经济价值要大一些，即使在没有通货膨胀的情况下也是这样。纳税人通过一定的手段将当期应该缴纳的税款延缓到以后年度缴纳，以获得资金的时间价值，也是税务筹划的目的之一。既然资金具有时间价值，尽量减少当期的应纳税所得额，以延缓当期的税款缴纳就具有现实意义。虽然这笔税款迟早是要缴纳的，但现在无偿使用这笔资金就相当于从财政部门获得了一笔无息贷款，其经济效用是非常大的。当然，这要求企业的税务筹划在税法允许的范围之内进行。只要具备合理、合法的可行性，企业应尽可能地使用这种无偿资金，而不用担心其规模超过限度。除此之外，由于税务筹划使企业当期的总资金增加，企业就更有能力清偿债务，有利于企业扩大举债规模，即企业承担财务风险的能力相对增强了。这也有利于企业扩大生产经营规模，有利于企业的长期可持续发展。

三、筹资方式的税务筹划

根据企业资金来源的性质，企业的筹资方式可分为权益资本筹资和债务资本筹资两类。

权益资本来源于企业所有者对公司的投资和公司在生产经营中的自我积累。对于权益资本，企业可以长期使用，无须偿还，无须支付利息。企业在生产经营中所获得的利润首先要缴纳企业所得税，其税后利润可用于分配股息、红利。通过权益筹资方式获得资金的好处在于可以降低企业的财务风险，但由于投资者的股息、红利收入只能在所得税后支付，因此在一定程度上加重了企业的税收负担。

债务资本是企业作为债务人向债权人募集的资金。对于债务资本，企业需依照双方的约定使用，到期偿还，而且还要支付利息。企业通过债务方式取得资金会增加企业的财务风险，但企业为债务资金所支付的利息允许在缴纳所得税前扣除，从而可以降低企业的计税利润，起到税收屏蔽作用。

例5-1 某企业拟建造一项固定资产，该项目投产预计需要1 000万元，使用年限20年，建成后每年实现100万元的利润，有两种筹资方式可供企业选择：一是利用自我积累进行投资；另一种是从银行借款，银行借款利率为10%。两种筹资方式的所得税分别为（不考虑货币时间价值）：

自我积累：

年应纳所得税 = 100 × 25% = 25（万元）

银行贷款：

年应纳所得税 = 100 ×（1 − 10%）× 25% = 22.5（万元）

可见，利用银行贷款，每年可以少缴纳所得税2.5万元。

相关案例

某公司注册资本1 000万元，有A、B两个自然人股东。2009年年初通过市场调研后，该公司决定新上一生产经营项目，经测算需新增资金3 000万元，A、B两股东商定此笔资金由公司股东按原出资比例分别筹集。截至2009年年末，该公司所有者权益1 000万元，其他公积金和未分配利润为零。现在股东有三种资金投入方式：方式一，通过股权投资的方式对公司投入现金3 000万元；方式二，公司向股东借款3 000万元；方式三，股东向公司股权投资现金350万元，公司向股东借款2 650万元。假设此投资项目不包括利息支出的年应纳税所得为500万元。

方式一，增资扩股

A、B两个自然人股东通过股权投资的方式为公司增资，假设该投资项目年应纳税所得500万元。对该公司及股东相关企业所得税、个人所得税、股东收益计算如下：

应缴企业所得税 = 500 × 25% = 125(万元)

应缴股息分红个人所得税 = (500 - 125) × 20% = 75(万元)

应纳税合计 = 125 + 75 = 200(万元)

股东收益 = 500 - 125 - 75 = 300(万元)

方式二，向股东借款

根据国家税务总局《关于企业向自然人借款的利息支出企业所得税税前扣除问题的通知》(国税函〔2009〕777号)的规定，企业向股东或其他与企业有关联关系的自然人借款的利息支出，应根据《企业所得税法》第四十六条及财政部、国家税务总局《关于企业关联方利息支出税前扣除标准有关税收政策问题的通知》(财税〔2008〕121号)规定的条件，计算企业所得税扣除额。

由于财税〔2008〕121号文件规定，企业向股东或有关联关系的自然人借款的利息支出可以在企业所得税前扣除，为企业的股东对企业进行再投入时是采取股权投资还是对公司借款提供了可选择的可能。如本案例中股东对企业的投入由方式一的股权投入改为对公司借款，整体税负及股东收益测算如下：

1. 企业所得税

假设股东对公司借款3 000万元(该公司本年度除向股东借款外没有向其他关联方借款，并且年度内没有变化)，年利率10%，年利息为300万元，该年度金融企业同期同类贷款利率为11.5%。根据《企业所得税法实施条例》第三十八条的规定，非金融企业向非金融企业借款的利息支出，不超过按照金融企业同期同类贷款利率计算的数额的部分，准予扣除，该公司向股东借资发生的利息支出300万元，没有超过税法的规定。

财税〔2008〕121号文件规定，根据《企业所得税法》第四十六条和《企业所得税法实施条例》第一百一十九条的规定，企业接受关联方债权性投资的利息支出，在计算应纳税所得额时，企业实际支付给关联方的利息支出，除符合“企业如果能够按照《企业所得税法》及其实施条例的有关规定提供相关资料，并证明相关交易活动符合独立交易原则的；或者该企业的实际税负不高于境内关联方的，其实际支付给境内关联方的利息支出，在计算应纳税所得额时准予扣除”的条件外，债权性投资与其权益性投资的比例不超过“金融企业5:1，其他企业2:1”和《企业所得税法》及其实施条例有关规定计算的部分，准予扣除，超过的部分不得在发生当期和以后年度扣除。

由于该公司是向企业的股东借款，因此，此借款利息应根据财税〔2008〕121号文件的规定，在“按照《企业所得税法》及其实施条例的有关规定提供相关资料，并证明相关交易活动符合独立交易原则”的基础上，按与股东权益性投资比例不超过2:1的借款额计算的利息可在所得税前列支，超过部分不得列支。

关联债资比例 = 3 000 ÷ 1 000 = 3(倍)

不得扣除利息支出 = 300 × (1 - 2 ÷ 3) = 100(万元)

可扣除的利息支出 = 300 - 100 = 200(万元)

仍以该项目年应纳税所得500万元为前提计算，应纳税所得为 = 500 - 200 = 300(万元)

应缴企业所得税 = 300 × 25% = 75(万元)

2. 个人所得税

股东利息收入应缴纳个人所得税60万元(3 000 × 10% × 20%)。

企业所得税前列支利息200万元，但实际会计列支利息300万元，所以可分配利润为125万元(500 - 300 - 75)，股东股息分红收入应缴纳个人所得税25万元(125 × 20%)。

应缴个人所得税 = 60 + 25 = 85(万元)

综上，应纳税合计 = 75 + 85 = 160(万元)

股东收益 = (300 - 60) + (200 - 75 - 25) = 340(万元)

方式三，既扩股又借款

1. 企业所得税

假设该项目年应纳税所得500万元，企业向股东借款年利率10%，该公司以本年度除向股东借款外没有向其他关联方借款并且年度内没有变化为前提计算。

关联债资比例 = 2 650 ÷ 1 350 = 1.963，该公司的借款比例没有超出税法规定，实际支付的265万元利息可全额扣除。

应纳税所得额为235万元(500 - 265)，应缴企业所得税 = 235 × 25% = 58.75(万元)

2. 个人所得税

股东利息收入应缴纳个人所得税53万元(2 650 × 10% × 20%);

企业所得税前列支利息265万元,可分配利润为176.25万元(500 - 265 - 58.75),股东股息分红收入应缴纳个人所得税35.25万元(176.25 × 20%);

应缴个人所得税小计 = 53 + 35.25 = 88.25(万元)

综上,应纳税合计 = 58.75 + 88.25 = 147(万元)

股东收益 = (265 - 53) + (235 - 58.75 - 35.25) = 353(万元)

从对上述三种资金投入方式的分析中可以发现,股权投入的税收负担高于公司向股东借款的税收负担,而股东收益则是股权投入收益低于向公司股东借款收益。在公司向股东借款方式中,由于受债权性投资与其权益性投资比例的限制,超过比例的借款利息不得在企业所得税前列支。本案例中方式三针对此问题,将方式一合理地拆分为公司向股东借款和股权投资两部分,使债权投入与其权益性投资比例符合了税法的规定,企业借款发生的利息得以全额扣除,降低了企业再投入业务的税收负担。因此,方式三与其他两种方式相比,税收负担低而股东收益高,应为该公司的最佳选择。

四、筹资结构的税务筹划

不同的筹资方式形成了不同的筹资结构,通过组合优化筹资结构,可以达到减轻税收负担的目的。

例5-2 某上市公司欲投资4 000万元购入一条新产品生产线,该生产线每年可带来500万元的利润,所得税税率为25%,有四种筹集资金的方案可供选择。

方案一:增发4 000万股普通股,每股1元。

方案二:增发3 000万股普通股,每股1元;借款1 000万元,借款利率为7%。

方案三:增发2 000万股普通股,每股1元;借款2 000万元,借款利率为7%。

方案四:增发1 000万股普通股,每股1元;借款3 000万元,借款利率为7%。

表5-1 四种筹集资金方案的比较 单位:万元

项目	方案一	方案二	方案三	方案四
借入资本:权益资本	0:1	25:75	50:50	75:25
借入资本	0	1 000	2 000	3 000
权益资本	4 000	3 000	2 000	1 000
息税前利润	500	500	500	500
利率(%)	—	7	7	7
税前利润	500	430	360	290
应纳所得税	125	107.5	90	72.5
税后净利润	375	322.5	270	217.5
税前权益资本收益率(%)	12.5	14.3	18	29
税后权益资本收益率(%)	9.375	10.75	13.5	21.75

从表 5-1 可以看出,利息费用在税前扣除,减少了应纳税额,是借入资本的税款抵扣起到的作用。另外,虽然利用债务资本减少了企业税后利润的绝对值,但却提高了权益资本的收益率。这就是借入资本的财务杠杆作用。

税负虽然是企业资本结构的一种考虑因素,但是企业还要考虑因举债而可能给企业带来的风险,以防止由于过量的负债而使企业陷于财务危机之中。对此,可以借鉴企业资本结构决策中的分析方法,利用筹资无差别点,给出寻求企业筹资税务筹划最佳方案的一般方法。

所谓筹资无差别点,是指在多种筹资方式下,每股净利润相等时的息税前利润额。它要解决的问题是,息税前利润为多少时,采用哪一种筹资方式更有利。设筹资无差别点为 X,筹资方式为 Y,则 Y_1 代表第一种筹资方式,Y_2 代表第二种筹资方式,Y_3 代表第三种筹资方式,……,Y_n 代表第 n 种筹资方式。可以建立如下方程式:

$$\frac{(X-Y_1\text{的年利息})\times(1-\text{所得税税率})}{Y_1\text{下普通股股份数}}=\frac{(X-Y_n\text{的年利息})\times(1-\text{所得税税率})}{Y_n\text{下普通股股份数}}$$

将上例中的有关数据代入方程式,则会得出筹资方案一和筹资方案二的筹资无差别点:

$$[(X-0)\times(1-25\%)]\div 4\,000=[(X-70)\times(1-25\%)]\div 3\,000$$

筹资方案一和筹资方案三的筹资无差别点:

$$[(X-0)\times(1-25\%)]\div 4\,000=[(X-140)\times(1-25\%)]\div 2\,000$$

筹资方案一和筹资方案四的筹资无差别点:

$$[(X-0)\times(1-25\%)]\div 4\,000=[(X-210)\times(1-25\%)]\div 1\,000$$

通过计算,三个方程式的结果均为 $X=280$,说明当筹资无差别点为 280 万元,即息税前利润等于 280 万元时,权益筹资与债务筹资的税负是一样的。但是,当息税前利润大于 280 万元时,债务筹资方式更为有利;而当息税前利润小于 280 万元时,权益筹资方式更为有利。

第二节　企业筹资的税务筹划

一、负债筹资的税务筹划

(一) 法规依据

《企业所得税法》第八条规定,企业实际发生的与取得收入有关的、合理的支出,包括成本、费用、税金、损失和其他支出,准予在计算应纳税所得额时扣除。

《企业所得税法》第四十六条规定,企业从其关联方接受的债权性投资与权益性投资的比例超过规定标准而发生的利息支出,不得在计算应纳税所得额时扣除。

《企业所得税法实施条例》第三十八条规定,企业在生产经营活动中发生的下列利息支出,准予扣除:

(1) 非金融企业向金融企业借款的利息支出、金融企业的各项存款利息支出和同业拆借利息支出、企业经批准发行债券的利息支出;

(2) 非金融企业向非金融企业借款的利息支出，不超过按照金融企业同期同类贷款利率计算的数额的部分。

财政部、国家税务总局《关于企业关联方利息支出税前扣除标准有关税收政策问题的通知》(财税〔2008〕121 号)规定，在计算应纳税所得额时，企业实际支付给关联方的利息支出，其接受关联方债权性投资与其权益性投资不超过以下规定比例和税法及其实施条例有关规定计算的部分，准予扣除，超过的部分不得在发生当期和以后年度扣除，其具体比例为：金融企业 5∶1，其他企业 2∶1。

(二) 筹划要点

负债筹资的筹资方式主要包括银行贷款、向非银行金融机构及其他经济组织借款、融资租赁及发行债券等。权益筹资的筹资方式主要包括发行股票和利用企业以前年度的留存收益等。筹资渠道不同，资金成本不同，所产生的税收效应也大不相同。

根据税法的有关规定，负债筹资所支付的利息可以计入当期费用，在所得税前列支，因而负债筹资所需支付的利息可以起到"税盾"的作用。

1. 通过金融机构贷款的税务筹划

通常金融机构的贷款利率和计息方法较稳定，尽管也受市场供求关系的影响，但波动一般不大，并且要想取得较长期的贷款，还是金融机构有保障。在企业初创筹资时期，如果将注册资本限定得较小，而经营所需的资本较大，则可以企业借款的形式向金融机构取得，从而通过增加企业负债和支付利息的办法，增加所得的扣除额，减轻税负。

例 5-3　X 公司实收资本 100 万元，经营所需资本共 1 600 万元，不足资金向银行借款解决。按年利率 10% 计算，每年需支付利息 150 万元。现假设 X 公司每年有毛收入 3 000 万元，扣除不含利息的费用(成本)80%，即 2 400 万元，再扣除借款利息 150 万元，应税所得为 450 万元，实现节税 37.5 万元(150 × 25%)。这时，实投 100 万元的股本可分配 337.5 万元[450 × (1 − 25%)]的税后净收益。

2. 通过发行债券筹资的税务筹划

企业在资金紧缺时，经过有关管理机关批准，可以发行债券筹集资金。债券可以对社会公开发行，也可以局限于一定范围(如企业内部职工)发行。税法规定资本利息不得在费用中列支，而债券利息可以作为费用列支，因此它可以作为节税的扣除项目加以利用。

例 5-4　Y 公司全年毛收入 550 万元，正常扣除的费用额为 150 万元，在企业资金短缺 250 万元的情况下，考虑发行股票还是发行债券筹资为好(假设债券年利率为 10%，所得税税率为 25%)?

(1) 如果发行股票

Y 公司的应税所得额 = 550 − 150 = 400(万元)

应纳所得税额 = 400 × 25% = 100(万元)

(2) 如果发行债券

Y 公司的应税所得额 = 550 − 150 − 250 × 10% = 375(万元)

应纳所得税额 = 375 × 25% = 93.75 (万元)

发行债券比发行股票节税 = 100 − 93.75 = 6.25(万元)

发行债券比发行股票每年少获税后净利 = 400 - 100 - (375 - 93.75) = 18.75(万元),但可节省资本 250 万元。

负债筹资比权益筹资具有明显的税务筹划效果。例如,在企业所得税税率为 25% 的情况下,企业支付了 100 万元的利息,要减少应税所得 100 万元,从而减少所得税 25 万元,即 100 万元的利息支出,实际上企业只承担了 75 万元。按照规定,普通股股息的支付处于税后利润分配环节,不能减轻企业的所得税税负,即实际支付数额与承担数额一致,如果企业支付 100 万元的股息,则实际承担的也是 100 万元。

这两者的差别导致了负债和权益资本对企业的税收成本和企业价值的不同影响。由此推论,在一定的负债范围内,企业负债越多,税盾的屏蔽作用越大,企业的税收负担越小。这种对企业资本结构的筹划越早进行越好,债务资本和权益资本的比例一经确定,通常无法很快改变。

在进行负债筹资的税务筹划时应注意以下几点:

(1) 资本性利息不得作为费用一次性从税前所得中扣除。资本性利息支出是指为了购置、建造固定资产或受让、开发无形资产而发生的债务,在该项资产投入使用前所发生的利息费用。资本性利息应作为资本性支出计入有关资产的成本并逐期折旧或摊销。

(2) 为筹措注册资本而发生的债务所对应的利息不得从税前所得中扣除。

(3) 非金融企业向非金融企业借款,利息高于按金融企业同期同类贷款利率计算的金额的部分,不允许从税前所得中扣除。

(4) 从关联方取得的借款金额超过其权益性投资一定比例的,超过部分的利息支出不得在税前所得中扣除。

(5) 企业为对外投资而借入的资金发生的借款费用,应计入有关投资的成本,不得作为经营性费用在税前所得中扣除。

3. 通过债务期安排的税务筹划

例 5-5 A 企业举借贷款 100 万元,假设年利率为 10%,贷款期限为 5 年,贷款项目年投资收益率为 18%。假定所得税税率为 25%。第一年的息税前利润为 18 万元。在贷款偿本付息的方案上,有以下四种方案:① 期末一次还清全部本息;② 每年偿还等额的本金和利息 26.38 万元(100 × 0.2638);③ 每年等额偿还年平均本金 20 万元及当期期末应偿还的利息;④ 每年支付等额利息 10 万元,并在第五年年末一次还本。

分析比较这四种方案的优劣,如表 5-2 所示。

表 5-2 四种还款方案比较 单位:万元

方案	年数	年初所欠金额	当年利息额	当年所还金额	年末所欠金额	当年税前利润	当年所得税额	5 年所得税	5 年归还本息	5 年现金流出量
	1	100	10.0	0	110	8	2			
	2	110	11.0	0	121	7	1.75000			
一	3	121.00	12.100	0	133.10	5.900	1.47500	7.23725	161.051	168.2883
	4	133.10	13.310	0	146.41	4.690	1.17250			
	5	146.41	14.641	161.051	0	3.359	0.83975			

（续表）

方案	年数	年初所欠金额	当年利息额	当年所还金额	年末所欠金额	当年税前利润	当年所得税额	5年所得税	5年归还本息	5年现金流出量
二	1	100	10	26.380	83.620	8.0000	2.00000	14.5254	131.8984	146.4238
	2	83.620	8.3620	26.380	65.602	9.6380	2.40950			
	3	65.602	6.5602	26.380	45.7822	11.4398	2.85995			
	4	45.782	4.5782	26.380	23.9804	13.4218	3.35545			
	5	23.980	2.3980	26.3784	0	15.6020	3.90050			
三	1	100	10	30	80	8	2.0	15	130	145
	2	80	8	28	60	10	2.5			
	3	60	6	26	40	12	3.0			
	4	40	4	24	20	14	3.5			
	5	20	2	22	0	16	4.0			
四	1	100	10	10	100	8	2.0	10	150	160
	2	100	10	10	100	8	2.0			
	3	100	10	10	100	8	2.0			
	4	100	10	10	100	8	2.0			
	5	100	10	110	0	8	2.0			

从经济效益的角度看，方案一对企业最不利。相反，方案三虽然纳税总额最多，但它使企业流出的现金总量最小，因此应该选择方案三来偿本付息。但这并不意味着这种偿本付息的方式一定最好，首先要看投资收益率与具体的所得税税率，其次应考虑资金的时间价值，进一步分析净现值（进一步的分析留给读者自己做）。

如果企业处于免税优惠期间，则情况相反，应尽力将成本费用的发生推迟到纳税年度，以利用其抵税的效果。例如，该企业借款当年正处于所得税免税最后一年。企业考虑用借款方式筹资时须对时间性问题加以注意，在有选择的情况下尽量避免在享受企业所得税优惠期间内借款，因为借款利息此时起不到抵税作用或抵税作用很小，因此借款不能取得税前收益最大化；或者，如果利息费用使得当年亏损且亏损额不能够在五年内弥补，企业也不能达到总体收益最大化的目标。

总之，税务筹划方法不是一成不变的，没有哪种方案永远是最好的。企业在借款时，应根据自身实际情况，在合理、合法和有效的前提下制订出对自己最有利的筹划方案。

二、权益筹资的税务筹划

（一）法规依据

国家税务总局《关于股份制企业转增资本和派发红股征免个人所得税的通知》（国税发〔1997〕198号）规定，股份制企业用资本公积金转增股本不属于股息、红利性质的分配，对个人取得的转增股本数额，不作为个人所得，不征收个人所得税；股份制企业用盈余公积金派发红股属于股息、红利性质的分配，对个人取得的红股数额，应作为个人所得征税。

（二）筹划要点

企业支付股东股利的方式有很多种，其中用各项公积金或者未分配利润额转增资本（股份有限公司称为股本，下同）的形式比较常见。这种方式的实质是公司向股东分配股息、利息，股东再将获得的股息、利息投资于该企业，增加企业的实收资本。

根据一般规定，自然人股东获得股息、利息要缴个人所得税，但也有例外。资本公积金和盈余公积金是企业在税后利润中按法定比例提取的资金，各有不同的用途。根据以上规定，对自然人股东而言，同样是用股东权益转增资本，而税收待遇却有区别。

在同等条件下，公司应优先考虑用资本公积金，而不是用盈余公积金或未分配利润来转增资本。用资本公积金转增股本，不但使股东少缴了 20% 的个人所得税，公司也能获得节税利益。按有关税法规定，当纳税人的"实收资本"和"资本公积"的合计额增加时，对增加部分要按万分之五的比例缴纳印花税。企业用资本公积转增资本时，印花税的计税依据没有任何改变，无须多缴税。而企业用盈余公积或未分配利润转增资本时，印花税税基相应增加，则要多纳税。

特别需要说明的是，并非各种形式的资本公积金转增股本都可以免税。企业资本公积金形成的来源多种多样，包括金融资产公允价值变动损益、资本（或股本）溢价、法定财产重估增值等。《关于原城市信用社在转制为城市合作银行过程中个人股增值所得应纳个人所得税的批复》（国税函〔1998〕289 号）规定，国税发〔1997〕198 号文所述的"资本公积金"是指股份制企业股票溢价发行收入所形成的资本公积金，将此转增股本由个人取得的数额，不作为应税所得征收个人所得税；而与此不相符合的其他资本公积金分配形成个人所得部分，应当依法征收个人所得税。

因此，纳税人在进行此类筹划时要注意两个方面的问题：一是不得擅自扩大可以享受优惠的资本公积金范围，否则，筹划方案会被税务机关界定为偷税行为；二是公司对股票溢价发行收入所形成的资本公积金要单独核算。因为按照税法规定，纳税人需要对应税项目和免税项目分开核算，否则不予免税。

例 5-6　C 企业利用 5 年时间积累起 1 000 万元，用这 1 000 万元投资购买设备，收益期为 10 年，每年平均盈利 200 万元，所得税适用税率为 25%。C 企业盈利后每年平均纳税 50 万元（$200\times25\%$），10 年纳税总额为 500 万元（50×10）。

如果 C 企业不是自己积累资金，而是向银行或其他金融机构贷款，则 C 企业为积累 1 000 万元资金所需要的 5 年时间可以节省下来。假如在这积累资金的 5 年里，企业以银行贷款投资，贷款投资额为 1 000 万元，年平均盈利仍为 200 万元，每年支付利息 50 万元，扣除利息后，C 企业每年盈利 150 万元。因此有：

C 企业每年纳税额 $=150\times25\%=37.50$（万元）

10 年纳税总额 $=37.50\times10=375$（万元）

显然，对 C 企业来说，以贷款方式进行投资有许多好处。例如，该企业可以提前 5 年进行它所需要的投资活动，贷款使企业承担的资金风险减小，企业税负减轻了。从纳税角度分析，自我积累筹资方式所承受的税收负担重于金融机构贷款所承受的税收负担，贷款筹资所承受的税收负担又重于企业、经济组织之间拆借（委托贷款）所承担的税收负担。

三、租赁业务的税务筹划

（一）法规依据

《企业所得税法》第六条规定，企业以货币形式和非货币形式从各种来源取得的收入，为收入总额。包括：① 销售货物收入；② 提供劳务收入；③ 转让财产收入；④ 股息、红利等权益性投资收益；⑤ 利息收入；⑥ 租金收入；⑦ 特许权使用费收入；⑧ 接受捐赠收入；⑨ 其他收入。

《企业所得税实施条例》进一步规定，企业取得收入的货币形式，包括现金、存款、应收账款、应收票据、准备持有至到期的债券投资以及债务的豁免等；企业取得收入的非货币形式，包括固定资产、生物资产、无形资产、股权投资、存货、不准备持有至到期的债券投资、劳务以及有关权益等，企业以非货币形式取得的收入，以公允价值确定收入额。

企业实际发生的与取得收入有关的、合理的支出，包括成本、费用、税金、损失和其他支出，准予在计算应纳税所得额时扣除。

需要说明的是，对于企业直接从国外租赁进口货物的，按照海关进口相关税收法规处理，不适用上述流转税的规定。

（二）筹划要点

经营租赁税务筹划，在于将承租人经营所得利润的一部分以支付租金的形式转移出去，从而来降低承租人的利润所得，进而实现降低税收负担的目的。值得注意的是，经营租赁设备的折旧处理，对出租者和承租者来说，折旧额的多少会直接冲减利润和租金收入。一般来说，经营租赁时，租赁设备的所有权未转让给承租方，因此，折旧费由出租方提取，并转由承租方承担。但不管折旧以什么形式提取，折旧期限的确定是十分重要的，在税务筹划时应予考虑。

经营租赁的租金可以全部抵减应税所得，融资租赁的租金中利息和手续费及预提折旧费的扣除也会带来较大的税收利益，但是必须有税法认可的租约。税法要求：① 全部租金在短于租赁资产的寿命期内支付，且租金总额大致等于，至少不低于财产价格的90%；② 承租人可以续约，继续租用此财产，且不可中途毁约；③ 承租人有以优惠价格购买该资产的选择权。之所以加以上述限制，是因为任何企业都可以大做迅速支付租金的租赁“交易”，以达到节税的目的，结果将会使固定资产在比加速折旧还快得多的时间里转入费用。

例 5-7　D 企业计划增置一套 300 万元价值的设备，该设备加速折旧寿命期为 5 年，假设无残值。按平均年限法计提，每年折旧费 60 万元；所得税税率为 25%；假设该套设备每年可为企业带来息税前利润 100 万元。在资金市场年利率 10% 的情况下，企业考虑自行购买还是融资租赁？假设租赁合同约定租期 4 年，每年支付租金 77 万元，租赁期满后 D 企业可无偿取得该套设备所有权。

方案一为自行购买，方案二为融资租赁。分析如表 5-3 所示。

表 5-3　自行购买或融资租赁方案比较表　　单位：万元

方案	年数	年支付金额	年折旧额	年融资费用	税前抵扣金额	当年税前利润	当年所得税额	5 年所得税	支付额的现值	抵扣额的现值
一	1	300	60	0	60	40	10	50	300	227.46
	2	0	60	0	60	40	10			
	3	0	60	0	60	40	10			
	4	0	60	0	60	40	10			
	5	0	60	0	60	40	10			

（续表）

方案	年数	年支付金额	年折旧额	年融资费用	税前抵扣金额	当年税前利润	当年所得税额	5年所得税	支付额的现值	抵扣额的现值
二	1	77	56	7	63	37	9.25	48	244.09	234.486
	2	77	56	7	63	37	9.25			
	3	77	56	7	63	37	9.25			
	4	77	56	7	63	37	9.25			
	5	0	56	0	56	44	11			

融资租赁中的利息、手续费等融资费用每年摊入期间费用，节税28万元，再加上5年折旧创造的节税额280万元，共计308万元，抵扣额折合现值是234.486万元。这样，虽然租赁比购买现金流量多支付8万元（77×4－300），但看现金流量的净现值却是节省55.91万元（300－244.09）；抵扣额的现值增加了7.026万元（234.486－227.46），5年所得税（不计算净现值）少纳2万元。

如果出租公司与承租公司是关联公司，则可以使融资租赁成为所得从一地区（国家）向另一地区（国家）转移的媒介。因为每年按租约交付给出租公司的利息和手续费，既构成了承租公司的费用扣除额，也构成了出租公司的所得额。如果出租公司地处低税率地区或恰处于减免税经营期间，则还可以享受所得税利益。

从承租者角度来看，融资租赁与借入资金购买资产没有差别，即公司的融资租赁是借入资金的一种替代，多租赁则可以少借入。因此，是否选择融资租赁就是要把它与借入资金购买资产的方式相比较，选择费用较小的方式。

如果根据以上分析选择了融资租赁方式，那么接下来就要确定租赁期满是否要拥有资产的所有权，因为这直接关系到是增值税的应税行为，还是营业税的应税行为？两者的名义税率相差12%，相当可观。

例如，某集团内部独立核算的A企业采用经营性租赁方式，将房屋、建筑物出租给集团内部独立核算的B企业。作为经营性租赁，A企业可以继续提取固定资产折旧，而B企业的租金支出又可以作为费用在企业所得税税前列支。在B企业适用的所得税税率较高而A企业适用的所得税税率较低的情况下，A企业提取的折旧与收取的租金基本上可以相互抵消，所得税总体税负没有变化。而B企业则可以获得较大幅度的税负减轻。如果B企业是小型微利企业，则可以享受20%临界点变化所带来的巨大节税利益。这是较典型的租赁节税效应。最终使该利益集团总体的税收待遇最为优惠，税负最低。这种安排，可使控股公司在两个或更多的独立核算企业之间做调节利润的工作，从而使集团公司的利益最大化，最终也就实现了股东利益的最大化。当然，在此种税务筹划方式下，要考虑到A企业收取的租金需交纳营业税。

由于承租方支付的租金可以抵税，又由于租金是分期支付的，而销售收入是出售时一次获得并确认的，采用出租方式，企业各期所得较为平均，而采用销售方式，企业前期所得较高，承担的所得税负也较高，所以采用出租方式还可以起到延迟纳税的作用。

例5-8　某内资企业集团有若干下属子公司。2××5年预计子公司A将盈利1 000万元，而子公司B将亏损800万元。集团经过税务筹划，作出经营调整，将A公司的一个年盈利800万元的生产流水线（正好是一个独立的车间）出租给B公司，并向B公司收取

200 万元的租赁费。假设 A、B 公司的企业所得税税率均为 25%。

在税务筹划之前：

A 公司应缴企业所得税 = 1 000 × 25% = 250（万元）

B 公司亏损 800 万元，不用缴纳企业所得税。亏损可用以后年度的利润进行弥补。

在税务筹划之后：

A 公司应缴企业所得税 =（1 000 − 800 + 200）× 25% = 100（万元）

B 公司亏损 200 万元，不用缴纳企业所得税。亏损同样可以向以后年度结转。

因此，通过税务筹划，该集团在这笔租赁业务上可以减轻税负：

$$250 - 100 = 150（万元）$$

租赁产生的节税效应，并非只能在同一利益集团内部得以实现，即使在专业租赁公司提供租赁设备的情况下，承租人仍旧可以获得税务上的利益。就这一点而言，租赁与债务筹资税务筹划方法有共同之处。租赁可以使承租者马上进行正常的生产经营活动，并很快获得收益。

四、举债购置与融资租赁方法选择的比较

（一）法规依据

财政部、国家税务总局《关于在全国开展交通运输业和部分现代服务业营业税改征增值税试点税收政策的通知》（财税〔2013〕106 号）及其附件。

根据《关于促进企业技术进步有关财务税收问题的通知》（财工字〔1996〕41 号）规定，企业技术改造采取融资租赁方法租入的机器设备，折旧年限可按租赁年限和国家规定的折旧年限孰短的原则确定，但最短折旧年限不短于三年。

（二）筹划要点

在租赁税务筹划中需要综合多种应税因素。以下通过举例进行详细说明。

例 5-9　A 企业需使用一种进口的机器设备，价值 1 200 万元，企业筹资可从银行借款和融资租赁两种方式中选择一种。根据企业的资金需求分析，企业在三年以后才有能力支付该设备款项。假设银行三年期的年利率为 8%，融资租赁公司三年期的内含报酬率为 10%，设备购入后立即可投入使用。该设备投入使用后每年可产生息税前利润 600 万元（未扣除该设备的折旧及借款利息），该设备的正常折旧年限为 10 年。该设备是通过银行借款购进好还是进行融资租赁好？为便于分析，测算时不考虑设备价款外的其他费用及预计残值等，并假定银行借款利息、企业所得税和租赁款均于每年年末支付。

该机器设备在 10 年内经历了从无到有再到无的过程，只有通过 10 年综合分析考虑该设备所产生的现金流量净额，才可判断出方案的优劣。在影响该机器设备的现金流量因素中，支付的银行借款利息、企业所得税和租赁款均会产生现金流出，利润为现金流入，而折旧不会对税前现金流量产生影响。

根据《关于促进企业技术进步有关财务税收问题的通知》（财工字〔1996〕41 号）规定，因折旧可以抵税，在一定条件下加速折旧可以使企业所得税递延，使企业在资金时间价值上获得利益。以下比较各种融资方式。

1. 银行借款方式

(1) 前三年每年年末计提借款利息,每年年末为 96 万元(1 200 × 8%),银行利息每年支付,借款本金于第三年年末支付。

(2) 三年中每年计提折旧 120 万元,每年缴纳的企业所得税为 96 万元[(600 - 96 - 120) × 25%]。

(3) 从现金流量角度分析:三年中除了第三年要支付本金外,其他各年产生的现金流量净额 =(利润 - 利息 - 所得税)× 该年的现值系数。

比如,第一年现值系数为 0.9259,则:

现金流量净额 =[600 - 96 -(600 - 96 - 120)× 25%] × 0.9259 = 377.77(万元)

第三年在按上述方法计算之外还要减去本金:

现金流量净额 =[600 - 96 -(600 - 96 - 120)× 25% - 1 200] × 0.7938 = - 628.69(万元)

经计算,三年该方式的现金流入量净现值(累计)为 98.86 万元。

2. 融资租赁方式

(1) 因融资租赁公司三年期的内含报酬率为 10%,可计算出每年等额支付的租赁款为 482.53 万元(1 200 ÷ 2.4869)(利率为 10% 的三年期年金现值系数为 2.4869),同时按税法规定折旧可采取三年计提,则每年计提的折旧与支付的租赁款相等。每年缴纳的企业所得税为[(利润 - 折旧)× 25%]万元。

(2) 每年该方式的现金流量净额 =[利润 - 折旧 -(利润 - 折旧)× 25%] × 该年的现值系数。比如,

第一年现金流量净额 =[600 - 482.53 -(600 - 482.53)× 25%] × 0.9259 = 81.57(万元)

经计算,三年该方式的现金流量净额(累计)为 227.01 万元。

通过对两种方式的比较可知,融资租赁方式比银行借款方式现金流量净额多 128.15 万元,故企业采取融资租赁方式为佳。

结合上面例子的分析,可以进一步归纳如下:在考虑究竟选择银行借款还是融资租赁方式时,可利用资金的时间价值对该项设备所产生的现金流量净额进行比较。

银行借款方式:每年现金流量净现值(累计)=[利润 - 利息 -(利润 - 利息 - 折旧)× 所得税税率 - 本金] × 现值系数

融资租赁方式:每年现金流量净现值(累计)=[利润 - 折旧 -(利润 - 折旧)× 所得税税率] × 现值系数

在比较时可以假设利润为 0,并可运用年金现值计算公式,这样分析要简便些。总之,当融资租赁方式现金流入量净现值(累计)大于银行借款方式时,对企业来讲选择融资租赁方式为好,反之则选择银行借款方式为好。该原理同样适用于其他筹资方式的分析与比较。

例 5-10 A 企业需要添置 52 万元的固定资产,预计使用年限为 10 年。如果企业采用融资租赁的方式,估计租赁期 8 年,每年末支付 10.2 万元,租赁期间出租方负责维修;或者由企业向银行贷款购置,在年利率 12% 的情况下,需借款 52 万元,8 年内还本付息,并在使用期内每年支付维修费 1 000 元。此外,企业的年均资金成本为 11%,设备按直线

法计提折旧，不考虑残值，企业所得税的税率为25%。

首先，对比两个方案的资金成本。

因为借款的年利率为12%，所以举债购置的资金成本为12%。

而就融资租赁而言，租金的年金现值系数为：

固定资产原值÷年租金＝52÷10.2＝5.098

通过查一元年金现值系数表，可知8年的年金现值系数 $i=11\%$ 时为5.146，$i=12\%$ 时为4.968。运用插值法可以求得在年金现值系数为5.098时利率 $i=11.27\%$，即融资租赁的资金成本为11.27%，低于借款的资金成本。

其次，在不考虑税收因素的情况下，对比两个方案的现金流出量。

融资租赁：年租金102 000元

举债购置：年还本付息额为104 676元(520 000÷4.968)

年维修费：1 000元

因此，举债购置时，前8年每年现金流出量为105 676元(104 676＋1 000)，多于融资租赁方式下的102 000元，即融资租赁方式年现金流出量小于举债购置。

可见，若不考虑税收收益等因素，宜采用融资租赁方案。

最后，在考虑税收因素的情况下，对比两个方案的现金流出量。

再结合税收因素对比分析两方案各自的现金流量。已知A企业的资金成本年平均为11%，采用直线折旧法，所得税税率为25%。

融资租赁方案：

年现金流量＝102 000(元)

税后现金流量＝102 000×(1－25%)＝76 500(元)

税后现金流量现值＝76 500×(P/A,11%,8)＝76 500×5.146＝393 669(元)

举债购置方案的现金流量计算表如表5-4所示。

表5-4　举债购置固定资产的现金流量　单位：元

年度	还本付息额	付息额	还本额	贷款余额	折旧	维修费	税前扣除费用	税负减少额	税后现金流出	贴现系数 $N(I=11\%)$	现值
	①	②	③＝①－②	④＝④－③	⑤	⑥	⑦＝②＋⑤＋⑥	⑧＝⑦×25%	⑨＝①＋⑥－⑧	⑩	⑪＝⑨×⑩
0				520 000							
1	104 676	62 400	42 276	477 724	52 000	1 000	115 400	28 850	76 826	0.9010	69 220.23
2	104 676	57 327	47 349	430 375	52 000	1 000	110 327	27 582	78 094	0.8120	63 412.56
3	104 676	51 645	53 031	377 344	52 000	1 000	104 645	26 161	79 515	0.7310	58 125.28
4	104 676	45 281	59 395	317 949	52 000	1 000	98 281	24 570	81 106	0.6590	53 448.65
5	104 676	38 154	66 522	251 427	52 000	1 000	91 154	22 788	82 888	0.5930	49 152.30
6	104 676	30 171	74 505	176 922	52 000	1 000	83 171	20 793	84 883	0.5350	45 412.51
7	104 676	21 231	83 445	93 477	52 000	1 000	74 231	18 558	87 118	0.4820	41 991.04
8	104 694	11 217	93 477	0	52 000	1 000	64 217	16 054	89 640	0.4340	38 903.63
合计	837 426	317 426					741 426	185 357	660 069		419 666.18

注：付息额＝年贷款余额×12%。

从数量分析的角度来看，举债购置的税后现金流出现值为419 666元，远大于融资租赁的 393 669 元,这意味着融资租赁支出少,收益好,应为首选。

五、融资租赁与经营租赁方法选择的比较

在融资租赁时,设备在租入方的账面上提取折旧,因此,对出租方来说,还需从所得税的角度加以考虑。

(一)法规依据

财政部、国家税务总局《关于在全国开展交通运输业和部分现代服务业营业税改征增值税试点税收政策的通知》(财税〔2013〕106 号)及其附件。

《关于促进企业技术进步有关财务税收问题的通知》(财工字〔1996〕41 号)(参见举债购置与融资租赁方法选择的比较)。

(二)筹划要点

企业获得生产经营用设备,既可以用银行贷款直接购买设备,也可以用租赁方式获得设备,租赁又有经营租赁和融资租赁两种形式。这些不同的获得生产经营用设备的方式在税务处理上的差异在于:用银行贷款购买设备,支付的贷款利息可以在税前扣除,企业对设备计提的折旧也可以抵税;经营租赁只有支付的租赁费用可以直接在税前扣除,企业不得对租入的设备计提折旧,租入设备的损耗不能抵税;融资租赁发生的租赁费用不得直接扣除,但承租方支付的手续费以及安装使用后支付的利息等可在支付时直接扣除,承租方还可以对融资租入的设备计提折旧并可以在税前扣除。在做筹划方案时应将这几种方式所要承担的税收进行比较,并同时考虑资金的时间价值,选择对企业最有利的方式。

财政部、国家税务总局《关于在全国开展交通运输业和部分现代服务业营业税改征增值税试点税收政策的通知》(财税〔2013〕106 号)规定,在"营改增"试点实施之前购买设备并已签订实行的融资租赁合同,按照原 5% 税率计算缴纳营业税,直至合同到期;短期的经营租赁合同也可以改为一般纳税人按增值税税率 17%、小规模纳税人按 3% 征收税率计算缴纳增值税。而试点实施后新购买设备并签订的租赁合同一律执行增值税条例的规定。

例 5-11 宏达资产租赁公司年营业额 600 万元,2013 年 7 月 1 日购买设备 A 和设备 B,设备 A 与光明公司签订了融资租赁合同,设备 B 与凯悦公司签订了经营租赁合同;2013 年 8 月 2 日又购进设备 C,属于定向为光明公司购入并计划于 8 月 10 日与光明公司签订融资租赁合同。宏达公司如何选择缴纳税种及税率?

分析:宏达公司年销售额 600 万元,申请认定为一般纳税人且不同的设备租金收入应该分别核算。因设备 A、B 属于在营业税改征增值税试点实施(2013 年 8 月 1 日)之前购买并已经签订了租赁合同,设备 A 属于融资租赁性质,试点前后的租金收入均需按照 5% 的营业税率征收营业税,直至合同到期;设备 B 属于经营租赁性质,其租金收入有两种选择,或者在试点实施后继续按照 5% 的税率缴纳营业税,或者在试点实施后按照 3% 的征收率缴纳增值税(注意,实务中是先按照 17% 的税率计算增值税销项税额,然后销项税额减当期进项税额,将两者之差作为当期应纳增值税额,并且该增值税额计算的税负超过 3% 的部分可申请税收返还)。设备 C 是"营改增"之后购买的,购买设备支付的增

值税进项税额可以抵扣，无论其用于经营租赁还是融资租赁，其租金收入均应按照增值税适用税率17%计算销项税额，缴纳增值税。这时就需要根据租金收入的安排、设备购买的进项税额等信息，具体地测算不同方案，才能进行最终的税务筹划决策。

在实际操作中，企业应在不同假设条件的基础上拟订不同的租赁方案与承租方洽谈。按照对方提供的条件，结合预计设备收回后的可变现净值，再计算税负的高低来比较其优劣。在考虑时间价值时，除了租赁费和残值收回是在不同时期外，出租方的进项税额（可一次性抵扣）和销项税额（按年分别计算）也不是在同一时期。

六、在购销环节中考虑资金的时间价值

（一）法规依据

《国家税务总局关于企业所属机构间移送货物征收增值税问题的通知》（国税发〔1998〕第137号）规定，《增值税暂行条例实施细则》第四条视同销售货物行为的第（三）项所称的用于销售，是指售货机构发生以下情形之一的经营行为：① 向购货方开具发票；② 向购货方收取货款。

对实行统一核算的企业所属机构间移送货物，售货机构的货物移送行为有上述两项情形之一的，应当向所在地税务机关缴纳增值税；未发生上述两项情形的，该货物移送行为不构成视同销售行为，应由总机构统一缴纳增值税。如果售货机构只就部分货物向购买方开具发票或收取货款，则应当区别不同情况计算并分别向总机构所在地或分支机构所在地缴纳税款。

（二）筹划要点

例5-12　A集团公司是一家专门从事电脑研发与生产的集团。2××6年3月，该集团拟扩展业务，欲投资6 000万元研制生产某种型号的仪器。经研究，共拟订两套方案。

第一套方案是设立甲、乙、丙三个独立核算的子公司，彼此间存在着购销关系：甲公司生产的产品可以作为乙公司的原材料，而乙公司生产的产品全部由丙公司对外销售。

经调查测算，甲公司提供的材料市场价格每单位10 000元（这里一个单位是指生产一台最终产成品所需原材料数额），乙公司以每台15 000元提供给丙公司，丙公司以每台20 000元向市场出售。预计甲公司生产的每单位材料会涉及850元进项税额，并预计年销售量为1 000台（以上价格均不含税），那么甲公司年应纳增值税额：

$$10\,000 \times 1\,000 \times 17\% - 850 \times 1\,000 = 850\,000（元）$$

乙公司年应纳增值税额：

$$15\,000 \times 1\,000 \times 17\% - 10\,000 \times 1\,000 \times 17\% = 850\,000（元）$$

丙公司年应纳增值税额：

$$20\,000 \times 1\,000 \times 17\% - 15\,000 \times 1\,000 \times 17\% = 850\,000（元）$$

$$\begin{aligned}三个公司合计缴纳增值税额 &= 850\,000 + 850\,000 + 850\,000 \\ &= 2\,550\,000（元）\end{aligned}$$

第二套方案是设立一个综合性公司，公司内部设立甲、乙、丙三个部门。基于上述市场调查材料，可以求出该企业大致年应纳增值税额为：

$$20\,000 \times 1\,000 \times 17\% - 850 \times 1\,000 = 2\,550\,000（元）$$

其纳税数额和上一套方案完全一样。看似两方案对公司影响一样，其实不然，因为货币是有时间价值的。第一套方案中，甲公司生产出的原材料，在一定的时间内会出售给乙公司，这时就要缴纳一定数量的增值税和企业所得税。而如果采用第二套方案，则这笔业务是由公司内的甲部门转向乙部门，不用缴纳企业所得税和增值税。当然这笔税款迟早要缴纳，而且数额也不会变化，但迟缴的税款其价值小于早缴纳的税款。而且推迟纳税时间，相当于从税务机关获得一笔无息贷款，有利于公司的资金流动，这对于资金比较紧张的企业来说更是如此。正是基于这方面考虑，该集团公司应采用第二套方案。

为了更好地说明货币的时间价值，这里假定两种情况：第一种是每年缴纳 100 元税款，缴纳 3 年，年利率是 10%；第二种是第三年一次性缴纳 300 元。

按第一种情况，相当于第三年一次性缴纳：

$$100 \times (1+10\%)^2 + 100 \times (1+10\%) + 100 = 331(\text{元})$$

这显然比 300 元多，而且数值越大，其差额越明显。

在一般经济生活中，为了使企业便于管理，也为了发挥专业分工的优势，很多大企业往往采取第一种方案。但在本案例中，A 集团公司却更看重货币的时间价值。对于大企业而言，如果专门生产某种产品，为了产生规模效应，采用第一种方案较好，而 A 集团刚涉入这一领域，还不具备规模优势，因此应该反其道而行之。

例 5-13 B 钢铁股份企业(增值税一般纳税人)为组织生产，2××6 年 1 月初计划采购生铁一批，有两种方案可供选择：

第一种方案是从某铁厂(增值税一般纳税人)购入，这批生铁不含税价 30 万元，销货方开出增值税专用发票，轧钢厂需支付铁厂价税合计共 35.1 万元，其中增值税进项税额为 5.1 万元。流动资金流出量为 35.1 万元。

第二种方案是从某物资经销处(小规模纳税人)购入，不含税价也是 30 万元，销货方从税务机关按 4% 征收率代开增值税专用发票，轧钢厂支付价税合计共 31.2 万元，其中增值税进项税额为 1.2 万元。流动资金流出量为 31.2 万元，比第一种方案少 3.9 万元(35.1－31.2)。

假设上述购进材料全部在当月加工成成品并销售出去，不含税售价 40 万元，销项税额为 6.8 万元；这时如果采用的是方案一，应缴增值税 1.7 万元(6.8－5.1)，即下月初申报缴税时流动资金流出量为 1.7 万元。如果采用的是方案二，应缴增值税 5.6 万元(6.8－1.2)，即下月初流动资金流出量为 5.6 万元，比第一种方案多 3.9 万元(5.6－1.7)。

从表面来看，两种方案资金流出总量是相等的，都是 36.8 万元。但是资金的流出时间有差别，方案二在采购环节资金流出量比方案一节约 3.9 万元(35.1－31.2)，这部分资金一直到下月初申报纳税时才流出，也就是说，方案二比方案一有 3.9 万元现金延迟一段时间才流出。

既然货币具有时间价值，纳税人在进行税务筹划时就不能够忽视它。对于同一项生产经营活动，考虑与不考虑货币的时间价值对于纳税人的决策来说，可能会出现截然不同的结果。因此，纳税人在生产经营决策中，只有重视货币的时间价值，才能使得筹划方案更加科学。

货币的时间价值不仅在缴纳税款时应该注意，在其他经济活动中也应引起足够重视，例如对某个项目收益进行评估时，货币的时间价值也应该重点考虑。货币具有时间价值要求企业加快资金的运作，不要让资金停滞在某一处。

本章小结

通过企业内部筹资和企业之间拆借资金，涉及的人员、机构较多，这就为企业税务筹划提供了较为广阔的运作空间；而向金融机构借款的效果虽然不如前两种方式，但企业仍旧可以利用与金融机构的业务往来关系减轻一定的税负；企业自我积累方式中由于资金拥有者与使用者融为一体，税收负担难以转嫁与分摊，因而往往难以进行税务筹划。在企业筹资的税务筹划中，应该充分认识到债务筹资的财务杠杆作用，同时也因利息费用可以抵扣收入从而带来税务利益。该税务利益的计算分析需要采用货币时间价值方法来进行。

复习思考题

1. 不同的筹资方式对企业税务筹划有什么影响？
2. 不同的资本结构对企业税务筹划有什么影响？
3. 融资租赁与其他债务筹资方式在税务筹划上有什么不同？
4. 为什么企业筹资的税务筹划中需要考虑货币时间价值因素？
5. 为什么债务筹资方式可以起到税盾作用？

案例分析

某企业由于增加生产经营投入，需筹资100万元，现有两种筹资方式可供选择，发行股票或发行债券，股票收益率为5%，债券利率为10%，均约定为每年计付息一次。假定金融机构同类、同期贷款利率为8%。企业不计债券利息应纳税所得额为100万元，企业所得税税率为25%。企业发行债券所支付的利息支出，在不高于按照金融机构同类、同期贷款利率计算的数额内，准予在计算企业所得税前扣除，而股息则不能。

企业利用发行债券方式筹资可以少支付企业所得税为：

$$100 \times 8\% \times 25\% = 2（万元）$$

思考：纳税筹划虽然是从节税的角度出发的，但最终目标是使企业税后利润最大化，所以，从税后利润是否增加的目标分析，哪一种税务筹划方案更好？

第六章　生产经营阶段的税务筹划

［学习目标］　通过本章的学习，应该了解企业生产经营过程中的供应、生产、销售，收入、费用以及投资等各个环节所涉及的税种，掌握这些环节税务筹划的要点。并且，要求在税务筹划方案的制订中同时考虑一项经济业务所涉及的各种税费负担，谋求总体税负最轻的效果。

第一节　收入的税务筹划

企业设立以后，运用筹集到的资金采购所需要的物资设备和原材料，聘用一定数量的员工，即生产力三要素的组合，生产出能够满足社会需求的商品产品来，再通过销售环节将商品产品出售，换取营业收入。一定期间的营业收入扣减掉为取得该项收入所消耗的费用，就是该期间的财务成果——利润或亏损。利润是生产经营活动带来的净收益，在经济学上也称所得额。但是，税法上所称的所得额却与会计上计算的利润有所差别，需要在会计利润的基础上经过调整才能计算出应纳税所得额。此外，在生产经营阶段，企业还会由于购销活动而形成增值税、消费税、营业税以及城市维护建设税等流转税，由于某些生产经营行为而负担资源税、房产税、土地使用税、车船使用税以及印花税等财产税和行为税。

由于企业的应纳税所得额由收入扣除费用而来，所以，与收入成本有关的各项目都可以进入筹划的领域。

企业收入筹划主要包括基本收入筹划和特殊收入筹划。基本收入包括销售货物收入，提供劳务收入，转让财产收入，股息、红利等权益性投资收益，利息收入，租金收入，特许权使用费收入，接受捐赠收入及其他收入。对于以上收入应该尽可能推迟其收入实现的时间，尤其是在年终，推迟的收入可以缓一年交纳企业所得税，从而获得货币的时间价值。

税法中对特殊收入情况有较多的规定，其中一些具有很大的筹划空间。如企业取得具有专门文件规定用途、专款专用并且单独核算、其费用支出不在税前扣除的政府补助，可作为免税收入，不计入应纳税所得额。

企业的成本费用中准予扣除的项目可分为限额扣除、全额扣除和超额扣除，这应该是企业税务筹划关注的重点。

限额扣除的费用，企业有四种方法进行筹划。一是年初进行预算，尽力节约开支，并根据生产经营需要和支出限额规定，对各项支出规定一个合理的支出规模，同时也可做到心中有数。二是预算执行中，各项费用支出会发生变动，有的费用会超出限额，有的则尚未达到限额，这便为不同费用之间进行“转换”提供可能，以用足抵扣限额。三是扩大销售(营业)收入,以扩大扣除限额,此法如果与机构拆分等方法结合使用,效果会更加明显。四是对目前费用扣除还没有明晰规定的项目,可以通过与税务机关协商,即运用“政策寻租法”,使此项费用达到最大限度扣除。

对于全额扣除项目,由于其扣除不受限制,所以应做到充分扣除,并利用不同费用之间相互替代的可能性,尽可能节约其他费用支出。

国家为了鼓励企业科技创新和特殊人员就业,允许其按标准加计扣除一些费用。比如,对于开发新技术、新产品、新工艺发生的研究开发费用,以及安置残疾人员及国家鼓励安置的其他就业人员所支付的工资,可以加计扣除,即超额扣除。企业在费用支出的分配上应考虑此因素。

一、收入确认的税务筹划

收入是企业会计核算的重要要素之一。收入的确认依靠会计人员做出相应的职业判断。而税法关于确认收入的原则、条件、范围、时间等方面与会计处理是有差异的,并且税法要求纳税人必须严格遵守税法的相关规定,如果会计处理方法与税收规定有抵触,应当按照有关税法规定计算纳税。同时,税务会计的处理方法一经确定,不得随意变动。

(一) 法规规定

《企业所得税法》第六条规定,企业以货币形式和非货币形式从各种来源取得的收入,为收入总额。

《企业所得税法实施条例》第二十三条规定,企业的下列生产经营业务可以分期确认收入的实现:

(1) 以分期收款方式销售货物的,按照合同约定的收款日期确认收入的实现;

(2) 企业受托加工制造大型机械设备、船舶、飞机,以及从事建筑、安装、装配工程业务或者提供其他劳务等,持续时间超过 12 个月的,按照纳税年度内完工进度或者完成的工作量确认收入的实现。

《企业所得税法实施条例》第二十四条规定,采取产品分成方式取得收入的,按照企业分得产品的日期确认收入的实现,其收入额按照产品的公允价值确定。

此外,《关于确认企业所得税收入若干问题的通知》(国税函〔2008〕875 号)对收入确认作了进一步的规定。

增值税是对在我国境内销售货物或提供加工、修理修配劳务,交通运输和现代服务业劳务,以及进口货物的单位和个人,就其取得的货物或应税劳务的销售额,以及进口货物的金额计算税款,并实行税款抵扣制的一种税。根据财政部、国家税务总局《关于在全国开展交通运输业和部分现代服务业营业税改征增值税试点税收政策的通知》(财税〔2013〕106 号),增值税中的应税服务,是指陆路运输服务、水路运输服务、铁路运输服务、航空运输服务、管道运输服务、邮政服务、研发和技术服务、信息技术服务、文化创意服务、物流辅助服务、有形动产租赁服务、鉴证咨询服务、广播影视服务。广播影视服务,包括广播影视节目(作品)的制作服务、发行服务和播映服务。

《增值税暂行条例实施细则》第三十八条规定,销售货物或者应税劳务的纳税义务发

生时间,按销售结算方式的不同,具体为:

(1) 采取直接收款方式销售货物,不论货物是否发出,均为收到销售款或者取得索取销售款凭据的当天;

(2) 采取托收承付和委托银行收款方式销售货物,为发出货物并办妥托收手续的当天;

(3) 采取赊销和分期收款方式销售货物,为书面合同约定的收款日期的当天,无书面合同的或者书面合同没有约定收款日期的,为货物发出的当天;

(4) 采取预收货款方式销售货物,为货物发出的当天,但生产销售生产工期超过12个月的大型机械设备、船舶、飞机等货物,为收到预收款或者书面合同约定的收款日期的当天;

(5) 委托其他纳税人代销货物,为收到代销单位的代销清单或者收到全部或者部分货款的当天,未收到代销清单及货款的,为发出代销货物满180天的当天;

(6) 销售应税劳务,为提供劳务同时收讫销售款或者取得索取销售款的凭据的当天;

(7) 纳税人发生视同销售货物行为,为货物移送的当天。

《营业税暂行条例》第十二条规定,营业税纳税义务发生时间为纳税人提供应税劳务、转让无形资产或者销售不动产并收讫营业收入款项或者取得索取营业收入款项凭据的当天。

《营业税暂行条例实施细则》第二十五条规定,纳税人转让土地使用权或者销售不动产,采取预收款方式的,其纳税义务发生时间为收到预收款的当天;纳税人提供建筑业或者租赁业劳务,采取预收款方式的,其纳税义务发生时间为收到预收款的当天;纳税人将不动产或者土地使用权无偿赠送其他单位或者个人的,其纳税义务发生时间为不动产所有权、土地使用权转移的当天;纳税人发生自建行为的,其纳税义务发生时间为销售自建建筑物的纳税义务发生时间。

《企业会计准则第14号——收入》第四条规定,销售商品收入同时满足下列条件的,才能予以确认:

(1) 企业已将商品所有权上的主要风险和报酬转移给购货方;

(2) 企业既没有保留通常与所有权相联系的继续管理权,也没有对已售出的商品实施有效控制;

(3) 收入的金额能够可靠地计量;

(4) 相关的经济利益很可能流入企业;

(5) 相关的已发生或将发生的成本能够可靠地计量。

(二) 筹划要点

收入税务筹划的要点,一是在于尽量避免多确认收入金额,以减少流转税的税基和所得税的税基;二是在于尽量延迟确认收入实现的日期,以获取税款的货币时间价值;三是尽量满足税收政策要求,争取纳税优惠待遇。这一环节既涉及增值税、消费税、营业税等流转环节的税金缴纳,也进而涉及所得税的缴纳,税务筹划常态化且内容比较复杂。

筹划的源头是收入确认。税法规定企业销售实现的标志,一是货物已经发出或劳务已经提供;二是价款已经收到或取得索取价款的凭据,计算应交增值税等流转税。

如果采用赊销方法销售货物或提供劳务,可以按照合同约定的付款日,确定应税收入的实现,计算应交增值税或营业税等流转税。

如果采用预收账款形式销售货物或提供劳务,除销售不动产和法规规定视同销售的行为以外,可以以发出货物或已提供劳务为标志,确定应税收入的实现,计算应交增值税或营业税等流转税。

如果采用分期收款销售货物,要按照分期收款销售合同约定的付款日期,确定应税收入的实现,计算应交增值税等流转税。

如果采用委托代销商品货物,必须依据委托代销合同的约定,委托方在收到代销商品清单时确定应税收入的实现计算应交增值税;受托方依据代销合同按照商品代销清单确认代销手续费收入,计算应交营业税。否则,按照商品销售全额计算缴纳增值税。

1. 分期收款销售

分期收款销售的收入额一般要比现销的收入额高,其差额是卖方因延迟收款而向买方收取的融资收益,相当于销货款的货币时间价值。在销货方的资金周转没有问题的条件下,采用分期收款方式销售商品产品,可以起到延迟纳税的效果。

例 6-1　F 企业 7 月 1 日销售成套设备一套,销售成本 6 000 万元。其进项税额在购进时已经抵扣。如果购货方在销售成立日支付货款,只需付 8 000 万元(不含增值税)即可。如果约定采用分期收款方式,从销售当月末分 10 个月分期收款,每月 1 000 万元(不含增值税),合计 10 000 万元(不含增值税)。F 企业适用税率分别为:增值税税率 17%、城市维护建设税 7%、教育费附加 3%。试分析哪一种销售方式对企业有利?

分析方案一:一次性收款的销售收入为 8 000 万元,F 企业在当月就要交纳增值税 1 360 万元(8 000 × 17%)、城市维护建设税和教育费附加 136 万元(1 360 × 10%),流转税合计 1 496 万元。

同时,应纳所得税额为 500 万元[(8 000 - 6 000) × 25%]。

分析方案二:采用分期收款销售的应收销售收入总额的公允价值可以认定为 8 000 万元,据此可计算得出,名义价款与公允价值的差额 2 000 万元融资收益,每月计入财务费用的贷方,并不增加销售收入额。这样,虽然其应该交纳的增值税、城市维护建设税和教育费附加都没有变化,但是由于分期收款、分期交纳,起到延迟纳税的效果。

虽然因为实现融资收益,增加了各月份的应纳税所得额 200 万元[(8 000 - 6 000) ÷ 10],从而导致应纳所得税额为 1 000 万元[10 000 - 6 000) × 25%],但同时也确实提高了企业的经济效益,同时,由于分期实现利润而分期纳税,等于给企业带来了一笔无息贷款。

2. 委托代销

委托代销一般有两种方式:(1) 视同买断方式,即由委托方和受托方签订协议,委托方按协议价收取所代销的货款,实际售价可由受托方自定,实际售价与协议价之间的差额归受托方所有。虽然此方式按税法规定应作经销处理,但由于这种销售本质上仍是代销,委托方将商品交付给受托方时,商品所有权上的风险和报酬并未转移给受托方,因此,委托方在交付商品时在会计上不确认收入,受托方也不作购进商品处理。受托方将商品售出后,应按实际售价确认为收入,并向委托方开具代销清单。委托方收到代销清单,再确认本企业的销售收入。(2)收取手续费方式,即依据委托代销协议受托方根据所代销的商品数量向委托方收取手续费,作为其劳务收入,按规定征收营业税。委托方在收到受托方的代销清单时,才确认本企业的销售收入。与视同买断方式不同的是,受托方通常应按委托方规定的价格销售,不得自行改变售价。税法上规定的代销就是指这一种销售方式。但不管是视同买断还是收取手续费,委托方确认收入实现的时间,都是以收到受托方代销清单为准。这样对委托方而言,委托代销与直接销售相比较,其销售的确认和纳税义务的发生时间都要滞后,从而可获取一定的延期纳税利益。

关于企业委托代销货物的纳税义务发生时间,《增值税暂行条例实施细则》规定,委托其他纳税人代销货物,为收到代销单位的代销清单或者收到全部或者部分货款的当天;未收到代销清单及货款的,为发出代销货物满 180 天的当天。

例 6-2 A 复合肥生产企业,生产的复合肥产品委托分布在全国 30 多个城市的代理商销售。该企业采取薄利多销的策略,在与各代理商签订销售合同时,就明确规定复合肥不含税销售价格为每吨 5 000 元,代理手续费为每吨 100 元。

由于代销收入分为两类处理,一是收取手续费的方式,二是视同买断的方式。两种方式的经营效果是不一样的。

第一种方式,收取手续费,即受托方根据所代销的商品数量向委托方收取手续费,这是受托方的一种劳务收入。它的主要特点是:受托方通常按照委托方制定的价格销售,受托方自己无权决定商品的价格。在这种销售方式下,委托方在受托方将商品销售后,按受托方提供的代销清单确认收入;受托方在商品销售后,按应收取的手续费确认收入。

目前 A 企业采用的是这种代销方式。2013 年该企业发出复合肥 12 000 吨,至 12 月底结账时,收到代销单位的代销清单合计销售 10 000 吨,则 A 企业应按销售清单确认销售收入并计算增值税的销项税额为 850 万元。其账务处理方法为:

借:应收账款	58 500 000
贷:主营业务收入	50 000 000
应交税费——应交增值税(销项税额)	8 500 000

支付手续费时,会计分录如下:

借:销售费用	1 000 000
贷:银行存款	1 000 000

而对于受托代销企业来说,则要就这笔 100 万元的代销手续费按 5% 缴纳营业税 50 000 元,同时应缴城市维护建设税及教育费附加 5 000 元。

第二种方式,视同买断,即由委托方和受托方签订协议,委托方按合同价收取所代销的货款,实际的售价由受托方在委托方确定的指导价格范围内自主决定,实际售价与合同价的差额归受托方所有,委托方不再支付代销手续费。在这种情况下,委托方在交付商品时不确认收入,受托方也不作为购入商品处理,只在备查账中登记商品规格数量等。受托方将商品销售后,按实际的售价确认收入,并向委托方开具代销清单。委托方按代销清单确认收入。

如果 A 企业采用这种代销方式,则与代理商签订代销协议时,A 企业以销售价格每吨 5 000 元扣减代销手续费 100 元,即以每吨 4 900 元的价格作为合同代销价格,代理商仍以每吨 5 000 元的价格销售。假设销售数量仍为 10 000 吨,那么,A 企业发出复合肥时的账务处理为:

借:发出商品　　49 000 000

　贷:库存商品　　49 000 000

收到代理商转来的代销清单时,确认销售收入并计算增值税销项税额:

借:应收账款　　57 330 000

　贷:主营业务收入　　49 000 000

　　应交税费——应交增值税(销项税额)　　8 330 000

对受托代销企业而言,在该方式下,应该就销售复合肥的差额 100 万元缴纳 17% 的增值税 17 万元,应缴城市维护建设税及教育费附加 17 000 元。

通过分析可见,采用买断方式代销这批复合肥,对委托方 A 企业来说,由于将手续费在销售额中扣减,增值税的计税依据减少,从而节约增值税支出 170 000 元(8 500 000 - 8 330 000),同时也节约城市维护建设税及教育费附加 17 000 元。对受托代销企业来说,由于此方式使代理服务变为货物销售,使应缴纳的税种发生了变化,从而税收负担明显增加。但是,如果将委托企业与受托企业作为一个整体来筹划,则视同买断销售的代销比收取手续费的代销税收负担是下降的。即使双方企业无关联关系,也可以通过调整手续费的金额来抵补受托代销企业的损失。

假设 A 企业将买断价格调整为 4 881 元,则 A 企业可节税 202 300 元(8 500 000 - 8 297 700),节约城市维护建设税及教育费附加 20 230 元;同时,A 企业因调整价格损失利润 190 000 元(49 000 000 - 48 810 000),但企业总体增加利润 32 530 元。受托方企业增加税负 152 300 元(202 300 - 50 000),增加城市维护建设税及教育费附加 15 230 元;同时,受托方企业因价格调整增加利润 190 000 元(1 190 000 - 1 000 000),企业总体增加利润 22 470 元。

需要注意是,上例中 A 企业向受托企业一次性发货 12 000 吨复合肥,如无相应的代销协议支持,该行为有可能被税务机关视同销售而一次性就全部货物征收增值税款。因此,在合同中依法明确双方的权利和义务是十分重要的。

二、商品促销方式的税务筹划

企业在选择促销手段时,既要考虑提高销售量,增加销售额,也需要考虑不同促销方式下企业税负的差异,以实现企业经济利益最大化;否则可能因税负的影响,难以实现预期效果,甚至出现负效应。企业在选择方案时,除了考虑增值税的税负大小外,还应考虑其他各税种的负担情况。比如,按规定,向其他单位和部门的有关人员赠送实物或现金,要由企业代缴个人所得税。另外,对企业获得的利润,还要缴纳所得税等。因此,企业要比较不同销售方式对企业的税后收益的影响,再选择较优的销售方式。

对于折扣销售等销售方式,建议按如下步骤进行税务筹划:

(1) 设计不同的销售方式;

(2) 计算不同销售方式对企业税后收益的影响;

(3) 选择较优的销售方式；

(4) 按规定开具发票,比如选择折扣销售方式时,要将“销售额和折扣额在同一张发票上分别注明”。

不同企业促销方式的税负差异分别说明如下：

1. 折扣销售

折扣销售,亦称商业折扣,是指销货方在销售货物或应税劳务时,因购货方购买数量较大或购买行为频繁及防止产品积压等原因,而给予购货方价格方面的优惠,这种行为在现实经济生活中很普遍,是企业销售策略的一部分。由于折扣是在销货方实现销售的同时发生,因此,税法规定,如果销售额和折扣额在同一张发票上分别注明,可按折扣后的余额作为增值额计算增值税;如果将折扣另开发票,不论在财务上如何处理,均不得从销售额中减除折扣额。

例 6-3 Y 商业批发企业为增值税一般纳税人,销售给某固定客户货物一批,增值税税率为 17%,不含税价格为 100 万元,给予销售折扣 5%,且折扣额与销售额在同一张发票上注明,这批货物购进成本为 80 万元。

购货方须支付款项 = 95 × (1 + 17%) = 111.15(万元)

批发企业应缴纳增值税额 = 95 × 17% − 80 × 17% = 2.55(万元)

批发企业毛利润 = 95 − 80 = 15(万元)

2. 现金折扣

现金折扣是指债权人为鼓励债务人在规定的期限内付款,而向债务人提供的债务减免。现金折扣通常发生在以赊销方式销售商品及提供劳务的交易中。企业为了鼓励客户提前偿付货款,通常与债务人达成协议,债务人在不同的期限内付款可享受不同比例的折扣。由于现金折扣发生于销售货物之后,此时销售标志已经确定,因此税法规定现金折扣不得从销售中减除,也就是说增值税必须按销售标志确定的销售额计税。

例 6-4 上例中设该批发企业销售货物时提供现金折扣,客户 10 天内付款,享受 5% 的折扣,假定其他条件不变,则：

批发企业应缴纳的增值税额 = 100 × 17% − 80 × 17% = 3.4(万元)

购货方应付款 = (100 − 100 × 5%) + 100 × 17% = 112(万元)

批发企业毛利润 = 100 − 100 × 5% − 80 = 15(万元)

3. 折让销售

折让销售是指在货物售出后,由于其品种、质量、性能等方面的原因购货方虽未退货,但销货方需要给予购货方的一种价格折让。现行税法规定,一般纳税人因销售折让而退还给购买方的增值税额,应从发生折让当期的销项税额中扣减。具体执行时,须要求购买方取得当地主管税务机关开具的索取折让证明单,销售方以此开具红字专用发票,并扣减当期销项税额。

例 6-5 设上例中的商业批发企业将价格 100 万元(不含税)的货物售出后发现有质量问题,该企业决定给予 5% 的折让,购买方取得了当地主管税务机关开具的折让证明单后,该批发企业按销售额的 5% 开具了红字专用发票。假定其他条件不变,则：

购货方应付款 = (100 − 5) × (1 + 17%) = 111.15(万元)

该企业应缴增值税额 $=(100\times17\%-5\times17\%)-80\times17\%=2.55$（万元）

批发企业毛利润 $=(100-5)-80=15$（万元）

以上三种方案，企业利润都一样，但现金折扣销售方式缴纳增值税较多，同时购货方付款金额也最多，其原因在于现金折扣虽然可以减少销售净额，但不能减少销项税额，销项税额易向前转嫁给消费者，因而消费者承担了增值税负担。所以，比较三种方案，折扣销售与折让销售效果一样，而现金折扣由于没有减少消费者的增值税负担，因而让利效果较差。

目前，商业零售企业促销商品采用打折销售、送购物券销售、购物返现金销售、加量不加价销售等让利形式，每种形式的特点、收效各不相同，其税收负担也不完全一样。

例 6-6　H 商场决定在年底开展促销活动，其每销售 100 元（含税价，下同）的商品成本为 60 元（含税），商场为增值税一般纳税人，购进货物有增值税专用发票，为促销而决定从以下四种形式中选择一种形式：（1）商品 7 折销售；（2）购物满 100 元，赠送 30 元购物券，可在商场购物；（3）购物满 100 元，返还现金 30 元；（4）购物满 100 元，可再选 30 元商品，销售价格不变，仍为 100 元。

下面计算该商场每销售 100 元的商品，在这四种促销方式下的税负与利润情况（为简化计算过程，不考虑城建税、教育费附加以及相关的经营管理费用）。

（1）商品打折销售

在这种方式下，该商场销售 100 元的商品只收取 70 元，成本为 60 元。

应纳的增值税 $=(70-60)\div(1+17\%)\times17\%=1.45$（元）

销售毛利润 $=(70-60)\div(1+17\%)=8.55$（元）

应纳企业所得税 $=8.55\times25\%=2.14$（元）

税后净利润 $=8.55-2.14=6.41$（元）

（2）赠送购物券销售

在这种方式下，消费者在商场购物满 100 元可获得 30 元购物券。这种方式相当于该商场赠送 30 元商品（成本为 18 元），赠送行为视同销售，应计算销项税额，缴纳增值税，视同销售的销项税额由商场承担，由于不属于买一赠一方式组合销售企业商品，赠送商品成本不允许在企业所得税前扣除。按照个人所得税制度的规定，企业还应代扣代缴个人所得税。为保证让顾客得到实惠，该税应由商场承担。

代扣代缴的个人所得税 $=30\div(1-20\%)\times20\%=7.5$（元）

应纳的增值税 $=(100-60)\div(1+17\%)\times17\%+(30-18)\div(1+17\%)\times17\%$

$=5.81+1.74=7.55$（元）

销售毛利润 $=(100-60)\div(1+17\%)-18\div(1+17\%)-(30-18)\div(1+17\%)$

$\times17\%-7.5=34.19-15.38-1.74-7.5=9.57$（元）

由于赠送的商品成本及应纳的增值税不允许在企业所得税前扣除，则：

应纳企业所得税 $=(100-60)\div(1+17\%)\times25\%=34.19\times25\%=8.55$（元）

税后净利润 $=9.57-8.55=1.05$（元）

（3）返还现金销售

消费者购物满 100 元，返还现金 30 元。在这种方式下，返还的现金属赠送行为，不允许在企业所得税前扣除，而且按照个人所得税制度的规定，企业还应代扣代缴个人所得税。为保证让顾客得到30元的实惠，商场赠送的30元现金应不含个人所得税，是税后净收益，该税应由商场承担，因此，赠送现金的商场需代扣的个人所得税为：

$$30 \div (1-20\%) \times 20\% = 7.5(\text{元})$$

应纳的增值税 = (100 - 60) ÷ (1 + 17%) × 17% = 5.81(元)

销售毛利润 = (100 - 60) ÷ (1 + 17%) - 30 - 7.5 = 25.64 - 25 = -3.31(元)

由于赠送的现金及代扣代缴的个人所得税不允许在企业所得税前扣除，则：

应纳的企业所得税 = (100 - 60) ÷ (1 + 17%) × 25% = 8.55(元)

税后净利润 = -3.31 - 8.55 = -11.86(元)

(4) 加量不加价销售

这种销售方式是指购物达一定数量，再选购一定的商品，总价格不变。如购物达100元者，再选购30元商品，假定所选30元商品成本为18元，销售价格不变，仍为100元。这也是一种让利给顾客的方式，赠送行为视同销售，应计算销项税额，缴纳增值税；与前几种方式相比，其销售收入没变，但由于属于买一赠一方式组合销售企业商品，销售成本增加了，变为78元(60 + 18)，则：

应纳增值税 = (100 + 30 - 60 - 18) ÷ (1 + 17%) × 17% = 7.56(元)

销售毛利润 = (100 - 60 - 18) ÷ (1 + 17%) = 18.8(元)

应纳企业所得税 = 18.8 × 25% = 4.7(元)

税后净利润 = 18.8 - 4.7 = 14.1(元)

综合以上四种方案分析，方案四最优，方案一次之，而方案三即返现金销售则不可取。其中的原因在于，无论返还现金还是赠送购物券都属于赠送性质，其进项税额不得抵扣，接受者的个人所得税都要由销售企业承担，显然税负比较重。但仅仅凭单位税负与利润的大小来判断选取促销方案并不是合理、正确的筹划。企业应该在促销效果与税负、利润之间综合考虑，充分考虑消费者的消费心理，通过观察、试销等方式确定各种促销方式的效果，再结合各种促销方式下的单位税负与利润情况综合考量，财务利益最大化的促销方案才是最佳的选择。

三、价外费用的税务筹划

所谓“价外费用”，是指价外向购买方收取的手续费、补贴、基金、集资费、返还利润、奖励费、违约金、延期付款利息、包装费、包装物租金、储备费、优质费、运输装卸费、代收款项、代垫款项及其他各种性质的价外费用，但是不包括同时符合下面条件的代垫运费：一是承运者的运费发票开具给购货方的；二是纳税人将该项发票转交给购货方的。

(一) 法规依据

《增值税暂行条例》第六条、《增值税暂行条例实施细则》第十二条以及《财政部、国家税务总局关于酒类产品包装物押金征税问题的通知》(财税字〔1995〕53号)都明确规定，凡随同销售应税货物而收取的价外费用，无论其会计制度如何核算，均应并入销售额中计算应纳税额。值得注意的是，价外费用应被视为含税收入，在征税时应换算为不含税收入再并入销售额。

《消费税暂行条例》第三条规定，纳税人兼营不同税率的应缴纳消费税的消费品，应当分别核算不同税率应税消费品的销售额、销售数量；未分别核算销售额、销售数量，或者将不同应税消费品组成成套消费品销售的，从高适用税率纳税。

在实际生产经营过程中，企业对于包装物可以采取三种处理方式：一是包装物作价随同消费品出售；二是收取包装物押金；三是收取包装物租金。

（1）包装物作价随同消费品出售。实行从价定率办法计算应纳税额的应税消费品连同包装物销售的，无论包装物是否单独计价，也不论会计上如何核算，均应并入应税消费品的销售额中征收消费税。

（2）收取包装物押金。包装物押金不并入销售额计税。税法规定，纳税人为销售货物而出租出借收取的押金，单独计账核算的，不并入销售额征税。但对因逾期未收回包装物不再退还的押金，应按所包装货物的适用税率计算应纳税额。“逾期”以1年为限，在将包装物押金并入销售额征税时，需要先将该押金换算为不含税价，再并入销售额征税。

（3）收取包装物租金。包装物租金属于价外费用，应并入销售额中计算应纳税额。但价外费用应被视为含税收入，在征税时应换算为不含税收入再并入销售额。

（二）筹划要点

从以上规定可以看出，包装物押金，单独记账核算的，不并入销售额计算消费税额。同时，也不并入销售额计算增值税额。至于收取的押金超过一年以上的，虽然还是要计缴增值税，但已得到延缓一年的好处。

例 6-7　A 企业销售轮胎 500 个，单价为 2 000 元，其中包含包装物价值 200 元。该项业务销售额为 1 000 000 元（2 000 × 500），汽车轮胎的消费税税率为 10%，因此该项业务应纳消费税税额为 10 万元（100 × 10%），增值税销项税额为 17 万元（100 × 17%）。

分析：根据 A 企业的情况，可以在包装物上下功夫，寻求节税的途径。例如，可以采取收取包装物押金的方式，这样可以降低轮胎售价，每个售价 1 800 元。

该企业应纳消费税 = 500 × 1 800 × 10% = 9（万元）

增值税销项税额 = 500 × 1 800 × 17% = 15.3（万元）

总计可以节约税负 2.7 万元。

综合考虑，采取收取包装物押金可以给企业带来三方面的好处：

（1）可以促使购货方及早退回包装物以便周转使用，从而在一定程度上节约生产包装物的人力、物力，降低产品成本。

（2）在产品的售价中可以扣除原来包装物的价值，从而降低产品的售价，有利于增强产品的竞争力。

（3）可以节约税款支出。

应该注意，在某些行业中，包装物是一次性、不可回收的，上述方式就不适用了。

例 6-8　D 酒业有限公司生产各类品种的酒，以适应不同消费者的需求。春节临近，大部分消费者都以酒作为馈赠亲友的礼品，针对这种市场情况，公司于 1 月初推出了“组合装礼品酒”的促销活动，将粮食白酒、薯类白酒和果酒各 1 瓶组成价值 50 元的成套礼品酒进行销售，这三种酒的出厂价分别为：20 元/瓶、16 元/瓶、14 元/瓶，假设三种酒每瓶均为1斤装。该月共销售1万套礼品酒。试分别用“先包装后销售”和“先销售后包装”两种方式来分析该公司的税款负担。

方案一：采用“先包装后销售”的方式销售，由于该公司生产销售不同消费税税率的产品，这三种酒的消费税税率(税额)分别为：

粮食白酒：每斤0.5元+出厂价×25%

薯类白酒：每斤0.5元+出厂价×15%

果酒：销售额×10%

该公司将这些适用不同税率的应税消费品组成成套消费品销售，不能分别核算销售额，因此，应按从高原则，即适用粮食白酒的消费税计算方法计税。

应纳消费税 = 10 000 ×(0.5×3 + 50×25%) = 140 000(元)

方案二：采用“先销售后包装”的方式销售，不将各种类型的酒组成成套的礼品酒且分别核算销售额，则只需将各种类型的酒按各自消费税的计算方法，计算出各类酒应纳消费税税额；再将各类酒应纳消费税额汇总相加，得到公司应纳的消费税总额。

应纳消费税 = 10 000 ×(0.5 + 20×25%) + 10 000 ×(0.5 + 16×15%) + 10 000 × 14 × 10% = 55 000 + 29 000 + 14 000 = 98 000(元)

由此可见，“先销售后包装”比“先包装后销售”节约税款42 000元。

在此例中，D公司可以在销售柜台设置礼品盒，将消费者购买的不同种类的酒临时组合成礼品酒，公司分别核算不同种类酒的销售额和销售数量，这样既销售了“组合装礼品酒”，又达到了节税的目的。因此，企业在扩大销量追求销售额的同时，还应注意选择恰当的包装方式，这样才可以使税负降低，从而获得更大的收益。

例6-9 G日化公司属增值税一般纳税人，本月销售化妆品一批，增值税专用发票上注明价款120 000元。随同化妆品出售包装物一批，单独作价，开具普通发票一张注明金额为10 000元，款项均已收回，产品已发出，则如何确定该公司此笔业务的计税依据？

根据税法规定，应税消费品连同包装物销售的，无论包装物是否单独计价，也不论在财务上如何核算，均应并入应税消费品的销售额中征收消费税。因此，该公司消费税计税依据为：

120 000 + 10 000 ÷ (1 + 17%) = 128 547(元)

若包装物不随同化妆品销售，而且收取押金10 000元，后因对方逾期未返回包装物而不再退还押金，则对于这笔押金收入如何处理？

根据有关规定，对逾期未收回的包装物不再退还的和已收取一年以上的押金，应并入应税消费品的销售额中，按照应税消费品的适用税率征收消费税。并入销售额的逾期未退回包装物的押金收入应换算为不含增值税的收入，其计税依据为：

10 000 ÷ (1 + 17%) = 8 547(元)

综上所述，虽然包装物收入计征的消费税没有变化，但是由于延迟了纳税，取得了货币时间价值。然而需要注意，对销售除啤酒、黄酒外的其他酒类产品而收取的包装物押金，无论是否返还以及会计上如何核算，仍应并入当期销售额征收增值税和消费税。这在一定程度上限制了经营酒类产品的企业利用包装物进行税务筹划。

四、混合销售与兼营行为的税务筹划

(一) 法规依据

《增值税暂行条例》和《营业税暂行条例》规定:一项销售行为如果既涉及货物又涉及非增值税应税劳务(如销售塑钢门窗并负责安装),为混合销售行为。除另有规定外,从事货物的生产、批发或者零售的企业、企业性单位和个体工商户的混合销售行为,视为销售货物,应当缴纳增值税;其他单位和个人的混合销售行为,视为销售非增值税应税劳务,不缴纳增值税。"从事货物的生产、批发或零售为主,并兼营非应税劳务"是指纳税人年货物销售额与非应税劳务营业额的合计数中,年货物销售额超过50%,非增值税应税劳务营业额不到50%。

非增值税应税劳务,是指属于应缴营业税的建筑业、金融保险(不含租赁)业、文化体育业、娱乐业、传统服务业税目征收范围的劳务。混合销售行为处理的一般原则,即按照纳税人的主营业务统一征收增值税或者营业税。鉴于销售自产货物并同时提供建筑业劳务的混合销售行为较为特殊,对其采用分别核算、分别征收增值税和营业税的办法。

当前增值税的基本税率如下:一般纳税人销售或进口货物,提供加工、修理修配劳务,有形动产租赁,除低税率适用范围和销售个别旧货适用征收率外,税率一律为17%。增值税纳税人销售或者进口农用生产资料、文化产品和避孕药品等货物,按13%税率计征增值税。交通运输业适用税率为11%(暂不包括航空运输中的地面服务)。其他现代服务业适用税率为6%。纳税人出口货物税率为零(国务院另有规定的除外)。小规模纳税人(包括交通运输和现代服务业企业)符合规定的特定项目以及特定情况,征收率为3%。

需要注意,混合销售行为涉及的货物和非应税劳务是直接为销售一批货物而做出的,两者之间是紧密相连的从属关系。它与一般既从事这个税的应税项目又从事那个税的应税项目,两者之间没有直接从属关系的兼营行为完全不同。

兼营行为能够分别核算,而混合销售行为是不可能分别核算的。纳税人兼营应税行为和货物或者非应税劳务的,应当分别核算应税行为的营业额和货物或者非应税劳务的销售额,其应税行为营业额缴纳营业税,货物或者非应税劳务销售额不缴纳营业税;未分别核算的或不能准确核算的,由主管国家税务局、地方税务局分别核定货物、增值税应税劳务的销售额和营业税应税劳务的营业额,减少重复征收的问题,避免给纳税人产生额外负担。纳税人兼营免税、减税项目的,应当分别核算免税、减税项目的营业额;未分别核算营业额的,不得免税、减税。

(二) 筹划要点

税法对混合销售的处理规定是:从事货物的生产、批发或零售的企业、企业性单位及个体经营者,从事货物的生产、批发或零售为主,并兼营非应税劳务的企业、企业性单位及个体经营者,发生上述混合销售行为视为销售货物,征收增值税;但其他单位和个人的混合销售行为,视为销售非应税劳务,不征收增值税。

如果发生混合销售行为的企业或企业性单位同时兼营非应税劳务。应看非应税劳务年销售额是否超过总销售额的50%,如果年销售额大于总销售额的50%时,则该混合销售行为不纳增值税;如果年销售额小于总销售额的50%时,则该混合销售行为应纳增值税。并且注意,分别核算货物的销售额和非增值税应税劳务的营业额,根据货物销售额计算应纳增值税,根据非增值税应税劳务的营业额计算应纳营业税;未分别核算的,由税务机关核定其货物的销售额,而不是简单地缴纳增值税。

例 6-10 F 木制品公司生产销售木制地板并代用户施工。该公司承包了某歌舞厅的地板工程,工程总造价为 10 万元。其中,F 木制品公司提供的木制地板为 4 万元,施工费为 6 万元。工程完工后,F 木制品公司给该歌舞厅开具普通发票,并收回了货款(含施工费)。假如 F 木制品公司年施工收入 60 万元,地板销售为 50 万元,则该混合销售行为不纳增值税。如果施工收入为 50 万元,地板销售收入为 60 万元,则一并缴纳增值税。

从事兼营业务又发生混合销售行为的纳税企业或企事业单位,如果当年混合销售行为较多,金额较大,企业有必要增加非应税劳务销售额,并超过年总销售额的50%,就可以降低混合销售行为的税负,不纳增值税,从而增加企业现金流量。

例 6-11 L 电梯制造公司主要生产销售电梯并负责安装及维修保养。2013 年取得含税收入 3 510 万元,其中安装费约占总收入的 30%,保养费、维修费约占收入总额的 10%,假设本年度进项税额为 240 万元。《增值税暂行条例实施细则》规定:混合销售行为和兼营的非应税劳务应当征收增值税的,其销售额分别为货物与非应税劳务的销售额的合计,货物或者应税劳务与非应税劳务的销售额的合计。L 电梯公司既生产销售电梯又负责安装及维修保养的行为是典型的混合销售行为。故按照税法规定,2013 年度应纳税额如下:

应纳增值税 = 销项税额 - 进项税额 = 3 510 ÷ (1 + 17%) × 17% - 240 = 270(万元)

如果 L 电梯公司投资设立一个独立核算的安装分公司,L 电梯公司只负责生产销售电梯,而安装公司专门负责电梯的安装、保养和维修,那么 L 电梯公司和安装分公司分别就销售电梯收入专用发票、安装维修收入开具普通发票,对购货方而言作为固定资产或在建工程入账的专用发票开列的增值税额可以做进项扣除,而普通发票上的金额不存在进项税额抵扣问题。L 电梯公司设立电梯安装分公司后,涉税处理会发生变化。按照国税函〔1998〕390 号文件规定,电梯属于增值税应税货物的范围,但是对企业销售电梯(自产或购进)并负责安装及保养、维修取得的收入,一并征收增值税;对不从事电梯生产销售,只从事电梯保养和维修的专业公司对安装运行后的电梯进行的保养、维修取得的收入征收营业税。

L 电梯公司应纳增值税 = 销项税额 - 进项税额 = 3 510 × (1 - 40%)/(1 + 17%) × 17% - 240 = 66(万元)

安装公司应纳税额 = 3 510 × 30% × 3% + 3 510 × 10% × 5% = 49.14(万元)

分立出安装公司后可以节省税款 = 270 - 66 - 49.14 = 154.86(万元)

上述分立筹划技术一般适用于电梯、机电等大型设备生产企业。对于这类企业,还可根据需要再分立出独立核算的运输公司或物流公司,虽然对既销售货物又负责货物运输的混合销售行为也要按照税法规定计缴增值税,但是由于销售货物的增值税税率和运输业服务的增值税税率不尽相同,使得这种情况下的税务筹划仍然很有必要。

相关案例

某管道运输公司主要从事暖气输送服务，属于增值税一般纳税人。2013年12月该公司向客户输送暖气共取得不含税收入300 000元，同时随同暖气输送向客户收取管道维护费50 000元，当月发生可抵扣的增值税进项税额为15 000元，则该公司12月实际应该缴纳的增值税是多少？

税务筹划分析：2013年12月发生的销项税额为 $300\,000 \times 11\% + 50\,000 \div (1+11\%) \times 11\% = 37\,954.95$（元）。

当期可抵扣的进项税额为15 000元，应纳税额为 $37\,954.95 - 15\,000 = 22\,954.95$（元）。

当期实际税负为 $22\,954.95 \div [300\,000 + 50\,000 \div (1+11\%)] = 6.7\%$，超过了3%的标准。

该管道运输公司2013年12月实际应缴纳的增值税为 $[300\,000 + 50\,000 \div (1+11\%)] \times 3\% = 10\,351.35$（元）。

根据当前营业税改征增值税的相关文件规定，该管道运输公司对于超过3%税负的税负可申请办理即征即退的增值税为 $22\,954.95 - 10\,351.35 = 12\,603.6$（元）。

五、其他收入的税务筹划

（一）法规依据

（1）《企业所得税法》(2007年3月16日第十届全国人民代表大会第五次会议通过，主席令〔2007〕第063号，自2008年1月1日起实施)第26条；

（2）《企业所得税法实施条例》（国务院2007年12月6日颁布，国务院令〔2007〕第512号，自2008年1月1日起实施）第82条。

根据现行的企业所得税政策，企业的下列收入为免税收入：

（1）国债利息收入；

（2）符合条件的居民企业之间的股息、红利等权益性投资收益；

（3）在中国境内设立机构、场所的非居民企业从居民企业取得与该机构、场地有实际联系的股息、红利等权益性投资收益；

（4）符合条件的非营利组织的收入。

（二）筹划要点

免税收入是不需要纳税的收入，因此，企业在条件许可的情况下应当尽可能多地获得免税收入。当然，获得免税收入都是需要一定条件的，企业只有满足税法所规定的条件才能享受免税待遇。例如，国债利息免税，当企业选择国债或者其他债券进行投资时，就应当将免税作为一个重要的因素予以考虑。再如，直接投资的股息所得免税，与此相关的是，企业的股权转让所得要纳税。因此，当企业进行股权转让时尽量将该股权所代表的未分配股息分配以后再转让。

利用国债利息免税的优惠政策进行税务筹划的流程如图 6-1 所示。

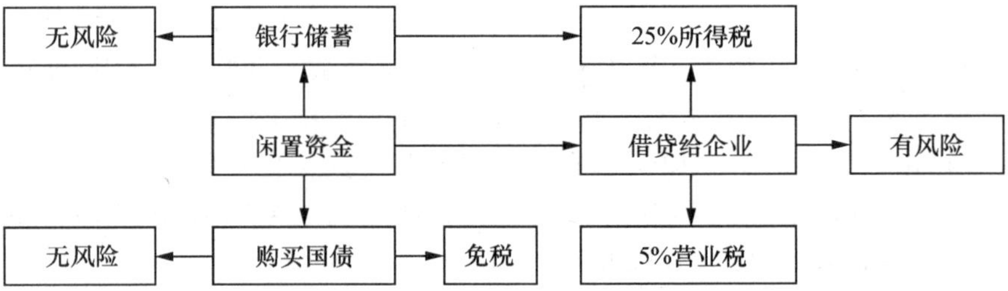

图 6-1　利用国债利息免税的税务筹划

例 6-12　W 公司拥有 100 万元闲置资金,准备用于获得利息。假设五年期国债年利率为 5%,银行五年定期存款年利率为 4%,向其他企业贷款五年期年利率 6%。请为该公司进行税务筹划。

分析:如果购买国债,年利息为 5 万元(100×5%),税后利息为 5 万元。

如果存入银行,年利息为 4 万元(100×4%),税后利息为 3 万元(4－4×25%)。

如果借给企业,年利息为 6 万元(100×6%),营业税为 0.3 万元(6×5%),税后利息为 4.275 万元[(6－0.3)×(1－25%)]。

从税后利息来看,存入银行的利息最小,不足取,购买国债的利息高于储蓄利息,也高于企业间拆借,最佳。但如果购买国债与银行定期存款的利率同为 4%,低于借给企业的利息时,即税后利息收入为 4 万元,则由于购买国债风险较小,借给企业风险较大,该公司应当在充分考虑借给该企业的风险以后确定是否选择借给企业。

第二节　费用的税务筹划

作为期间收入的可抵扣项目——费用,是由生产经营过程中的资产价值耗费而转化的形态。此外,各种资产的入账价值确认、成本结转、投资损益的确认等,也会对包括所得税在内的很多税种的纳税情况产生影响。

一、固定资产折旧费的税务筹划

固定资产在使用过程中,因发生损耗而使价值减少。为了使固定资产由于损耗而减少的价值得到及时补偿,应按收入与费用配比原则,将其以折旧费用分期计入产品成本和费用。采用不同的折旧方法对企业会产生不同的税收影响。首先,不同的折旧方法使固定资产价值补偿和实物补偿的时间有早晚之分;其次,不同的折旧方法造成的年折旧计提额的不同直接关系到利润额受冲减的程度,因而造成纳税额的差异。

固定资产折旧的方式有很多种,但我国允许采用的有以下两类四种:一类是传统的折旧方法,包括平均年限法和工作量法;另一类是加速折旧法,主要有双倍余额递减法和年数总和法。① 平均年限法,又称平均法、直线法,其折旧额的具体计算方法是以固定资产原值减去净残值后的余额除以使用年限;② 工作量法,是假定固定资产服务潜力会随着使用程度而减退，因此单位产品折旧额的计算为将年限平均法中的固定资产使用年限改为使用这项固定资产所能生产的产品或劳务数量；③ 双倍余额递减法，指固定资产的折余价值乘以按照平均年限法计算的折旧率的 2 倍，确定每期计提的折旧费用，在使用初期提得多，后期则提得少，从而相对加快了固定资产投资额的回收速度；④ 年数总和法，即根据固定资产应提折旧总额乘以按照固定资产尚可使用年限数与其尚可使用年限的序数之和的比值计算的折旧率提取折旧，这种方法的特点在于折旧额先多后少，效果与双倍余额递减法相同。

一般情况下，企业采用加速折旧法可以在固定资产使用初期多计折旧，加大企业初期成本而减少利润，将企业缴纳所得税的时间大大推迟，首先减轻了企业前期所得税负担，缓解了前期资金的压力，获得了资金的时间价值；加速折旧还可以避免企业过早进入获利年度，从而最大程度利用该项优惠政策。但是，在存在税收减免期政策时，例如被认定为高新技术企业，可享受三免三减半所得税优惠政策，情况则相反。而此时若使用直线法，使企业摊入成本费用的年折旧额基本相等，能有效地遏止企业某几年利润过于集中，而其余年份利润骤减，从而使纳税金额比较小、税负比较均衡。

在企业对经营业绩和利润指标有特殊要求的情况下（例如申请上市），加速折旧也不一定合适。用哪种方法更符合企业利益，要视企业的具体情况经过计算比较而定。

在折旧方法上，除了会计准则的规定之外，税法也有相关规定；要注意二者之间的差异。如果折旧会计政策与税法规定的折旧政策不同，则在做企业所得税申报时要做纳税调整。因此，折旧政策的筹划应结合税法对折旧的规定进行，不能只是仅仅调整会计政策。

税法对折旧方法、不同类资产的折旧年限及残值率有特别规定。在折旧方法既定的情况下，影响折旧的因素有固定资产原值、预计净残值率和折旧年限。固定资产原值应严格按照财务会计准则的规定来确认，预计净残值率则只能在企业会计准则所规定的极其有限的弹性区间内加以选择，因而在固定资产原值的计价和预计净残值率的选择上不具备很多进行税务筹划的空间。因此，折旧政策的税务筹划集中在折旧方法和折旧年限的选择上。

（一）折旧方法的选择

1. 法规依据

《企业所得税法》第十一条规定，在计算应纳税所得额时，企业按照规定计算的固定资产折旧，准予扣除。《企业所得税法实施条例》第五十九条规定，固定资产按照直线法计算的折旧，准予扣除。企业应当自固定资产投入使用月份的次月起计算折旧；停止使用的固定资产，应当自停止使用月份的次月起停止计算折旧。企业应当根据固定资产的性质和使用情况，合理计算固定资产的预计净残值。固定资产的预计净残值一经确定，不得变更。

《企业所得税法》第三十二条规定：企业的固定资产由于技术进步等原因，确须加速折旧的，可以缩短折旧年限或者采取加速折旧的方法。《企业所得税法实施条例》第九十八条规定，可以采取缩短折旧年限或者采取加速折旧的方法的固定资产，包括：

(1) 由于技术进步,产品更新换代较快的固定资产;

(2) 常年处于强震动、高腐蚀状态的固定资产。

采取缩短折旧年限方法的,最低折旧年限不得低于折旧年限的60%(需报主管税务机关审批);最低折旧年限不得低于本条例规定折旧年限的规定。采取加速折旧方法的,可以采取双倍余额递减法或者年数总和法(但须报税务机关批准)。

《企业所得税法实施条例》规定,除国务院财政、税务主管部门另有规定外,固定资产计算折旧的最低年限如下:

(1) 房屋、建筑物,为20年;

(2) 飞机、火车、轮船、机器、机械和其他生产设备,为10年;

(3) 与生产经营活动有关的器具、工具、家具等,为5年;

(4) 飞机、火车、轮船以外的运输工具,为4年;

(5) 电子设备,为3年。

改建的固定资产延长使用年限的,除《企业所得税法》第十三条第(一)项和第(二)项规定外,应当适当延长折旧年限。从事开采石油、天然气等矿产资源的企业,在开始商业性生产前发生的费用和有关固定资产的折耗、折旧方法,由国务院财政、税务主管部门另行规定。

《企业会计准则第4号——固定资产》第十七条规定,企业应当根据固定资产所包含的经济利益预期实现方式,合理选择固定资产折旧方法。固定资产的折旧方法一经确定,不得随意变更;但是,符合本准则第十九条规定的除外。《企业会计准则第4号——固定资产》第十八条规定,固定资产应当按月计提折旧,并根据用途计入相关资产的成本或者当期损益。

2. 筹划要点

(1) 折旧方法筹划的考虑要点

根据税收法规的规定,凡是属于允许实行加速折旧的企业或固定资产,企业应该采用加速折旧法。加速折旧法(即双倍余额递减法、年数总和法)在最初的年份内提取了更多的折旧,因而冲减税基较多,使应纳税额减少,相当于企业在初始的年份内取得了一笔无息贷款。对于上述范围之外的固定资产,则应根据企业实际情况选择直线法、产量法。直线法是将折旧费均匀地分摊于各年度,而产量法则根据年产量分摊折旧额,一般而言,企业产量在初始几年内较高,所分摊的折旧额较多,从而较多地冲减了初始几年的税基。因此,在普通折旧方法中,产量法比直线法的节税效果通常更显著。

在进行折旧方法的税务筹划时应注意以下几点:

① 税制因素的影响。折旧的计算和提取会影响企业的利润水平和税负的轻重,在不同的税制条件下会使折旧对企业的利润和税负产生不同的影响。一般来说,在比例税制下,如果各年的所得税税率不变,则选择加速折旧法对企业较有利。这是因为采用加速折旧法,在最初的年份提取的折旧较多,在后期年份提取的折旧较少,使企业获得延期纳税的好处。

但是,如果未来所得税税率越来越高,则选择平均年限法较有利。由于延缓纳税利益与税率高低成正比，因此，在未来所得税税率渐高的情况下，往往会使以后年度增加的税负大于延缓纳税的利益。在累进税制下，过高的利润额会引起边际税率的提高，从而使税负偏高。在这种情况下，采用平均年限法，可以使企业的利润避免忽高忽低，保持在一个相对稳定的状态，减少企业的纳税。当然考虑企业自身的条件、税率累进的急剧程度及银行利率的大小等因素，在累进税制下，企业到底采用何种折旧方法较有利，仍需比较分析后才能最后做出决定。

② 考虑资金时间价值因素的影响。从表面上看，在固定资产价值既定的情况下，无论企业采用什么折旧方法，也无论折旧年限多长，计算提取的折旧总额都是一致的。但是，由于资金时间价值因素的影响，企业可以选择不同的折旧方法，从而获得不同的收益、承担不同的税负。在比较各种不同的折旧方法带来的税收收益时，不能仅就其中某一年度的折旧额及折旧带来的税收利益进行比较，或将折旧年限内各年的折旧额及折旧带来的纳税影响简单相加后进行比较，而是须将在折旧年限内计算提取的折旧按当时资本市场的利率进行贴现，计算出各种折旧方法下提取折旧费用的现值总和。然后，通过比较各种折旧方法下的折旧现值总和，选择效益最大的方案。

③ 考虑企业各年收益的分布情况。在比例税制环境下，如果未来税率不变且企业各年的收益较均衡，则采用加速折旧方法对企业节税较有利。如果是在累进税制环境下，且企业的收益早期高，晚期低并有降低趋势的话，则采用加速折旧方法给企业带来的筹划收益额会更大。这是因为加速折旧法的折旧提取额刚好与企业早期利润高、晚期利润低的规律成正比，使用加速折旧法可以使企业各年的收益均衡分布，避免某一时期收益过高给企业带来过高税负。如果企业经营初期有税收优惠，那么筹划的思路又不相同了。

企业的折旧方法一经选定，不可随意变更，也不可根据不同时期或不同设备的情况区别对待。因此，企业对折旧方法的选择，要综合多种情况以及经营情况预测参考图 6-2 加以考虑。

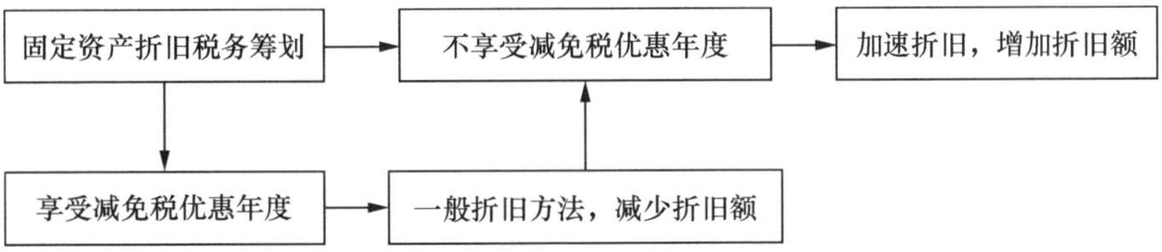

图 6-2　利用固定资产加速折旧进行税务筹划的图示

（2）盈利的企业

盈利纳税企业所发生的与生产经营有关的固定资产的折旧费用都能从当年的所得税前扣除。因而在选择折旧方法时，应着眼于能使折旧费用的抵税效应尽早地发挥作用的折旧方法。

例 6-13　某机械制造企业新购进一台大型机器设备，原值为 400 000 元，预计残值率为 3%，经税务机关核定，该设备的折旧年限为 5 年。试比较各种不同折旧方法的异同，并提出税务筹划方案。

方案一:直线法

年折旧率 = (1 − 3%)/5 = 19.4%

月折旧率 = 19.4%/12 = 1.617%

预计净残值 = 400 000 × 3% = 12 000(元)

每年折旧额 = (400 000 − 12 000)/5 = 77 600(元)

或者 = 400 000 × 19.4% = 77 600(元)

方案二:缩短折旧年限

该设备最短的折旧年限为正常折旧年限的 60%,即 3 年。

年折旧率 = (1 − 3%)/3 = 32.33%

月折旧率 = 32.33%/12 = 2.69%

预计净残值 = 400 000 × 3% = 12 000(元)

每年折旧额 = (400 000 − 12 000)/3 = 129 333(元)

方案三:双倍余额递减法

年折旧率 = (2/5) × 100% = 40%

采用双倍余额递减法,每年提取折旧额如表 6-1 所示。

表 6-1 按双倍余额递减法提取折旧额 单位:元

年份	折旧率	年折旧率	账面净值
第一年	40%	160 000(400 000 × 40%)	240 000
第二年	40%	96 000(210 000 × 40%)	144 000
第三年	40%	57 600(144 000 × 40%)	86 400
第四年	50%	37 200(74 400 × 50%)	49 200
第五年	50%	37 200(74 400 × 50%)	12 000

方案四:年数总和法

年折旧率 = 尚可使用年数/预计使用年限的年数总和

采用年数总和法,每年提取折旧额如表 6-2 所示。

表 6-2 按年数总和法提取折旧额 单位:元

年份	折旧率	年折旧率	账面净值
第一年	5/15	129 333(388 000 × 5/15)	270 667
第二年	4/15	103 467(388 000 × 4/15)	167 200
第三年	3/15	77 600(388 000 × 3/15)	89 600
第四年	2/15	51 733(388 000 × 2/15)	37 867
第五年	1/15	25 867(388 000 × 1/15)	12 000

假设在提取折旧之前,企业每年的税前利润均为 1 077 600 元。企业所得税税率为 25%。那么,采用不同方法计算出的折旧额和所得税额如表 6-3 所示。

表 6-3 采用四种不同方法算出的折旧额和所得税额 单位:元

年份	直线法			缩短折旧年限		
	折旧额	税前利润	所得税额	折旧额	税前利润	所得税额
第一年	77 600	1 000 000	250 000	129 333	948 267	237 066.75
第二年	77 600	1 000 000	250 000	129 333	948 267	237 066.75
第三年	77 600	1 000 000	250 000	129 333	948 267	237 066.75
第四年	77 600	1 000 000	250 000	0	1 077 600	269 400.00
第五年	77 600	1 000 000	250 000	0	1 077 600	269 400.00
合计	388 000	5 000 000	1 250 000	388 000	5 000 000	1 250 000.00
年份	双倍余额递减法			年数总和法		
	折旧额	税前利润	所得税额	折旧额	税前利润	所得税额
第一年	160 000	917 600	229 400	129 333	948 267	237 066.75
第二年	96 000	981 600	245 400	103 467	974 133	243 533.25
第三年	57 600	1 020 000	255 000	77 600	1 000 000	250 000.00
第四年	37 200	1 040 400	260 100	51 733	1 025 867	256 466.75
第五年	37 200	1 040 400	260 100	25 867	1 051 733	262 933.25
合计	388 000	5 000 000	1 250 000	388 000	5 000 000	1 250 000.00

由以上计算结果可以看出,在第一年年末,采用直线法、缩短折旧年限、双倍余额递减法和年数总和法提取折旧,所应当缴纳的所得税额分别为 250 000 元、237 066.75 元、229 400 元和 237 066.75 元,由此可见,采用双倍余额递减法提取折旧所获得的税收利益最大,其次是年数总和法和缩短折旧年限,最次的是直线法。

(3) 享受税务优惠期的企业

在享受所得税优惠政策的企业,由于减免税期内折旧费用的抵税效应会全部或部分地被减免优惠抵消,应选择减免税期折旧少、非减免税期折旧多的折旧方法。同时,在进入税收减免优惠期前的折旧往往有助于推迟进入获利年度,可以使税收减免优惠发挥更大的作用。

上述顺序是在一般情况下的企业最佳选择,但是某些特殊情况下,企业的选择也会不同。比如,如果上述案例中的企业前两年免税,以后年度按 25% 的税率缴纳企业所得税。那么,采用直线法、缩短折旧年限、双倍余额递减法和年数总和法提取折旧,5 年总共所应缴纳的所得税额分别为 750 000 元、775 867 元、775 200 元和 769 400 元,由此可见,最优的方法应当为直线法,其次为年数总和法,再次为双倍余额递减法,最次为缩短折旧年限。当然,这是从企业 5 年总共所应当缴纳的企业所得税的角度,也就是从企业所有者的角度而言的最优结果。从企业每年所缴纳的企业所得税角度,也就是从企业经营者的角度而言,则不一定是这样。因为就第四年而言,四种方法所应当缴纳的企业所得税额分别为 250 000 元、269 400 元、260 100 元和 256 466.75 元,可见,三种加速折旧的方法使得企业每年所缴纳的企业所得税都超过了采用非加速折旧方法所应缴纳的税收,但加速折旧也为企业经营者提供一项秘密资金,即已经提足折旧的固定资产仍然在为企业服务,却没有另外挤占企业的资金。这些固定资产的存在为企业将来的经营亏损提供了弥补的途径,因此,即使在减免税期间,许多企业的经营者也愿意采用加速折旧的方法,目的是有一个较为宽松的财务环境。

二、存货销售成本的税务筹划

存货是指企业在生产经营过程中为销售或者耗用而储存的各种资产,如库存商品、产成品、半成品、在产品以及各类材料、燃料、包装物、低值易耗品等。存货是资产负债表中的重要项目,也是利润表中用来确定构成主营业务成本的一项重要内容。存货成本的计价,对于产品成本、企业利润及所得税都有较大的影响。

根据企业会计准则的规定,企业对存货有不同的计价方法,包括个别计价法、先进先出法、加权平均法。加权平均法又分为月末一次加权平均法和移动加权平均法。同样,税收法规也允许企业使用上述不同的计价方法。

选择合适的存货计价方法,会导致不同的报告利润和存货估价,并对企业所得税的税收负担、现金流量产生不同的影响。

例如,企业购买的存货价格在市场上处于持续上升阶段,假如对存货的计价采用加权平均法,那么该时期领用的存货价格各期相同,单位成本费用水平各期相等,利润也就相应均衡。反之,采用先进先出法,则会出现前期单位成本费用水平较低而后期较高的情况,进而如果销售价格不能提高,就会导致利润水平下降。由于企业的纳税义务期是不一样的,需要从一个长远的角度来考虑究竟采用何种计价方法,以及如何调整能使企业的利益最大化。

(一) 法规依据

《企业所得税法》第十五条规定,企业使用或者销售存货,按照规定计算的存货成本,准予在计算应纳税所得额时扣除。

《企业所得税法实施条例》第七十三条规定,企业使用或者销售的存货的成本计算方法,可以在先进先出法、加权平均法、个别计价法中选用一种。计价方法一经选用,不得随意变更。

《企业会计准则第 1 号——存货》第十四条规定,企业应当采用先进先出法、加权平均法或者个别计价法确定发出存货的实际成本。已售存货,应当将其成本结转为当期损益,相应的存货跌价准备也应当予以结转。对于性质和用途相似的存货,应当采用相同的成本计算方法确定发出存货的成本。对于不能替代使用的存货、为特定项目专门购入或制造的存货以及提供劳务的成本,通常应当采用个别计价法确定发出存货的成本。

(二) 筹划要点

由于当期使用或者销售的存货的成本计算公式如下:

使用或销货成本 = 期初存货 + 本期生产 - 期末存货

因此,期末存货账面价值的大小,恰好与销货成本高低成反比。换言之,期末存货账面价值越大,销货成本便愈小,销货毛利随之加大,应纳税所得额及所得税也会随之增加,对企业不利;反之,期末存货账面价值越小,销货成本愈大,销货毛利变小,应纳税所得额及所得税均随之减少,对企业有利。而税法规定,纳税人各项存货的发生和领用,其实际成本的计算方法,可以在先进先出法、加权平均法、个别计价法等方法中任选一种。

由于采用不同计算方法所计算的销货成本可能不同，这就为通过选择存货计价方法而改变销货成本，进而实现递延纳税提供了合法的筹划空间。

例 6-14　W 企业 2013 年购销货情况，如表 6-4 所示。在通常纳税环境下，其选择哪种存货计价方法对 W 企业所得税最为有利？

表 6-4　W 企业购销一览表

购货			销货		
日期	数量	单价	日期	数量	单价
1. 1	100	20	2. 1	80	40
3. 1	40	25	12. 23	100	60
9. 1	50	30			
12. 21	40	35			

下面分别采用先进先出法、加权平均法，计算应纳税所得额，结果如表 6-5 所示。

表 6-5　不同存货计价方法影响纳税比较表

存货计价方法	期末存货	销货收入	销货成本	销货毛利	有利顺序
先进先出法	1 700	9 200	4 200	5 000	2
加权平均法	1 283	9 200	4 617	4 583	1

在本例中，采用加权平均法，所计算的期末存货账面价值低，销货成本高，相应的应纳税所得额最低，能够达到延缓缴纳企业所得税的目的，因此应该选择加权平均法。

通常纳税环境，是指企业应纳税所得额为数额充分的正数，并处于非税收优惠期间。如果纳税企业处在减免税期间，或者有未弥补亏损，则应该采取的筹划方法相反。

三、职工薪酬的税务筹划

职工薪酬，是指企业每一纳税年度支付给在企业内任职或与其有雇佣关系的员工的所有现金或非现金形式的劳动报酬，包括基本工资、奖金、津贴、补贴（含地区补贴、物价补贴和午餐补贴）、年终加薪、加班工资，以及与任职或者受雇有关的其他支出，即包括货币性的支出，也包括非货币性的支出。但是，企业发生的下列支出，不作为工资薪金支出：

（1）雇员因向企业投资而分配的股息性所得；

（2）根据国家或省级政府的规定为雇员支付的社会保障性缴款；

（3）从已提取的职工福利基金中支付的各项福利支出（包括职工生活困难补助、探亲路费等）；

（4）各项劳动保护支出；

（5）雇员调动工作的旅费和安家费；

（6）雇员离退休、退职待遇的各项支出；

（7）独生子女补贴；

(8) 纳税人负担的住房公积金;

(9) 国家税务总局认定的其他不属于工资薪金支出的项目。

《企业所得税法》第八条规定,企业实际发生的与取得收入有关的、合理的支出,包括成本、费用、税金、损失和其他支出,准予在计算应纳税所得额时扣除。

职工薪酬的筹划要点在于:企业可以采用非货币支付办法,提高职工公共福利支出,例如免费为职工提供宿舍(公寓)、免费提供交通便利、提供职工免费用餐等。企业替员工个人支付这些支出,可以作为费用减少企业所得税的应纳税所得额,同时,个人在实际工资水平未下降的情况下,减少了应由个人负担的税款。

(一) 工资费用的税务筹划

《企业所得税法》规定,合理工资薪金可以在所得税前扣除。

《企业所得税实施条例》第三十四条所称的“合理工资薪金”,是指企业按照股东大会、董事会、薪酬委员会或相关管理机构制定的工资薪金制度规定实际发放给员工的工资薪金。对工资薪金的合理性可按以下原则确认:

(1) 企业制定了较为规范的员工工资薪金制度;

(2) 企业所制定的工资薪金制度符合行业及地区水平;

(3) 企业在一定时期所发放的工资薪金是相对固定的,工资薪金的调整是有序进行的;

(4) 企业对实际发放的工资薪金,已依法履行了代扣代缴个人所得税义务。

(5) 有关工资薪金的安排,不以减少或逃避税款为目的;

《企业所得税实施条例》第四十、四十一、四十二条所称的“工资薪金总额”,是指企业按照上述规定实际发放的工资薪金总和,不包括企业的职工福利费、职工教育经费、工会经费以及五险一金(养老保险费、医疗保险费、失业保险费、工伤保险费、生育保险费等社会保险费和住房公积金)。属于国有性质的企业,其工资薪金不得超过政府有关部门给予的限定数额;超过部分,不得计入企业工资薪金总额,也不得在计算企业应纳税所得额时扣除。《企业所得税实施条例》第四十条规定的企业职工福利费,包括以下内容:

(1) 尚未实行分离办社会职能的企业,其内设福利部门所发生的设备、设施和人员费用,包括职工食堂、职工浴室、理发室、医务所、托儿所、疗养院等集体福利部门的设备、设施及维修保养费用和福利部门工作人员的工资薪金、社会保险费、住房公积金、劳务费等。

(2) 为职工卫生保健、生活、住房、交通等所发放的各项补贴和非货币性福利,包括企业向职工发放的因公外地就医费用、未实行医疗统筹企业职工医疗费用、职工供养直系亲属医疗补贴、供暖费补贴、职工防暑降温费、职工困难补贴、救济费、职工食堂经费补贴、职工交通补贴等。

(3) 按照其他规定发生的其他职工福利费,包括丧葬补助费、抚恤费、安家费、探亲假路费等。

企业发生的职工福利费,应该单独设置账册,进行准确核算。没有单独设置账册准确核算的,税务机关可对企业发生的职工福利费进行合理的核定。

工资费用的正当税务筹划应当注意以下环节:

（1）建立工会等群团组织，借以增加期间的工会经费；

（2）国有企业的职工工资控制在工资薪金总额之内，以免被税务机关从费用中剔除；

（3）改变职工发放红利为年终奖金，增加税后净利润；

（4）职工退休金采取较高比例计提；

（5）提列职工“五险一金”和据实列支职工福利费；

（6）企业股东、董事或合伙人兼任管理人员或职工，以使其个人收入计入工资；

（7）后勤、辅助管理部门职工工资尽可能同生产车间职工工资相分离，以便计入期间费用，而不计入产品成本。

（二）工资费用分摊方法

在特定行业，例如采掘业、远洋运输业、远洋捕捞业以及财政部确定的其他行业的工资、薪金所得应纳的税款，可以实行按年计算、分月预缴的方式计征。因为这些人员的每月工资变化比较大，例如在一个月里工资可能很少或没有，但在另一个月里工资又会很多。由于中国目前的个人所得税不是按年而是按月计征的，因此收入的不平均会导致税负上升。此时，这些行业的企业可以利用这项政策使其税负合理化及平均化。其他行业的企业遇到每月工资变化幅度较大的情况时，也可以借鉴该项政策的做法，从而企业及员工都可得益。

（三）奖金发放方法

《国家税务总局关于调整个人取得全年一次性奖金等计算征收个人所得税方法问题的通知》（国税发〔2005〕9 号）规定，纳税人取得全年一次性奖金，单独作为一个月工资、薪金所得计算纳税，并除以 12 个月，按其商数确定适用税率和速算扣除数计税，由扣缴义务人发放时代扣代缴。

（1）如果雇员当月工资薪金所得高于（或等于）税法规定的费用扣除额的，适用公式：

应纳税额 = 雇员当月取得全年一次性奖金 × 适用税率 − 速算扣除数

（2）如果雇员当月工资薪金所得低于税法规定的费用扣除额的，适用公式：

应纳税额 =（雇员当月取得全年一次性奖金 − 雇员当月工资薪金所得与费用扣除额的差额）× 适用税率 − 速算扣除数

因此，企业应当避免平时的零星发放奖金，尽量集中在年末一次性发放奖金。

四、其他费用的税务筹划

所谓费用，就是企业在生产经营过程中发生的各种耗费。按照经济用途可以将费用划分为三大部分，生产经营成本、期间费用和非常损失。生产经营成本是指企业在生产经营过程中为生产商品和提供劳务等发生的直接人工、直接材料和制造费用，在制造业企业会计处理时，又被称为生产成本或制造成本。而期间费用是指企业在一定的经营期间所发生的费用，包括产品销售费用、管理费用以及财务费用三部分。非常损失则是企业偶然因素引起的非生产经营损失，包括营业外支出、资产减值损失等内容。费用的增加，直接影响企业利润与企业所得税税基。

合理利用费用分摊方法扩大或缩小企业成本,进而影响企业纳税水平时,要注意解决两大问题:一是如何实现费用最大化、应税利润最小化;二是费用摊入成本时如何实现最佳时间摊入。如果当期企业利润较多,可以考虑适当提前确认费用,以便加大当期抵扣,降低应纳税所得额;如果企业当期亏损或者正处于减免所得税期间,则可以考虑适当延迟确认费用,达到延缓费用到后期实现的目的。

企业费用开支有多种内容,如劳务费用开支、管理费用开支、福利费用开支以及各项杂费开支,等等。可以在所得税前抵扣的费用,必须是与生产经营活动有关的耗费,那些与生产经营活动无关的耗费不能用于税前抵扣收入。费用的具体项目很多,发生的方式和渠道亦不尽一样,税务筹划的方法自然应有所不同。

1. 管理费用的税务筹划

管理费用包含的内容十分丰富,是企业为组织和管理生产经营所发生的有关费用,包括企业筹建期间发生的开办费、董事会和行政管理部门在经营管理中发生的或者应由企业同意负担的公司经费(含行政管理部门职工薪酬及福利费、物料消耗、低值易耗品摊销、办公费和差旅费等)、工会经费、聘请中介机构费、咨询费、诉讼费、业务招待费、房产税、车船使用税、土地使用税、印花税、技术转让费、矿产资源补偿费、研究与开发费用、排污费等。其税务筹划的要点在于:(1) 在税法规定的范围内,使其费用极大化;(2) 关联公司之间,由集团公司分派给所属公司负担的管理费用,需有合法合同为凭,按照接受管理服务付费。

管理费用可以被分解成各项具体的费用研究其税务筹划问题。

2. 固定资产修理费用的税务筹划

《企业会计准则》规定,固定资产的修理费用在实际发生时计入当期损益,《所得税实施条例》也同意这一做法,但是税法规定,符合下列条件之一的固定资产修理,应视为固定资产改良支出:一是发生的修理支出达到固定资产原值的20%以上;二是经过修理后有关资产的经济使用寿命延长两年以上;三是经过修理后的固定资产有新的用途或不同的用途。需要注意的是,固定资产改良支出属于固定资产在建工程的范畴,其所耗配件、材料的进项税额不得抵扣,而且改良支出要么计入固定资产原值按规定计提折旧,要么作为递延费用在不短于五年的期间内分期摊销。而作为固定资产大修理支出,其所耗配件、材料的进项税额可以抵扣,而且修理费用可在发生期直接扣除。显然,二者的节税效果相差甚远。由此,如果企业将固定资产改良尽可能地转变为大修理或分解为几次修理,即设法使修理支出达不到改良支出的条件,便能获得可观的节税效益。

例如,某企业对其设备进行大修理后,该设备经济使用寿命延长不到两年,仍用于原用途,但修理支出超过了固定资产原值的20%,则该修理支出被税务局认定为固定资产改良支出。但是,如果该设备上某些配件并非必须一次更换,则可以将这些配件放在下一个纳税期间去更换,这样一来就使得本次修理支出低于固定资产原值的20%。由此,该修理支出不满足改良支出的条件,可以在当期应税所得中一次扣除,从而达到节税的目的。

为此,固定资产修理费用的税务筹划可以考虑,如果企业处于盈利期间,应该尽早确认费用,扣抵收入,减少所得额;如果企业处于减免税时期或者亏损期间,则应该尽量使修理费用满足税法规定的大修理条件，并向税务机关申报批准跨期摊销，以便取得延迟抵扣的货币时间价值。

3. 无形资产摊销费和递耗资产折耗费的税务筹划

无形资产摊销费和递耗资产折耗费用的税务筹划，重点在于提高或降低当期费用额。提高费用额的方法主要是办理资产重估价。所谓资产重估价，指的是企业对资产的账面价值根据现行物价情况及事实需要，按照合理方法重新评估，以期正确反映企业的财务状况和经营成果。办理资产重估价的好处在于：(1) 重估后资产在使用期间，每年摊销或折耗额较高，账面盈余减少，可减轻税负，同时亦可避免虚盈实亏；(2) 资产重估价后，资产账面价值较高，可改善财务结构，增强资金信誉，有利于对外融资，往往重估增值部分需要先缴纳所得税，以后摊入的费用才可以税前抵扣。按有些国家和地区的税法规定，如我国台湾地区规定，当物价上涨25%以上(较账面原值)时，即可申请办理固定资产、递耗资产及无形资产的重估手续。我国现阶段企业改制经政府主管部门批准的资产重估增值部分，往往给予免税。

在摊销方法的筹划上，无形资产摊销费和递耗资产折耗费的税务筹划原理，与固定资产折旧费的税务筹划相同，在此不赘述。

4. 研究与开发费用的税务筹划

《企业会计准则第6号——无形资产》规定，企业内部研究开发支出应当区分为研究阶段的支出与开发阶段的支出，研究阶段的支出应当费用化计入当期损益，而开发阶段的支出满足资本化条件的，确认为无形资产。

《企业所得税法》第三十条规定，企业发生的研究与开发费用可以加计50%的比例扣除。相关的技术开发费包括新产品设计费、工艺规程制定费、设备调整费、原材料和半成品的试制费、技术图书资料费、未纳入国家计划的中间实验费、研究机构人员的工资、用于研究开发的仪器及设备的折旧、委托其他单位和个人进行科研试制的费用以及与新产品的试制和技术研究直接相关的其他费用。这是国家旨在鼓励企业自主创新，多进行知识产权开发、技术设备革新、产品更新换代所采取的税收优惠政策，有条件的企业当然应该积极争取。

为此，企业可以依据国家税务总局关于印发《企业研究开发费用税前扣除管理办法(试行)的通知》(国税发〔2008〕116号)对纳税年度中发生的下列费用，在计算缴纳所得税时实行加计扣除：

(1) 新产品设计费、新工艺规程制定费以及与研发活动直接相关的技术图书资料费、资料翻译费。

(2) 从事研发活动直接消耗的材料、燃料和动力费用。

(3) 在职直接从事研发人员的工资、薪金、奖金、津贴、补贴。

(4) 专门用于研发活动的仪器、设备的折旧费或租赁费。

(5) 专门用于研发活动的软件、专利权、非专利技术等无形资产的摊销费。

(6) 专门用于中间试验和产品试制的模具、工艺装备开发制造费。

(7) 勘探开发技术的现场试验费。

(8) 研发成果的论证、评审、验收费用。

企业必须对研究与开发费用实行专账核算与管理，同时按照规定的项目准确地归集填写年度可加计扣除的各项研究与开发费用实际金额。企业应于年度汇算清缴所得税申报时向主管税务机关报送相应规定的材料。申报的研究开发费用不真实或资料不齐全的，不能享受研究开发费用加计扣除的优惠，主管税务机关有权对企业申报的结果进行合理调整。

企业在一个纳税年度内进行多个研究开发活动的，应该按照不同开发项目分别归集可加计扣除的研究开发费用额。为此，企业可以依据上述优惠政策采取如下途径节税：

(1) 在实行产品更新换代时，争取在国家政府部门，如科委、计划等部门立项，获税收部门批准，批量生产，从中享受按照150%扣除的所得税优惠。采用该种方法节税，金额往往十分可观。

(2) 企业科研技术部门，可以组织连续性的新产品、新技术、新工艺开发，在生产第一代、储备第二代、研制第三代的过程中，有计划、分步骤地安排储备一代的产品和技术作为试生产与销售，从而获得经常的开发费用扣抵当期收益的所得税的优惠。

(3) 从事无形资产研究与开发的费用，在有确凿证据将其资本化为无形资产之前，都可以计入当期的费用，并且在计算所得税时按照加计50%的比例在税前扣除；而符合资本化条件计入"无形资产"科目的开发阶段费用，也可以在其以后的使用期间分期加计50%摊销。

(4) 研究与开发费用的会计核算必须规范，应该把分散在不同科目中的研究与开发费用充分归集到一个科目"研发支出"中核算，期末再根据是否符合资本化条件将其一部分费用化转入期间费用，另一部分转入"无形资产"。具体内容包括：技术开发机构人员的工资；研究设备的折旧和无形资产(如计算机软件)摊销；新产品试制失败的材料费；技术咨询费、鉴定费、评审验收费、申请费、注册费、代理费等；科研人员的福利费等。实务中很多企业都未能将上述费用从生产经营的日常费用中充分分离出来，因而丧失了利用税收优惠政策的机会。

5. 财务费用的税务筹划

财务费用中的主要成分是利息支出，利息支出系企业向外融通资金所支付的代价。税法上对利息支出按性质不同，规定有不同的处理方式：有准予列支费用的；有应予资本化的；也有虽列为费用但不准扣抵收入的。不同处理有不同的结果，凡此均影响应纳税所得额。

节税途径可以考虑以下四个方面：

(1) 当企业处于免税期或亏损年度，或有前五年亏损可资扣抵时，利息支出应尽早予以资本化；

(2) 当企业处于盈利年度时，利息支出尽量予以费用化，以期达到费用极大化目的；

(3) 注意利息费用列支渠道的合法性；

(4) 应尽量向金融机构贷款，以免遭税收机关对超额利息的剔除。

6. 资产盘亏的税务筹划

企业无论内部控制制度怎样严密，终难避免资产在期末盘点时发生盘盈或盘亏。资产盘亏在税务筹划上的重点是如何建立健全会计制度和资产内部控制制度，以及如何取

具合法证明文件,以避免盘亏遭税收稽查人员剔除,达到节税的目的。为此,应该做到:

(1) 建立健全资产保管和领用制度,规定盘损率,以加强内部控制。

(2) 委托注册会计师监督盘点签证,企业可凭签证报告作为证明文件。

(3) 并入耗料计算,根据盘亏资产数量及金额,再填制一份领料单,将盘亏的资产列入成本费用,但需注意资产的消耗量是否已超过颁布的耗量标准。

7. 开办费的税务筹划

开办费是在企业创立初期,为使企业正常运营所发生的未形成资产成本的各项开支,包括注册费、会议费、交通费、水电费、租赁费、职工薪酬等。由于创立初期,企业尚无营业收入,发生的这些费用无法抵扣,会计上便以开办费项目归集,待以后企业取得营业收入时再按照一定的程序与方法去抵扣收入,计算盈亏。

开办费的税务筹划重点在于如何使开办费用最大化,以及如何利用摊提比例于免税期间、盈余或亏损年度弹性运用,以期达到免缴、少缴或延缓缴纳税金的效果。开办费的节税方法在于:

(1) 在筹建期间如有收入(如利息收入等)而需办理结算申报时,应在收入金额内酌情抵消开办费,使当年所得降低或等于零。

(2) 在开始营业时间的选定上,如果可预见营业初期将会发生亏损,应尽可能地延后,使初期的部分营业费用得以列入开办费,以便延至有盈利年度摊销。

(3) 开始营业后的节税策略是,虽然会计准则规定采用一次摊销法,但现行税法中开办费未明确列作长期待摊费用,企业可以在开始经营之日的当年一次性扣除,也可以按照现行税法有关长期待摊费用的处理规定处理。由于税法允许弥补亏损的年限为5年,为避免亏损无法用以后年度实现利润弥补,企业需要合理预计未来5年的盈亏情况,合理确定开办费采取一次摊销还是分次摊销的方式。

8. 业务招待费的税务筹划

业务招待费必须是与生产经营业务有关、应取具合法凭证、未超过限额标准的开支。税法对于业务招待费的抵扣限额规定了两个标准:① 业务招待费实际发生额的60%;② 最高不得超过营业收入总额的0.5%。

所以,业务招待费的税务筹划应该注意的是:

(1) 改变费用支付的形式,能在其他费用项目列支的,就不要列入业务招待费。例如,招待经销商出国参观发生的费用,原则上在本项目列支,但也可作为考察费,计入管理费用。又如,餐饮费应计入业务招待费,而会务费可以计入管理费用。对于此类费用,则应选择计入后者,因为每一笔业务招待费的40%的金额是不能在所得税前抵扣。对那些14%的福利费用不完的企业来说,员工陪同客户吃饭的费用,建议列支福利费。

(2) 关于列支业务招待费记账依据。《企业所得税法实施条例释义和适用指南》中介绍:“有效的凭证实质在于保证业务招待费用的真实性,有关凭证资料只要对证明业务招待费的真实性是足够的和有效的即可,并不严格要求提供某种特定凭证,这也为纳税人的经营管理留有一定的余地。凭证资料可以包括发票、被取消的支票、收据、销售账单、会计账目、纳税人或其他方面的证词,越客观的证词越有效。比如,给客户业务员的礼品,大多数情况下并不能取得发票等特定凭证,但只要有接受礼品的证明,并且接受礼品者与企业确实存在商业业务关系,即可承认该项支出的真实性。一般情况下,税法并不强迫企业再送给客户业务人员礼品时要求有关人员签字,但是,如果税务机关要求证明真实性,企业也可以事后追补证据。”

(3) 妥善处理企业筹备期间支付的业务招待费,并入开办费摊销。

(4) 对于业务招待费实际发生额的40%金额以及超过营业收入的0.5%部分,企业在办理年终企业所得税汇算清缴纳税申报前应自行调增应纳税所得额,以免税收机关稽查补征并罚款。

9. 避免费用和损失被剔除的税务筹划

作为收入的扣抵项目,费用和损失在计税过程中备受税收机关的注重,旨在防止纳税人有意或无意地逃税或漏税。为此,一旦有与税法不符的加大损费的事项被审查出来,必遭剔除,严重的还会受到处罚。所以,企业在避免费用和损失被剔除方面应遵循如下基本原则:

(1) 应取具统一发票、收据、证明等合法凭证。

(2) 应与生产经营活动有关,且业已实现。凡是与形成企业当期收入无关的损费,均不得列入。损费列支以实现为原则,但税法另有规定的,如依法提列职工教育经费、“五险一金”、工会经费等项目,虽未实现,仍准予列支。

(3) 应归属本年度负担的费用,可以列支;不应归属本年度负担的费用,不可摊入当期。

(4) 对于税法定有限额标准的各项费用及损失,实行内部控制制度管理。

(5) 合法报告备案,即当企业处理有关非常费用、损失时,应事先向税收机关报告备案。需要报备的项目主要有:灾害损失、变更会计基础(原则)、固定资产提前报废、共同费用的分摊(与关联方共同分摊的费用等)、停业、破产清算、兼并的损费。

(6) 罚没性质的支出不得列入应税收益的减除项目。

10. 租金费用的税务筹划

租金费用是指计入当期应予扣除项目的土地使用权或固定资产租赁费。租金费用的税务筹划包括经营租赁和融资租赁费用的筹划。租金费用的税务筹划应该考虑:

(1) 合理分配跨期间费用。

(2) 尽量以经营租赁方式承租,以达到费用极大化,但尚应考虑租金支付中包含的利息费用是否划算,应该用净现值的方法测算比较不同承租方案。

(3) 有的企业属于关联企业,关联企业之间的财产互相借用,可能并不支付租金,即无偿借用。无偿借用并非良策,因为它造成此企业未列费用,而彼企业仍需计列租赁收入课征所得税的不利结果。

(4) 对于承租私人的固定资产,支付租金要注意办理扣缴,以免遭受罚款。

11. 对外捐赠的税务筹划

《企业所得税法》第九条规定,企业发生的公益性捐赠支出,在年度利润总额12%以内的部分,准予在计算应纳税所得额时扣除。所称公益性捐赠,是指企业通过公益性社会团体或者县级以上人民政府以及部门,用于《中华人民共和国公益事业捐赠法》规定的公益事业的捐赠。

《企业所得税法》第二十五条规定,企业发生非货币性资产交换,以及将货物、财产、劳务用于捐赠、偿债、赞助、集资、广告、样品、职工福利或者利润分配等用途的,应当视同销售、转让财产或者提供劳务。

财政部、国家税务总局、民政部《关于公益性捐赠税前扣除有关问题的通知》(财税〔2008〕160 号)中用于公益事业的捐赠支出,是指《中华人民共和国公益事业捐赠法》规定的向公益事业捐赠的支出,具体范围包括:① 救助灾害、救济贫困、扶助残疾人等困难社会群体和个人的活动;② 教育、科学、文化、卫生、体育事业;③ 环境保护、社会公共设施建设;④ 促进社会发展和进步的其他社会公共和福利事业。

公益性社会团体是指根据国务院发布的《基金会管理条例》和《社会团体登记管理条例》的规定,经民政部门依法登记,符合条件的基金会、慈善组织等公益性社会团体。这些社会团体经检查合格(被评为 3A—5A)的名单,在有效期内每年更新一次,在网上公布。

捐赠的税务筹划在于:① 公益性的捐赠避免超过利润总额的 12%;② 非公益性的捐赠如何使纳税调增额最小。

企业如果通过国家机关和国务院主管税务机关认定的地方人民政府和公益性社会团体用于救助灾害、救济贫困、扶助残疾人等困难的社会群体和个人的活动,教育、科学、文化、卫生、体育事业,环境保护、社会公共设施建设等公益事业的捐赠支出,可以在年度利润总额的 12% 内准予扣除。但是,纳税人直接向受赠人的捐赠不能扣除。

由以上规定可知,同样是捐赠,企业如果通过有关法规规定的机构进行捐赠,可以享受不同的税收优惠政策;如果采用直接捐赠的办法,则不能享受应得的优惠政策。

因此,企业可以通过选择不同的捐赠方式和捐赠对象,改变企业应纳税额的多少,达到税后利润最大化的目标。

例 6-15 D 公司 2013 年实现利润总额 1000 万元,无其他税务调整事项。假设企业所得税税率为 25%。为了提升企业形象,提高企业知名度,公司在 2013 年向社会捐赠 100 万元。有以下两种捐赠方案可供选择:方案一,通过国家机关向遭受自然灾害地区捐赠 150 万元;方案二,直接向当地的贫困山区捐赠 150 万元。

分析:

第一种方案,捐赠 12% 限额扣除。

$$捐赠扣除限额 = 1\,000 \times 12\% = 120(万元)$$

$$调增应纳税所得额 = 150 - 120 = 30(万元)$$

$$应纳税所得额 = 1\,000 + 30 = 1\,030(万元)$$

$$应纳所得税额 = 1\,030 \times 25\% = 257.5(万元)$$

第二种方案,捐赠未通过公益性社会团体或国家机关,所以不得从应纳税所得额中扣除。

$$应纳税所得额 = 1\,000 + 150 = 1\,150(万元)$$

$$应纳所得税额 = 1\,150 \times 25\% = 287.5(万元)$$

通过以上比较,D 公司同样是捐赠 150 万元,由于选择了不同的捐赠方式和捐赠对象,导致企业的实际应纳所得税额有 30 万元(287.5 - 257.5)的差异。

此外,有些公司为了扩大本企业影响,以商品、产品或现金赞助一些机构、团体或企业。由于采用不同的方式赞助,尽管价值相同,但纳税调整金额是不一样的。

例 6-16 如果上述 D 公司是一家计算机制造公司,为了和商场搞好关系,向商场赠送 5 台计算机。这 5 台计算机的生产成本合计为 10 000 元,市场零售价为 14 040 元(含增值税 2 040 元)。

由于税收法规的规定,将货物用于捐赠、赞助应当视同销售。于是该公司的会计处理为:

借:营业外支出——捐赠支出　　12 040
　贷:库存商品——计算机　　10 000
　　应交税费——应交增值税　　2 040

年末企业所得税汇算清缴时,该公司做纳税调增:① 营业外支出 12 040 元,非公益性捐赠不能税前扣除;② 货物捐赠视同销售增加销售利润 2 000 元;上述两项合计为 14 040 元。可见,赠送实物要多增加增值税销项税额和销售毛利,进而多纳所得税。

如果该公司捐赠的 5 台计算机是通过政府机构赠给农村的学校,只要向社会捐赠的金额未超过利润总额的 12% 便可以全额税前扣除;如果超过了 12% 的比例,超额部分当年不得扣除。

第三节　生产经营中的其他税务筹划

在生产经营中,除了前述正常的业务之外,还可能发生不经常遇到的经济业务。这些业务的税务筹划,不仅包括对所得税的筹划,也包括对房产税、增值税等的筹划。以下通过举例对几种特殊业务的相关税务筹划的方式进行说明。当然,在此并不能穷尽所有的筹划方法,而仅是通过说明不同的筹划原理,起到开拓思路的作用。

一、视同销售和非货币性资产交换的税务筹划

例 6-17 A 公司是增值税一般纳税人,主要从事特种钢材的生产和加工业务。2013 年度实现销售 483 600 万元。根据市场预测,今后几年内特种钢材的市场需求仍将大幅增长,因此公司董事会决定扩建一个生产流水线。扩建工程于 2013 年 10 月 5 日动工,2013 年 12 月 30 日竣工。在工程建设期间,发生了如下业务:

第一,用乙型号钢材 260 吨与某公司换水泥,该型钢材的成本价为每吨 1 430 元,市场销售价格为每吨 2 650 元。当企业将乙型钢材换水泥时,会计人员进行如下账务处理:

借:库存商品——水泥　　371 800
　贷:库存商品——乙型钢材　　371 800

第二,将自产的甲型号钢材 430 吨用于在建工程(该型钢材的成本价为每吨 1 360 元,市场销售价格为每吨 2 350 元)。当企业将甲型钢材移送流水线建设时,会计人员进行如下账务处理:

借:在建工程　684 216

　贷:库存商品——乙型钢材　584 800

　　应交税费——应交增值税(销项税额)　99 416

试分析 A 公司以上操作中的涉税问题,结论为上述税务筹划和账务处理是错误的。

对于公司用乙型号钢材 260 吨与某水泥公司交换水泥,属于非货币性资产交换行为,根据税法和会计准则规定,应将其按照换出资产或换入资产的公允价值(市场价格)计量,公允价值与原账面价值的差额确认为当期损益。其账务处理应该如下:

借:库存商品——水泥　689 000

　贷:营业外收入　317 200

　　库存商品——乙型钢材　371 800

由于机器设备等固定资产构建的增值税进项税额允许抵扣,所以,无须作进项税额转出,非货币性交易实现的收益(营业收入)要并入利润额缴纳所得税。建造固定资产领用水泥时,再做如下会计分录:

借:在建工程　689 000

　贷:库存商品——水泥　689 000

对于将自产的甲型号钢材 430 吨用于在建工程,应按视同销售的规定处理。在具体操作过程中,如果从税务筹划的角度分析,根据现行税收政策,有两种方法可供 A 公司选择:

一是在会计处理上按成本结转,不作为销售处理,但在移送使用钢材时按销售价格计算缴纳增值税。

应缴增值税 $=2\,350\times430\times17\%=171\,785$(元)

具体的账务处理为:

借:在建工程　756 585

　贷:库存商品　584 800

　　应交税费——应交增值税(销项税额)　171 785

工程竣工,公司将在建工程转为固定资产,在不考虑其他因素的情况下,应作如下会计处理:

借:固定资产　756 585

　贷:在建工程　756 585

二是按照正常的销售程序处理,即在发生视同销售业务时,按照正常的销售业务流程计入公司的销售收入。

主营业务收入 $=2\,350\times430=1\,010\,500$

应缴增值税 $=2\,350\times430\times17\%=171\,785$(元)

账务处理为:

借:在建工程　1 182 285

　贷:主营业务收入　1 010 500

　　应交税费——应交增值税(销项税额)　171 785

借:主营业务成本　584 800

贷:库存商品　　584 800

工程竣工交付使用时,在不考虑其他因素的情况下,应作如下会计处理:

借:固定资产　　1 182 285

贷:在建工程　　1 182 285

至于该笔视同销售业务的所得税,此处已经作为正常业务核算。

分析以上两种操作方法,可以发现按第二种核算方法,固定资产账面价值比第一种方法多出了 425 700 元,增加了企业所得税税负。

如果该企业在使用自产钢材的当年有很多亏损,并且预计五年内也不能抵扣,则可以采用在会计上作为销售收入处理的方式,减少亏损 425 700 元,增加固定资产原值。在以后的 20 年内,当企业经营逐渐产生利润时,通过固定资产的折旧,减少企业所得税。

二、房地产开发的税务筹划

房地产开发企业对土地增值税的筹划尤为重要。由于土地增值税采用的是以增值额为基础的超额累进税制,因此土地增值税筹划最关键的一点就是合理合法地控制、降低增值额。增值额是纳税人转让房地产的收入减除扣除项目的金额的余额。因此,如何合理、合法地分散收入,便成了降低税负的关键。

(一)分散收入的税务筹划

1. 将可以分开单独计价的部分从整个房地产中分离

相关案例

X 房地产开发企业准备出售一幢写字楼,写字楼的市场价值是 500 万元,其所含各种附属设备的价格约为 100 万元。如果该企业和购买者签订合同时,对写字楼的价格和附属设备的价格不加区分,而是将全部金额 650 万元以房地产转让定价的形式在合同上体现,则相同条件下的增值额会增加 100 万元,相应地应纳税额也就会增大。但是如果该企业和购买者签订合同时,仅在合同上注明 500 万元的房地产转让定价,同时签订一份附属办公设备购销合同,可以使得增值额变小,节省应缴纳的土地增值税税额,而且由于购销合同适用 0.3‰的印花税税率,比产权转移书据适用的 0.5‰税率要低,还可以节省印花税,降低了企业的税负。

2. 分别签订购房合同和装饰装潢合同

当所开发的住房初步完工但还没有安装附属设备及进行装潢、装饰时,房地产开发企业便可以和购买者签订房地产转移合同;当附属设备安装完毕或装潢、装饰完毕后,房地产开发企业再和购买者签订附属设备安装及装潢、装饰合同,这样该房地产开发企业只就第一份合同上注明的金额缴纳土地增值税,而第二份合同上注明的金额属于营业税征税范围,不用计征土地增值税。营业税的税率比土地增值税的税率要低得多,这样就使得纳税人的应纳税额有所减少,达到了降低税负的目的。

3. 利用分别核算法分散收入

税法规定,纳税人建造普通标准住宅出售,如果增值率小于20%免征土地增值税。同时,税法还规定,纳税人既建造普通标准住宅又从事其他房地产开发项目的,应当分别核算增值额,不分别核算增值额或不能准确核算增值额的,其建造的普通标准住宅不享受免税待遇。房地产开发企业如果既建造普通标准住宅又从事其他房地产开发项目,分别核算与不分别核算税负大不相同。

例 6-18 Y房地产开发企业,当年房地产开发收入为2亿元,其中普通标准住宅销售额为1.2亿元,豪华住宅的销售额为8 000万元。税法规定可扣除项目的金额为1.4亿元,其中普通标准住宅可扣除项目的金额为10 050万元,豪华住宅的可扣除项目的金额为3 950万元。

(1) 在不分别核算应纳土地增值税时:

增值率 = (20 000 − 14 000) ÷ 14 000 × 100% = 42.9%

适用税率为30%,应纳土地增值税 = (20 000 − 14 000) × 30% = 1 800(万元)

(2) 在分别核算时:

普通住宅增值率 = (12 000 − 10 050) ÷ 10 050 × 100% = 19.4%

税法规定,纳税人建造普通标准住宅出售,如果增值率小于20%免征土地增值税。

所以,应纳土地增值税 = 0(万元)

豪华住宅增值率 = (8 000 − 3 950) ÷ 3 950 × 100% = 103%

适用税率为50%,应纳土地增值税 = (8 000 − 3 950) × 50% − 3 950 × 15% = 1 432.5(万元)

二者合计应纳土地增值税1 432.5万元。

这样,分别核算比不分别核算少支出税金367.5万元(1 800 − 1 432.5)。

4. "临界点"筹划法

土地增值税计算中增值率的高低决定了适用税率的高低。增值率取决于房地产开发收入和扣除项目金额。降低增值率的方法有两种:一是合理定价,通过适当降低价格可以减少增值额,降低土地增值税的适用税率,从而减轻税负。但是,价格的降低会减少企业的收益。二是增加扣除额。纳税人应当通过事先测算,制定最佳销售价格,达到降低税负、综合经济效益最佳的目的。企业可以分以下两种情况进行测算:

第一种,享受起征点的税收优惠而制定的销售价格。

例 6-19 R房地产开发商建成一批商品房待售,除销售税金及附加外的全部允许扣除项目的金额为500万元,则当销售这批商品房的价格为 x 时,相应的销售税金及附加为:$5\% \times (1 + 7\% + 3\%)x = 5.5\% x$。式中,5%为营业税税率;7%为城市维护建设税税率;3%为教育费附加率。

这时,其全部允许扣除项目金额为:$500 + 5.5\% x$。

根据有关起征点的规定,企业享受起征点税收优惠的最高售价应满足:

$$x = (500 + 5.5\% x) \times (1 + 20\%)$$

解方程,得 $x = 642.40$,即当售价为642.40万元时,增值率为20%,此时,全部允许扣除项目金额 = 500 + 5.5% × 642.40 = 535.33(万元)。

也就是说，开发商只有将其销售额控制在 642.40 万元以内，才能享受到免征土地增值税的税收优惠，否则将全额征税。

第二种，通过提高售价达到增加收益的目的。

当增值率略高于 20% 时，即应适用“增值率在 50% 以下，税率为 30%”的规定。

例 6-20 沿用上例，假定此时的售价为 642.40 + y（式中 y 为提高的售价），相应的允许扣除项目金额应当提高 5.5% y（为销售税金及附加的增加额），这时有：

全部允许扣除项目的金额 = 535.33 + 5.5% y

增值额 = (642.40 + y) − (535.33 + 5.5% y) = 107.07 + 94.5% y

企业应交纳的土地增值税 = (107.07 + 94.5% y) × 30% = 32.12 + 0.28y

若企业欲使提高售价带来的收益超过因突破起征点而新增加的税收，就必须使 y > 32.12 + 0.28y，即 y > 44.61 万元。

此时的售房价格最少应为：642.40 + 44.61 = 687.01（万元）。

也就是说，只有售房价格高于 687.01 万元时，企业才能达到通过提高售价获取更大收益的目的。

（二）项目转让的税务筹划

例 6-21 A 房地产开发企业，准备转让在建的写字楼项目，已累计发生在建工程成本 3 500 万元，经与另一房地产公司 B 协商，A 企业拟以 6 000 万元转让该项目。但是，出售方案有两个：直接转让该项目和转让该公司的全部股权。试测算两种不同方案的纳税影响。

方案一：A 企业直接转让项目应纳各税

（1）营业税金及附加：6 000 × 5.5% = 330（万元）

（2）土地增值税：

A 企业取得转让收入 6 000 万元

减：已发生在建工程成本 3 500 万元

减：加计扣除 700 万元（3 500 × 20%）

减：营业税金及附加 330 万元（6 000 × 5.5%）

增值额：1 470 万元（6 000 − 3 500 − 700 − 330）

增值率：1 470 ÷ (3 500 + 330) × 100% = 38.38%

土地增值税：1 470 × 30% = 441（万元）

（3）企业所得税：

应纳税所得额 = 6 000 − 3 500 − 330 − 441 = 1 729（万元）

应交所得税额 = 1 729 × 25% = 432.25（万元）

（4）应纳各税合计：330 + 441 + 432.25 = 1 203.25（万元）

方案二：A 企业转让该公司全部股权应纳各税

假设，股权差价与项目差价大致相等。在转让股权的情况下，只有在公司控制权的转让，而不直接涉及在建工程的转让，因此不涉及该工程项目的税收。属于企业转让股权产生的股权转让收益，应缴纳企业所得税。

应纳企业所得税 = (6 000 − 3 500) × 25% = 625（万元）

如果股权购买方属于个人的，则应当依法缴纳个人所得税。

应纳个人所得税 =（6 000 - 3 500）×20% =500（万元）

A 企业对两个方案的比较如下：方案一应纳的各项税收合计为 1203.25 万元，方案二应纳的各项税收合计为 625 万元或 500 万元，方案二少交纳的税款为 578.25 万元或 703.25 万元。

例 6-22　续上例，写字楼项目最终建成后，可以实现全部销售收入 9 000 万元。B 企业接手该在建工程后，发生工程支出 1 000 万元。试测算 B 企业在该项目的两个不同方案中将负担的税款各是多少？

方案一：B 企业接受项目转让应纳各税

（1）应纳营业税：9 000 ×5.5% =495（万元）

（2）土地增值税：

B 企业取得销售收入 9 000 万元

减：已发生工程成本 7 000 万元

减：加计扣除 1 400 万元（7 000 ×20%）

减：营业税金及附加 495 万元

增值额：（9 000 - 7 000 - 1 400 - 495）=105（万元）

增值率：105 ÷7 000 ×100% =1.5%

应纳土地增值税：105 ×30% =31.5（万元）

（3）企业所得税：

应纳税所得额 =9 000 - 7 000 - 495 - 31.5 =1 473.5（万元）

应交所得税款 =1 473.5 ×25% =368.37（万元）

（4）应纳各税合计：495 +31.5 +368.37 =894.87（万元）

方案二：B 企业收购 A 企业股权应纳各税

（1）应交营业税：9 000 ×5.5% =495（万元）

（2）土地增值税：

B 企业取得收入 9 000 万元

减：已发生在建工程成本 4 500 万元

减：加计扣除 900 万元（4 500 ×20%）

减：营业税金及附加 495 万元

增值额：9 000 - 4 500 - 900 - 495 =3 105（万元）

增值率：3 105 ÷4 500 ×100% =69%

应交土地增值税：3 105 ×40% - 4 500 ×5% =1 017（万元）

（3）企业所得税：（9 000 - 4 500 - 495 - 1 017）×25% =747（万元）

（4）应纳各税合计：495 +1 017 +747 =2 259（万元）

对 B 企业而言，两方案比较：方案一应纳各税合计 894.87 万元，方案二应纳各税合计 2 259 万元，选择方案一少纳的税金为 1 364.13 万元。

如果将两个方案双方应纳的税款加以比较，可以看到：

方案一应纳各税：A 企业 1 203.25 +B 企业 894.87 =2 098.12（万元）

方案二应纳各税：(个人转让)A 企业 500 + B 个人 2 259 = 2 759(万元)

(企业转让)A 企业 625 + B 企业 2 259 = 2 884(万元)

相比而言，直接转让项目节税 660.88 万元或 785.88 万元。

(三) 房地产企业购房送物的税务筹划

房地产企业销售房产时采用向业主赠送阳台、车库、冰箱、彩电等礼品的促销方式，纳税规定这些费用原则上要按照市场价格计算，并入房地产销售收入缴纳营业税。这些赠送给客户的礼品，属于捐赠支出，不得在税前扣除，并且代扣代缴 20% 个人所得税。

税务筹划的要点在于，阳台、车库等列为房地产销售处理；冰箱、彩电等列为代购商品，并由销售单位开具发票给业主。

(四) 房产销售价外费用的税务筹划

相关案例

L 房地产公司，当年营业收入 6 000 万元；代当地有关部门收取水电初装费、热水器安装费、水电费、燃气费等各项代收款项 500 万元，取得手续费收入 50 万元。于是，应纳营业税及附加 = (6 000 + 500 + 50) × 5.5% = 360.25(万元)。试问有没有减轻税收负担的办法？

税务筹划分析：水电初装费等由当地有关部门开具发票给业主，设立物业公司代收水电费、燃气费等，这样其代收的 500 万元不需纳税。

三、房地产计价的税务筹划

税法规定，房产税的征税对象是房屋。企业自用房产依照房产原值一次减除 10%—30% 后的余值按 1.2% 的税率计算缴纳。房产原值根据国家有关会计制度规定进行核算，未按国家会计制度规定核算并记载的，应按规定予以调整或重新评估。因此，对于自用房产应纳房产税的筹划应当紧密围绕房产原值的会计核算进行。

独立于房屋之外的建筑物不征房产税，但与房屋不可分割的附属设施或者一般不单独计价的配套设施需要并入房屋原值计征房产税。在核算房屋原值时，应当对房屋与非房屋建筑物以及各种附属设施、配套设施进行适当划分。

房屋的定义为：上面有顶，四面有墙(或柱)，能够遮风避雨，可以供人们生产、休息、娱乐、活动、仓储等的场所。根据这个定义，可以区别出于其他的独立于房屋之外的建筑物，如围墙、假山、烟囱、水塔、变电塔、油池油柜、酒窖菜窖、酒精池、糖蜜池、室外游泳池、玻璃暖房、砖瓦厂灰窑以及各种油气罐等，以上建筑物均不属于房产，不征房产税。与房屋不可分割的各种附属设备或一般不单独计算价值的配套设施，是指暖气、卫生、通风、照明、煤气等设备，各种管线(如蒸气、压缩空气、石油、给水排水等管道及电力、电信、电缆导线)、电梯、升降机、过道、晒台等。附属设备和配套设施往往不仅仅为房产服务，税法同时规定了其具体界限："附属设备的水管、下水道、暖气管、煤气管等从最近的探视井或三通管算起，电灯网、照明线从进线盒连接管算起。”

国税发〔2005〕173号规定，凡以房屋为载体，不可随意移动的附属设备和配套设施，如给排水、采暖、消防、中央空调、电气及智能化楼宇设备等，无论在会计核算中是否单独记账与核算，都应计入房产原值，计征房产税。关于旧房安装空调设备，一般都作单项固定资产入账，不应计入房产原值。

核算地价也有技巧。《无形资产准则》第二十一条规定，企业进行房地产开发时，应将相关的土地使用权予以结转。结转时，将土地使用权的账面价值一次计入房地产开发成本。房地产开发企业购入或以支付土地出让金方式取得的土地使用权，在尚未开发或建造自用项目前，作为无形资产核算，并按规定的期限分期摊销。房地产开发企业开发商品房时，应将土地使用权的账面价值全部转入开发成本。这里应当注意，一次结转的土地使用权账面价值只是指与在建工程相关的土地。这里的“相关”应当理解为“对应”或“配比”。企业应当以对应房产占用的土地面积按比例结转，对于非房产占用土地（如场地），应当予以摊销。

例 6-23　Z企业于2013年3月1日征用100亩（66 666.66平方米）土地，支付土地出让金500万元。Z企业按50年摊销。2013年6月份，动用5 000平方米（长100米，宽50米）兴建一号厂房。

在取得土地使用权时，应将土地使用权记入“无形资产——土地使用权”账户中。每个月要进行无形资产摊销，数额为8 333.33元（5 000 000 ÷ 50 ÷ 12）。到2013年6月初，“无形资产——土地使用权”账面余额为4 975 000元（5 000 000 − 8 333.33 × 3）。应结转至在建工程金额为373 125.04元（4 975 000 ÷ 66 666.66 × 5 000）。本月应摊销额为7 708.33［（4 975 000 − 373 125.03）÷ 597］。以后每月均按上述方法进行处理。

上述方法的可行性，在于会计核算时遵循了“配比”原则，避免了场地占用的土地结转至在建工程成本，从而减少了房产税税负。

需要注意的是，有人提倡推迟项目建设时间，以便在“管理费用”中多摊销土地价款，从而减少结转至“在建工程”的金额，这种做法是不可取的。因为推迟项目建设时间，会影响投资进度，即使是提前征用土地，也会浪费资金成本，这种做法得不偿失。

四、连续生产应税消费品的税务筹划

国家税务总局国税发〔1997〕84号文件规定，“外购已税消费品连续生产应税消费品，已纳消费税可以抵扣”，具体规定主要包括：

（1）为生产出口卷烟而外购的已税烟丝的已纳税款不予扣除。

（2）纳税人购进的烟丝等八种已税消费品如开具的是普通发票，在抵扣时应换算为不含增值税的销售额，换算一律采用6%的征收率。

（3）纳税人用外购的已税珠宝玉石生产的、改在零售环节征收消费税的金银首饰，在计税时一律不得扣除外购珠宝玉石的已纳税款。

例 6-24　S公司为小规模纳税人，2014年从T企业购进甲种应税消费品一批用于连续生产应税消费品，支付价税合计500 000元，消费税税率30%。采购人员问：向供货方

索取普通发票好,还是索取专用发票好?

分析如下:

方案一,如果取得普通发票,允许抵扣的增值税和消费税为:

增值税进项税额 =0(元)

消费税可抵扣税额 =500 000 ×30%/(1 +6%) =141 509(元)

方案二,如果取得专用发票,则允许抵扣的增值税和消费税为:

增值税进项税额 =0(元)

消费税可抵扣税额 =500 000 ×30%/(1 +17%) =128 205(元)

结论:这笔业务对于供货方而言,无论开具哪一种发票,其应纳增值税和消费税都是不变的。但是对于购货方,由于小规模纳税人不享受增值税抵扣,所以并不增加增值税税负。这时,S 公司向一般纳税人购进应税消费品时,索取普通发票能够获得更多的消费税抵扣,取得普通发票的节税作用便超过了专用发票。然而也需注意,在购进企业是一般纳税人的情况下,增值税进项税额可以抵扣销项税额,就需要重新计算筹划。在此例中增值税进项税额为 72 650 元[500 000 ×17%/(1 +17%)],小规模纳税人把该金额计入成本,而一般纳税人则计入应交税费的抵减方。所以,一般纳税人还是应索取专用发票为佳。

五、签订合同的税务筹划

有一些企业的业务部门全权负责经营活动中的合同或协议的签订,而负责纳税业务的财会部门很少参与。殊不知签订不同的合同会影响企业的税负水平。下面仅以施工行业企业的情况说明合同的签订会影响企业税负的水平。

施工企业施工任务不足时,为了提高设备的利用效率,会利用闲置设备去分包或转包其他企业的施工任务。因此,在签订经济合同时,是签订机械租赁合同还是签订劳务分包合同要慎重。《营业税暂行条例》规定:建筑安装企业适用 3% 的营业税税率,设备出租行为适用 11% 的增值税率。

例 6-25 假如 W 施工企业利用自己的架空顶进设备为另一施工企业负责箱涵顶进作业,负责顶进方要完成箱涵内的出土、架空、顶进作业,另一方负责箱涵预制作业。假设合同金额为 1 000 万元,签订合同时没有经过财务部门的会审,就签订了一项设备租赁合同。假设该企业当期的增值税进项税额为租金收入的 1%。

分析:按照现行税法的规定需缴纳增值税及附加为 1 100 000 元[10 000 000 ×(11% −1%)×(1 +10%)]。

实际上述合同性质属于劳务分包工程合同,应采用建筑安装企业 3% 的营业税率。如果将合同变更为分包工程合同,需缴纳营业税及附加 330 000 元(10 000 000 ×3. 3%),可以少缴税 770 000 元。

印花税:签订设备租赁合同适用 0. 1% 税率,计 10 000 元(10 000 000 ×0. 1%);签订劳务分包合同适用 0. 03% 税率,计 3 000 元(10 000 000 ×0. 03%),又可以节省 7 000 元。

第四节 利用税收优惠政策的税务筹划

一、购置专用设备的税务筹划

（一）法规依据

《企业所得税法》第三十四条规定，企业购置用于环境保护、节能节水、安全生产等专用设备的投资额，可以按一定比例实行税额抵免。

《企业所得税法实施条例》第一百条规定：《企业所得税法》第三十四条所称税额抵免，是指企业购置并实际使用《环境保护专用设备企业所得税优惠目录》《节能节水专用设备企业所得税优惠目录》和《安全生产专用设备企业所得税优惠目录》规定的环境保护、节能节水、安全生产等专用设备的，该专用设备的投资额的10%可以从企业当年的应纳税额中抵免；当年不足抵免的，可以在以后5个纳税年度结转抵免。

享受前款规定的企业所得税优惠的企业，应当实际购置并自身实际投入使用前款规定的专用设备；企业购置上述专用设备在5年转让、出租的，应当停止享受企业所得税优惠，并补交已经抵免的企业所得税税款。

《国家税务总局关于企业所得税减免税管理问题的通知》（国税发〔2008〕111号）规定：企业所得税的各类减免税应按照《国家税务总局关于印发〈税收减免管理办法（试行）〉的通知》（国税发〔2005〕129号）的相关规定办理。

国税发〔2005〕129号文件规定与《企业所得税法》及其实施条例规定不一致的，按《企业所得税法》及其实施条例的规定执行。

企业所得税减免税实行审批管理的，必须是《企业所得税法》及其实施条例等法律法规和国务院明确规定需要审批的内容。

对列入备案管理的企业所得税减免的范围、方式，由各省、自治区、直辖市和计划单列市国家税务局、地方税务局（企业所得税管理部门）自行研究确定，但同一省、自治区、直辖市和计划单列市范围必须一致。

企业所得税减免税期限超过一个纳税年度的，主管税务机关可以进行一次性确认，但每年必须对相关减免税条件进行审核，对情况变化导致不符合减免税条件的，应停止享受减免税政策。

企业所得税减免税有资质认定要求的，纳税人须先取得有关资质认定，税务部门在办理减免税手续时，可进一步简化手续，具体认定方式由各省、自治区、直辖市和计划单列市国家税务局、地方税务局研究确定。

（二）筹划要点

投资抵免政策中关键的税务筹划要点在于：实行税额抵免。为了能得到抵免收益，企业应该避开在免税期或亏损期间购置专用设备。如果在这期间必须要使用这些设备，企业可以采用租赁的方式以满足使用需要，等到有利润并且需要交纳企业所得税时，才实施购置。

二、利用小型微利企业的优惠税率的税务筹划

（一）法规依据

《企业所得税法》第二十八条规定，符合条件的小型微利企业，减按20%的税率征收企业所得税。

《企业所得税法实施条例》第九十二条规定，《企业所得税法》第二十八条第一款所称符合条件的小型微利企业，是指从事国家非限制和禁止行业，并符合下列条件的企业：

（1）工业企业，年度应纳税所得额不超过30万元，从业人数不超过100人，资产总额不超过3000万元；

（2）其他企业，年度应纳税所得额不超过30万元，从业人数不超过80人，资产总额不超过1000万元。

（二）筹划要点

如果企业增加的应税所得不足以弥补因税率提高而多缴纳的税款，企业应当设法降低应纳税所得，如采用取消合同、低价销售等来降低适用税率，以达到减轻税负、增加企业现金流量的目的。那么，企业应增加多少所得额才能弥补适用税率提高所带来的负影响呢？假设企业增加年应税所得 X 万元，则：

$$X-[(30+X)\times 25\%-30\times 20\%]>0$$

得出：$X>2$ 万元。

应纳税所得额为30万元，应缴企业所得税6万元（30×20%），如果应纳税所得额为32万元，应缴所得税为8万元（32×25%）。企业所增加的利润正好等于多交纳税款额。因此，当企业的应纳税所得额在300 000元至320 000元之间时，企业所增加的利润不足以抵交所增加的企业所得税税额。假如应纳税所得额为31万元，那么应缴企业所得税为7.75万元。和应纳税所得额为30万元相比，利润增加1万元，所得税要增加1.75万元。

三、分期预缴、年终汇算清缴的税务筹划

（一）法规依据

《企业所得税法》第五十三条规定，企业所得税按纳税年度计算。纳税年度自公历1月1日起至12月31日止。

《企业所得税法》第五十四条规定，企业所得税分月或者分季预缴，在年度终了后汇算清缴，结清应缴应退税款。

《企业所得税法实施条例》第一百二十八条规定，企业所得税分月或者分季预缴，由税务机关具体核定。

企业根据《企业所得税法》第五十四条规定分月或者分季预缴企业所得税时，应当按照月度或者季度的实际利润额预缴；按照月度或者季度的实际利润额预缴有困难的，可以按照上一纳税年度应纳税所得额的月度或者季度平均额预缴，或者按照经税务机关认可的其他方法预缴。预缴方法一经确定，该纳税年度内不得随意变更。

国家税务总局《关于在企业所得税预缴中对偷税行为如何认定问题的复函》(国税函发〔1996〕008 号),企业所得税是采取“按年计算,分期预缴,年终汇算清缴”的办法征收的,预缴是为了保证税款均衡入库的一种手段。企业的收入和费用列支要到企业的一个会计年度结束后才能准确计算出来,平时在预缴中无论是采用按纳税期限的实际数预缴,还是按上一年度应纳税所得额的一定比例预缴,或者按其他方法预缴,都存在不能准确计算当期应纳税所得额的问题。因此,企业在预缴中少缴的税款不应作为偷税处理。

(二) 筹划要点

预缴是为了保证税款及时、均衡入库的征收手段。企业的收入和费用列支要到一个会计年度结束后才能完整计算出来,平时在预缴中不管是按上年应纳税所得额的一定比例预缴,还是按纳税期限的实际数预缴,或者按其他方法预缴,都存在不能准确计算当期应纳税所得额的问题。因此,企业应该根据实际情况,例如由于受任务或季节因素的影响,导致收入和费用不均衡等,选择合适的预缴税款方式和比例,力争从少预缴税款,将差额部分在年底汇算清缴,以在不违法的前提下延缓缴纳部分税收。

相关案例

K 企业应纳所得税适用税率 25%,上年度应纳所得税额 1 200 万元,1—6 月份生产任务相对集中,产品正值销售旺季,销售收入占全年的 80%。于是,企业选择按上一年度应纳所得税额的 1/4,分季度预缴,一、二季度共预缴税款 150 万元(1 200 × 25% × 1/4 × 2),从而比实际数 240 万元(1 200 × 80% × 25%)少预缴 90 万元税款。

少预缴的企业所得税 90 万元,将在以后月份或年终汇算清缴。纳税义务的滞后,使企业获得这笔税款的时间价值,相当于享受国家的无息贷款。

四、纳税人身份的税务筹划

现行企业所得税税法对高新技术企业、软件企业、集成电路企业和交通基础设施等一些企业有定期减免税和企业所得税税率优惠的一系列政策。这些企业经过认定符合条件可以享受企业所得税的优惠政策。这就为纳税人在选择企业身份时提供了筹划空间。

现行企业所得税法中与纳税人身份有关的税收优惠主要列示如下:

(一) 法规依据

1. 科学技术部、财政部、国家税务总局《关于印发高新技术企业认定管理办法的通知》(国科发火〔2008〕172 号)

国家需要重点扶持的高新技术企业,减按 15% 的税率征收企业所得税。国家需要重

点扶持的高新技术企业,是指拥有核心自主知识产权,并同时符合下列条件的企业:

(1) 在中国境内(不含港、澳、台地区)注册的企业,近三年内通过自主研发、受让、受赠、并购等方式,或通过5年以上的独占许可方式,对其主要产品(服务)的核心技术拥有自主知识产权。

(2) 产品(服务)属于《国家重点支持的高新技术领域》规定的范围。

(3) 具有大学专科以上学历的科技人员占企业当年职工总数的30%以上,其中研发人员占企业当年职工总数的10%以上。

(4) 企业为获得科学技术(不包括人文、社会科学)新知识,创造性运用科学技术新知识,或实质性改进技术、产品(服务)而持续进行了研究开发活动,且近三个会计年度的研究开发费用总额占销售收入总额的比例符合如下要求:① 最近一年销售收入小于5 000万元的企业,比例不低于6%;② 最近一年销售收入在5 000万元至20 000万元的企业,比例不低于4%;③ 最近一年销售收入在20 000万元以上的企业,比例不低于3%。

其中,企业在中国境内发生的研究开发费用总额占全部研究开发费用总额的比例不低于60%。企业注册成立时间不足三年的,按实际经营年限计算。

(5) 高新技术产品(服务)收入占企业当年总收入的60%以上。

(6) 企业研究开发组织管理水平、科技成果转化能力、自主知识产权数量、销售与总资产成长性等指标符合《高新技术企业认定管理工作指引》的要求。

2. 财政部、国家税务总局《关于企业所得税若干优惠政策的通知》(财税〔2008〕1号)

关于鼓励软件产业和集成电路产业发展的优惠政策规定:

(1) 软件生产企业实行增值税即征即退政策所退还的税款,由企业用于研究开发软件产品和扩大再生产,不作为企业所得税应税收入,不予征收企业所得税。

(2) 我国境内新办软件生产企业经认定后,自获利年度起,第一年和第二年免征企业所得税,第三年至第五年减半征收企业所得税。

(3) 国家规划布局内的重点软件生产企业,如当年未享受免税优惠的,减按10%的税率征收企业所得税。

(4) 软件生产企业的职工培训费用,可按实际发生额在计算应纳税所得额时扣除。

(5) 企事业单位购进软件,凡符合固定资产或无形资产确认条件的,可以按照固定资产或无形资产进行核算,经主管税务机关核准,其折旧或摊销年限可以适当缩短,最短可为2年。

(6) 集成电路设计企业视同软件企业,享受上述软件企业的有关企业所得税政策。

(7) 集成电路生产企业的生产性设备,经主管税务机关核准,其折旧年限可以适当缩短,最短可为3年。

(8) 投资额超过80亿元人民币或集成电路线宽小于0.25微米的集成电路生产企业,可以减按15%的税率缴纳企业所得税,其中,经营期在15年以上的,从开始获利的年度起,第一年至第五年免征企业所得税,第六年至第十年减半征收企业所得税。

(9) 对生产线宽小于0.8微米(含)集成电路产品的生产企业,经认定后,自获利年度起,第一年和第二年免征企业所得税,第三年至第五年减半征收企业所得税。

已经享受自获利年度起企业所得税"两免三减半"政策的企业,不再重复执行本条规定。

3. 财政部、国家税务总局《关于促进创业投资企业发展有关税收政策的通知》规定(财税〔2007〕31 号)

创业投资企业采取股权投资方式投资于未上市中小高新技术企业 2 年以上(含 2 年),凡符合下列条件的,可按其对中小高新技术企业投资额的 70% 抵扣该创业投资企业的应纳税所得额:

(1) 经营范围符合发改委等 10 部门令第 39 号《创业投资企业管理暂行办法》(以下简称《办法》)规定,且工商登记为"创业投资有限责任公司""创业投资股份有限公司"等专业性创业投资企业。在 2005 年 11 月 15 日《办法》发布前完成工商登记的,可保留原有工商登记名称,但经营范围须符合《办法》规定。

(2) 遵照《办法》规定的条件和程序完成备案程序,经备案管理部门核实,投资运作符合《办法》有关规定。

(3) 创业投资企业投资的中小高新技术企业职工人数不超过 500 人,年销售额不超过 2 亿元,资产总额不超过 2 亿元。

(4) 创业投资企业申请投资抵扣应纳税所得额时,所投资的中小高新技术企业当年用于高新技术及其产品研究开发经费须占本企业销售额的 5% 以上(含 5%),技术性收入与高新技术产品销售收入的合计须占本企业当年总收入的 60% 以上(含 60%)。

4.《企业所得税法》第二十七条规定

(1) 企业从事国家重点扶持的公共基础设施项目投资经营的所得可以免征、减征企业所得税。实施条例据此明确,企业从事港口码头、机场、铁路、公路、城市公共交通、电力、水利等项目投资经营所得,自项目取得第一笔生产经营收入所属纳税年度起,给予"三免三减半"的优惠。

(2) 企业从事符合条件的环境保护、节能节水项目的所得可以免征、减征企业所得税。实施条例据此明确,企业从事公共污水处理、公共垃圾处理、沼气综合开发利用、节能减排技术改造、海水淡化等项目的所得,自项目取得第一笔生产经营收入所属纳税年度起,给予"三免三减半"的优惠;企业以《资源综合利用企业所得税优惠目录》规定的资源作为主要原材料并符合规定比例,生产国家非限制和禁止并符合国家和行业相关标准的产品取得的收入,减按 90% 计入收入总额。

(二) 筹划要点

综上所述,我国政府对高新技术企业、集成电路企业、软件企业以及创业投资和交通基础设施建设的企业都有不同程度的税率优惠、定期减免税以及投资成本提前扣除等税收优惠政策。国家对这类企业都有具体标准条件,因此我们在进行税务筹划时,应努力使企业满足这些要求,这样才可以充分享受税收优惠政策。

相关案例

A企业从事高新技术产品的开发和生产,对其主要产品的核心技术拥有自主知识产权,产品也属于《国家重点支持的高新技术领域》规定的范围,研究开发费用的当年发生额为200万元,占销售收入的6%以上。然而这家公司的高新技术产品收入没有达到全年总收入的60%以上,大学专科以上的科技人员也没有达到职工总数的30%以上。员工总数为100人,其中具有大学专科以上学历的科技人员当年总数为20人,研发人员当年人数为8人。当年度收入总额为3000万元,其中1700万元为高新技术产品收入,1300万元为销售其他货物收入。所有可以税前列支的成本和费用为2000万元,利润总额1100元,应纳税所得额为1000万元(技术开发费发生额为200元,加计扣除100万元)。

由于该企业不符合高新技术企业的标准,企业所得税适用税率为25%,当年应缴企业所得税为250万元(1000×25%)。

如果对该企业进行架构上的调整,对业务进行拆分,将与高新技术产品不相关的销售其他货物的经营业务或者转给关联公司,或者出售给其他公司,或者单独成立一家新公司。假设该企业单独成立一家B公司从事非高新技术产品的销售。经营业务重组后,原企业为A公司剩下的员工总数为60人,其中具有大学专科以上学历的科技人员仍然为20人,占30%以上;研发人员当年人数为8人,达到10%以上;当年收入均为高新技术产品收入。以上情况符合高新技术企业的要求,因而该企业能享受15%的企业所得税税率。如果经营业务重组前,高技术产品收入所对应的利润为900万元,即A公司的利润总额为900万元,应纳税所得额为800万元(技术开发费发生额为200元,加计扣除100万元),B公司的利润总额与应纳税所得额均为200万元。

A公司当年应缴企业所得税为120万元(800×15%),B公司当年应缴企业所得税为50万元(200×25%),两家公司缴纳企业所得税总额为170万元,节税80万元。

很明显,企业进行了纳税人身份筹划之后,不仅仍然可以从事原来的经营业务,获得相同的盈利水平,更重要的是可以享受税收优惠,使企业的实际税负大为降低。

本章小结

企业生产经营阶段涉及的税种众多,主要是流转税和所得税。由于所得税课征的税基是收入减去费用得到的差额,所以对收入和费用的税务筹划就成为生产经营活动中的首要内容;其次,出于节税的考虑,企业一般倾向于减少收入和加大费用,但是在企业处于免税期间或存在未弥补亏损的年度则情况相反;最后,企业的营业收入和其他各项收入是构成增值税或营业税,以及消费税等流转环节税收的基础,企业采用不同的营销策略和销售方式对于流转税的影响非同小可。为了防止偷逃税款行为的发生,税收法规对收入的确认和费用的扣除均有详细的规定;同时,为了鼓励和支持某些行业或某种类型企业的发展,税收法规也给予一定的税收优惠。这些政策成为企业税务筹划所必须掌握的技术方法。

复习思考题

1. 企业采用委托销售方式销售货物时,税务筹划应该考虑哪些要点?
2. 企业采用分期收款销售方式销售货物时,税务筹划应该考虑哪些要点?
3. 企业采用促销方式销售货物时,税务筹划应该考虑哪些要点?
4. 企业发生混合销售方式销售货物时,税务筹划应该考虑哪些要点?
5. 企业在各项费用支出的安排上,应该如何进行税务筹划?
6. 视同销售和非货币性资产交换业务中,税务筹划应该注意哪些问题?
7. 小型微利企业在纳税上可以享受哪些优惠政策?
8. 怎样利用纳税人身份的不同进行企业税务筹划?

案例分析

合理设置管理机构的税务筹划

2013年年初中国境内新成立的甲公司,系增值税一般纳税人,企业预计当年盈利且未享受企业所得税优惠政策,适用的企业所得税税率为25%。企业生产的产品生产周期较长,且产成品需存放一定时间才能销售,企业的生产加工工艺较长,要分几个环节,从原材料投入到产成品入库都要进行事先的中转,即事先将原材料按生产计划组织投料,从仓库中转过磅运入车间,经过测算,甲公司每年用于中转环节的费用为4 000万元(包含人员工资薪酬、搬运力资费、折旧费、产成品的仓储费等)。甲公司经理在考虑内部管理机构设置时对中转环节拟订两种方案,一种方案为单独设置中转科,因企业设置了三个不同的原材料采购部门分别采购不同的原辅材料,不便于将中转环节直接归属某一采购部门;另一种方案是将中转环节由制造车间管理,因中转环节直接为制造车间服务。从便于管理角度分析,这两种方案都可提高工作效率,但两种方案的不同会计核算将导致中转环节的费用在税前扣除有所不同。

假定甲公司产成品有一半当年即可销售,有一半需存放2年后才能销售,在不考虑中转环节的费用时,预计2013年、2014年实现利润10 000万元,2015年实现利润14 000万元,无其他纳税调整因素。

思考:单独设置中转科好还是将中转环节并入制造车间管理好?

存货损失的税务筹划

某零售企业年初购进一批价值 200 000 元(不含税)的原材料,进项税额 34 000 元。由于过期变质,产生毁损。有人提出了两种处理方案:

方案一,报废。根据《增值税暂行条例》第十条规定:非正常损失的购进货物的进项税额不得从销项税额中抵扣。换句话说,由于报废没有产生增值税的纳税义务,不确认销项税额。相应地,其已产生的进项税额也因增值税专用发票"链条"的中断而不予抵扣,即原先已作进项抵扣的税额 34 000 元要作进项税额转出。同时,根据《财产损失税前扣除办法》规定,可予抵扣企业所得税的金额为:(200 000 + 34 000) × 25% = 58 500(元)。因此,企业的损失为:(200 000 + 34 000) − 58 500 = 175 500(元)。

方案二,贱卖。由于贱卖产生了增值税的纳税义务,确认了销项税额。购进货物的增值税专用发票的"链条"没有中断,故无须作进项税额转出,但应确认贱卖收入产生的销项税额。假使贱卖取得收入 200 元,其应确认的销项税额为:200 × 17% = 34(元)。另外,可予抵扣企业所得税的金额为:(200 000 − 200) × 25% = 49 950(元)。因此,企业的损失为:(200 000 − 200) − 49 950 = 149 850(元)。

相比之下,方案二虽然只取得了象征性的收入 200 元,损失却减少了 175 500 − 149 580 = 25 650(元)。

思考:零售企业储存过程中发生存货毁损时采取贱卖比报废对企业有利,果真如此吗?请对这一结论进行评论。

第七章　企业重组和分立阶段的税务筹划

［学习目标］　通过本章学习，应该了解企业生命周期的特殊阶段，即重组和清算过程中的税务筹划问题；掌握企业重组中涉及的税收法规及其税务筹划方法；掌握企业分立中税收法规及其税务筹划方法；了解企业破产清算与自愿清算中的税收法规及其税务筹划方法。

第一节　企业重组阶段的税务筹划

企业是有生命力的经济组织。企业的生命是有周期性的，有创立阶段、成长阶段、成熟阶段、衰退阶段和破产清算阶段。投资人和管理当局为了把企业迅速做大做强，往往会采用兼并重组方法来实现目标；为了使企业长生不老，必然会运用资本运营的一系列手段，对企业进行重组；当企业完成其历史使命，或者陷入财务困境不能自拔时，还会自愿清算或者被迫清算。而这些经济活动也都避免不了与企业的纳税和税务筹划相关。

一、法规依据

1．企业重组的概念

广义的企业重组，是指企业股权转让、债务重组、资产收购、合并、分立的企业改组行为。而狭义的企业重组，仅指企业股权的转让、合并活动，也称兼并重组。

《企业会计准则第20号——企业合并》中规范的行为仅指股权转让和企业合并。企业合并是指将两个或者两个以上单独的企业合并形成一个报告主体的交易或事项，这一准则是为了规范企业合并的确认、计量和相关信息的披露而制定的。企业合并分为同一控制下的企业合并和非同一控制下的企业合并。参与合并的企业在合并前后均受同一方或相同的多方最终控制且该控制并非暂时性的，为同一控制下的企业合并；参与合并的各方在合并前后不受同一方或相同的多方最终控制的，为非同一控制下的企业合并。

税收法规所指的企业重组是广义的概念。2010年，《国家税务总局关于发布〈企业重组业务企业所得税管理办法〉的公告》（国家税务总局公告2010年第4号）颁布，与2009年发布的《财政部、国家税务总局关于企业重组业务企业所得税处理若干问题的通知》（财税〔2009〕59号）共同构成了对企业重组业务企业所得税处理较为完备的制度体系。2011年，国家税务总局又先后发布了《关于纳税人资产重组有关增值税问题的公告》（国家税务总局公告2011年第13号）和《关于纳税人资产重组有关营业税问题的公告》（国家税务总局公告2011年第51号），对企业重组涉及的增值税和营业税政策进行了明确。至此，关于企业重组的企业所得税和流转税政策体系已经建立起来，从而起到从税收角度规范和促进企业重组的重要作用。

在《公司法》、《企业会计准则》和《税法》上，对企业合并的规定虽有很多相同之处，但其制度意义是有差异的。《公司法》的规定主要是为了规范公司合并中债权债务的承担以及债权人利益的保护；《企业会计准则》的规定则是为了明确企业合并的确认、计量和披露，保证企业财务报告的真实、准确、完整；而《税法》的规定则是为了明确企业重组中税务处理的各种事项，以指导税务机关和纳税人的涉税行为。

《税法》规定，企业在日常经营活动以外发生的法律结构或经济结构重大改变的交易，包括企业法律形式改变、债务重组、股权收购、资产收购、合并、分立等，均属于企业重组。对企业重组的税务处理分为两种不同的类型，即一般性税务处理和特殊性税务处理。规定的主要类型划分参见表 7-1。

表 7-1　企业重组税务处理的类型划分表

<table>
<tr><th colspan="2">类型</th><th>规定内容</th></tr>
<tr><td colspan="2">一般性税务处理</td><td rowspan="2">按公允价值确认资产的转让所得或损失，按公允价值确认资产或负债的计税基础</td></tr>
<tr><td rowspan="2">特殊性税务处理</td><td>非股权支付部分</td></tr>
<tr><td>股权支付部分</td><td>暂不确认有关资产的转让所得或损失，按原计税基础确认新资产或负债的计税基础</td></tr>
</table>

2．企业重组纳税人的变更

企业重组，除符合规定适用特殊性税务处理的以外，按以下一般规定进行税务处理：

（1）企业由法人转变为个人独资企业、合伙企业等非法人组织，或将登记注册地转移至中华人民共和国境外（包括港澳台地区），应视同企业进行清算、分配，股东重新投资成立新企业。企业的全部资产以及股东投资的计税基础均应以公允价值为基础确定。

（2）企业发生其他法律形式简单改变的，可直接变更税务登记，除另有规定外，有关企业所得税纳税事项（包括亏损结转、税收优惠等权益和义务）由变更后企业承继，但因住所发生变化而不符合税收优惠条件的除外。

（3）企业重组的纳税主体必须向主管税务机关报告重组事项，将全部有关重组文件资料存档备查。

3．企业重组的税务处理

《关于企业重组业务企业所得税处理若干问题的通知》（财税〔2009〕59 号）是《企业所得税法》的重要配套政策。

（1）财税〔2009〕59 号文件给予符合条件的企业重组以特殊税务处理的待遇，首先是为了贯彻税收中性的原则。目前国家鼓励企业做大做强，鼓励企业重组，税收不应当阻碍正常的重组业务。其次是贯彻纳税必要资金的原则。股权支付额概念的内涵，是指企业重组中购买、换取资产一方支付的对价中，以本企业或其控股企业的股权、股份作为支付形式。由于企业重组中，以股权支付形式存在的大部分资产的隐含增值并没有变现，重组业务不能产生纳税所必需的资金流入，如果强行纳税，就会阻碍重组业务的进行，因此暂不征税。

（2）什么样的情况下可以给予特殊性税务处理待遇，或给予什么样的企业特殊性税务待遇？首先，贯彻经济合理原则和反避税原则，使社会生产力得以维持简单或者扩大再生产；计税基础不变，以使重组以后的所得额得到真实的反映。其次，保持“经营连续性”的原则，即“企业重组后的连续 12 个月内不改变重组资产原来的实质性经营活动”。

(3) 给予什么样的特殊性税务处理？对于符合特殊性税务处理条件的纳税企业，可以享受递延纳税的原则。这里取消了“免税重组”与“纳税重组”的概念。特殊性税务处理的本质是递延纳税而不是免税，并且对此具有可选择性。

(4) 一项重组业务一般性税务处理与特殊性税务处理相结合的原则。非股权支付额所对应的所得，应立即实现。

(5) 一般性税务处理视同清算原则。一般性税务处理的合并、分立，应视同清算，适用于特殊税务处理以外的大多数企业重组，即把企业重组的一般税务处理，看作是被重组企业先行清算解散，资产变现；而重组企业则以现金、非现金资产或股权购买(或交换)该资产，取得其所有权。这种企业重组净资产的支付对价就不应该是被重组净资产的原来计税基础，而应该是其公允价值。进而，实现了的价值增值便形成应纳税所得。

绝大多数企业重组都适用于一般性税务处理规定。但是企业重组同时符合下列条件的，适用特殊性税务处理规定：

(1) 具有合理的商业目的，且不以减少、免除或者推迟缴纳税款为主要目的。

(2) 被收购、合并或分立部分的资产或股权比例符合规定的比例。

(3) 企业重组后的连续 12 个月内不改变重组资产原来的实质性经营活动。

(4) 重组交易对价中涉及股权支付金额符合规定比例。

(5) 企业重组中取得股权支付的原主要股东，在重组后连续 12 个月内，不得转让所取得的股权。

这些限制条件的具体表现可以分类如表 7-2 所示。

表 7-2 企业重组分类特殊性税务处理条件表

序号	重组类型	特殊税务处理条件
1	债务重组	债务重组确认的应纳税所得额占该企业当年应纳税所得额 50% 以上，可以在 5 个纳税年度的期间内，均匀计入各年度的应纳税所得额
		债转股
2	股权收购	收购企业购买的股权不低于被收购企业全部股权的 75%，且收购企业在该股权收购发生时的股权支付金额不低于其交易支付总额的 85%
3	资产收购	受让企业收购的资产不低于转让企业全部资产的 75%，且受让企业在该资产收购发生时的股权支付金额不低于其交易支付总额的 85%
4	合并	企业股东在该企业合并发生时取得的股权支付金额不低于其交易支付总额的 85%，以及同一控制下且不需要支付对价的企业合并
5	分立	被分立企业所有股东按原持股比例取得分立企业的股权，分立企业和被分立企业均不改变原来的实质经营活动，且被分立企业股东在该企业分立发生时取得的股权支付金额不低于其交易支付总额的 85%

其具体规定如下：

（1）企业债务重组确认的应纳税所得额占该企业当年应纳税所得额50%以上，可以在5个纳税年度的期间内，均匀计入各年度的应纳税所得额。企业发生债权转股权业务，对债务清偿和股权投资两项业务暂不确认有关债务清偿所得或损失，股权投资的计税基础以原债权的计税基础确定。企业的其他相关所得税事项保持不变。

（2）股权收购，收购企业购买的股权不低于被收购企业全部股权的75%，且收购企业在该股权收购发生时的股权支付金额不低于其交易支付总额的85%，可以选择按以下规定处理：① 被收购企业的股东取得收购企业股权的计税基础，以被收购股权的原有计税基础确定；② 收购企业取得被收购企业股权的计税基础，以被收购股权的原有计税基础确定；③ 收购企业、被收购企业的原有各项资产和负债的计税基础和其他相关所得税事项保持不变。

（3）资产收购，受让企业收购的资产不低于转让企业全部资产的75%，且受让企业在该资产收购发生时的股权支付金额不低于其交易支付总额的85%，可以选择按以下规定处理：① 转让企业取得受让企业股权的计税基础，以被转让资产的原有计税基础确定；② 受让企业取得转让企业资产的计税基础，以被转让资产的原有计税基础确定。上述所称不低于被收购企业全部股权的75%，是指收购企业购买被收购企业的一个或多个股东合计持有的股权不低于75%。其中，收购企业购买被收购企业个人股东持有的股权不得超过25%。

（4）企业合并，企业股东在该企业合并发生时取得的股权支付金额不低于其交易支付总额的85%，以及同一控制下且不需要支付对价的企业合并，可以选择按以下规定处理：① 合并企业接受被合并企业资产和负债的计税基础，以被合并企业的原有计税基础确定；② 被合并企业合并前的相关所得税事项由合并企业承继；③ 可由合并企业弥补的被合并企业亏损的限额＝被合并企业净资产公允价值×截至合并业务发生当年年末国家发行的最长期限的国债利率；④ 被合并企业股东取得合并企业股权的计税基础，以其原持有的被合并企业股权的计税基础确定。

企业分立形式的重组是合并重组的逆向行为。因此，本章单独设置一节阐述其税务筹划的方法。

二、筹划要点

首先，由于企业重组中一般性税务处理的特点是，重组完成之日即重组价值实现之时，需要确认重组所得并依法纳税，因此，企业重组税务筹划的要点应该在于争取符合特殊性税务处理的条件，以达到推迟纳税的目的。并且，重组交易各方按规定对交易中股权支付暂不确认有关资产的转让所得或损失的，其非股权支付部分仍应在交易当期确认相应的资产转让所得或损失，并调整相应资产的计税基础。由于特殊重组中的非股权支付部分的对价往往不能对纳税产生递延的效果，所以该阶段税务筹划的要点应该倾向于股权支付形式占85%以上比例的特殊性税务处理。

其次，企业重组过程中，当事各方是指共同参与重组交易并且按交易实质可以构成一项独立重组业务的双方或多方。主要包括：① 债务重组中当事各方，指债务人及债权人;② 股权收购中当事各方,指收购方、转让方及被收购企业;③ 资产收购中当事各方,指收购方、转让方;④ 合并中当事各方,指合并企业、被合并企业及各方股东;⑤ 分立中当事各方,指分立企业、被分立企业及各方股东。

应充分考虑相关各方纳税主体发生变化而引起的税收待遇变化及得失,通过合理的税务筹划,科学地选择纳税主体的性质及重组的形式。因此,企业在重组过程中,既应从生产经营需要的角度考虑转移哪些资产,也要从节约税金支出的角度决定转让哪些资产、按什么价格转让资产,从流转税、所得税及资产折旧节税额等方面综合考虑企业重组问题。许多企业在正常经营状态下无法获得税收收益,但是通过兼并重组活动就可以享受到税收优惠的待遇。

再次,企业重组税务筹划还应该考虑以下几个方面的问题:

(1) 纳税主体选择及纳税地位变化。我国现行税制对同一经济行为在不同纳税主体上实行差别对待,尤其是在所得税制度上,因而不同主体的税收收益不同。企业进行兼并重组,相应引起纳税主体的改变,由非优惠企业成为优惠企业,就可以享受税收优惠。此外,按我国现行税法规定,亏损企业免交当年所得税,在5年之内可用其税前利润补亏。这样,盈利水平高且发展稳定的优势企业,如果购并一家亏损企业,整体的纳税地位会显著改变,通过购并,亏损企业成为购并企业合并纳税的一部分,其亏损可以抵减购并企业的应税所得,购并企业可以享受减免税的利益。如果合并纳税中出现亏损,购并企业还可以享受延缓纳税的好处。购并亏损企业一般采用吸收合并或控股合并的方式,不采用创立合并方式。因为创立合并的结果,使被并企业的亏损被核销,无法抵减合并后的企业利润。但此类购并活动必须警惕亏损企业可能给购并后的整体带来不良影响,特别是利润下降对企业市场价值的消极影响,甚至会由于向目标企业过度投资,可能导致不但没有获得税收抵免递延效应,反而将优势企业也拖入亏损的境地。

(2) 资产转让,又分以下两种情况。

第一,资产转移的税收问题。企业兼并重组必然伴随资产的转移,而资产转移就要涉及流转税和转让所得税。现行税制中关于资产转移中的流转税方面大都采用较优惠的税收政策,如对同一控制下的企业之间相互转让资产进行资产重组时的不动产转让不征收营业税和土地增值税;以无形资产、不动产投资入股,参与被投资方股利分配,共同承担投资风险的行为,不征收营业税,并免征土地增值税;对存货等流动资产出让应作为货物交易行为缴纳增值税;对货物性质的固定资产转让,如果转让定价超过原值,应按转让定价4%的征收率缴纳增值税。资产转让实现的收益,如转让机器、设备、房地产实现的所得,被视为资本利得。按照我国有关企业资本利得的课税规定,企业取得资产转让收益,应计入应纳税所得额,税收待遇与生产经营所得同等,按同一比例缴纳企业所得税。

第二,转让资产增值后的折旧扣税效应。购并理论中的税收效应理论认为,目标企业资产价值的改变,是促使购并发生的强有力的纳税动机。绝大多数国家的税收法律规定,折旧的计提以资产的历史成本为依据。在资产当前的市场价值大大超过历史成本的情况下(这种情况常会发生,尤其在通货膨胀时期),通过购并交易将资产重新估值,购并企业购买目标企业资产后,其资产税基将增加,享受的资产折旧扣税额超过原目标企业在同样的资产上所享受的折旧扣税额,并且原来企业所有者也可以通过收购者支付的购并价格而获得一部分相关收益。

(3) 不分红企业的正常收益转化。有些国家的税法规定,对高额的盈余留存可以征收惩罚性所得税。有着许多投资机会的成长型企业,为吸引一批喜好不分红政策的股东,通常采取不分红的策略。当增长速度减慢、投资机会减少时,不分红的企业积累的大量收益面临被税务部门征收惩罚性所得税的风险。通过购并,在购并企业对目标企业的购买价格中就包含了对这部分高额留存收益的讨价,目标公司的股东就可以只就资本增值部分缴纳所得税,而无须缴纳红利的所得税,因而购并可以从总体上降低目标公司股东的税收负担。

(4) 关联企业之间的转让定价。由于有关所得税法规对小型微利企业、外商投资企业、高新技术企业等实行减免税优惠政策,因此关联企业之间的税收待遇存在着差别。兼并重组后,关联企业间不同的税收优惠待遇为关联企业运用转让定价、减轻税负提供了方便。通过转让定价,企业可以将利润从所得税适用税率高的企业转移至适用税率低的企业,以达到减轻税负的目的。在这方面,我国现行税制的限制不够严格。企业在兼并重组时,关联企业业务设置及业务往来的转让定价等问题都是税务筹划需要考虑的,不同的筹划结果会带来不同的节税效果。

最后,企业重组的税务筹划,一般可以按照税法规定的资产收购、股权收购、合并、分立和债务重组几种不同类型来考虑,不同的重组形式,往往会有不同的筹划结果。下面通过兼并方式的选择进行税务筹划的图示(图 7-1)和举例说明。

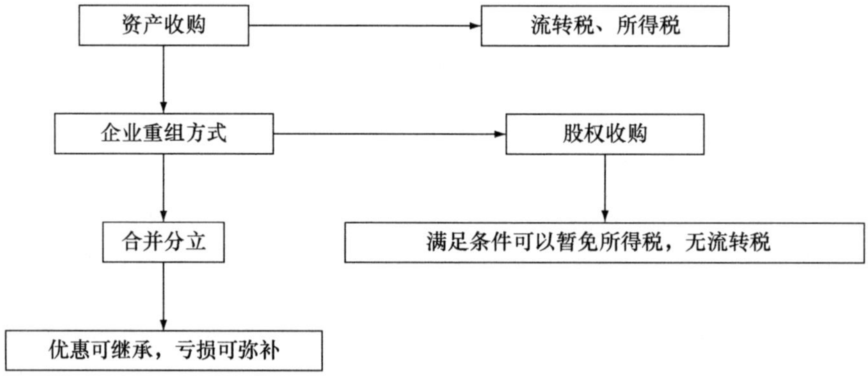

图 7-1　兼并方式的选择进行税务筹划的图示

例 7-1　被兼并企业 A 是一家风扇厂,经评估资产总额 3 000 万元,负债总额 5 000 万元。A 企业还有一条生产前景较好的生产线,原值 1 500 万元,现评估值 2 000 万元。A 企业已严重资不抵债,无力继续经营。合并方企业 B 也生产风扇,对 A 企业的生产线欲进行收购,以提高自己的生产能力。问以何种形式取得该生产线为好?方案一:B 企业以现金 2 000 万元直接购买 A 企业的生产线,A 企业宣告破产;方案二:B 企业以承担全部债务方式整体并购 A 企业;方案三:让 A 企业以 2 000 万元(即该生产线公允价值)重新注册全资子公司 C,由 C 承担 A 企业债务 2 000 万元,即使 C 的净资产为 0 并由 B 企业购买 C,然后 A 企业破产。比较以上三个方案的优劣并提出纳税筹划方案。

分析:选择方案一,属于资产收购行为。销售生产线属于销售固定资产,要缴纳 5%

的营业税,因此应缴纳营业税 100 万元(2 000 ×5%)。同时,转让固定资产的所得 500 万元还应缴纳企业所得税,即应缴纳 125 万元(500 ×25%)。这样,A 企业一共负担 225 万元税金。而对于 B 企业而言,虽然只需出资购买 A 企业的生产线,而不必购买其他没有利用价值的资产,也不承担其巨额债务,但这种购买方式要求立即支付 2 000 万元的现金,资金占用会对企业的生产经营带来严重影响。

选择方案二,属于合并行为。根据现行税法的规定,无须缴纳营业税及增值税。同时,合并企业以承担被合并企业全部的债务的对价实现吸收合并,不是按公允价值转让、处置全部资产,不计算资产的转让所得。因此,A 企业不缴纳企业所得税。但对于 B 企业而言,购买 A 企业全部资产没有必要,而且 A 企业的 2000 万元的净负债意味着 B 企业收购 A 企业净损失 2 000 万元,并且以后仍需代 A 企业偿还该项债务。

选择方案三,属于股权收购行为。从 A 企业分立出 C,被分立企业应视为按公允价值转让其被分立出去的部分或全部资产,计算被分立资产的财务转让所得,依法缴纳所得税。分立企业接受被分立企业的资产,计税时可按经评估确认的价值 2 000 万元确定成本。因此,A 企业应按公允价值 2 000 万元确认生产线的财产转让所得 500 万元,依法缴纳所得税 125 万元。而 B 企业购买 C 的 100% 股权,被合并企业应视为按公允价值转让、处置全部企业产权,计算股权转让所得,依法缴纳所得税。但 C 的资产评估价为 2000 万元,计税成本也为 2 000 万元,转让所得为 0 元,不缴纳企业所得税。此时 B 企业在付出有限代价(可以用现金支付、非货币性资产支付或股权支付 2 000 万元)的情况下,获得了需要的生产线,而无须购买其他无用资产,增强了经济上的可行性。

因此,从合并企业的支付能力,或从被兼并企业的税负承受能力来看,方案三无疑是成本最小又避免支付大量现金的最优方式。

三、债务重组的税务处理

债务重组是在债务人发生财务困难的情况下,债权人按照其与债务人达成的书面协议或者法院裁定书,就其债务人的债务做出让步的事项。具体分为两种情形。

(一) 以非货币性资产清偿债务

1. 一般性税务处理——关键点:公允价值计量

(1) 以非货币性资产清偿债务,应当分解为转让相关非货币性资产、按非货币性资产公允价值清偿债务两项业务,确认相关资产的所得或损失。在这一交易中涉及增值税、营业税和企业所得税。在增值税和营业税中,应该按照债务人转让相应的资产进行税务处理。

(2) 债务人应当按照支付的债务清偿额低于债务计税基础的差额,确认债务重组所得;债权人应当按照收到的债务清偿额低于债权计税基础的差额,确认债务重组损失。

(3) 债务人的相关所得税纳税事项原则上保持不变。

例 7-2 A 公司欠 B 公司货款 300 000 元。由于 A 公司财务发生困难,短期内不能支付已于 2014 年 5 月 1 日到期的货款。2014 年 7 月 1 日,经双方协商,B 公司同意 A 公司以其产品偿还债务。该产品的公允价值为 200 000 元,实际成本为 120 000 元。A 公司和 B 公司均为增值税一般纳税人,适用的增值税税率为 17%。B 公司于 2014 年 8 月 1 日收到A公司抵债的产品，并作为库存商品入库。分析上述事项对A公司、B公司的纳税影响。

(1) 债务人：A公司的税务处理

业务分解：销售产品——产品公允价值200 000元，增值税销项税额34 000元。

按其公允价值偿还债务，并计算债务重组利得：

$$债务重组利得=300\,000-200\,000-200\,000\times 17\%=66\,000(元)$$

计算企业所得税：

因该债务重组事项确认的应纳税所得额 $=(200\,000-120\,000)+66\,000=146\,000$(元)

应纳所得税 $=146\,000\times 25\%=36\,500$(元)

(2) 债权人：B公司的税务处理

业务分解：分解为以公允价值购入库存商品和债务重组损失两项业务。

以公允价值200 000购入库存商品，进项税额为34 000元。

计算债务重组损失：

债务重组损失 $=300\,000-200\,000-34\,000=66\,000$(元)

2. 特殊性税务处理

不论债权人还是债务人，企业债务重组确认的应纳税所得额占该企业当年应纳税所得额50%以上，可以在5个纳税年度的期间内，均匀计入各年度的应纳税所得额。这一点上的税务筹划，应该考虑争取满足条件，以便获得分期推迟纳税的效果。

(二) 债权转股权

1. 一般性税务处理——关键点：公允价值

发生债权转股权的，应当分解为债务清偿和股权投资两项业务，确认有关债务清偿所得或损失。

债务人应当按照支付的债务清偿额低于债务计税基础的差额，确认债务重组所得；债权人应当按照收到的债务清偿额低于债权计税基础的差额，确认债务重组损失。

例7-3 A企业欠B企业100万元货款，由于A企业无力偿还，双方达成债转股协议，由B企业持有A企业35%的股权，该股权的公允价值为70万元。此时，如何进行企业所得税处理？

(1) 债务人A企业应当将股权的公允价值70万元与债务账面价值100万元之间的差额30万元确认债务重组利得；同时，按照股权的公允价值70万元增加注册资本。

(2) 债权人B企业应当将债权账面价值100万元与股权的公允价值70万元之间的差额30万元确认债务重组损失；同时，按照股权的公允价值70万元核算对外投资，即债权人获得该股权的计税基础是该股权的公允价值。

2. 特殊性税务处理——关键点：暂不确认有关债务清偿所得或损失

(1) 债转股适用特殊性税务处理的三个条件如下：首先，具有合理的商业目的，且不以减少、免除或者推迟缴纳税款为主要目的。其次，企业重组后的连续12个月内不改变重组资产原来的实质性经营活动。最后，企业重组中取得股权支付的原主要股东，在重组后连续12个月内不得转让所取得的股权。

（2）债转股适用特殊性税务处理的具体规定如下：

企业发生债权转股权业务，对债务清偿和股权投资两项业务暂不确认有关债务清偿所得或损失，债权人股权投资的计税基础以原债权的计税基础确定，债务人应当按照原债务的计税基础增加注册资本。企业的其他相关所得税事项保持不变。

如果企业在债转股的同时，债务人还向债权人支付了部分货币性资产或非货币性资产，则支付的货币性资产按照普通债务清偿进行税务处理，双方都不需要确认所得或者损失；支付的非货币性资产按照一般性税务处理进行处理；剩余部分进行的债转股再按照特殊性税务处理方式进行处理。

例 7-4　A 企业欠 B 企业 1 000 万元货款，由于 A 企业无力偿还，双方达成债务重组协议，由 A 企业支付 B 企业 100 万元银行存款，用 A 企业生产的产品抵偿 300 万元债务，该产品的公允价值为 200 万元，实际生产成本为 120 万元；其余的 600 万元债务转为 B 企业持有 A 企业 35% 的股权，该股权的公允价值为 400 万元。A 企业和 B 企业均为增值税一般纳税人。假设该项重组具有合理的商业目的，且不以减少、免除或者推迟缴纳税款为主要目的，而且企业重组后的连续 12 个月内不改变重组资产原来的实质性经营活动，B 企业在重组后连续 12 个月内不得转让所取得的股权。此时，应如何进行企业所得税处理？

首先，以货币资金 100 万元清偿债务部分，双方都不需要确认所得或者损失；

其次，以非货币性资产清偿债务部分，按一般性税务处理，A 企业债务重组利得 66 万元，B 企业债务重组损失 66 万元；

最后，债转股部分，双方可以选择按照一般性税务处理进行处理，也可以选择按照特殊性税务处理进行处理。

如果双方选择按照一般性税务处理进行处理，则双方应按照公允价值确认有关债务清偿所得或损失，即 A 企业债务重组利得 200 万元，B 企业债务重组损失 200 万元；同时，A 企业应按照公允价值 400 万元增加注册资本，B 企业以公允价值 400 万元确定股权投资的计税基础。

如果双方选择按照特殊性税务处理进行处理，则双方对债务清偿和股权投资两项业务暂不确认有关债务清偿所得或损失，债务人 A 企业应当按照原债务的计税基础 600 万元增加注册资本，债权人 B 企业股权投资的计税基础以原债权的计税基础 600 万元确定。这时，A 企业由于暂不反映 200 万元的重组所得，可以暂不缴纳重组的所得税。

但一定要注意：同一重组业务的当事各方应采取一致的税务处理原则，即统一按一般性或特殊性税务处理。

四、股权收购的税务处理

（一）股权收购概述

股权收购，是指一家企业（以下称为收购企业）购买另一家或几家企业（以下称为被收购企业）的股权，以实现对被收购企业控制的交易。收购企业支付对价的形式包括股权支付、非股权支付或两者的组合。

股权收购中当事各方包括收购方、转让方（被收购方）及被收购企业。注意，这里交易的对象是企业,表现形式是企业的股权;而买卖双方却是股权持有人——股东。

股权收购的支付方式分为以下两种情况:

(1) 股权支付,是指企业重组中购买、换取资产的一方支付的对价中,以本企业或其控股企业的股权、股份作为支付的形式。

(2) 非股权支付,是指以股权以外的货币资金或者非货币性资产作为对价的支付形式。

注意:同一重组业务的当事各方应采取一致的税务处理原则,即统一按一般性或特殊性税务处理。

(二) 税务处理——一般性税务处理与特殊性税务处理的比较

在股权收购的税务筹划中,当事各方一般性税务处理都需要及时确认和计量企业重组的所得或损失;被收购方按照被收购股权的公允价值入账,并当期缴纳重组所得税。但是,如果符合特殊性税务处理的条件而采取特殊性税务处理的,则可以按照收购股权原有的计税基础入账,暂不确认重组所得或损失,达到节税的效果。股权收购的特殊性税务处理规定总结如表 7-3 所示。

表 7-3　股权收购的特殊性税务处理规定

支付方式	税务处理
股权支付	关键点:暂不确认有关资产的转让所得或损失 被收购企业的股东取得收购企业股权的计税基础,以被收购股权的原有计税基础确定 收购企业取得被收购企业股权的计税基础,以被收购股权的原有计税基础确定 收购企业、被收购企业的原有各项资产和负债的计税基础和其他相关所得税事项保持不变
非股权支付	应在交易当期确认相应的资产转让所得或损失,并调整相应资产的计税基础 非股权支付对应的资产转让所得或损失 =(被转让资产的公允价值 - 被转让资产的计税基础)× 非股权支付金额/被转让资产的公允价值

为了享受特殊性税务处理,一些资产交易接近 75%、股权支付 85% 比例的重组业务,可以采取先进行股权改造以满足重组条件,然后再进行重组的筹划。

例 7-5　2013 年 9 月,A 上市公司发布重大重组预案公告称,A 公司将通过定向增发,向该公司的实际控制人 B 公司发行 3 000 万股 A 股股票,收购其持有的 C 公司 60% 的股权。增发价 8 元/股。收购完成后,C 公司将成为 A 公司的控股子公司。C 公司成立时的注册资本为 8 000 万元,其中 B 公司的出资金额为 6 000 万元,出资比例为 75%,D 公司的出资金额为 2 000 万元,出资比例为 25%。B 公司承诺,本次认购的股票自发行结束之日起 36 个月内不上市交易或转让。B 公司适用的所得税税率为 25%。

分析:该项交易属于股权收购。在此次交易中尽管所支付的对价均为上市公司的股权,但由于 A 公司只收购了 C 公司 60% 的股权,没有达到 75% 的要求,因此应当适用一般性处理。

(1) 被收购企业的股东(被收购方):B 公司应确认股权转让所得或损失。

股权转让所得 = 取得对价的公允价值 - 原计税基础 = 8 × 3 000 - 8 000 × 60% = 19 200(万元)

B公司股权转让应纳的所得税 = 19 200 × 25% = 4 800(万元)

(2) 收购方:A公司取得C公司股权的计税基础应以公允价值为基础确定,即2.4亿元(8 × 3 000万元)。

(3) 被收购企业:C公司的相关所得税事项保持不变;变更税务登记。

税务筹划考虑:如果其他条件不变,B公司将转让的股权份额提高到75%,也就是将其持有的全部C公司的股权转让给A企业。这样,由于此项交易符合特殊性税务处理的五个条件,因此可以选择特殊性税务处理。

被收购企业的股东(被收购方):B公司,暂不确认股权转让所得。

收购方:A公司取得C公司股权的计税基础,应以被收购股权的原有计税基础确定,即6 000万元(8 000 × 75%)。

被收购企业:C公司的相关所得税事项保持不变;变更税务登记。

如果A、B公司采用后一种方式,转让C公司75%的股权,则B公司可以在当期避免4 800万元的所得税支出。

相关案例

2011年10月27日,我国境内上市公司赤峰富龙热电股份有限公司(以下简称"富龙热电")对外发布了《重大资产置换及发行股份购买资产暨关联交易报告书》的公告,富龙热电在当地政府主导下实施重大资产重组,通过出让富龙热电控股权的方式引入战略投资者兴业集团,将富龙热电的原主业资产及负债置出,并置入有色金属矿业资产,进而把富龙热电重组为一个以有色金属采选为主业的上市公司。本次交易分为重大资产置换及发行股份购买资产、国有股公开征集及转让两部分,且互为条件、组合操作、同步实施(因篇幅所限,关于本案例的重组过程及细节,详见该公司发布的公告)。

根据兴业集团、富龙集团、富龙热电三方达成的《重大资产置换及发行股份购买资产协议》,本案例中,重组方拟实施的重大资产置换、发行股份购买资产、国有股公开征集及转让交易,可能涉及流转税、印花税、土地增值税、企业所得税等税费。其中,对此次重组交易产生较大影响的税种是企业所得税。鉴于目前我国对于企业重组业务的一般性税务处理的规定较为明确,本文仅对重组业务在选择适用特殊性税务处理时的影响进行分析。

(一) 是否符合特殊性税务处理条件

财税〔2009〕59号第五条规定,企业重组同时符合下列条件的,适用特殊性税务处理规定:① 具有合理的商业目的,且不以减少、免除或者推迟缴纳税款为主要目的;② 被收购、合并或分立部分的资产或股权比例符合本通知规定的比例;③ 企业重组后的连续12个月内不改变重组资产原来的实质性经营活动;④ 重组交易对价中涉及股权支付金额符合本通知规定比例;⑤ 企业重组中取得股权支付的原主要股东,在重组后连续12个月内,不得转让所取得的股权。根据富龙热电披露的报告,可以肯定此次重组符合上述的第一项、第三项、第四项的规定,那么富龙热电与兴业集团之间的资产置换业务,是否符合特殊性重组规定的另外两项条件呢?

1. 若将富龙热电作为收购企业,此次被收购企业即为兴业集团持有的锡林矿业、融冠矿业、富生矿业、巨源矿业及双源有色五家全资子公司,收购标的为这五家子公司100%股权,股权收购比率超过75%;且富龙热电以“置出资产”作为支付对价(假定富龙热电最终以其中的非股权类资产打包设立全资子公司后作为对价,股权类资产直接作为对价),差额不足部分以富龙热电非公开发行的股份补足,即对价支付方式全部为股权支付,超过85%的股权支付比率。由此,根据以上假定,可以认为基本符合特殊性重组的要求。

2. 若将兴业集团作为收购企业,此次被收购企业即为富龙热电以“置出资产”(假定富龙热电最终以其中的非股权类资产打包设立全资子公司后置出,股权类资产直接置出),即收购标的为富龙热电拥有的以“置出资产”形成的全资子公司100%股权及原持有的股权,根据富龙热电此次披露的报告数据分析,测算可知股权收购比率超过75%;且兴业集团的支付对价为五家全资子公司的股权,超过85%的股权支付比率。由此,符合特殊性重组的要求。

(二) 适用特殊性税务处理的结果

根据财税〔2009〕59号文件第六条第二款的规定,股权收购,收购企业购买的股权不低于被收购企业全部股权的75%,且收购企业在该股权收购发生时的股权支付金额不低于其交易支付总额的85%,富龙热电、兴业集团可以按特殊性重组的规定,进行企业所得税相关事项的确认。

1. 若将富龙热电作为收购企业,被收购企业为锡林矿业、融冠矿业、富生矿业、巨源矿业及双源有色五家公司,被收购企业的股东为兴业集团。各方的企业所得税相关事项确认如下:

(1) 被收购企业的股东兴业集团取得的收购企业股权(即富龙热电置出资产形成的子公司的股权及原持有的股权)的计税基础以被收购股权(五家矿业公司)的原有计税基础确定,即等于兴业集团五家子公司股权的原有计税基础约4亿元。

(2) 收购企业富龙热电取得的被收购企业(五家矿业公司)的股权计税基础,以被收购股权的原有计税基础确定,即也等于兴业集团五家子公司的原有计税基础约4亿元。

(3) 收购企业(即富龙热电)、被收购企业(五家矿业公司)的原有各项资产和负债的计税基础和其他相关所得税事项保持不变。

2. 若将兴业集团作为收购企业,被收购企业为富龙热电以置出资产形成的子公司,被收购企业的股东为富龙热电。各方的企业所得税相关事项确认如下:

(1) 被收购企业的股东富龙热电取得的收购企业股权(即锡林矿业、融冠矿业、富生矿业、巨源矿业及双源有色五家公司)的计税基础以被收购股权(富龙热电以“置出资产”形成的子公司的股权)的原有计税基础确定,即等于“置出资产”的原有计税基础9.5亿元。

(2) 收购企业兴业集团取得的被收购企业(富龙热电以“置出资产”形成的子公司)的股权计税基础,以被收购股权的原有计税基础确定,即也等于“置出资产”的原有计税基础9.5亿元。

(3) 收购企业(即兴业集团)、被收购企业(富龙热电以“置出资产”形成的子公司)的原有各项资产和负债的计税基础和其他相关所得税事项保持不变。

(三) 税负分析

财税〔2009〕59号文件明确规定,企业重组行为如果选择适用一般性税务重组,在重组时,重组双方需要按规定确认资产重组的收益(或损失)。如果重组方的资产增值额较大,可能需要缴纳数额较大的企业所得税,势必会给重组方带来较大的资金压力,也可能会成为重组的一个财务障碍。当然,适用一般性税务重组也有一定的好处,那就是双方换得的“新股权”的计税基础直接提高了,将来转让该股权时可以少缴一笔企业所得税,对重组方而言,只是增加了一定的资金成本(即重组时先缴税款的利息)。

本案例中,企业的上述重组行为如果选择适用特殊性税务重组,在重组时,重组双方按规定暂时不需确认资产重组的收益(或损失),取得的“新股权”的计税基础一般以“老股权”的计税基础来确定,可以减少重组方的资金压力,有利于推动企业重组。

需要注意,如果以不同的重组方作为收购方进行分析,对于取得的“新股权”的计税基础确定依据并不一致,有时会产生较大的差额。

五、资产收购的税务处理

资产收购是指一家企业(以下称为“受让企业”)购买另一家或几家企业(以下称为“转让企业”)实质经营性资产的交易。受让企业支付对价的形式包括股权支付、非股权支付或两者的组合。实质经营性资产,是指企业用于从事生产经营活动、与产生经营收入直接相关的资产,包括经营所用各类资产、企业拥有的商业信息和技术、经营活动产生的应收款项、投资资产等。资产收购与股权收购的区别,一是转让方不同,股权收购的转让方是被转让企业的原股东,资产收购转让方是拥有实质经营性资产所有权的企业;二是转让对象不同,股权收购的转让对象是原股东持有的被转让企业的股权,资产收购的转让对象是转让方的实质经营性资产。

除企业所得税外,企业重组主要涉及增值税、营业税和土地增值税。国家税务总局公告2011年第13号文件和国家税务总局公告2011年第51号文件规定,纳税人在资产重组过程中,通过合并、分立、出售、置换等方式,将全部或者部分实物资产以及与其相关联的债权、负债和劳动力一并转让给其他单位和个人，不属于增值税的征税范围，其中涉及的货物转让，不征收增值税，涉及的不动产、土地使用权转让，不征收营业税。在企业兼并中，对被兼并企业将房地产转让到兼并企业中的，暂免征收土地增值税。企业分立涉及的土地所有权转移不属于土地增值税征税范围，并非被分立企业将土地转让给新成立企业，而是被分立企业的股东将该资产换股。

在资产重组过程中，如何理清重组业务的类型、判定能否适用特殊性重组等问题，会对重组双方的企业所得税负担产生重大影响，也可能直接影响到重组双方能否享受现行税收优惠政策。资产收购的交易主体是两个存续企业，交易对象是转让方的实质经营性资产、受让方的股权资产或非股权资产。交易当中，转让方的交易内容，是以实质经营性资产换取资产收购方的股权资产，即以实质经营性资产对资产收购方进行股权投资；资产收购方的交易内容，是吸收实质经营性资产（包括非货币资产和货币资产）增资扩股。换言之，资产收购方是以本企业的股权换取转让方的实质性资产。资产收购业务的支付对价中，必须保持一定比例的股权支付，如果达不到相应的比例，税务上将按资产购销的日常经营业务处理。

例 7-6 A 公司拥有 B 公司 85% 的股权。A 公司于 2012 年上半年以销售的方式将某地块的土地使用权和地上建筑物转让给 B 公司。签订购销合同之后，至 2013 年购销行为也没有实现：一是由于现金流并不宽裕，开具发票并完成收付的款项为 200 万元，不足实际交易额 2 379 万元的 10%；二是相关资产已由 B 公司有效长期使用；三是双方对于未结清余款 2 179 万元正式确认了债权债务关系。

分析：A 公司对于这类绝对控股的子公司，可以有三种形式增加资产：一是销售转让；二是债权投资；三是股权投资。究竟选择哪种方式是 A 公司的权力，选择哪个都是合法的，选择后 A 公司按程序变更转移资产的方式亦合法，同样拥有变更的权力。存在的问题是该公司选择的销售转让方式是综合转移成本最大的方式，并且缴纳了 300 万元的税金。当初做出这个选择，完全是因为管理者出于完成销售业绩而做出的决策。既然 A 公司和 B 公司都是独立核算的法人公司，一方面可以作为经营者，处置产权的方式是购销；一方面可以作为所有者，处置产权的方式是投资，包括债权投资和股权投资。差别是以经营者的身份转移和取得资产是经营行为，应该缴纳流转税和契税；以所有者的身份转移资产是投资行为，只要没有评估增值，就不涉及所得税的纳税问题。

针对上述情况不难看出，该项交易在 2012 年以前可以作为购销行为定性，之后购销行为已转变成了债权投资行为，可以就股权投资和债权投资在收回环节上税收待遇的差别进行比较。从法理上讲母公司和子公司之间的资产转移，属于共有产权的，不属于购销行为，而是产权交易行为。因为收回债权时属于资产价值变现，需要就增值所得纳税，而收回股权时属于投资，增值所得并未实现，无须纳税。所以，税务筹划考虑债转股，更正 2012 年交易定性的错误。关于债转股问题，会计准则和会计制度都有明确的规定，转还是不转，什么时候转，这都是企业的权力。

六、企业合并的税务处理

（一）企业合并概述

企业合并是两家或两家以上企业重组归并成为一家企业的交易行为。合并以后只保留一家存续企业或新设一家企业，前者称为吸收合并，后者称为创立合并。这是法律上认可的企业合并，不包括控股合并。当然，由一家企业拆分成为两家或两家以上的企业，则称为企业分立。分立是合并的逆向运作，其道理相同，所以在此一并阐述。

（二）企业合并的税务筹划

企业合并涉及的主要税种筹划包括：

（1）增值税的税务筹划。根据税法的规定，设有两个机构并且实行统一核算的纳税人，将货物从一个机构移送其他机构用于销售的行为，视同销售货物；但相关机构设在同一县市的除外。假设 A 企业有两个并购对象，B 企业与其位于同一县市，C 企业则位于另外一个县市，A 企业与 B 企业、C 企业之间都存在移送货物用于销售的行为。此时，在不考虑其他因素的情况下，A 企业应该优先选择 B 企业作为并购对象，因为之后在两者之间移送货物加以销售的行为不视同销售，不必缴纳增值税。当然。这要在与企业合并目的不冲突的前提下进行。若是企业进行合并就是为了利用 C 企业资源，在其所在县、市销售货物，则税务筹划的优势就不必加以考虑。若是企业并没有此种目的，则选择 B 企业进行并购，可以减轻企业税负，避免损失。

（2）营业税的税务筹划。假设 A 企业有并购对象 B 企业与 C 企业，A 企业为 B 企业提供其所必需的劳务，则两者之间的该业务应该缴纳营业税，A 企业与 C 企业之间则不存在这种业务。此时若是 A 企业选择并购 B 企业，则该提供劳务的行为将变为一个营业税纳税主体内部的业务行为，不再是营业税的应税行为，不需要缴纳营业税。因此，该合并行为就可以为企业节税。

（3）消费税的税务筹划。假设 A 企业有并购对象 B 企业与 C 企业，A 企业与 B 企业之间存在消费税应税货物的销售行为，而与 C 企业之间不存在该种业务。A 企业应选择与 B 企业合并，这样两者之间的业务将不需要在该环节缴纳消费税，而是递延到 B 企业销售货物时缴纳。这样做可以将该笔税款递延缴纳，企业可以因此获得这一期间的资金的使用价值。另外，A 企业销售的货物若是与 B 企业销售的货物存在消费税税率上的差异，而后者的消费税税率低于前者，则企业合并还可以节省相当于两者差异的税额。

（4）企业所得税的税务筹划。企业合并中主要涉及的就是所得税的问题，具体包括减免税优惠、亏损弥补和合并对价的支付方式的选择等问题，这些情况均存在税务筹划的可能性和必要性。

（三）企业合并相关的税收政策

企业合并采取的具体方式多种多样，不论使用股权收购还是资产收购或者债转股的方式，都可以实现合并的目的。但是合并的税务处理税务筹划要点却更在于通过重组，达到享受税收优惠政策，以便节税的目的。当前税收政策的有关规定简述如下：

1. 未享受完的税收优惠规定

财税〔2009〕59 号文件第九条规定，吸收合并和存续分立的税务处理体现了资产同税收优惠挂钩的原则。但是文件对优惠的享受给予了一定限制。适用特殊性税务处理规定的合并(分立)企业可以承继被合并(分立)企业未享受完的税收优惠,适用一般性税务处理规定的合并(分立)企业仅就存续企业未享受完的税收优惠继续执行。根据规定,适用特殊性处理的合并(分立),凡属于依法就企业整体(即全部生产经营所得)享受税收优惠过渡政策的,合并或分立后的企业性质及适用税收优惠条件未发生改变的,可以继续享受合并前各企业或分立前被分立企业剩余期限的税收优惠。合并前各企业剩余的税收优惠年限不一致的,合并后企业每年度的应纳税所得额,应统一按合并日各合并前企业资产占合并后企业总资产的比例进行划分,再分别按相应的剩余优惠计算应纳税额。

适用一般性税务处理的企业合并(分立),合并或分立各方企业涉及享受税收优惠过渡政策尚未期满的,仅就存续企业未享受完的税收优惠继续执行。注销的被合并或被分立企业未享受完的税收优惠,不再由存续企业承继,合并或分立而新设的企业不得再承继或重新享受上述优惠。换言之,在企业吸收合并中,合并后的存续企业可以继续享受合并前该企业剩余期限的税收优惠,其优惠金额按存续企业合并前一年的应纳税所得额(亏损计为零)计算。在企业存续分立中,分立后的存续企业可以继续享受分立前该企业剩余期限的税收优惠,其优惠金额按该企业分立前一年的应纳税所得额(亏损计为零)乘以分立后存续企业资产占分立前该企业全部资产的比例计算。

需要注意的是,就合并前各企业或分立前被分立企业按照企业所得税法的税收优惠规定,以及税收优惠过渡政策中就有关生产经营项目所得享受的税收优惠承继处理问题,特殊性税务处理和一般性税务处理的原则是一致的,即在减免税期限内的,受让项目的存续企业自受让之日起,可以在剩余期限内享受规定的减免税优惠。

2. 亏损弥补的规定

亏损结转代表了企业潜在的实质性资产。适用一般性税务处理规定的合并(分立)企业亏损不得在企业间结转弥补。因为亏损是由资产形成的,当资产的隐含增值得到实现的时候,其亏损已经得到了补偿,因此不能再将亏损带到被合并企业;同理,被分立企业也不能将亏损带走。

适用特殊性处理规定的合并(分立)企业可以继续弥补被合并(分立)企业未超过法定弥补期限的亏损额。根据规定,适用特殊性处理的合并,可由合并企业弥补的被合并企业亏损的限额(每年)=被合并企业净资产公允价值×截至合并业务发生当年年末国家发行的最长期限的国债利率。可见,适用特殊性税务处理的企业合并,需要结转弥补亏损的,被合并企业净资产公允价值还需要由企业提供相关评估报告等证明资料。适用特殊性税务处理的企业分立,被分立企业未超过法定弥补期限的亏损额可按分立资产占全部资产的比例进行分配,由分立企业继续弥补。

例 7-7 2011 年 3 月,G 集团公司拟以发行股份换股或者以现金购买股份的方式,吸收合并其相对控股 40% 股份的 H 公司。H 公司是一家 2009 年成立并享受“两免三减半”所得税税收优惠政策的合资企业。G 集团希望向 H 公司现有股东发行股票,换取 H 公司现有全部 4 亿股股份。本次换股吸收合并中,换股股东所持的每 1 股(每股公允价值 16 元)H 公司股票可以换取 1.6 股(每股公允价值 10 元)G 集团公司本次发行的新股票。交易完成后，以G集团为合并后的存续公司并承继和承接H公司的全部资产、负债、业务、人员、合同及其他一切权利与义务，H公司终止经营并注销法人资格。然而，对H公司持股20%的第二大股东L公司申报行使首次现金选择权，要求G集团公司现金支付其8 000万股H公司股票的对价计128 000万元。

分析：本次交易的商业目的在于贯彻落实国家产业政策；提高G集团公司的核心竞争力；解决潜在的同业竞争问题，应该说是具有合理商业目的的。本次交易中G集团公司以自身股份和现金作为支付对价的手段，如果非股权支付部分已经接近20%，则无法满足财税〔2009〕59号文件中规定的股权支付比例85%的规定。因此，尽管本次交易完成后原有资产的经营活动不会改变。本次交易已经无法满足特殊性税务处理中"权益连续性原则"的限制条件。综上所述，本次企业重组适用于一般性重组税务处理，H公司及其股东要按照清算进行企业所得税处理。

在这样的重组方案下，L公司转让H公司20%的股权收入128 000万元扣减其成本(成本略)后，应该交纳数量可观的所得税；H公司根据税法规定，尚需就货物、不动产及土地使用权的转移缴纳增值税和营业税；需就土地使用权和不动产的转移缴纳土地增值税；G集团公司虽然根据《财政部、国家税务总局关于企业事业单位改制重组契税政策的通知》(财税〔2012〕4号)的规定，无须就其受让的土地房屋权属缴纳契税，但是需要同样金额的现金流出，以及因"资本公积"的增加而需增加印花税支出。

考虑设计另一分两步走的方案：第一步，先由G集团公司收购一小部分L公司所持的H公司(例如5%)股权，使其持股减少到15%以下，以保证股权置换达到85%比例的条件。第二步，再实施以高于或等于85%比例的股权置换和低于15%比例的非股权置换相结合进行股权收购，以便达到满足特殊性税务处理的条件，实现暂免纳税重组。

这样，在第一步和第二步两次股权支付股价不变的情况下，L公司所得股权转让收入不变，因此所得税负担不变。由于本次交易已经满足特殊性税务处理中"权益连续性原则"的限制条件，交易完成后原有资产的经营活动不会改变，满足"经营连续性原则"的限制条件，无须就交易过程中发生的资产转让行为确认所得或者损失，无须就货物、不动产及土地使用权的转移缴纳增值税和营业税。H公司原有减半缴纳企业所得税的优惠由G集团公司来承继。G集团公司的现金流出总额128 000万元不变，只是分成两次支付，但是却可以在达到重组目的的同时获得今后的部分所得税优惠待遇。需要注意的是，两次支付购股款需要征得L公司的配合，且间隔不得少于12个月，以免被税务机关认为合并具有税收目的而不承认"权益连续性"。

第二节　企业分立阶段的税务筹划

企业分立是指一个企业依照法律或者合同规定分为两个或两个以上企业的行为。企业分立包括被分立企业将其部分或全部营业分离转让给两个或两个以上现存或新设企业(以下简称"分立企业")，为其股东换取分立企业的股权或其他财产。企业分立有利于企业更好地适应和利用有关法规和税收条例，获得税收方面的收益。

一、法规依据

根据财税〔2009〕59号文的规定，企业分立时，被分立企业所有股东按原持股比例取得分立企业的股权，分立企业和被分立企业均不改变原来的实质经营活动，且被分立企业股东在该企业分立发生时取得的股权支付金额不低于其交易支付总额的85%，可以选择按以下规定处理：

（1）分立企业接受被分立企业资产和负债的计税基础，以被分立企业的原有计税基础确定。

（2）被分立企业已分立出去资产相应的所得税事项由分立企业承继。

（3）被分立企业未超过法定弥补期限的亏损额可按分立资产占全部资产的比例进行分配，由分立企业继续弥补。

（4）被分立企业的股东取得分立企业的股权（“新股”），如需部分或全部放弃原持有的被分立企业的股权（“旧股”），“新股”的计税基础应以放弃“旧股”的计税基础确定。如不需放弃“旧股”，则其取得“新股”的计税基础可从以下两种方法中选择确定：直接将“新股”的计税基础确定为零；或者以被分立企业分立出去的净资产占被分立企业全部净资产的比例先调减原持有的“旧股”的计税基础，再将调减的计税基础平均分配到“新股”上。

二、筹划要点

分立筹划技术利用分拆手段，可以有效改变企业组织形式，降低企业整体税负。分立筹划技术一般应用于以下方面：一是企业分立为多个纳税主体，可以形成有关联关系的企业群，实施集团化管理和系统化筹划；二是企业分立可以将兼营或混合销售中的低税率业务或零税率业务独立出来，合理节税；三是企业分立使适用累进税率的纳税主体分化成两个或多个适用较低税率的纳税主体；四是企业分立可以增加一道流通环节，有利于流转税抵扣及转让定价策略的运用。

企业分立的税务筹划要点在于产权分离过程中的资产增值课税负担与资产减值损失抵扣的筹划，这涉及所得税；以及分立引起的纳税人身份变动，这不但涉及所得税，而且涉及流转税。其税务筹划主要考虑不同税种的选择和分立后股权结构的选择。

三、企业分立的优惠政策结转

（一）亏损

1．一般性税务处理分立

财税〔2009〕59号文第四条第五款规定，企业分立，相关企业的亏损不得相互弥补。之所以如此规定，是因为：

（1）分立企业的资产，由于其隐含的增值已经得到实现，资产隐含增值部分已经弥补了部分亏损，因此其亏损不得结转弥补。

（2）新设分立。所有分立企业的亏损均不能结转弥补。

（3）被分立企业继续存在时，其亏损应当可以继续弥补。因为存续分立企业资产的隐含增值未得到实现,亏损可以继续弥补。

2. 特殊性税务处理分立

财税〔2009〕59 号文第六条第五款规定,被分立企业未超过法定弥补期限的亏损额可按分立资产占全部资产的比例进行分配,由分立企业继续弥补。其理由在于:

(1) 被分立企业的资产,由于其隐含的增值均未得到实现,其亏损可以按照分立资产占全部资产的比例进行分配弥补。

(2) 无论新设分立,还是存续分立,分立企业均可以按照分立资产占全部资产的比例进行分配弥补。

(二) 税收优惠

1. 一般性税务处理分立

财税〔2009〕59 号文第九条第二款规定,在企业存续分立中,分立后的存续企业性质及适用税收优惠的条件未发生改变的,可以继续享受分立前该企业剩余期限的税收优惠,其优惠金额按该企业分立前一年的应纳税所得额(亏损计为零)乘以分立后存续企业资产占分立前该企业全部资产的比例计算。

例 7-8 A 企业 2013 年进行了分立,分立时的净资产为 500 万元,分立为两个企业 A 和 B。分立后 A 企业资产为 300 万元,B 企业资产为 200 万元。假设 A 企业 2012 年属于两免三减半的免税第 2 年,2012 年的应纳税所得额为 1 000 万元。2013 年 A 企业实现应纳税所得额 800 万元,B 企业实现应纳税所得额 600 万元。

分析:2013 年 A 企业应纳税所得额为 800 万元,则 2013 年 A 企业的优惠金额为 600 万元[1 000 × (300 ÷ 500)],即无论 2013 年,该企业盈利情况如何,其税收优惠最高限额是 2012 年 A 企业享有的 600 万元。

因此,A 企业 2013 年应纳所得税额 = 600 × 25% ÷ 2 + 200 × 25% = 125(万元)。

分立新设的 B 企业则不能享受优惠继承的待遇,应纳税额为 150 万元(600 × 25%)。

2. 特殊性税务处理分立

根据规定,适用一般性税务处理的企业分立,被分立企业优惠不得承继;适用特殊性税务处理的企业分立,被分立企业已分立出去资产的所得税事项可以由分立企业承继。

例 7-9 同例 7-8,采用特殊性税务处理。

则 2013 年 A 企业的优惠金额 = 1 000 × (300 ÷ 500) = 600(万元)

因此,A 企业 2013 年应纳税额 = 600 × 25% ÷ 2 + 200 × 25% = 75 + 50 = 125(万元)

B 企业 2013 年应纳税额 = 400 × 25% ÷ 2 + 200 × 25% = 50 + 50 = 100(万元)

即税收优惠金额最多就是 2012 年的 1 000 万元。

通过将例 7-8 与例 7-9 的计算结果进行比较可见,特殊性税务处理比一般性税务处理能够节税。

四、企业分立对其他各税的筹划

(一) 企业通过分立减轻所得税税负

例 7-10 K 公司 2013 年 10 月 8 日将原有的一个电子分部转让给 T 电子有限公司。

分立之前K公司资产总额为8 000万元,负债总额为6 400万元,股本总额为1 000万元,净资产为1 600万元,2012年K公司发生经营亏损600万元。分立之后,K公司拥有资产4 800万元,负债3 840万元,净资产960万元。T电子有限公司从K公司取得资产的价值为3 200万元,负债为2 560万元,净资产为640万元。经评估,T电子有限公司接受分立资产的评估价值为3 860万元(主要是土地使用权增值),接受负债的评估价值仍为2 560万元,净资产为1 300万元。

分立后,T电子有限公司拟向K公司支付补偿,补偿方案有两种:

方案一,T电子有限公司向K公司支付现金180万元;T电子有限公司接受分立资产后,重新划分股权结构:确认K公司原股东股本800万元(占T股本总额的25%);其余2 400万元(占T股本总额的75%)确认为原T电子有限公司股东的股本。

方案二,T电子有限公司向K公司支付现金126万元;T电子有限公司接受分立资产后,重新划分股权结构:确认K公司原股东股本880万元(占T股本总额的27.5%);其余2 320万元(占T股本总额的72.5%)确认为原T电子公司股东的股本。

对于两种方案,可以分析如下:

(1)方案一的处理。T电子有限公司支付给K公司的现金(非股权支付额)占支付的股权票面价值的比例为:180 ÷ 800 = 22.5%,则K公司应视同按公允价值销售资产处理。

2013年度应调增应纳税所得额 = 1 300 − 640 = 660(万元)

(2)方案二的处理。T电子有限公司支付给K公司的现金(非股权支付额)占支付的股权票面价值的比例为:126 ÷ 880 = 14.32% < 15%。

由于非股权支付额占支付的股权票面价值的比例为14.32%(小于15%),则K公司可以不确认资产转让所得。

K公司尚未超过弥补期限的亏损600万元,可由T电子有限公司弥补。2013年度T电子有限公司允许弥补的亏损额 = 600 × [640 ÷ (8 000 − 6 400)] = 240(万元)

T电子有限公司接受资产的会计成本为3 860万元,但计税成本只能是3 200万元,其原因在于K公司未对评估增值部分确认资产转让所得。T电子有限公司在以后年度对接受资产的评估增值部分多提取的折旧或多结转的成本而影响损益的金额不得在税前扣除,即还要按接受资产的账面价值计算税前扣除的成本、费用金额。

(二)企业通过分立获得税款抵扣或减轻流转税税负

相关案例

企业分立,注册月销售未达2万可免税

李小华与李小凤兄妹俩于2013年2月合伙开了一家日杂小卖部(小型微利企业),月销售(营业)额在3万元左右。

2013年7月,国务院常务会议决定,从2013年8月1日起,对小微企业中月销售额不超过2万元的增值税小规模纳税人和营业税纳税人，暂免征收增值税和营业税。

于是，李小华与李小凤兄妹俩在2013年8月注销了这家合伙开设的日杂小卖部，在同一条街上同时各自重新开设了自己的日杂小卖店（假设仍为小型微利企业），但其月销售额都没有达到2万元。这样一来，他们就可以按政策享受上述暂免征收增值税和营业税的优惠。

应该注意：将原有的日杂小卖部一分为二，虽有降低经营规模达到减税扶持标准的功效，但要注意，分租两个场所开店的成本是否也因此水涨船高。还要注意，如果李家兄妹的日杂小卖店生意兴隆，销售额和利润都不断上升，那么当各自的利润都达到了6万元以上时怎么办？

为进一步支持小型微利企业发展，发挥小型微利企业促进就业、改善民生、维护社会稳定的积极作用，在前几年对小型微利企业减半征收企业所得税政策基础上，国务院第43次常务会议决定，扩大减半征税范围，将减半应纳税所得额标准由6万元提高到10万元，进一步扩大了优惠面。据此，财政部、国家税务总局印发了《关于小型微利企业所得税优惠政策有关问题的通知》（财税〔2014〕34号），明确了优惠政策的规定。

小型微利企业，无论采取查账征收还是核定征收企业所得税方式，凡符合小型微利企业规定条件的，均可按规定享受小型微利企业所得税优惠政策。包括企业所得税减按20%征收，以及自2014年1月1日至2016年12月31日，年应纳税所得额低于10万元（含10万元）的，其所得减按50%计入应纳税所得额，并按20%税率缴纳企业所得税。

1. 分设企业，变全部应纳增值税为部分应纳增值税

对于某些企业而言，通常都在内部设有不独立的安装或维修部门，为本企业的商品销售提供安装或保修及维护等售后服务。当然，其安装或保修费用包括在销售价格之中。据估计，这些费用一般占销售价格的比例不在少数。如果企业将安装和维修劳务独立出来并注册成立专门的服务公司，一方面可以继续承担原有企业的安装和维修任务，不致使企业的生产经营受到影响，但却将该服务公司变成了非增值税纳税人，只按3%计交营业税，降低了税负；另一方面，原有企业的商品销售价格因剔除了安装和保修费用因素而有所下降，使增值税销项税额减少，同时销售收入的降低又可使应纳税所得额减少，从而最终导致节省所得税和降低增值税税负。

例7-11 A有限责任公司，下设三个非独立核算的业务经营部门：零售商场、供电器材加工厂和工程安装施工队。前两个部门主要是生产和销售货物，工程安装施工队主要是对外承接供电线路的架设、改造和输电设备的安装、维修等工程作业。并且，此安装工程是包工包料式的安装。从工程安装施工队的包工包料安装收入看，其每一笔收入的构成，都是由销售货物——设备和材料价款以及非增值税应税劳务和安装工时费收入两部分合成的。设A公司2010年度取得包工包料安装收入203万元，其中设备及材料价款

132 万元,安装工时费收入 71 万元。

分析:可以将企业改制分立,即把原工程安装施工队独立出来,单独办照,单独核算,使之成为公司所属的控股企业。根据现行营业税征税政策规定,安装业务收入应纳 3% 的营业税,这比原按 17% 缴纳增值税会降低不小的税负。

施工队独立前,应按混合销售纳增值税:销项税额 = 203 ÷(1 + 17%)× 17% = 29.50(万元),假定可抵扣进项税额为 17 万元,则应纳增值税 = 29.50 − 17 = 12.50(万元),税负率为:12.50 ÷ 203 × 100% = 6.16%。

若施工队独立后,它只负责承接安装工程作业,只就安装工时费收入 71 万元单独开票收款,并按营业税征税规定计税。此时,设备及材料价款 132 万元,则由原企业缴纳增值税,即应纳增值税 = 132 ÷(1 + 17%)× 17% − 17 = 2.18(万元);而工时费收入 71 万元,由新独立的施工队缴纳营业税,即应纳营业税 = 71 × 3% = 2.13(万元),两税加起来,则公司总的应纳税额 = 2.18 + 2.13 = 4.31(万元),税负率为:4.31 ÷ 203 × 100% = 2.12%。

由此可见,这家公司这样筹划后,总体税收负担大不一样,它能合理合法地将原税负 6.16% 降至 2.12%,从而税收支出降低了 4.04%,企业效益由此而增加。

2. 分设企业,变应纳增值税的高税负为部分零税负

对于一些以农牧业产品为原料的加工企业而言,如果从生产原料到加工出售产品均由一个企业完成,因其进项税额很少,税负必然较重。

相关案例

M 乳品公司,既有牧场养奶牛,又有乳品加工车间将鲜奶加工成袋装、盒装牛奶或奶粉出售。按照现行税法规定,此类企业为工业生产企业,不属于农业生产者,其最终产品不属于农产品,不享受农业生产者自产自销的免税待遇。根据增值税法规,该类企业可以抵扣的进项税额主要是饲养奶牛所消耗的饲料。因为饲料的主要部分包括草料和精饲料。草料是从农民手中直接购入的,可根据收购凭证按购进价格的 13% 抵扣进项税额。而精饲料在上一环节是免税(增值税)产品,并且在本环节又不能取得增值税专用发票,当然不能抵扣进项税额。但其最终产品——加工后出售的各种牛奶制品,根据现行税法规定,需要按 17% 计算销项税额。这样,实际增值税税负较高。

为了节约增值税支出,公司可以考虑将牧场与乳品加工车间分为两个独立的企业,在保持原有的生产程序不变的条件下,经注册登记形成两个独立法人,原内部供应和加工关系变为购销关系。这样,牧场生产销售牛奶属于自产自销农产品,可享受免税待遇,销售给乳品加工厂的牛奶按正常的成本利润率定价。分立后的乳品加工厂购进牛奶可作为农产品收购处理,即根据专用收购凭证按收购金额的 13% 进行进项税额抵扣。这样,可以在销项税额不变的情况下,使公司的税负大为减轻。

第三节 企业清算的税务筹划

企业清算是指企业因契约规定或者经济窘迫而不能或者不再继续运营时，按照国家有关法律以及企业具有法律效力的章程协议等文件精神，依法定程序对企业的资产和债权、债务进行清理与结算，并对企业剩余财产进行分配，解除企业法人资格的一系列行为。前者属于自愿清算，即清算但不是因为破产；而后者属于被迫清算，是指破产清算。在市场经济条件下，企业清算与企业设立一样，均属于正常的社会经济现象。

一、法规依据

《公司法》和《企业所得税法实施条例》规定，纳税人清算时，应当以清算期间作为一个纳税年度；纳税人在一个纳税年度的中间进行清算的，应当将其实际经营期作为一个纳税年度；清算期跨越一个公历年度的一般纳税人资格应予保留。在清算期间，破产财产的处置业务涉及税款的征缴、增值税专用发票的填开、欠税的减免和核销等，需要接受税务主管机关的检查。

依据《企业破产法(试行)》和《企业民事诉讼法》的规定，公司破产的程序是：

(1) 成立清算组。人民法院应当在宣告企业破产之日起十五日内成立清算组，接管破产企业，清算组应当由股东、有关机关及专业人士组成。

(2) 清算组接管破产企业。人民法院宣告企业破产后，董事会、经理的职权立即停止，由清算组接管破产企业，负责对破产企业的财产进行管理、清理、估价、处理、分配，代表破产企业参与民事活动，其行为对人民法院负责并汇报工作。

(3) 破产财产分配。分配破产财产，由清算组提出分配方案，在债权人会议上讨论通过，报人民法院批准后，由清算组具体执行。

清算组分配破产财产前，首先应拨付清算费用，包括：① 破产财产管理、变卖、分配所需的费用；② 破产案件诉讼费；③ 为债权人的共同利益而在破产程序中支付的其他费用。破产财产在优先支付清算费用后，按照以下顺序清偿：① 破产企业拖欠的职工工资、劳动保险费用；② 破产企业拖欠的税款；③ 破产债权；④ 若有剩余财产，还需在企业所有者之间按照出资比例分配剩余财产。

(4) 清算终结。破产财产清算分配完毕，由清算组向人民法院汇报清算分配工作的情况，并申请人民法院裁定破产终结，未得到清偿的债权，不再进行清偿。

(5) 注销登记。企业破产，破产财产分配完毕，企业法人依法终止其民事行为能力，清算组向破产企业的原登记机关申请注销原企业登记。

企业清算期间若有清算所得，应该按照规定缴纳所得税。清算所得的计算公式如下：

$$\text{企业全部清算财产变现损益}=\text{存货变现损益}+\text{其他财产变现损益}+\text{清算财产盘盈}-\text{清算财产盘亏}$$

$$\text{企业剩余财产}=\text{企业全部清算财产变现损益}-\text{应付职工薪酬和社保费}-\text{清算费用}-\text{应交税费}-\text{应付债务}$$

企业清算所得 = 企业剩余财产 − 累计未分配利润 − 企业税后提取的基金结余 + 法定财产评估增值 − 资本公积 − 盈余公积 − 注册资本

二、筹划要点

清算组成立并接管破产企业,标志着企业清算的开始。破产企业的财产交接是清算组成立后的主要工作,交接工作主要是对破产管理权、各项资产及有关资料报告进行移交。接管工作是清算中最重要的一个环节,在这个环节中必须弄清破产企业的资产状况,为进行清算财产评估、变现提供依据。

破产财产确认中应注意的问题:① 破产企业已设立担保的财产不属于破产财产,但担保财产清偿后的剩余财产仍属于破产财产;② 对依法禁止扣押执行的财产一般不列入破产财产;③ 破产企业内党、团、工会等社团组织的经费及所购置的财产不属于破产财产;④ 凡计息的债权应加计至破产宣告日为止的利息;⑤ 债权人对破产企业负有债务的,可在破产清算前抵销,但在破产宣告后,禁止与破产债权相抵销;⑥ 破产企业对同一种财产约定两个以上抵押权的,抵押权人应按抵押顺序行使优先受偿权。

清算财产的评估变现一般由专业中介机构完成,但清算组应对变现过程和方法进行督查。变现、分配过程中应注意如下问题:对应收款项的估价以账面金额为准,结合催收情况进行账龄分析,确定适宜的坏账损失率。以实现财产变现最大化为目标,对财产进行拍卖时其价格要结合市场行情合理作价,力求公允,防止由于计价不当造成价格过低,损害债权人利益。对难以找到可靠依据作价的资产,应聘请有关技术人员对资产价值做出定性估价,防止压价、低价出售资产。破产财产属于国家限制流通物的,由国家指定部门收购;土地使用权转让所得属于破产财产,用于对破产债权人分配,但一般首先用于破产企业职工安置,剩余部分列入破产财产用于分配。其中,存货的处置涉及增值税的计算、抵扣和缴纳;有些资产评估增值,分配处理中实现的增值部分需要纳税,例如土地增值税;有些资产所有权转移,又需要缴纳营业税、印花税及其他相关税款。

自申请破产清算之日起,企业的存货只出售、不购进,或者为了维持存货销售只发生水电等费用的,原存货的增值税进项税额可以按实际动用的数抵扣,并报税务主管机关批准。清算期间对原存货中已征而未能抵扣的进项税额,以及征税后出现的进项税额大于销项税额不足抵扣部分,税务机关不再退税。

清算组对尚未履行完毕的合同、协议还有监督执行的义务。而这些合同、协议的履行也会形成纳税义务。但是,这时的破产企业可能并无完税所需要的现金,因此形成拖欠税务机关税款的债务。进而,拖欠税款又形成了滞纳金。

为此,破产清算企业税务筹划的重点在于,一是恰当地确定破产清算期的开始时间;二是比较分析清算的剩余财产直接分配还是变现后再分配的方案优劣;三是考虑企业破产清算及解散过程中的地方政府在职工安置方面的优惠政策。

例 7-12 B 公司董事会 2013 年 7 月 21 日向公司股东大会提交自愿清算的议案,并获股东大会的批准通过,决定公司自 2013 年 8 月 1 日起进入清算阶段,同年 12 月 31 日清算完毕。B 公司 1—7 月共计取得利润总额 50 万元,而 8 月以后清算期间各月份预计会发生亏损如表7-4所示。

表7-4　B公司2013年实现利润及清算所得预算表　单位:万元

月份	1—7	8	9	10	11	12
利润额	50	-20	-15	-10	0	5

该公司适用所得税税率25%,则B公司应纳所得税额计算如下:

生产经营年度(1月1日至7月31日)应纳所得税额 = 50 × 25% = 12.5(万元)

清算年度(8月1日至12月31日)应纳所得税额 = 0

如果公司把清算开始日推迟到11月1日,则生产经营纳税年度从1月1日至10月31日,实现利润为5万元(50 - 20 - 15 - 10),11月1日以后的清算纳税年度有清算所得5万元。于是,B公司应纳所得税额计算如下:

生产经营年度(1月1日至10月31日)应纳所得税额 = 5 × 25% = 1.25(万元)

清算年度(11月1日至12月31日)应纳所得税额 = 5 × 25% = 1.25(万元)

与清算开始日定在8月1日的方案相比,该公司可节税10万元(12.5 - 1.25 - 1.25)。

例7-13　D公司破产清算时,账面价值3 400万元的公司房地产评估价值为4 000万元,拟以此资产变现,抵偿所欠债权人的3 500万元债务。但是,如果将该房地产变现偿债,需要缴纳交易额3%的契税;如果增值部分超过20%,还要缴纳土地增值税。如果以其中价值3 000万元的房地产抵偿债务,债权人取得房地产后,与他人进行房屋交换,会取得额外补偿500万元;D公司将另外价值1 000万元的房地产进行拍卖,取得拍卖收入1 200万元。分析哪一个清算财产偿债方案更可行?

方案一:将房地产变现取得4 000万元时,购买D公司房地产的企业应纳契税120万元(4 000 × 3%)。在这种情况下,这笔契税可能需要从4 000万元的价款中扣减。

由于房地产的增值率 = (4 000 - 3 400) ÷ 3 400 = 17.65%,未达到20%,因此免缴土地增值税。两种税合计应该缴纳税款120万元(120 + 0)。

方案二:根据税法规定,企业关闭、破产后债权人承受破产企业土地、房屋权属以抵偿债务的免征契税,因此D公司债权人取得3 000万元房产可免予缴纳契税。

D公司的债权人进行房屋交换时,契税的计税依据为房屋价格的差额,即交换价格不等时,由多交付货币、实物、无形资产或者其他经济利益的一方缴纳契税。该支付补价的单位应缴契税15万元(500 × 3%)。

D公司对评估价值1 000万元的房产进行拍卖,房产的买方即承受方应缴纳契税,税额为36万元(1 200 × 3%)。

同时,评估价值1 000万元房地产拍卖收入1 200万元,有:

实际增值率 = (1 200 - 1 000) ÷ 1 000 = 20%

应纳土地增值税额 = 0

两种税合计应该缴纳税款51万元(15 + 36 + 0)。

分析结论:清算财产偿债方案二优于方案一。

本章小结

在企业发展到一定时期，面临兼并重组、分设分立，甚至破产清算时，仍然存在纳税筹划的必要。企业重组分为一般性税务处理和特殊性税务处理。某些符合特殊性税务处理条件的企业重组，可以暂不纳税，实现减轻税负的效果。企业分立的税务筹划不但涉及税收优惠的继承，而且涉及亏损延续弥补的筹划问题。即便是企业破产清算阶段，也需要分析剩余财产分配中的所得税和流转税的筹划方案。

复习思考题

1. 企业一般性税务处理和特殊性税务处理有何不同？其税务筹划应该注意哪些要点？
2. 为什么通过兼并重组活动可以享受到税收优惠的待遇？
3. 企业采用不同的分立形式下税务筹划要点有什么不同？
4. 为什么通过企业分立可以减轻税收负担？
5. 企业破产清算的税务筹划要点是什么？

案例分析

企业分立“无中生有”的税务筹划

《财政部、国家税务总局关于扶持城镇退役士兵自谋职业有关税收优惠政策的通知》规定：对为安置自谋职业的城镇退役士兵就业而新办的服务型企业（除广告业、桑拿、按摩、网吧、氧吧外），当年新安置自谋职业的城镇退役士兵达到职工总数30%以上，并与其签订1年以上期限劳动合同的，经县级以上民政部门认定，税务机关审核，3年内免征营业税及其附征的城市维护建设税、教育费附加和企业所得税。

大华公司是一家工业企业，该公司总人数为1 000人，其中营销人员20人，近几年共安置城镇退役士兵15人。该公司2013年实现利润1 000万元。（假设无其他纳税调整项目，仅考虑营业税和企业所得税，下同）

作为一家工业企业，大华公司即使安置再多的城镇退役士兵也不能享受税收优惠。因此，该公司2013年度应缴纳企业所得税为250万元（1 000×25%）。

有人提出筹划方案如下：

大华公司股东可以在2014年重新投资新办一家中介公司（须取得从事中介的资质），该公司主要由20名营销人员组成，同时再安置10名以上的城镇退役士兵，使安置比例达到30%以上。中介公司专门为大华公司推销产品，大华公司相应支付中介公司佣金。中介公司取得的佣金收入，属于营业税“服务业”的征税范围，根据相关文件的规定，中介公司3年内可免征营业税和企业所得税。参照2014年度的数据，假设大华公司支付中介公司佣金500万元，当年实现利润750万元。中介公司支出工资费用后实现利润250万元。大华公司当年应缴纳企业所得税为187.5万元(750×25%)。而中介公司在3年内可免征营业税和企业所得税，因此无税收负担。实施该方案后可节税62.5万元(250－187.5)。

因为中介公司的利润仍然归股东所有，所以大华公司支付佣金越多，节税效果越大。但是在实施该方案时，要注意不能违反《税法》关于关联交易的有关规定，即关联企业之间支付佣金的比例不应高于可比照的标准或者其他合理的标准。

思考：该税务筹划方案是否可行？有无税务筹划风险？

利用并购对消费税进行税务筹划

甲白酒生产企业，由于业务需要，需委托乙公司为其加工高纯度白酒500吨(假定没有同类高纯度白酒的市场价格)。原料由甲企业提供，其价值为300万元；支付加工费200万元，以银行存款支付。收回的高纯度白酒全部用于连续生产白酒600吨，不含税总售价为1200万元，当月全部实现销售。甲公司收回高纯度白酒后继续加工的成本，以及应该分摊的相关费用合计为50万元。若甲企业扩大生产规模，自己生产高纯度白酒，则每年需多支出40万元；若并购提供高纯度白酒的上游生产企业乙公司，则每年需多支出30万元。假定不考虑城建税和教育费附加。从2001年5月1日起，对外购或委托加工已税酒和酒精生产的酒，其外购酒及酒精已纳税款或委托方代收代缴税款不再予以抵扣。

思考：并购会使原来企业间的购销环节转变为企业内部的原材料转让环节，从而递延部分消费税税款或避免重复征税吗？试进行不同方案的比较和税务筹划要点阐述。

南方股份吸收合并甲公司的税务筹划

2011年8月1日，南方股份向南方集团定向发行2 000万股普通股，每股9元，总价值18 000万元，收购了其下属全资子公司——甲公司的全部股权。南方股份为该项交易支付了100万元与发行股份有关的佣金手续费及200万元与收购有关的审计评估费。针对上述资料中南方股份定向发行股份收购南方集团下属全资子公司事项，中介机构出具的评估报告估值甲公司在评估基准日的净资产为12 000万元。该事项可以在一般性税务处理与特殊性税务处理上做出选择。

思考：该企业重组的税务筹划应该如何考虑？

第三篇

跨国经营与涉外业务的税务筹划

第八章　国际税务筹划

［学习目标］　通过本章的学习，应该了解企业经营活动跨越国界之后带来的纳税业务的复杂性；理解国际税务筹划的环境、动因和技术方法；掌握纳税主体的居民身份、国际避税地、国际转让定价和国际双边税收协定在企业税务筹划中的运用，以及国际税务筹划应注意的问题。

在跨越国界的大量经济活动中，充当主体角色的是为数众多的跨国公司。对于跨国公司来说，要涉及许多国家不同的税收制度。比较各国的税收制度，从中寻求最大的利益，成为决定跨国公司投资流向的一个重要因素。这样，国际税务成了跨国公司经营决策中需要考虑的重要因素之一。从税收当局的角度来看，国际税务是因纳税人、征税对象、税款来源等超越了国界而产生的税收问题；从纳税人的角度来看，国际税务是因公司面对的税收制度、税收当局、税务筹划等涉及许多国家和地区而产生的纳税问题。国际税务筹划所要考察和反映的是后者，而不是前者。

第一节　国际税务筹划的环境和动因

一、国际税务筹划的环境

税收国际化是经济生活国际化的重要组成部分。它的突出表征是出现了跨国的纳税人和跨国的征税对象。这和一个国家在其法律上对谁征税、征什么税、征多少税以及怎样征税都自行决定的情况大不相同了。

首先，商品流通的范围跨越国界时，对出口、进口或转口商品要课以关税；除了关税以外，有的国家还要有选择地对某些进出口商品（如烟、酒、石油、化妆品等）加征货物税（消费税），当前有一百多个国家实施了增值税，还有更多的国家课征不同的商品销售税（价内税）。其次，世界上已有一百多个国家开征了个人所得税，有更多的国家课征企业所得税，这使跨国公司出现之后，就发生了对居民公司和非居民公司税收的对待问题，以及母公司所在国与子公司（或分公司）所在国（东道国）可能的双重征税问题。再次，跨国的证券投资以及贷款同样存在税收的涉外关系；产权的跨国转让，也涉及国际征税权的划分；随着生产要素的国际流动，作为收益凝聚物的财产进入了世界市场，而财产税制在各国的不一致也给税收的国际关系带来争议。最后，在处理税收的国际关系中，存在类似处理其他关系中出现的国际“歧视”和“无差别待遇”的斗争，以及由此导致的税收协定，同时随着税收国际化程度的不断提高，国际避税也更加普遍；何况各国税制的差异甚大，长期存在着“高税管辖”与“低税策略”之争，产生了“避税地”这一国际竞争的产物。

从国际税收的历史和现状看，国际税收的主要形式是所得税的国际课征。这是因为所得税在各国税收制度和财政收入中占据着重要地位；所得税的课征涉及收入与费用的计算、分摊问题；所得及有关费用的发生存在于纳税人广泛的经济活动网络之中，各国所得税征收权益的矛盾十分突出。由此而引发出如何减轻国际重复课税的法律规范及计算方法、如何利用合法手段进行国际税务筹划，以及如何利用转让定价来压缩应税收益等问题。

二、国际税务筹划的动因

国际税务筹划产生的动因主要表现在以下几方面：

（1）各国税制的差别。这主要体现在各国对税收管辖权的运用，导致各国课税程度和税制结构、税率、税基等方面的差异。税收管辖权是一国政府在征税方面所行使的管理权力。税收管辖权有三种：居民管辖权、公民管辖权和地域管辖权，分别是认定个人或者经济实体是否属于本国纳税义务人的原则界限。由于各国政府在税收管辖权的规定上存在一定差异，从而形成了各国税收方面的重叠与漏洞。该种重叠就构成了重复课税，因而产生了纳税人税务筹划的动机。该种漏洞就提供了纳税人税务筹划的机会。

（2）跨国纳税人承受较重的税负与国际市场激烈竞争的矛盾。跨国纳税人的税收负担一般要占其跨国所得的30%—40%。如遇不同国家税收管辖权的重复征税，则税负更重。因此，跨国纳税人为了在国际市场上取得更大的利润，就把注意力转移到了税务筹划活动上。

（3）一些国家为了发展本国经济的需要，给跨国投资者提供了许多优惠的待遇，而这些优惠待遇客观上也给跨国纳税人提供了税务筹划的环境。许多国际避税地的存在，也为跨国投资者从事税务筹划活动提供了极大的便利。

（4）国际税收协定的运用给纳税人的国际税务筹划提供了便利条件。为了减少重复课税，也为了堵塞跨国税收的漏洞，世界上国与国之间往往签订双边税收协定。税收协定中通常都对股利、利息和特许权使用费等收取的预提税以及关系各方的课税权力及其分配问题做出说明，有时还对相关预提税的减免提供互惠条件。预提税是子公司所在的东道国对子公司向其境外母公司或其他相关主体支付的股利、利息以及其他款项征收的一种税。但是由于不同国家签订的税收协定内容不同，有可能被跨国纳税人通过滥用条约从事税务筹划活动，诱使更多的跨国纳税人去谋求这一额外的税收利益。

（5）避税地的存在。避税地是指为跨国经营者取得所得或财产提供免税和低税待遇的国家和地区，为众多跨国投资者所青睐。由于避税地的税负很轻，如百慕大对所得、股息、资本利得和销售额不征收任何税收，也不开征预提和遗产税，因而成为跨国纳税人进行税务筹划的理想场所。

（6）经济全球化提供了税务筹划的新环境。在经济全球化背景下，贸易自由化和金融市场自由化为跨国经营进行税务筹划提供了更大的可能。由于国际资本流动的加速和自由化降低了资本成本，提高了税收负担在公司决策中的重要性，因此也加强了跨国经营进行税务筹划的意识。

第二节　国际税务筹划的主要方法

一、国际转让定价的运用

国际转让定价(international transfer price)是指在总公司和国外子公司、子公司和子公司及孙公司之间销售商品或劳务的一种内部结算价格,这一价格通常不受市场供求关系的影响,而主要服从于跨国公司全球经营战略目标的需要。

国际转让定价的特征表现在:① 国际转让定价的制定是在比国内规模更大的基础上进行的;② 比起严格意义上的国内背景来,国际转让定价的制定将受到更多的变动因素影响;③ 国际转让定价的制定在各公司、各行业、各国之间都是不同的;④ 它缺乏任何理论或实践的最佳选择的标准方案;⑤ 它也影响着所有国家的社会、经济和政治关系。

当每家子公司作为单独的利润中心加以评价时,那种将会形成不公平的计量经营成绩的定价政策,就会导致子公司和整个企业集团目标间的冲突。这样,就需要有能使管理当局明确区分用于纳税目的的经营成绩计量和用于控制目的的经营成绩计量的会计报告。为此,一种可能的解决办法是搞两套报表;另一种办法是把转让定价调整纳入子公司预算,根据调整后的目标去计量经营成绩。但是,要建立和管理这一制度,所需的费用和时间都是很多的。使用两种价格,一种是对税收机关的,另一种是为内部控制的,一旦被税收机关发现,就可能会遇到极大的麻烦。同时,除非在计量和评价子公司的经营成绩时为处理价格不公的因素做出某些规定,否则仍然会刺激子公司的经理们采取并非最有利的行动。

由于各国税收制度上的差异,同样的一笔投资或相同的公司收益在不同的国家需要缴纳高低不同的税金,这便产生了跨国公司利用转让定价尽可能减少整个公司集团税务负担的动机和行为。此外,利用转让定价还可以减少或避免关税和增值税等税务负担。其基本思路是,对设在高从价税国家的子公司,按压低的转让定价销货给该子公司,降低其进口金额;对设在高增值税国家的子公司,以较高的转让定价销货给该子公司,降低其增值额。

例 8-1　美国有一家跨国公司 A 在巴哈马拥有一家子公司 B,某一纳税年度内,A 公司有一批甲商品,数量 1 000 台,准备销往中国的 W 公司;按当时国际市场行情,甲商品每台单价为 1 万美元;A 生产和销售甲商品的单位成本费用为 0.7 万美元,美国公司所得税假设为固定比例税率 50%。

根据上述资料,如果不考虑转让定价,A 公司将甲商品直接销售给中国 W 公司(在省略关税等其他因素的条件下),则结果如下:

$$应税收益额 = (1 - 0.7) \times 1\,000 = 300(万美元)$$

$$应纳公司所得税额 = 300 \times 50\% = 150(万美元)$$

$$该笔交易税后净利润 = 300 - 150 = 150(万美元)$$

如果 A 公司利用在巴哈马的子公司 B,在转让定价上进行税务筹划,则测算结果是:

第一步,压价售价,以成本价格每台 0.7 万美元将甲商品先销售给 B 公司,则有:

$$应税收益额=(0.7-0.7)\times 1\,000=0$$

无应税所得，故应纳公司所得税额为0。

第二步，由位于巴哈马的B公司把甲商品转销给中国的W公司，单价1万美元；假设B公司本身需发生销售费用1万美元，则：

$$应税收益额=(1-0.7)\times 1\,000-1=299(万美元)$$

所在国巴哈马不开征所得税，故B公司无须纳税。

从整个公司集团来看，可较原销售方案多获净利润149万美元(299－150)。

可以看出，采用国际转让定价的手段，比原来的由A公司直接销售给W公司的方案更有利可图。虽然销售的商品转了一个弯，从而支付费用1万美元，但规避了美国高达50%的公司所得税，实获净利299万美元，比未采用国际转让定价增加净利润149万美元。

转让定价不仅反映在商品购销活动之中，而且在资金借贷、专业劳务、无形资产转让以及管理费用分摊等方面也多有反映。关于转让定价的税务筹划，更多细节请参阅第九章。

二、利用投资地点的合理选择进行国际税务筹划

1. 充分利用各国的税收优惠政策，选择税负水平低的国家和地区进行投资

在跨国经营中，不同的国家和地区的税收负担水平有很大差别，且各国也都规定有各种优惠政策，如加速折旧、税收抵免、差别税率和亏损结转等。选择有较多税收优惠政策的国家和地区进行投资，必能长期受益，获得较高的投资回报率，从而提高在国际市场上的竞争力。同时，还应考虑投资地对企业的利润汇出有无限制，因为一些发展中国家，一方面以低所得税甚至免所得税来吸引投资；另一方面又对外资企业的利润汇出实行限制，希望以此促使外商进行再投资。此外，在跨国投资中，投资者还会遇到国际双重征税问题，规避国际双重征税也是跨国投资者在选择地点时必须考虑的因素，应尽量选择与母公司所在国签订有国际税收协定的国家和地区，以规避国际双重征税。

2. 尽量选择在国际避税地进行投资

目前，世界各国普遍使用三种税制模式，即以直接税为主体的税制模式、以间接税为主体的税制模式和低税制模式。实行低税制模式的国家和地区一般称为“避税地”，投资者若能选择在这些避税地进行投资，无疑可以免税，取得最大的经济效益。

三、选择有利的企业组织方式进行国际税务筹划

跨国投资者不同的企业组织方式在税收待遇上会有很大的差别，如采用分公司和子公司时，子公司由于在国外是以独立的法人身份出现，因而可享受所在国提供的包括免税期在内的税收优惠待遇，而分公司则是企业的一部分派往国外，不能享受税收优惠；但子公司的亏损不能汇入国内总公司，而分公司的亏损则可汇入总公司。因此，跨国经营时，可根据所在国企业情况采取不同的组织形式来达到减轻税负的目的。例如，在海外公司初创期，由于亏损的可能性较大，可以采用分公司的组织形式；在海外公司转为盈利后，及时地将其转变为子公司形式，便能获得分公司无法获得的许多税收好处。

四、选择有利的资本结构和投资对象进行国际税务筹划

企业的经营资本通常由自有资本(权益)和借入资本(负债)构成,各国税法一般规定股息不作为费用列支,只能在税后利润中分配,而利息则可作为费用列支,允许从应税所得中扣减。因而,企业要选择自有资本与借入资本的适当比例以获得更多的利益,如企业选择融资租赁既可以迅速获得所需资产保障企业的举债能力,而且支付的租金利息也可按规定在所得税前扣除,减少了纳税基数。对于投资对象的选择,跨国经营者应着重了解投资国有关行业性的税收优惠及不同行业的税制差别。

五、利用关联企业交易中的转让定价进行国际税务筹划

转让定价是指关联企业之间内部转让交易确定的价格,通常不同于一般市场上的价格,转让定价可以高于、低于或等于产品成本。国际关联企业的转让定价往往受跨国公司集团利益的支配,不易于受市场一般供求关系约束。由于在现代国际贸易中,跨国公司的内部交易占有很大的比例,因而可利用高低税收差异,借助转让定价实现利润的转移,以减轻公司的总体税负,从而保证整个公司系统获取最大利润。

六、通过避免设常设机构来进行国际税务筹划

常设机构是指企业进行全部或部分营业的固定场所,包括管理场所、分支机构、办事处、工厂和作业场所等。它已成为许多缔约国判定对非居民营业利润征税与否的标准。对于跨国经营而言,避免了常设机构也就避免了立刻在非居住国的有限纳税义务。特别是当非居住国税率高于居住国税率时,这一点显得更为重要。因而,跨国经营者可通过货物仓储、存货管理、广告宣传或其他辅助性营业活动而并非设立常设机构来达到在非居住国免税的优惠。

相关案例

日本早在20世纪80年代初就兴建了许多海上流动工厂车间,这些工厂车间全部设置在船上,可以流动作业。这些流动工厂曾先后到亚洲、非洲、南美洲等地进行流动作业。“海上工厂”每到一国,就地收购原材料,就地加工,就地出售,整个生产周期仅为一两个月。加工、出售完毕,开船就走,无须缴纳一分钱的税款。1981年,日本的一家公司到我国收购花生,该国公司派出它的一个海上车间在我港口停留27天,把收购的花生加工成花生米,把花生皮压碎后又卖给我国。结果,我国从日本获得的出售花生的收入有64%又返给日本,而且日本公司获得花生皮制板的收入分文税款未纳,造成这一现象的直接原因就是我国和其他多数国家都对非居民公司的存留时间作了规定(如我国规定非居民公司只在超过半年后才负有纳税义务),日本公司就是利用了这种规定,我国税务部门对此也毫无办法。

七、通过选择有利的会计处理方法进行国际税务筹划

会计方法的多样性为税务筹划提供了保障，跨国企业应选择符合国际税务环境的会计核算方法。为减轻对外投资建立的公司的税务负担，跨国企业要注重对东道国税务会计的研究，巧妙地使用各种会计处理方法，以减轻税务或延缓纳税。例如，平均费用分摊是最大限度地抵消利润、减轻纳税负担的方法。

八、利用人员的流动性进行国际税务筹划

目前，世界上多数国家都同时实行居民税收管辖权和地域税收管辖权。其通常的做法是对居民纳税的全球范围所得征税，这被称为“无限纳税义务”；而对非居民仅就其来源于本国的所得征税，这被称为“有限纳税义务”。因此，以各种方法避免使自己成为某一国居民，便成为逃避纳税义务的关键所在。由于各个国家对居民身份的确定标准是不一样的，其中主要是住所标准和时间标准不一样。住所标准是，只要一个人在一国拥有永久性住宅，那么这个人就是该国居民。时间标准是只要一个人在一国连续停留一定时间（如半年或1年），那么这个人也同样被视为该国居民。这些不同居民身份标准的确定，往往存在一些漏洞，使一些跨国纳税人游离于各国之间，确保自己不成为任何一个国家的居民。他们采用的方法有两种，即避免成为居民和避免成为高税国居民。

相关案例

由于中东、拉美一些国家规定非居民公司在半年（183天）以内获得的收入可以免税，因此韩国海外建筑承包公司常常设法在半年（183天）以内完成其建筑工程，免缴这些国家的收入所得税。

九、利用资产的流动进行国际税务筹划

资产的流动是指纳税人（包括自然人和法人）将其资产移居国外的行为。

跨国公司利用其分支机构或子公司分布国度的税收差异，精心安排收入和费用项目及其收付标准，使高税国机构或公司的成本费用加大，应税所得减少；低税国机构或公司的成本费用减少，应税所得加大，导致企业的所得从高税国流向低税国，达到避税目的。

个人财产也可以通过由高税国向低税国的移动，来达到避税的目的。他们通常采用信托方式，造成法律形式上所得或财产与原所有人的分离，但分离出去的这部分所得或财产仍受法律的保护。例如，日本某公司为躲避本国所得税，将其年度利润的80%转移到巴哈马群岛的某一信托公司，由于巴哈马群岛是自由港，税率比日本低得多，该日本公司就可以有效地避税。

十、利用人员和资产的非流动进行国际税务筹划

纳税人有时并不离开他们的国家或实际移居出境，而待在本国不动，也可以达到避

税的目的。他们常常利用与银行之间的契约关系来进行避税。

相关案例

日本和美国签有互惠双边税收协定，日本银行从美国居民手中获取利息支付可以减轻税负50%（美国规定利息率为20%，日本银行可按10%支付）。当香港永裕发集团公司与美国汤姆食品公司发生借贷关系时，香港永裕发集团公司提供贷款，美国汤姆食品公司需要贷款，香港永裕发公司便可委托日本千代银行代替香港永裕发公司向美国汤姆食品公司收取贷款利息，这样就可以实现少纳50%税的好处，也就是说香港永裕发集团公司借了银行的"光"。

资产的非流动主要是利用各国税法中有关"延期"纳税的规定，通过在低税国的一个实体，通常是一个法人如子公司，将所得和财产积存起来，以达到减轻税负的目的。所谓延期纳税，是指实行居民税收管辖权的国家对外国子公司取得的利润等收入，在没有以股息等形式汇给母公司之前，对母公司不就外国子公司的利润征税。因此，一个纳税人利用资产非流动的形式避税，究竟能在多大程度上取得成功，取决于有关国家税法对延期纳税规定的宽严。

除此之外，各项基金的提取、会计科目的使用与会计政策都是税务筹划的内容。在国际税务筹划中，经常还需要综合运用多种筹划方式。由于跨国经营税务筹划方法繁多，无法一一列举，我们将在后文对其中常用的方法重点进行讲述。

第三节 国际避税地及其税务筹划

国际避税地（international tax haven），是税收避难所的含义。避税地是指人们在那些拥有资产或取得收入而不必负担税收，或者只负担比在主要工业国家轻得多的税收的国家或地区。

一、国际避税地的分类

国际避税地可分为三种类型：

1. 纯国际避税地

这一类避税地的特征是没有直接税，并以有利于外国企业和个人的各种立法而成为避税活动的中心。以巴哈马为例，巴哈马共和国位于北美洲，与美国的佛罗里达州隔海相望，最近处相隔仅八十多公里，是一个旅游观光的胜地，巴哈马作为一个避税地的魅力是没有所得税、资本利得税、遗产税或继承税，对股息、利息或特许权使用费没有预提税，也没有工资税，连营业税也没有。巴哈马的财政收入主要是进口关税、印花税、旅馆客人税、离境税、公司注册费等。

2. 完全放弃居民税收管辖权，只行使地域管辖权的国家和地区

这类避税地的主要特征是，征收某些直接税，但税率较低或提供大量税收优惠，以及对境外所得完全免税。它是跨国公司广泛用来从事国际避税活动的有利场所，被公认为典型的避税地。以我国香港为例，香港实行分类所得税制，征收薪金税、利润税、利息税和财产收益税，各税平均税率为15%左右。此外，还有遗产税、印花税和进出口关税（仅对烟草、酒、甲醇、碳氢四类货物征收），特许权使用费收益税率为（个人）1.5%和（公司）1.65%的预提税，对银行等金融机构的境外所得仅征5%的所得税。由于香港在直接税方面的低税以及免征大部分关税，不仅成为一个国际避税地，而且成为有名的自由港。

3. 实行正常课税，但提供某些税收优惠的国家和地区

这一类国家和地区均有完备的所得税制度和财产税制度，其税率并不亚于其他国家，其中大部分实际上可归于高税率国之列。然而，这类国家在某些行业或特定的经营形式下给予极大的税收优惠，从而成为跨国纳税人可以利用的避税地。以卢森堡为例，卢森堡为控股公司提供一种免税待遇，控股公司可免缴公司所得税、资本利得税、财富税、股利预提税、债券利息预提税、发行债券印花税、停业税。这种免税政策使卢森堡在国际金融业的地位不断增强，已成为欧洲最重要的筹资市场和资金转换市场之一。

二、利用国际避税地进行税务筹划的方法

跨国纳税人利用避税地的手段是多样的，但主要的避税手段是建立基地公司，也叫信箱公司或挂牌公司。这些公司，在国际避税地的作用主要是为经济活动实质仍在各高税国的关联公司（企业集团）规避和减轻税负充当基地或中介。需要说明一点，这里之所以称作避税，而不称为节税，是由于国际税务筹划中的顺法意识和逆法意识在不同国家之间可能互相背反，难以统一，甚至不可划分。基地公司的避税形式主要有：

（一）把基地公司作为虚假的中转销售公司

这种避税形式是把基地公司当作一个“信箱”，仅办理传递票据，转销母公司或关联公司及其他公司商品。

例8-2 某集团在A国设有母国公司M，在B国设有子公司m1，在C国设有子公司m2，在E国设有基地公司e。m1或D国非关联公司（d）的产品实际上是直接运送到m2并通过m2对外销售的。它们之间的经济活动关系，实际上是m2直接接受来自m1和d的产品，但是这样难以避税。于是母国公司M决定先由m1和d向e出售产品，这时价格是低价或平价，是真实价格，然后再由e加价售给m2，这就成了虚假的高价产品，减少了m2的应税收入，减少的这部分价差形成的利润就沉淀在e公司的账上，而E国为避税地，税负低甚至是无税的，因此达到了避税的目的。其经济活动关系如图8-1所示。

（二）基地公司作为控股公司

这种避税的形式是利用某些国家对控股公司免税的优惠条件，在这些国家设立控股公司，要求关联公司将所获利润以股利形式汇到基地公司以实现避税。需明确指出，设在避税地的控股公司，并不是最终的控股公司，而常常是介于最终控制股权的母公司与子公司、孙公司之间的中继站。它可利用自身的免税或低税优势，发挥转盘作用，通过把筹集来的资金再投资，赚到新的免税收入。

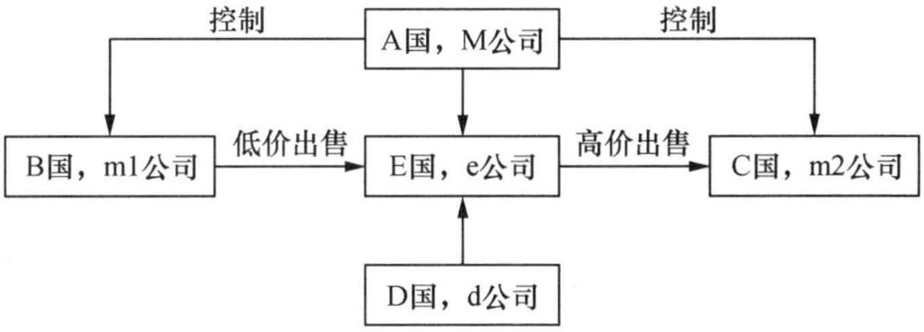

图 8-1 经济活动关系图

例 8-3 一家设在 A 国的子公司 h1,若如实地支付股利给设在 C 国的母公司 H,需要缴纳高达 30% 的预提税;为了避免缴付这一预提税,公司可寻找在与 A 国订立有双边税收协定的 B 国的另一子公司 h2,并令其对 h1 公司进行投资以实现控股;当 h1 公司再向 h2 公司支付股利时,只需按优惠税率 5% 在 A 国缴纳预提税,而 B 国因是避税地而免征股利税,由此达到避税的目的。其经济活动关系如图 8-2 所示。

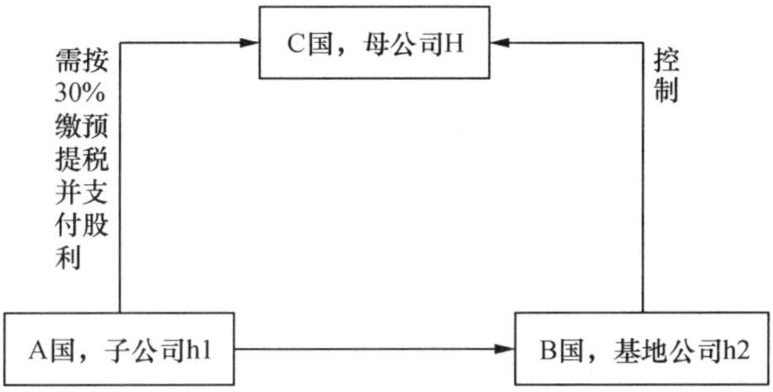

图 8-2 经济活动关系图

(三) 基地公司作为收付代理

在这种方式下,基地公司收取利息、特许权使用费、劳务费和贷款;而实际上款项的借出、许可证的发放、劳务的提供与货物的出售均在别处。

(四) 基地公司作为海运公司

由于海运公司的所有权与经营权无须在同一国内,注册地又可以是第三国,这给税务筹划带来了便利。从减轻负税的角度考虑,许多船舶悬挂方便旗帜(flags of convenience)。所谓方便旗帜,是指那些可由非居民船东悬挂的国旗,旗帜国政府除了收取一部分注册费外,对挂旗船并不实行财政性或其他控制。利比里亚和巴拿马已成为船舶避税地的最佳选择。

相关案例

历史上巴拿马是南美的一部分,而地理上又连接着南美、中美和加勒比海,是太平洋和大西洋之间的通道,由于巴拿马独一无二的优越地理位置,其国家历史与全球商业长期紧密相连,巴拿马自始至终努力保持着一个低廉的注册制度,因其开放的船舶注册制度而闻名于世。在巴拿马注册的船舶每年只需交纳固定的几项税费。注册一家巴拿马的公司并拥有其在巴拿马注册的船舶,可在各方面节省费用。如果游艇拥有者是巴拿马自然人或公司实体,其注册费每两年只需 1 000 美元,如果拥有者不是巴拿马自然人或公司实体,则为 1 500 美元。而维持一家巴拿马公司的费用每年只需几百美元,这样做可以合理规避税费。这就是为什么人们看到很多船只悬挂巴拿马国旗的原因。

(五)基地公司作为信托公司

在大部分国家,信托都不具有独立的法人地位,并且对这种信托法律关系的存在都有一定的时间限制。然而在一些避税地,信托则可以作为法人存在,并允许一项信托长期存在,如列支敦士登。在另一些避税地,允许建立信托,但无信托法规,因而信托也可以无限期存在,如海峡群岛。

在高税国的纳税人可将其财产或其他资产委托给避税地的一家信托公司或受托银行,由其处理财产的收益。跨国纳税人利用信托不但可以在一定程度上避免财产所得和转让资产产生的资本利得的税负,由于信托资产的保密性,还可通过信托资产的分割将其财产转移到继承人或受赠人的名下,借此来规避有关国家的继承税、遗产税或赠与税。

相关案例

美国在 1916 年开征了遗产税。开征不久,许多人通过信托的形式把财产交给信托公司。这样信托财产在法律上切断了委托人和受托人之间的收益权关系,从而财产的所有权转移给了信托公司。当委托人去世之后,信托公司按照委托人的意思将财产交给委托人的子女,这时候就免交了遗产税。如果不采取信托而是把遗产直接交给子女是需要交纳遗产税的。但根据美国当时的法律,如果先把财产交给信托公司,由信托公司再把遗产交给委托人子女,就不适合遗产税法,免交了一大笔遗产税。

(六)基地公司作为投资公司

这种基地公司是以从事有价证券投资为目的,主要持有其他公司优先股、债券或其他证券的公司。它只构成某个公司很少或极少的股份,并不提供任何有意义的企业决策投票权。组建投资公司的目的是逃避或减轻对股息、利息、租金等所得征收的所得税和资本利得税。

(七)基地公司作为金融公司

金融公司是为公司集团内部借贷业务充当中介人或为第三者提供资金的机构。跨国纳税人为了减少利息收入的预提税,常常借助税收协定在某些避税地建立金融公司从事中介业务。它们既可充当公司内部借贷的中介,为内部融资进行调配;又可从事向非关联企业的正常贷款业务,获得利息收入;还可为集团成员提供进行长期投资所临时需要的大笔资金以减轻公司税负。为了收到满意的效果,必须在理想的地点建立这种基地公司:首先,此地与借款人的所在国签订了减征或免征预提税的税收协定;其次,所在国税务部门能够容忍该公司的微利经营;最后,此地对支付贷款人的利息不征预提税。

另外,还可以使基地公司采取以下公司形式:① 提供和转让各种专利权的专利持有公司;② 专门从事货物或劳务贸易以及租赁业务的贸易公司;③ 在跨国公司内部,为其公司集团成员提供保险和分保险业务的受控保险公司;④ 由高税国居民在避税地建立的以海外投资为目的的具有独立法人地位的离岸基金和以所在国非居民为业务对象的离岸银行。

三、中国企业运用国际避税地避税应注意的问题

(一)《企业所得税法》对运用国际避税地避税的限制

《企业所得税法》第二条规定,依照外国(地区)法律成立但实际管理机构在中国境内的企业属于我国的居民纳税人,要就在中国境内和境外取得的全部所得在中国境内纳税。《企业所得税法实施条例》第四条规定,实际管理机构在中国境内的判定依据为:境内企业对被投资企业的生产经营、人员、账务、财产等实施实质性全面管理和控制的机构在我国境内。

《企业所得税法》第四十五条规定:"由居民企业,或者由居民企业和中国居民控制的设立在实际税负明显低于规定税率25%的国家(地区)的企业,并非由于合理的经营需要而对利润不作分配或者减少分配的,上述利润中应归属于该居民企业的部分,应当计入该居民企业的当期收入。"其中,明显低于是指低于规定税率25%的50%,即12.5%。《企业所得税法实施条例》第一百一十七条对"控制"作了规定,包括:① 居民企业或者中国居民直接或者间接单一持有外国企业10%以上有表决权股份,且共同持有该外国企业50%以上股份;② 居民企业,或者居民企业和中国居民持股比例没有达到前述规定的标准,但在股份、资金、经营、购销等方面对该外国企业构成实质控制。

由于目前在国际避税地成立的避税公司多为离岸公司,尽管其在法律上属于外国公司,但实际管理机构一般在中国境内。按照《企业所得税法》的规定,在国际避税地成立的上述公司将在中国负有全面纳税义务,不仅要就在中国境内取得的所得纳税,而且要就在中国境外通过各种方式取得的所得在中国交纳企业所得税,从而使直接运用国际避税地避税的效果大打折扣。

即便中国税务当局不将在国际避税地设立的公司认定实质管理机构在中国境内,但只要国际避税地的所得税税率低于12.5%,上述在国际避税地成立的公司无合理理由不分配股利时,中国税务当局也可以推定为利润分配,从而要求国内的投资者就在国际避税地成立的公司当年未正常分回的利润补交税款。

(二)突破《企业所得税法》限制运用国际避税地税务筹划的方法

1. 避免成为"实际管理机构在中国境内"的外国(地区)企业

虚假迁出是国际税务筹划中常用的一种手段,也适用于我国《企业所得税法》下对居民企业的税务筹划。所谓虚假迁出,是指在法律上纳税人已经迁离一国,但实际上并未真正迁出该国,从而在不真正迁出的前提下避免成为该国的居民纳税人。例如,法国一家跨国钢铁公司在英国从事经营活动,有可能成为英国的居民纳税企业,为了避免在英

国就全球所得纳税,该公司曾进行过这样的税务安排:

第一,英国股东不参与企业管理活动,选择非英国居民从事管理工作;

第二,不在英国召开董事会或股东大会,公司有关材料、档案、报告等都放在英国以外的地方;

第三,不用英国电话、传真发布指令;

第四,专门成立一家独立服务性公司处理公司有关事务。

经过这样的安排,该公司成功地避免成为英国居民纳税人,12 年里在英国避税额达 8 000 万美元。

对中国境内企业在国际避税地成立公司可以参照上述法国钢铁公司的做法,在中国税收管辖权之外召开离岸公司重大经营管理决策的会议、公司账簿保管到境外、派出人员到境外进行管理等,从而通过虚假迁出的办法成功地避免成为中国的居民纳税人。

2. 选择合适的国际避税地进行注册

在国际避税地成立公司时,为了避免被中国税务当局推定为利润分配补交企业所得税,国内企业应尽可能选择符合下述条件的国际避税地避税:

第一,对离岸业务不征收企业所得税、利得税或类似税收。通常离岸地均能满足该条件。

第二,该国际避税地所得税税率不低于 12.5%。目前热门的国际避税地如百慕大群岛、萨摩亚、英属维尔京群岛、巴哈马群岛、开曼群岛等由于几乎没有所得税,在这些地方直接设立公司而利润不分回国内时,国内税务机关可以推定利润分配而要求国内投资企业补交企业所得税。因此从表象看,这些地方不再是《企业所得税法》下的避税天堂,但是这种瓶颈效应并不是不可突破的。在具体操作上,可以先由国内企业在所得税税率不低于 12.5% 的国际避税地设立基地子公司,该基地子公司再向低税率的国际避税地设立孙公司,这样孙公司保留利润不分配不受中国税法的监管,而孙公司将利润分回到基地子公司,基地子公司所在地对上述离岸收益一般也不征收企业所得税;由于基地子公司所在地所得税税率高于 12.5%,这样基地子公司将该分回利润长期积累在自己账面上而不分回到中国境内,同样不受中国所得税法的监管,从而达到规避中国税法管制的要求。当然,在上述筹划的过程中,同样要注意避免使新设立的公司在实质上成为中国的居民纳税人。

第四节　国际租赁中的税务筹划

一、国际租赁概述

国际租赁是一种新的国际经济活动形式,主要内容包括工业、商业、科研设备和不动产的租赁。这是国际投资和国际金融相结合的一种特殊方式,出租方一般是金融机构。

20 世纪 60 年代以来,以美国为首的租赁业利用跨国公司促进外销,推动了国际租赁的普及化。承租方与出租方在国际租赁中都可享受到税收利益,这是跨国公司对融资租赁兴趣浓厚的原因所在。

首先，采取购买方式直接进口机器设备时，进口关税和增值税在有的国家高达资产成本的20%左右；而采用国际租赁方式只需就租赁费用交纳进口关税和进口增值税，避免了直接购买按机器设备总价交纳税款的高额税收负担，国内航空公司往往通过租赁而非购进的方式引进飞机就是很好的例证。

其次，国际租赁可以既解决资金筹措的问题，又获得节税的实惠。因为许多国家税法规定一般贷款无税收优惠，而融资租赁的贷款有投资减免税待遇，这样实际支付的租赁费用要低于银行贷款的利息。

再次，通过租赁业务可以利用财务杠杆原理赚取更高的收益，通常出租方只要提供较少比重（10%—40%）的自有资金作为担保，就可以从银行获得较多（60%—90%）的融资租赁贷款。

最后，许多国家税法还规定投资减免税在某些情况下可以转让给承租方，使承租方也能够获得直接的税收利益。

二、国际租赁中的税收利益

由于租赁业务涉及出租人和承租人两方，而折旧和某些相关费用应明确在哪一方承担，目前尚无统一的办法，这就造成了税收上的收益抵扣项目的疏漏或重叠，给跨国纳税人以利用租赁避税的机会。在国际租赁中，最基本的避税方法有：由一个设在高税国的关联企业购置资产，以尽可能的低价租赁给一个设在低税国的关联企业，后者再以尽可能的高价转租赁给另一设在高税国的关联企业，从而可以获得双重的税收利益。也就是说，一方面，通过租金费用的转移，可将一部分在高税国的所得向低税国转移；另一方面，利用有关国家税收法规上的分歧，可由出租人和承租人多次重叠提取折旧，多扣抵应税收益。另外，将母公司本应对子公司的直接投资转变成融资租赁形式，还可以免去重新注册登记和日后随时转移资本的约束。

三、国际租赁中的税务筹划方法

（1）辗转租赁获得税收利益。这种国际租赁中最基本的筹划方法是：由一个设在高税国的关联企业购置资产，以尽可能的低价租赁给一个设在低税国的关联企业，后者再以尽可能的高价租赁给设在另一高税国的关联企业。它通过租金费用的转移，将在高税国所得向低税国转移，又分别由出租方和承租方多次提取折旧，大规模减轻税负。

（2）利用各国会计对租赁分类的不同。比如，我国将租赁分为经营租赁和融资租赁，针对不同的租赁方式，税前扣除的费用规定不同。经营租赁的租赁费可当期直接扣除，而融资租赁方式中发生的租赁费不得扣除，必须予以资本化。跨国公司就可以改变租赁的实质，达到调节利润的目的。

（3）利用各国当局对租赁财产提取折旧的当事方的不同规定。比如，我国是根据租赁方式不同提取折旧，针对的可能是经济所有权也可能是法律所有权，而美国则是规定按租赁财产的经济所有权提取折旧。这样，处于中美两国的关联公司，就有可能利用租赁设备，计提两次折旧，从而达到减轻税负的目的。

（4）关联企业内部通过租赁费高低调节利润。由于租赁费的高低很难用一个标准来衡量,而且对于某些缺乏市场价格的固定资产更难以准确计量租赁费的高低。因此,这种避税方式已成为跨国关联公司租赁避税的主要形式。

(5) 直接投资转为租赁。例如,某跨国纳税人将本应对公司直接投资的资产转为租赁形式,这不仅增加子公司的费用支出,减少应纳税额,还可在有关国家享受到租金税收减免的优惠。若这个跨国纳税人所在国为欧盟国家,那么这种租赁形式应为融资租赁,把获得的收入由一般利得转为资本利得,还可享受到减免税负的优惠。如果采取杠杆融资租赁,除了以上好处外,还可以利用财务杠杆作用获取税收收益。因为资产的所有者(出租人)提供取得资产所需的10%—40%的资金,而其余部分则以无追索权为依据从金融机构债权人那里借入。资产所有权带来的全部税收收益归出租人所得,即使出租人在租赁中只占10%—40%的产权。这种财务杠杆作用为出租人创造了比按比例得到的税金节减额更高的收益。

第五节 国际税收协定在跨国税务筹划中的运用

国际税收协定(international tax convention),是指为调整国家与国家之间的税收关系,由两个涉及跨国税收行为的国家政府以书面协定的形式缔约,具有专业性和业务性特点的法律文件。

一、国际税收协定的作用及其局限

各国政府在涉外税收的管辖权上,目前采取"属地"和"属人"的不同原则。不同原则下的税收管辖权带来了国际税收的矛盾:一方面,各国税收管辖权的重叠和冲突带来了国际重复课税的问题;另一方面,各国行使的税收管辖权在实施范围和程度上的差异也为各国国内税收领域早已存在的避税活动开辟了广阔的天地。

国际税收协定在调整国家与国家之间的税收关系和协调有关税务事项的总前提下,具有多方面的作用:

(1) 划分征税权,协调国家与国家的税收权益;

(2) 避免国际双重征税,消除跨国纳税人的不合理负担;

(3) 加强国家之间的税收合作,互通税收情报,防止国际偷、漏税;

(4) 避免税收的国际歧视,保护纳税人的税收利益;

(5) 促进国际贸易和投资,推动缔约国经济的发展。

上述五个方面的作用是肯定的,但目前究竟已发挥到什么样的程度却是值得推敲的。

首先,现行对国家征税权的划分还反映着当前国际经济秩序不合理的因素,尤其在经济发达国家同发展中国家间的国际税收分配关系上的欠公正倾向,驱使着经济利益向发达国家倾斜。

其次,消除跨国纳税人的双重税收负担也是相对而言的,即使直接税的双重征税问题解决了,间接税的双重征税还未解决;即使间接税的双重征税问题解决了,财产税、社会保险等双重征税问题还依然存在。这是由于各国税制不同造成的必然差异,重复课征的问题难以绝对避免。

最后，目前全世界跨国公司的相关联企业已超过 11 万家，它们之间的商业往来和财务关系十分复杂，利用转让定价和税收协定及避税地的情况十分普遍，而国际税收领域的反避税却显得回天乏力。在某一公司的国际避税行为对其居住国没有影响的时候，该国政府可能不会关心和配合税收受到规避国家的反避税行动。

二、利用国际税收协定的税务筹划

为解决国际双重征税问题和调整各国间税收利益分配，世界各国普遍采用缔结双边税收协定这一有效途径。为了避免国际双重征税，缔约国双方都要做出相应的让步，从而达成缔约国双方居民都享有优惠，而且这种优惠只有缔约国一方或双方的居民有资格享受。但是，当今资本的跨国自由流动和新经济实体的跨国自由建立，使其与税收协定的结合成为可能，这便为跨国纳税人进行国际税务筹划的财务安排开辟了新的领域。

（一）利用传输公司进行税务筹划

比较常见的做法是：跨国纳税人试图把从一国向另一国的投资通过第三国迂回进行，以便从适用不同国家的税收协定和国内税法中受益。在实践中，主要有以下几类做法：

1. 直接传输公司

相关案例

K、L 两国之间未订立税收协定，但都分别与 M 国订有双边互惠协定。K 国的甲公司要向 L 国的乙公司支付股息，乙公司就在 M 国组建丙公司，由甲公司先把股息支付给丙公司，再由丙公司支付给乙公司。这样，丙公司和乙公司都可以享受税收协定优惠，从而降低税负。在这里，丙公司就是一个传输公司，它好像一个输送导管，使股息迂回于 M 国，从而达到减轻税负的目的。

2. 间接传输公司

相关案例

沿用上例条件，不同的是 L、M 两国之间也没有税收协定，但 M 国规定：丙公司支付给他国公司的投资所得允许作为费用扣除，并按常规税率课征预提税。这时 L 国的乙公司在同样与 L 国订立税收协定的 N 国（该国对所有公司实行优惠政策）建立丁公司，甲公司先把股息付给丙公司，丙公司再付给丁公司，由丁公司付给乙公司。采用更加迂回的策略使丙公司的所得可以大量扣除乙公司投资的支出，又使其在 M 国缴纳的预提税可在 N 国得到抵免，还使丁公司的收入享受优惠待遇。丁公司则被称为脚踏石式的传输公司。

（二）设置外国低股权的控股公司进行税务筹划

许多国家间的税收协定都有这样的规定：享受预提税优惠的必要条件是该支付股息的本国公司由外国投资者控制的股权不得超过一定比例。例如，德国签订税收协定的惯例就是将这一比例定为25%。这样，非缔约国纳税人就可以精心组建外国低股权的控股公司，以谋求最大限度地减轻税负。如果我国的跨国公司拥有在德国的全资子公司，中德两国之间签有一般性税收协定《中德避免双重征税和防止偷漏税协定》，那么该跨国公司可以在我国境内先组建五个子公司，分别注明拥有德国子公司少于25%的股份，从而在中德之间的税收协定中享受优惠待遇。

（三）利用税收协定中常设机构定义进行税务筹划

在国际税收协定中，最重要的问题是确认常设机构。依照国际惯例，一国对于非居民来源于本国营业所得的征税以其在本国境内设有常设机构为前提，因此常设机构的概念和范围就成了关键因素，而各个税收协定在此方面的规定并不一致，这就为利用税收协定进行税务筹划提供了可能。

相关案例

甲国公司A欲通过独立地位代理人B在乙国销售其产品，B为能不失时机地接受订单，要求掌握部分现货。根据甲、乙两国税收协定的规定，能够经常接受订单并且有库存的独立地位代理人将构成常设机构。因此，乙国可就A公司在乙国销售产品所获利润按国内税法的规定征收所得税。由于乙国与丙国签订的税收协定中未做出上述规定，所以，A公司为了逃避承担乙国的税负，决定通过设在丙国的子公司委托B在乙国进行销售，从而成功避免成为乙国的常设机构，不需要按照乙国的所得税法在乙国交纳所得税。

三、运用国际税收协定进行税务筹划应注意的问题

运用国际税收协定进行税务筹划时，应关注税务当局防范税收协定的滥用。所谓税收协定滥用，一般是指跨国纳税人把对本身的征税权，设法从非协定缔约国转移到缔约国，或从缔约国一方转移到另一方，以冒用协定优惠条款，谋取降低税负乃至免税，达到避（逃）税目的。

税收协定的滥用，较多的是以下两种形式：

第一，利用国内税法或税收协定有关条款规定的疏漏或不明确来滥用，这主要涉及对“居民”的界定。例如，在加拿大所订税收协定中，均订明缔约国国内税法规定的优惠，如免征、扣除、抵免等，税收协定一律不加限制，仍然有效。同时又规定，加拿大居民由于特定情况（如受雇到另一缔约国工作），可按协定被视为另一缔约国居民，从而具有双重居民身份：既可享受加拿大国内税法规定的优惠，又可享受协定规定的另一缔约国优惠。利用这一漏洞避税的加拿大纳税人就有不少，这就是利用对“居民”的界定不明确而滥用

税收协定。为此,加拿大特地于1998年实行新规定:凡按税收协定已视为另一缔约国居民的,即不得再享受加拿大国内税法对加拿大居民规定的所有优惠待遇。

第二,纳税人通过传导性实体(conduit entities)一类投资形式掠取协定税收优惠。例如,在英荷的税收协定中,第11(1)款规定:缔约国一方产生的利息,如系来自或应属于另一方居民者,只应由另一方征税。某英国公司即企图滥用此项规定。该公司在荷兰设有持股100%的子公司。该公司向其在荷兰的子公司借入贷款,并向子公司支付利息。此项利息来自在荷兰的贷款,按协定在荷兰征较低的预提税。但该子公司在荷兰按优惠税率缴纳预提税,实际受益者为英国持股100%的母公司,这就使英国母公司达到掠取协定优惠的目的。英国税务当局及时发现后,决定仍在英国按一般税率征收预提税。为此,英荷协定又在第11(6)款内规定:如付出利息所依据的债权,只是人为的安排,是为了享受协定优惠而没有真正的商务目的,则不能适用协定第11(1)款的规定。

以上是企图通过传导性实体滥用协定的一例。此外,还有一些投资形式,如跨国投资基金,也有对其所得的传导作用,其所得分配后,最终收益的纳税人应否享受协定优惠,也是一个滥用协定的漏洞;通过合伙、信托等形式,也可达到转移所得滥用协定优惠条款的目的。各有关国也都采取了一些反滥用协定的措施,因此企业在进行税务筹划时应时刻关注税务当局对税收协定防止滥用的相关措施,避免走进税务筹划的误区。

相关案例

2003年3月,新疆维吾尔自治区B公司与C公司共同出资成立A公司。2006年7月,A公司出资方B公司和C公司与巴巴多斯D公司签署了合资协议,巴巴多斯D公司通过向B公司购买其在A公司所占股份的方式参股A公司。2007年6月,巴巴多斯D公司决定将其所持有的A公司的股权以4 596.8万美元的价格转让给B公司,并与B公司签署了股权转让协议。在为转让股权所得款项汇出境外开具售付汇证明时,付款单位代收款方D公司向主管税务机关提出要求开具不征税证明。理由是:根据中国和巴巴多斯税收协定"第十三条财产收益"的规定,该笔股权转让款4 596.8万美元应仅在巴巴多斯征税。

税务机关在调查中发现了种种疑点:① 巴巴多斯D公司是美国NB投资集团于2006年5月在巴巴多斯注册成立的企业。在其注册一个月后即与中方签订投资合资协议,而投入的资金又是从开曼开户的银行汇入中国的。该公司投资仅一年就将股份转让,并且转让收益高达1 217万美元,折合人民币9 272万元,收益率36%,且不是企业实际经营成果,而是按事前的合同约定的。② 关于巴巴多斯D公司的居民身份问题,税务机关提出了疑问。为此,D公司提供了由我驻巴巴多斯大使馆为其提供的相关证明,称其为巴巴多斯居民。但该证明文件只提到D公司是按巴巴多斯法律注册的,证明该法律的签署人是真实的;同时,该公司还出具了巴巴多斯某律师证明文件,证明D公司是依照巴巴多斯法律注册成立的企业，成立日期为2006年5月10日(同年7月即与我国公司签署合资协议)，公司地址位于巴巴多斯××大街××花园。但公司登记的三位董事都是美国国籍，家庭住址均为美国××州××镇××街××号。③巴巴多斯D公司作为合资企业的外方，并未按共同投资、共同经营、风险共担、利益共享的原则进行投资，只是完成了组建我国中外合资企业的有关法律程序，便获取了一笔巨额收益。从形式上看是投资，而实际上却很难判断是投资、借款或是融资，还是仅仅帮助国内企业完成变更手续，或者还有更深层次的其他经济问题。

根据中巴税收协定，此项发生在我国的股权转让收益我国没有征税权，征税权在巴方。在D公司是否构成巴巴多斯居民的身份尚未明确的情况下，为避免中方企业遭受损失，税务机关同意对股权转让款先行汇出，但扣留相当于应纳税款部分的款项，余额部分待D公司能否享受税收协定待遇确定后再作决定。随即，税务当局启动了税收情报交换机制，最终确认D公司不属于巴巴多斯的税收居民，不能享受中巴税收协定的有关规定，对其在华投资活动中的所得应按国内法规处理。2008年7月完成了该项9 163 728元税款的入库工作。在该案例中，巴巴多斯D公司即滥用了中巴税收协定，从而被中国税务当局查处。

本章小结

各国税收管辖权的冲突和税制的差异是国际税务筹划得以存在的基础和前提。从组织形式方面讲，跨国公司应该避免成为常设机构，以规避来源国的非居民企业税收。可以通过子公司还是分公司之间的权衡和公司形式转换来实现盈亏互抵或递延纳税；也可以利用在避税地设立基地公司的形式，积聚盈余和规避母公司居住国的高额税负。从经营活动方面讲，国际转让定价的利用，可以在关联企业之间的往来中通过抬高或者压低结算价格来实现转移利润、减轻集团公司总体税负的目标。为了堵塞跨国公司偷、漏税款的漏洞和避免跨国的重复课税，中国与许多国家之间签订了双边税收协定，从而利用双边税收协定的有利条款降低企业税负。

复习思考题

1. 企业的国际税务筹划有什么特点？
2. 企业开展国际税务筹划的动因主要有哪些？
3. 如何利用企业的非居民身份进行税务筹划？
4. 何为避税地？如何利用避税地进行税务筹划？
5. 如何利用国际双边税收协定进行税务筹划？

案例分析

通过第三方销售的税务筹划

GM是一家跨国的汽车发动机制造集团公司，所属的A子公司位于法国，所属的B子公司位于美国，所属的C子公司位于中国。假设法国现行所得税税率为50%，美国现行所得税税率为40%，中国现行所得税税率为25%。A公司生产的某款汽车发动机零件要销售到美国的B公司和中国的C公司进行组装，每台发动机零件成本为6 000欧元，集团内部规定发动机零件的成本利润率不得超过20%；按计划今年本应以每台7 200欧元的价格销售给B公司和C公司发动机零件各500 000台，然后再按组装后价格每台10 000欧元价格投放市场。GM集团公司认为这样的产销链安排税负过重，拟通过压缩A公司销售价格到每台6 400欧元的办法降低利润率，以便减轻在法国的纳税负担，提高GM集团总体的净利润。

思考：作为一名税务筹划师，你认为在发动机零件价格不能再低于每台6 400欧元的前提下，还有什么途径能够进一步提高GM集团总体经济效益？

第九章　转让定价的税务筹划

［**学习目标**］　通过本章学习，要求了解制定转让定价的制约因素；领会转让定价方法利用的条件；明确转让定价对企业税务筹划的作用和对企业管理的不利影响，以及税务机关反避税措施有关特别调整的规定。

转让定价，是关联企业之间往来结算采用的脱离市场公允价值的价格。由于转让定价运用的范围不同，划分为国内转让定价和国际转让定价。尽管国内转让定价的原理和国际转让定价具有相通之处，但是国际转让定价涉及的内容更为复杂。所以，本章主要讲述国际转让定价。国际转让定价虽然与国际税务密切相关，但是国际转让定价的影响远不只体现在税务方面。它对跨国公司本身，对接受跨国经营的各国政府以及国际资本的流动等，都有广泛而深刻的影响。因此，国际转让定价的制定，是跨国公司经营战略的重要组成部分，同时也是一种颇为神秘且风险较大的行为。

第一节　制定国际转让定价的制约因素

国际转让定价是指跨国公司管理当局从其总体经营战略目标出发，为谋求公司利润最大化，在跨国关联企业（如母公司与子公司、子公司与子公司）之间购销产品或提供劳务时所确定的内部价格。这种价格通常不受市场供求关系变动的影响。

跨国公司经营活动的多国性质，既提高了转让定价的重要性，也增加了转让定价制定的复杂性。首先，在跨国经营企业的总产量中，需要在公司内部以转让定价转让的部分大幅度增加。据统计，国际贸易总额中约有40%是由跨国公司内部的产品流转构成的。其次，在当前复杂的国际经济环境中，转让定价已从最初作为控制各责任中心或子公司的手段，发展到现在作为跨国经营企业实现其全球战略的重要策略。国际转让定价制定得适当与否，直接影响到跨国公司以及各国政府的利益。就跨国公司而言，适当地利用转让定价，可以减轻税负，包括减轻所得税、扣缴税或者关税等，从而改善公司的资金流动状况。此外，也可以增强母公司和子公司的竞争能力。但是，过分地利用转让定价，也有可能导致东道国政府的报复，或者会损害公司管理人员的责任心和进取心，削弱企业的竞争能力。同时，就各国政府而言，对跨国公司的转让定价管理过于松懈，可能严重影响本国的财政收入；但如果控制过严，又会损害这些国家的投资环境，影响国外投资者的投资积极性。随着国际环境的日趋复杂化，转让定价的制定受到很多因素的影响和制约。但无论怎样，跨国公司仍然能够利用转让定价，使公司适应不断变化的环境特征以及在税务、竞争和风险等方面的复杂情况。

影响国际转让定价制定的因素很多，如所得税的差别、关税壁垒、竞争、通货膨胀、外汇管制、政治风险等。各种因素在不同时间内的重要性以及各种因素间的相互作用影响都不尽相同,这给跨国公司转让定价制定带来了极大的困难。

一、制定国际转让定价时需要考虑的因素

1. 税负

在税负因素中主要考虑的是所得税。各国所得税税率的不同使跨国公司通过人为地抬高或压低转让定价来减轻税负成为可能。具体来说,跨国公司可通过以较高的转让定价输入产品,而以较低的转让定价输出产品的方式,把设在税率较高国家的子公司的利润转移出来,再用相反的方法把利润转移到税率较低的国家的子公司去,从而减少应交所得税,增加整个跨国公司集团的税后利润。跨国公司利用转让定价转移收益、减轻税负对各国政府的影响会使相关国家在税收收益方面的关系发生变化。一般来讲,由于跨国公司是将收入由税率较高的国家向税率较低的国家转移,而将费用由税率较低的国家向税率较高的国家转移,因此,税率较高国家的所得税收入将相应地减少,而税率较低国家的所得税收入则相应地增加。

在税负方面,除所得税之外,关税是跨国公司制定转让定价时需要考虑的另一个重要因素。通常,在向关税较高的国家销售产品时,单就关税考虑,跨国公司倾向于压低价格,借以节省关税支出,增加整个跨国公司集团的利润。

就税率而言,所得税与关税对转让定价制定的影响,其方向刚好相反,销售价格较高时,所得税税后收入增加,关税也增加,反之亦然。正因为如此,如果向所得税税率和关税税率都较高或者都较低的国家销售产品,则跨国公司在制定转让定价的问题上就不得不权衡得失,在所得税与关税的影响之间做出取舍。

2. 通货膨胀

持续的通货膨胀会使企业持有的货币性资产的购买力下降。跨国公司为了减少这种损失,通常将设在通货膨胀率较高的国家子公司的货币性资产保持在最低限度。因此,跨国公司往往通过抬高供给这些子公司的产品转让定价,或者压低这些子公司所提供的产品的价格,尽可能地将子公司的货币性资产转移至通货膨胀率较低的国家中去。

3. 外汇管制

子公司东道国的货币能否自由地兑换成外汇,或者外汇兑换后能否自由地汇出国外,也是母公司非常关心的问题。有的国家对跨国公司在本国赚取的收益在汇出本国国境时施加了很多限制,或者课以相当重的税收。此外,许多国家出于改善本国国际收支状况的需要,有时会采取货币贬值的办法,使跨国公司的子公司遭受类似通货膨胀下的购买力损失。为了避免这种损失,跨国公司往往以抬高向这些子公司提供产品的转让定价,或者压低这些子公司所提供的产品价格,将现金转回母公司。

4. 竞争

转让定价是跨国公司增强国外子公司竞争能力的重要手段。对于在国外新设立的子公司,跨国公司通常以低廉的转让定价,向该子公司提供所需的商品,以扶持新创子公司,增强其市场竞争能力。同样,对于在竞争中处境不佳的子公司,跨国公司可以调低其输入产品的转让定价,同时抬高其输出产品的转让定价,人为地使子公司的盈利水平和

财务状况得到改善,借以增强其竞争能力,削弱国外竞争对手的地位。

5. 东道国政局的稳定性

东道国政治局势是否稳定,关系到跨国公司的合法权益是否有保障。在政治不稳定的国家里,跨国公司的经营活动将面临较高的风险。例如,跨国公司的财产有可能面临被东道国政府剥夺的风险。为避免这种可能出现的损失,跨国公司通常将这些子公司输入商品的转让定价抬高,或者压低这些子公司输出商品的转让定价,以便转移子公司的财产,使其可能遭受的风险降至最低。然而,值得指出的是,跨国公司利用转让定价转移财产的做法如不加以节制,有可能会加剧东道国政局的不稳定性,从而使其自身利益受到更大的伤害。

二、转让定价制定的限制因素

国际转让定价的制定及实施,不仅对跨国公司,而且对跨国经营东道国,在社会、政治、经济等诸方面都有广泛的影响。因此,跨国公司在制定价格时不能毫无顾忌。事实上,国际转让定价的制定和实施,受到诸多因素的制约。这些因素主要表现在以下两个方面:

1. 跨国公司与东道国的关系

跨国公司转让定价的制定和实施,首先受到与东道国关系的制约。跨国公司利用转让定价虽可达到减轻税负的目的,但同时也导致了各国税收利益的不平衡。例如,以压低的价格从所得税税率较高的国家向所得税税率较低的国家销售商品的结果,是使低税率国家的税收相对增加,而使高税率的国家税收利益受到损害。如果税收利益受到损害的国家强行对跨国公司的转让定价加以调整,而另一国又对这一调整不予承认,那么跨国公司就可能面临风险。为了使转让定价被有关国家承认,跨国公司就必须合理地制定转让定价,不可在人为调节转让定价方面走得太远。其次,跨国公司为增强其国外子公司的竞争能力,以压低转让定价向其提供商品或劳务的行为,很容易引起东道国政府采取反倾销行动。反倾销行动简便的方式之一是建立关税壁垒,提高关税。此外,跨国公司压低销售的行为也可能招致东道国当地竞争对手的报复。无论是东道国政府的反倾销,还是当地竞争对手的报复,其结果往往与跨国公司压价销售的初衷背道而驰。为了给东道国政府及竞争对手树立一个良好的形象,跨国公司在制定和利用转让定价时应格外谨慎,否则将使跨国公司的信誉受损,更不利于公司的长期经营。

2. 对子公司业绩的正确评估

过度地利用转让定价,往往会扭曲对子公司的真实业绩评估,而不真实的业绩评估不但会使管理人员的工作热情涣散,而且将损害一般雇员的士气。此外,不合理的转让定价也会损害各子公司之间的利益均衡,影响各子公司之间的协调和互助,最终不利于整个跨国公司的协调发展。

综上所述,跨国公司在制定转让定价时,必须在全面考虑各种因素的基础上,从公司整体利益出发,对转让定价利弊得失作全面的权衡和取舍,最终确定出适合自身情况的转让定价。

第二节 制定国际转让定价的基本方法

转让定价并不是跨国公司的发明创造,而是企业组织分权化经营的结果。转让定价可以在一个企业内部的各利润中心之间制定,也可以扩展到在跨国公司母公司与子公司、子公司与子公司之间制定。为了达到整个企业分权经营的目的,企业必须合理运用制定转让定价的方法。在几十年的实践中,各国企业界已形成若干种制定转让定价的基本方法。但归纳起来可分为两类:① 以市价为基础;② 以成本为基础。两类方法各有优缺点,在实务中,企业往往是根据自身的特点加以选择和运营的。

一、以市价为基础

以市价为基础的定价方法,就是要使转让的商品或劳务按转让时外部市场通行的价格,即以这些商品或劳务的买入公司愿意对外支付的价格作为公司间转让定价的定价基础。采用市价为基础的定价方法的优点主要表现在两个方面:① 采用这种定价方法在公司内部转让产品,实际上是将母公司及所属各子公司视为完全独立经营的企业。这不仅能达到公司分权化经营的目的,还有利于发挥子公司的自主权,促使子公司管理人员充分利用市场,增强其适应市场的能力。同时,利用这种转让定价确定各子公司的经营业绩也比较真实。② 由于市场价格代表了无关联关系的买卖双方在公开竞争的市场上所愿意达成的交易价格,排除了人为调节的因素,因此这种转让定价易于为东道国政府所接受。正是由于上述优点,目前大部分国家和许多国际组织,如经济合作与发展组织以及联合国等,均倾向于采用此法。但采用市场价格也有一定的局限性。在实务中,选定一个公允的市场价格往往是很困难的。首先,很难找到一个完全竞争的市场,而只要是在不完全竞争的市场,跨国公司就有能力操纵市场价格。其次,对跨国公司内部转移的半成品或零部件来说,很少有一个现成的中间市场,可借以寻找可靠的市价资料。再次,商品或劳务的市场价格只有在信用条件、等级、质量、运输条件等方面确实相同时,才具备较强的可比性,而上述条件往往是不相同的。最后,对于一些特殊行业,如电子、仪器等行业,产品成本中研究和开发费用占了相当大的比重,但其仿制者则可避免这类成本而以较便宜的价格出售其仿冒产品,因此,开发产品的跨国公司很难接受这种市场价格。

二、以成本为基础

以成本为基础的转让定价按其所包括的内容可分为三种类型:① 全部成本;② 全部成本加成;③ 变动成本加一个固定金额。其中,“成本”可以是实际成本,也可以是标准成本或预算成本。

采用以成本为基础的定价方法,可以克服按市价定价的局限性。因为各公司的成本资料容易搜集,所以这种方法简便易行。同时,这种方法还有助于各公司重视成本管理和成本数据的搜集,避免在定价上的人为判断,有利于跨国公司内部的相互协作。另外,由于成本资料有据可依,也经得起各国税务当局的核查。

尽管以成本为基础的定价方法可以克服以市价为基础的定价方法的局限性，但是以全部成本为基础制定的转让定价，使转出产品的子公司或利润中心无任何利润。其结果是，既损害了转出产品子公司的积极性，又致使这些子公司不关心其自身对成本的控制和管理，因为无论转出产品的全部成本高低如何，转入产品的子公司原则上都得接受。另一方面，对于接受产品的子公司来说，不正常的、过高的成本无形中使其承担了一部分转出产品子公司因经营不善造成的责任。采用变动成本加一个固定金额作为定价的基础，若该固定金额等于边际利润，则与全部成本为基础的转让定价相同；若该固定金额不等于边际利润，则仍然不能解决挫伤某些子公司生产经营积极性的问题。

全部成本加成法可以克服上述两种方法的缺点，易于为转出产品的子公司所采用。但成本如果是实际成本，据以确定的转让定价同样会使转入产品的子公司承担那种由其他子公司造成的、自己却又无法控制的责任。如改用标准成本或预算成本，这种情况虽可得到一定程度的改善，但成本基础仍难保证企业做出最佳决策。

除上述缺点之外，由于“成本”通常为历史数据，在通货膨胀严重的国家，以成本为基础制定的转让定价将与现行市场价格远远地脱节。不难看出，以成本为基础制定转让定价的方法忽视了市场竞争的要求和供求关系的影响。

以市价为基础和以成本为基础的定价方法各有所长和所短，两者孰优孰劣，难以判断。美国的一项调查表明，虽然有 1/3 的公司采用以某种成本为基础的转让定价形式，但其中有相当多的公司同时又采用以市场价格为基础的定价方法。可见，任何一种单一的定价方法都难以满足跨国公司的需要。

三、转让定价制定方法的选择

跨国公司在选择转让定价的制定方法时，应联系公司的经营目标、组织结构、生产规模、定价策略以及各国经济、文化背景等因素加以确定。

首先，在高度分权经营的跨国公司中，各子公司在确定转让定价方面往往享有较大的自主权，子公司间相互依赖的程度也相对较弱。在此情形下，子公司往往会选择以市价为基础的定价方法。但就跨国公司总体而言，选择以成本为基础的方法有利于其总目标的实现。

其次，公司经营的规模和介入国际经营的程度也与定价方法密切相关。经营规模大的企业，可以通过垄断控制市场的经营，它们往往从整个公司的总目标出发，在制定转让定价时倾向于以成本为基础。而小公司往往不能独立于市场，只能接受既定的市场价格。另外，公司介入国际经营程度不同，所受的国际环境影响也不同。在定价策略中，介入国际经营程度越深，所经受风险的范围也越广泛，因而只有将各种影响定价的因素综合加以分析，才能做出合理的定价决策。

最后，各国的文化背景也是定价方法选择的一个重要决定因素。譬如，美、英、日、法等国的经理人员一般都偏向于以成本为基础的定价方法，加拿大、意大利等国的经理人员则更倾向于以市价为基础的定价方法，而其他多数国家则无特定的倾向性。此外，不同决策人员对上述各种影响转让定价的因素考虑的侧重点也有不同。有的看中子公司在东道国的财务形象，有的则看中东道国的通货膨胀因素等，这一切与决策者所受的文化影响密切相关。

跨国公司在全面考虑各种影响因素的基础上所确定的转让定价能否为子公司东道国和母公司所在国政府所接受？这个问题始终贯穿于国际转让定价的制定是否公允等方面，限制了各国政府对转让定价进行全面和有效的检查和监督。各国政府对市价的规定并不十分严格，因此，跨国公司在各国政府所规定的范围内，仍能在转让定价上大做文章。

第三节　利用转让定价的税务筹划

一、运用转让定价方法的税务筹划

转让定价是适应公司组织形式和管理结构变化应运而生的一种重要的税务筹划方法，其基本做法是：在产品转让中，在卖方处于高税负而买方处于低税负的情况下，交易价格就低于市场价格；而在卖方处于低税负而买方处于高税负的情况下，交易价格就高于市场价格。通过转让定价方法，等量利润在不同纳税人身上以适应不同税率而节税，还可以在等量利润适用等量税率的情况下，以企业之间的价格转让和利润转让达到节税的目的。

一般来说，转让定价节税的基本方式有：

1. 购销业务中的转让定价

购销业务中的转让定价是指关联企业之间在购销机器设备、原材料、零部件及商品等业务活动中，利用“高进低出”或“低进高出”的手段，将利润在关联企业集团内部各成员之间转移，促使利润从高税地区转移到低税地区，以减轻整个企业的税收负担。

例9-1　甲国A公司是乙国B公司的母公司，A公司控制B公司100%的股权。甲国公司所得税税率为40%，乙国为30%。A公司对B公司销售一批零件，由B公司加工后出售。A公司成本为50万元，B公司成本是在A公司售价的基础上加25万元，A公司对B公司按正常价格销售产品收入为100万元，但A公司以75万元的价格将零件卖给B公司，B公司加工后以200万元出售最终产品。

在不考虑关税的情况下，A、B两公司应纳税额为：

正常价格下应纳税额 $=(100-50)\times 40\%+[200-(100+25)]\times 30\%=42.5$（万元）

实际纳税总额 $=(75-50)\times 40\%+[200-(75+25)]\times 30\%=40$（万元）

这样通过转让定价，少纳税2.5万元。

2. 提供劳务过程中的转让定价

关联企业之间相互提供劳务活动时，可以通过高作价或低作价方式收取劳务费用，从而使关联企业之间的利润根据需要进行转移，达到减轻其税收负担的目的。一般来说，关联企业在互相提供劳务时，应按照独立企业原则收取劳务费用。但考虑到关联企业一方税率较低或符合某项税收优惠政策，这时就可以通过劳务收费标准的调整，促使利润转移。

例 9-2 甲国 A 企业的所得税税率为 15%，乙国 B 企业是 A 企业的全资子公司，B 企业适用所得税税率为 25%。A 企业向 B 企业提供一项劳务，由于市场上没有同类劳务，无法寻找到合适的市场价格。如采用成本加成的方式，由于成本归集口径不一样，成本加成后的价格从 200 万—2 000 万美元不等。为此，企业决定运用转让定价的方式，将该劳务价格定为 2 000 万美元而不是 200 万美元。假定 A 企业除该项收入外无其他任何收入和任何费用，B 企业有收入 6 000 万美元，除该劳务费用外无其他任何劳务费用。这样，单就所得税考虑，作为整体的 A、B 企业在运用转让定价后所得税情况如下：

$$\text{A 企业所得税} = 2\,000 \times 15\% = 300(\text{万元})$$

$$\text{B 企业所得税} = (6\,000 - 2\,000) \times 25\% = 1\,000(\text{万元})$$

合计应纳所得税为 1 300 万美元。

如果 A 企业不运用转让定价的方式，将劳务价格定为 200 万美元，则 A 企业纳税 30 万美元，B 企业纳税 1 450 万美元，两者合计纳税 1 480 万美元，比运用转让定价后多纳税 180 万美元。无疑，运用转让定价的方式对企业更有利，通过调高劳务的交易价格，达到了节约所得税 180 万美元的目的，同时该方法又符合成本定价原则，可以避免税务机关调整。

3. 贷款业务中的转让定价

关联企业之间常常发生贷款业务，关联企业通过调整贷款利率的高低，可以实现利润从高税地向低税地的转移，从而达到少纳税的目的。为了增加关联企业某一方的利润，可以通过提供贷款，少收或不收利息，减少企业生产费用，达到盈利目的；相反，为造成关联企业另一方亏损或微利，则按较高的利率收取贷款利息，提高其生产成本。

4. 租赁业务中的转让定价

租赁业务中的转让定价主要表现在关联企业在租赁业务中对租金的调整上。一般地，关联企业一方出于降低税负的目的，将盈利的生产项目连同设备一起转租给另一方，并按有关规定收取足够低的租金，最终达到关联企业整体所享受的税收待遇最为优惠、税负最低。这是比较典型的租赁业务转让定价筹划模式。并且，在融资租赁和经营租赁方式中，折旧的计提方式不尽相同，关联企业可以利用其中规定的差异进行税务筹划。

5. 无形资产的转让定价

无形资产是指企业长期使用而没有实物形态的资产，包括专利权、非专利技术、商标权、著作权、土地使用权、商誉等。无形资产的转让通常是以许可证交易的形式进行的。关联企业可以通过无形资产的特许权使用费转让定价来调节其利润，以追求税收负担最小化。相对于其他几种转让定价方式，无形资产的转让定价更为方便。

例 9-3 甲国 A 公司拥有一项专利权，研制费用为 8 万美元，有效年限为 20 年。A 公司欲将此项专利转让给乙国的子公司 B，因为甲国、乙国市场上无同类专利可比价格，双方进行了转让定价税务筹划，将转让定价定为 6 万美元，转让期为 10 年。乙国 B 公司又在本国市场上以 10 万美元的价格将此项专利转让出去。又知甲国所得税税率为 15%，乙国所得税税率为 30%，毛利率为 20%。

分析：

(1) 采用转让定价方式转让

甲国 A 公司应纳所得税 $=60\,000\times15\%=9\,000$(美元)

乙国 B 公司应纳所得税 $=(100\,000-60\,000)\times30\%=12\,000$(美元)

A、B 公司共纳税额 $=9\,000+12\,000=21\,000$(美元)

(2) 不采用转让定价方式转让

由于该专利没有可比价格,不采用转让定价方式转让时,企业可以采用组成市场价格法来转让该项无形资产,其纳税情况如下:

组成市场价格 = 成本 × 毛利率 × 转让年限/有效年限

$=8\times(1+20\%)\times10\div20=48\,000$(美元)

甲国 A 公司应纳所得税 $=48\,000\times15\%=7\,200$(美元)

乙国 B 公司应纳所得税 $=(100\,000-48\,000)\times30\%=15\,600$(美元)

合计纳税 $=7\,200+15\,600=22\,800$(美元)

可见,采用组成市场价格法来转让该项无形资产时比采用转让定价方式多交所得税 1 800 美元。

6. 管理费支付的转让定价

我国税法规定,外国企业在中国境内设立的机构、场所,向总机构支付的同本机构、场所生产、经营有关的合理的管理费,应当提供总机构出具的管理费汇集范围、总额、分摊依据和方法的证明文件,并附有注册会计师的查证报告。但并没有具体规定管理费支付标准,这就给关联企业利用向上级公司支付管理费的方式转移利润、减轻税负提供了条件。另外,有些合资企业中方原单位或原主管部门对其已不参与管理,但仍要求企业定期上缴一定数额的管理费,实际上也是转移了一部分应税利润。

例 9-4　A 集团公司的母公司适用 25% 的企业所得税税率,而它的一家全资子公司 B 由于符合税法规定的高新技术产业而适用 15% 的所得税税率,如果 A 集团母公司把成本为 6 万元的一批货物,从市场价值 10 万元压低到 8 万元销售给 B 公司,B 公司最后以 12 万元的价格出售到集团之外。计算转让定价的税负差异。

计算结果如表 9-1、表 9-2 所示。

表 9-1　转让定价为 8 万元的计算表　　单位:万元

	A 公司	B 公司	集团公司合并
销售收入	8.0	12.0	12.0
销售成本	6.0	8.0	6.0
税前利润	2.0	4.0	6.0
税率(%)	25.0	15.0	
所得税额	0.5	0.6	1.1
利润净额	1.5	3.4	4.9

表 9-2　转让定价为 10 万元的计算表　　单位:万元

	A 公司	B 公司	集团公司合并
销售收入	10	12.0	12.0
销售成本	6	10.0	6.0
税前利润	4	2.0	6.0
税率(%)	25	15.0	
所得税额	1	0.3	1.3
利润净额	3	1.7	4.7

显然,在税率较低的企业,运用低进高出的转让定价,可以合理节税。但需要注意的是,转让定价必须防范税务调整风险。

第四节　转让定价中的风险防范

在跨国经营活动中,利用关联企业之间的转让定价进行避税已成为一种常见的税务筹划方法。近年来,世界各国不断加强反避税工作力度,使企业通过转让定价方式进行税务筹划的难度和风险大大增加,以减轻税负为目的的转让定价可能使公司招致更频繁的税收审计。即使公司成功避免了很大的定价调整,但在应付税务审计过程中却可能耗费大量的时间和费用,而且会影响公司声誉,造成与税务机关的长期不和;如果无法避免税务调整,在涉及调整的双边国家没有相关协定来避免转让定价调整造成的双重征税时,企业还有可能出现重复征税。因此,合理制定转让定价,尽早知悉政策变化、做好风险防范和管理对企业来说尤为重要。

一、注意各国对关联方转让定价的规范

判别转让定价是否合理,必须有一个标准,美国倡导的“正常交易准则”目前已被各国广泛接受。依据此原则,在确认跨国公司某一项转让定价是否合理时,税务部门将参照同类产品在相似的销售条件下,由相互独立的买卖双方交易时形成的价格为标准价,将两者进行比较,得出结论。如果转让定价超越了“正常交易准则”确定的标准,税务部门有权实施“转让定价审计”,调整并重新分配该公司的利润、扣除额及其他收入项目,按照调整后的数额确定纳税人的真实应税所得额,强制其缴纳税款及罚款。为了评价跨国公司的转移定价是否符合“正常交易准则”,美国税法中规定了如下几种计算交易价格的方法:

1. 可比非受控价法

此法要求母公司将产品销售给子公司的价格应与同种货物由独立的买卖双方交易时的价格相一致,并将交易所得同与其经营活动相类似的独立企业的获利相比较,得出可比利润的上下限。此法最能体现“正常交易准则”的要求。但是在质量、数量、商标、品牌甚至市场的经济水平差别等方面,进行直接对比并非易事。

相关案例

日本A公司生产的产品分别在国内和美国销售。内销产品是通过与A公司没有任何特殊关系的B贸易公司以包销的方式进行的。A公司销售给B贸易公司的产品单价为200美元。外销产品由A公司在美国的关联公司C公司包销,A公司销售给C公司的产品单价包括运费、保险费在内为205美元。税务当局在调查中发现,A公司销售给B贸易公司的产品有关保修费和广告费均由B贸易公司负担,而销售给C公司的产品在外观上做了若干改动,其生产成本必然高于销售给B贸易公司的成本,然而A公司却给C公司数额较大的回扣。把这些因素都考虑进去,A公司销售给C公司的产品单价至少应为230美元。税务当局在对此案进行调查处理时,听取了A公司申诉的两者销售数量上的差异以及账款回收时间上的差异而采取不同办法的意见后,决定对其销售给C公司的产品单价按独立企业间正常交易价格的原则确定为210美元。

2．转售定价法

此法将从事交易的母、子公司视为相互独立的供销双方,它要求供应方的转让定价相当于销售方转售给第三方的价格减去合理的销售毛利。合理的销售毛利是指转售者获得的毛利要与市场上同类商品的其他销售者的毛利相一致。

相关案例

美国A公司以单价50美元将其产品销售给国外的子公司,子公司则以单价100美元将产品再销售给第三者。其他公司销售同类产品的利润率为20%。美国税务当局依据再销售价格法的原则,将子公司的再销售价格减去正常利润20美元,以80美元作为A公司销售给其子公司的正常销售单价,调整A公司的销售收入。A公司提出,子公司销售产品后,负有一年期的保修责任,应扣除一定比例的保修费用。税务当局认为A公司提出的理由成立,决定将单价调整为77美元。

3．成本加成定价法

此法是在生产者或销售商的实际成本上加毛利来确定转让定价的方法,毛利的确定须参照执行同种职能的独立公司所享有的毛利水平。

相关案例

美国 B. L. H. 公司采取成本加 15% 利润确定销售价格的办法，将其产品销售给该公司设在国外的子公司。B. L. H. 公司对 15% 利润率的构成解释为，其中 10% 作为销售费用和一般管理费用，余下的 5% 作为 B. L. H. 公司的销售利润。税务当局以 B. L. H. 公司定价过低，而否定与其子公司之间的价格属于正常价格，决定调整该部分收入。B. L. H. 公司向法院起诉。在一审中，B. L. H. 公司举证说，其对子公司销售的产品价格确定的 5% 利润与其销售给没有特殊关系的第三者的利润水平相同，不存在转让定价问题。在二审中，税务当局举证认为，B. L. H. 公司所举证的销售给第三者的价格，是给予销货折让后的价格，而 B. L. H. 公司在其出口产品的交易中，从未给任何交易方这类价格优惠。法院认为税务当局举证合理，判 B. L. H. 公司败诉。

4. 其他方法

当无法取得可比价格或无法取得可参照信息时，税务部门将利用“利润分割法”来评估转让定价。此法将跨国公司的整体利润按各成员所占用的资产、履行的职责及承担的风险比例进行分配，通过考察各成员的利润间接评估转让定价的合理性。跨国公司有权依据自己的情况选择一种定价策略，一旦选定，就必须严格按该法的具体规定制定转让定价，并前后期一致。

相关案例

XYZ 公司是一家研究、开发、销售一体化的美国公司，主要生产警务用品。XYZ 公司的科研机构开发出一种可用于防护性警服和头盔的防弹材料 Nulon。XYZ 公司拥有生产 Nulon 的专利权。自从在美国投产后，Nulon 已占有美国防弹材料的部分市场。

XYZ 公司发给其位于欧洲的下属公司 XYZ-Europe 许可证，允许其在欧洲生产和销售 Nulon。XYZ-Europe 是为了生产销售 XYZ 产品而建立的。XYZ-Europe 有一家改进 XYZ 产品用于国防市场的研究单位，并已有自己品牌的市场销售网络。

XYZ-Europe 的科研机构对 Numlon 加以改进，并运用于军用品，且在几个欧洲国家的国防工业开展了频繁的市场营销活动。从 1995 年起，XYZ-Europe 用自己的一个品牌及销售网络在欧洲生产和销售 Nulon。

1995 年，XYZ 公司未发生关于对 XYZ-Europe 发放许可证的直接费用，且未对在欧洲销售 Nulon 发生开支。当年，XYZ-Europe 的 Nulon 销售收入及总支出分别为 2 亿美元和 3 亿美元。XYZ-Europe 在 Nulon 行业的营业资产为 2 亿美元。鉴于以上情况，税务人员依据最优法原则认定用超额利润法调整，将会产生最可靠的正常交易价格。基于对与 XYZ-Europe 履行类似职能的欧洲其他公司的观察，税务人员判定按 XYZ-Europe 的营业资产规模，平均市场收益率为10%。因此，XYZ-Europe 公司 Nulon 行业的市场收益为0.2亿美元（10% ×2），则有1.8亿美元的超额利润。

根据利润分割法，首先按 XYZ-Europe 贡献分配利润，而不是分配给价值较大的这些无形资产，假定1.8亿美元的超额利润是由 Nulon 这一无形资产（如 Nulon 的欧洲品牌和 Nulon 配方，以及 XYZ-Europe 所做的改进）所带来的。为了估定这些无形资产的相对价值，需要对1995年 Nulon 的研究开发资本费用、销售费用及与之相配比的1995年销售收入和比例进行比较。

为了 XYZ 集团的全球防护性产品的销售而发生该类产品的研究开发费用，必须在有关的全球企业活动中分摊。税务人员判定按全球产品的销售额分摊费用较为合理。在该类产品研究开发平均投资期内，应当对该类产品研究开发费用加以资本化并予以摊销。依据这一分析，1995年每1美元的集团总销售额要分摊0.20美元的研究开发的资本费用。

XYZ-Europe 对其在欧洲销售发生的 Nulon 的研究开发、销售费用，在产品研究开发平均投资期内加以资本化并进行摊销，税务人员判定 XYZ-Europe 的 Nulon 每1美元销售额要分摊0.40美元费用。

因此，1995年 XYZ 和 XYZ-Europe 销售1美元就要分摊0.60美元的无形资产资本化开发费用，其中 XYZ 分摊1/3（或每1美元销售额要分摊0.20美元的费用）。相应地，税务人员对1995年纳税年度就 Nulon 特许权使用费调整的正常交易价格为0.6亿美元，即 XYZ-Europe 的1.80亿美元的超额利润的1/3。

从上例中可以看出，美国对转让定价制定了比较完整的调整方法，一旦税务当局认为企业交易价格不符合独立交易原则，就可进行转让定价的税务调整。事实上，不单是美国，世界上其他国家均有类似的方法。如 OECD 指南规定，符合正常交易原则的认定方法有五种，即可比非受控定价法、转售定价法、成本加成定价法、交易净利润率法和利润分割法。此外，日本、澳大利亚、韩国和我国也有类似的方法。因此，企业在运用转让定价的税务筹划时，务必关注各国对转让定价的调整机制，制定合理的转让定价，避免税务当局的调整。

我国税务当局也加大了对转让定价的反避税力度，目前如下税收政策都作了相关规定：《国家税务总局关于进一步做好税收征管工作的通知》（国税发〔2009〕016号）、《国家税务总局关于印发〈特别纳税调整实施办法（试行）〉的通知》（国税发〔2009〕002号）、《国家税务总局关于印发〈新企业所得税法精神宣传提纲〉的通知》（国税函〔2008〕159号）、《中华人民共和国企业所得税法实施条例》（国务院令〔2007〕512号）、《中华人民共和国企业所得税法》（主席令〔2007〕063号）。

二、预约定价在转让定价税务筹划中的运用

（一）预约定价制的缘由——转让定价事后调整存在三大难题

传统转让定价调整方式采用的是一种事后调整方式，这种事后调整存在着三大难题：第一，调整的价格很难确定，也很难找到符合正常交易标准的调整价格。第二，举证资料难以齐全。一方面税务当局为了取得充分的资料，不断增加对纳税人的举证要求；另一方面，纳税人为了证明本身的转让定价符合正常交易价格，也需要提供相当繁多的资料进行举证，而作为纳税人往往由于各种客观原因难以完全满足。第三，新的双重征税现象难以消除。通过对企业转让定价的调整，增加了被调整企业的应纳税所得额，但是，如果对关联企业未作相应调整，就会造成新的国际双重征税，引起税务争议。因此，以预约定价制为代表的事先确认制度，就成了转让定价税制发展的必然产物，预约定价制的出台使以事后调整方式为主的转让定价税制走出了困境，可有效避免企业在运用转让定价过程中的税务风险。

（二）预约定价在税务筹划中的运用

对于企业与政府而言，预约定价制其实是双方各退一步的妥协方案，对企业而言，预约定价后销往第三地产品价格必须适当反映市场情况，不可任意压低价格，但至少仍保留一定程度的节税空间，并可有效避免双边征税；对政府而言，在承认预约定价的节税方式下，也可节省国家的税收成本，税收也会增加。因为只要企业签订预约定价制，税务机关就可以把精力放到别的地方去。

相关案例

DZ复印机（深圳）有限公司作为世界著名的跨国公司，由于其材料、产品等交易均在中国深圳与日本母公司之间进行，不可避免地面临转让定价调查问题。为使其经营既能符合中日两国要求，又能降低纳税成本，化解重复征税的风险，DZ公司提出了利用双边预约定价方式解决这一问题。

中国税务当局非常重视这项工作，成立由业务骨干组成的双边预约定价联合工作小组开展这项工作。这例双边预约定价协议从开始酝酿到磋商成功整整历时3年，其程序和内容都是双方面临的新课题。2004年4月，中国税务当局与DZ复印机（深圳）有限公司就该双边预约定价问题召开预备会谈，双方达成初步共识。日本国税厅也召开了同样的预备会议。2005年4月19日，国家税务总局与日本国税厅在北京共同签署了我国第一个双边预约定价文件——《中日关于DZ复印机（深圳）有限公司与其日本关联公司关联交易的预约定价安排》。9月9日，深圳市地方税务局受国家税务总局委托，与DZ复印机（深圳）有限公司签约。通过上述预约定价安排，DZ复印机（深圳）有限公司与其日本关联公司就关联交易价格达成了一个税务当局可以接受的价格，从而成功避免了企业运用转让定价时被税务机关进行调整出现的双重征税。

本章小结

国际转让定价的理论和方法在国内的关联企业之间依然适用。跨国经营活动的多国性质,导致企业税务筹划的复杂性。各国税收法规的不一致和税负水平的高低不同,给税务筹划提供了空间。关联企业之间采用转让定价进行往来结算,可以事先将利润从一个企业转移到另一个企业、从高税负地区转移到低税负地区,从而使企业集团整体税负降低。但是,由于转让定价脱离市场的公允价值,导致关联企业之间丧失真实的获利能力信息,从而会歪曲企业之间的经营业绩并造成分配不公。同时,这一旨在减轻税负的价格信息也会引起税务机关的密切关注,促使其出台特殊调整规定对严重脱离市场价格的转让定价实施干预。因此,转让定价的利用是一项技术含量极高的税务筹划方法。

复习思考题

1. 转让定价的基本原理是什么?为什么国际转让定价的理论和方法也适用于国内?
2. 转让定价作为税务筹划的方法所适用的条件是什么?
3. 转让定价的采用,对于企业管理有什么不利的影响?如何克服这些不利影响?
4. 企业采用转让定价时,应注意和防范哪些税务筹划风险?
5. 转让定价的制定方法有哪些?它们的优缺点是什么?分别适用于哪些情况?

案例分析

新光鞋业利用转让定价的税务筹划

新光鞋业集团公司是在中国注册的一家跨国公司,下设两家子公司:一家是位于越南胡志明市的皮鞋制造公司,负责生产皮鞋产品;另一家是位于中国上海的销售公司,负责向中国及世界各地推销其皮鞋产品。现行的产销环境是越南的所得税税率为10%,中国的所得税税率为25%;越南的皮鞋制造公司年生产能力为8万双,平均每双皮鞋成本合40元人民币,全部运往中国上海销售,每双调拨价60元人民币;上海皮鞋销售公司按照每双皮鞋100元人民币的批发价格对外销售。在扣除营业成本和销售费用以后,今年新光鞋业集团公司实际的利润总额和净利润如下表所示:

单位:元

项目	越南皮鞋制造公司	上海皮鞋销售公司	新光鞋业集团公司
营业收入	4 800 000	8 000 000	8 000 000
营业成本	3 200 000	4 800 000	3 200 000
营业毛利	1 600 000	3 200 000	4 800 000

（续表）

项目	越南皮鞋制造公司	上海皮鞋销售公司	新光鞋业集团公司
销售费用	600 000	1 200 000	1 800 000
利润总额	1 000 000	2 000 000	3 000 000
所得税费用	100 000	500 000	600 000
净利润额	900 000	1 500 000	2 400 000

新光鞋业集团公司的战略目标是在国际上创出品牌，稳步提高经济效益，争取获得上市公司资格。为此，新光鞋业集团公司的总经理要求其财务总监对产销价值链进行梳理，尽快拿出一个旨在提高净利润水平的税务筹划方案。

思考：如果你就是这位财务总监，你能够提出一个怎样的税务筹划方案？（提示：不考虑进出口环节的关税和流转税。）

第十章　关税和进出口业务的税务筹划

［学习目标］ 通过本章的学习，应该了解我国海关关税制度，掌握审定成交价格法、进口货物完税价格法等进口关税计算依据及其税务筹划的方法；熟悉利用商品归类、商品原产地、保税制度和其他优惠关税制度进行税务筹划的手段；了解进出口货物的免抵退税制度及其利用；能够利用货物出入境环节的税收优惠政策进行税务筹划。

第一节　关 税 筹 划

关税是纳税人在其货物出入国境时，按照货物的完税价格和数量的规定计算，向海关申报并缴纳的一种税金。关税不同于进口增值税，它不能在销售环节中抵减销项税。所以，进口关税对进口商来说是一种成本，进口商应考虑运用节省关税的方案。出口关税一般只对国家不鼓励外销和限制外销的商品征收，而对于国家鼓励出口外销的商品往往给予出口退税（返还已交增值税）或免税的优惠待遇。

一、利用海关估价的筹划

（一）法规依据

《进出口关税条例》第十八条规定，进口货物的完税价格由海关以符合所列条件的成交价格以及该货物运抵中华人民共和国境内输入地点起卸前的运输及其相关费用、保险费为基础审查确定。所谓符合条件的成交价格，是指① 对买方处置或者使用该货物没有限制；② 卖方不得从买方直接或间接获得因该货物进口后转售、处置或使用而产生的收益；③ 该货物的成交价格没有因搭售或其他因素的影响而无法确定；④ 买卖双方没有特殊关系，或虽有特殊关系但未对成交价格产生影响。

《进出口关税条例》第九条规定，出口货物以海关审定的正常成交价格为基础的到岸价格作为完税价格。到岸价格包括货价，加上货物运抵中华人民共和国关境内输入地点起卸前的包装费、运费、保险费和其他劳务费等费用。

按照《海关对出口商品审价暂行办法》的规定，出口商品的海关估价应是成交价格，即该出口商品售予境外的应售价格。应售价格应由出口商品的境内生产成本、合理利润及外贸所需的储运、保险等费用组成。

（二）筹划要点

1．审定成交价格法

该方法是指进口商向海关申报的进口货物价格，如果经海关审定认为符合“成交价格”的要求和有关规定，就可以此作为计算完税价格的依据，然后经海关对货价费用和运、保、杂等项费用进行必要的调整后，即可确定其完税价格。这种审定成交价格法是世界各国海关在实际工作中最基本、最常用的海关估价方法。我国进口货物一般也都按此方法确定完税价格。故在审定成交价格下,如何缩小进口货物的申报价格而又能为海关审定认可为“正常成交价格”,就成为税务筹划的关键所在。

成交价格实际上是指进口货物的买方为购买该项货物而向卖方实际支付的或应当支付的价格,并按照规定调整以后的价款总额,包括直接支付的价款和间接支付的价款。该成交价格的核心内容是货物本身的价格(即不包括运、保、杂费的货物价格)。该价格除包括货物的生产、销售等成本费用外,还包括买方在成交价格之外另行向卖方支付的佣金。由此可见,要想达到节税的目的,选择同类产品中成交价格比较低、运输和杂项费用相对小的货物进口,方能降低完税价格。

例如,当进口的货物是一种高新技术的全新产品,其确切的市场价格尚未形成,货物的实际价值高于市场上类似但性能和技术较低的产品价格,海关往往无法依据市场价格来审定完税价格,而需使用进口商申报的价格;甚至海关会依据市场价格估定完税价格,这也比实际的价值要低。

另外,卖方给国内买家的正常回扣,也可从完税价格中扣除。企业应注意其完税价格的计算是否正确,并且没有多报价格。

2. 进口货物完税价格筹划

依据成交价格所做的规定,我国对进口货物的海关估价主要有两种情况:一是海关审查可确定的完税价格;二是成交价格经海关审查未能确定的。因此,要分别就这两种情况进行税务筹划。

对于成交价格不符合前述四项规定条件的或按审定成交价格法经海关审查未能确定的货物,由于此类货物无法加以准确的定性归类,海关主要按以下方法依次估定完税价格,其优先顺序分别为:

(1) 相同货物成交价格法,即采用与该货物同时或者大约同时向中国境内销售的相同货物的成交价格。

(2) 类似货物成交价格法,即采用与该货物同时或者大约同时向中国境内销售的类似货物的成交价格。

(3) 国际市场价格法,即包括生产该货物所使用的料件成本和加工费用、向中国境内销售同等级或者同种类货物通常的利润和一般费用、该货物运抵境内输入地点起卸以前的运输及其相关费用和保险费在内的各项费用总和。

(4) 国内市场价格倒扣法,即与该货物进口的同时或者大约同时,将该进口货物、相同或者类似进口货物在第一级销售环节销售给无特殊关系买方最大销售总量的单位价格,但是应当扣除同等级或者同种类货物在中国境内第一级销售环节销售时通常的利润、一般费用和通常支付的佣金,进口货物运抵境内输入地点起卸以后的运输及其相关费用、保险费,进口关税和国内税收。

(5) 海关规定的其他合理方法。由于国际贸易的复杂性,买卖双方的成交价格受诸多因素的影响,海关在公开市场上往往难以寻找到特定商品的价格,尤其是进口商品的价格,即使是外形、规格、功能等一模一样的商品,价格却千差万别,很难进行主观判断,因此海关将举证责任加诸进口企业,如果企业能够消除海关对价格的疑虑,同时海关又没有证据证明申报价格不真实,根据国际惯例,海关必须接受企业的申报价格。

(6) 转移定价策略。跨国企业可以利用转移定价规避关税。转移定价是跨国公司的一种经营策略,它是跨国公司内部母公司和子公司、子公司和子公司之间相互约定出口和采购商品、劳务和技术时所采用的内部交易价格。具体做法有两种:

第一种是跨国公司内部企业之间以调低的价格交易,减少缴纳关税的基数。比如,某商品正常价格为1 000 美元,在 A 国要交 80% 从价进口税,跨国公司如果采取调低的价格 500 美元进行内部交易,就可以少缴 50% 进口关税。

第二种是利用区域性关税同盟或有关协定的有关优惠规定逃避关税。例如,欧洲自由贸易区规定,商品如系自由贸易区外生产的,由一成员国运往另一成员国时,须缴纳关税。但如果该商品的价值 50% 以上是在自由贸易区内成员国中增值的,则在该自由贸易区内运销可免于交纳关税。因此,如果中国一家跨国企业要把一批半成品运往其设在瑞典的子公司,制成成品后欲在贸易区内销售,则可采用调低转移定价,压低半成品的销价,使其在瑞典制成成品后的价值 50% 以上是在瑞典增值的,这样该商品在运到自由贸易区其他成员国时就可免交关税了。

利用转移定价方式调整价格的风险在于很可能招致海关对于买卖双方是否存在特殊经济关系以及这种经济关系是否影响定价的审查。如果发生这种情况,企业应强调这种特殊经济关系未对价格产生影响,或者证明有关价格足以收回包括利润在内的所有成本。在具体操作上,企业应主动与海关沟通,对自申报的价格做出合理的解释。合理的解释可以促成海关接受企业的申报价格,否则双方各执己见,最终损失只能由企业承担。

关于特许权使用费,企业在进行筹划时就应注意如果不是由买方直接或间接支付,就不必计入完税价格。在举证时,企业可以证明无须购买无形的权利就可获得有形货物。最重要的是,在货物进口后转售或再生产等引起的特许权使用费不能成为进口完税价格的一部分,因为这种支付方式不是购买被估货物的一项要件。

3. 出口货物完税价格税务筹划

依据《海关对出口商品审价暂行办法》的规定,出口商品的海关估价应是成交价格,即该出口商品售予境外的应售价格。应售价格应由出口商品的境内生产成本、合理利润及外贸所需的储运、保险等费用组成。概而言之,出口货物完税价格就是扣除关税后的离岸价格。因此,如何合理地确定成交价格可以说是本环节税务筹划的重点所在。

出口货物的离岸价格,应以该项货物运离国境前的最后一个口岸的离岸价格为实际离岸价格。如果该项货物从内地起运,则从内地口岸至国境口岸所支付的国内段运输费用应予扣除。另外,出口货物的成交价格如为货价加运费价格,或为国外口岸的到岸价格,应先扣除运费及保险费后,再按规定公式计算完税价格。

此外,如果在商品成交价格以外,还存在支付给国外的与此项业务有关的佣金,那么在申报表上应该单独列明,加以确认反映。因为税法明确规定,该项佣金应予扣除。没有单独列明的,不予扣除。

不能把完税价格的筹划方法片面地理解为降低申报价格。如果为了少缴关税而降低申报价格的话,那么就构成了偷税。海关对此区别情况做出相应的处理:

申报价格低于海关审定价格的,应由出口商品的发货人或其代理人缴纳相当于申报价格与海关审定价格的差额保证金后，由海关放行货物，并通知有关进出口商会和国家外汇管理部门进行调查。经调查，对有确凿证据属于低报价格逃、套外汇的，由外汇管理部门依据《违反外汇管理处罚实施细则》的规定处理，并由海关处以货物等值以下的罚款或罚金。

申报价格明显低于海关审定价格，经海关调查构成隐瞒价格行为的，海关可将货物予以扣留，不准出口，并处货物等值以下的罚款；同时，通知有关进出口商会和国家外汇管理部门。

相关案例

美国一家企业刚开发了一种新技术产品，这种新产品确切的市场价格尚未形成，但开发商已确认其未来的市场价格将远远高于目前市场上的类似产品。因而，开发商预计此种产品进口到中国国内市场上的售价将达到500万美元，而其类似产品的市场价格仅为300万美元。

这样，当开发商到海关申报进口时，可以以200万美元申报。因为这是一种刚刚研制开发出来的新产品，当海关工作人员认为其完税价格为200万美元合理时，可征税放行；当海关认为不合理时，就会对这种进口新产品的完税价格进行估定，因为市场上目前还没有同种产品，海关将会按类似货物成交价格法进行估价，这样该新产品的完税价格至多也只能被估定为300万美元。总之，无论如何，开发商都能将这种产品的进口完税价格降低200万—300万美元。

二、利用商品归类方法的筹划

(一) 法律依据

《进出口关税条例》规定，纳税义务人应当依法如实向海关申报，并按照海关的规定提供有关确定完税价格、进行商品归类、确定原产地以及采取反倾销、反补贴或者保障措施等所需的资料；必要时，海关可以要求纳税义务人补充申报。

《进出口关税条例》规定，纳税义务人应当按照《税则》规定的目录条文和归类总规则、类注、章注、子目注释以及其他归类注释，对其申报的进出口货物进行商品归类，并归入相应的税则号列；海关应当依法审核确定该货物的商品归类。

《进出口关税条例》规定，海关可以要求纳税义务人提供确定商品归类所需的有关资料；必要时，海关可以组织化验、检验，并将海关认定的化验、检验结果作为商品归类的依据。

(二) 筹划要点

虽然海关对商品归类有指导原则，但因产品日新月异，某些情况下，进出口商可透过不同的商品归类以节省其进口税支出。

例如，海关合作理事会在“协调制度委员会”的第十次会议中对有关磁条卡和智能卡进行讨论。磁条卡是在软塑料卡片上贴有磁条的一种卡，它广泛用于银行或用作信用卡，这种卡存储信息少并缺少可靠性和安全性。结果是对未录制的磁条卡归入8 523.90，对已录制的磁条卡归入8 524.90。智能卡是在软塑料卡片上镶嵌有具有存储、加密及数据处理能力的集成电路芯片的一种卡。对智能卡归入8 542.11。

由于归类不同，其进口关税税率也不相同，所以在进出口环节认定该产品的归类时，企业可考虑是否有可能将产品归入一种税率较低的类别。

具体筹划方式有：

1. 了解归类和税率之间的关系

进口税率的制定在很大程度上反映了国家的进出口导向，例如为增加国内产品的附加值，对进口的原材料的税率通常低于产成品的税率；产品的加工程度越深，关税税率越高；为抑制高消费，对化妆品、酒类等要求的税率高于普通消费品。了解了这种导向，企业就可以有针对性地进行筹划。

2. 申报时要正确填报商品名称、规格

商品归类是一项技术性很强的工作，申报货物的名称、规格、型号等必须能够满足归类的要求，货物的收发货人应向海关详细提供归类所需要的货物的形态、性质、成分、加工程度、结构原理、功能、用途的高技术指标和技术参数等。

3. 及时了解税则变化，掌握先机

每年在发布新的税则时，有些商品的税则号有可能被进一步细分，或者在税则上对商品的描述更加细致，或者在税则的注释中对某些商品的描述更加详细。进出口商对此应保持足够的敏感度。

三、利用产地来源的筹划

（一）法律依据

《进出口关税条例》第十条规定，原产于共同适用最惠国待遇条款的世界贸易组织成员的进口货物，原产于与中华人民共和国签订含有相互给予最惠国待遇条款的双边贸易协定的国家或者地区的进口货物，以及原产于中华人民共和国境内的进口货物，适用最惠国税率。

（二）筹划要点

在实行双重税率的国家或地区，若货物的原产地不能获得优惠税率待遇，企业可考虑能否在有优惠待遇的国家或地区进行加工，如符合原产地的条件，进口货物可适用较低的关税税率。

适用最惠国税率的进口货物有暂定税率的，应当适用暂定税率；适用协定税率、特惠税率的进口货物有暂定税率的，应当从低适用税率；适用普通税率的进口货物，不适用暂定税率。

关于原产地的确认，海关总署在《关于进口货物原产地的暂行规定》中设定了两种标准：一是全部产地标准，即对于完全在一个国家内生产或制造的进口货物，其生产或制造国就是该货物的原产国；二是实质性加工标准，指经过几个国家加工、制造的进口货物，以最后一个对货物进行经济上可以视为实质性加工的国家作为有关货物的原产国。这里所说的实质性加工是指产品经过加工后，在《海关税则》中已不按原有的税目税率征税，而应归入另外的税目征税，或者其加工增值部分所占新产品总值的比例已经超过30%以上的，两个条件具备其中一项，即可视为实质性加工。此外，对机器、仪器或车辆所用零件、部件、配件、备件以及工具，如与主件同时进口而且数量合理，其原产地按主件的原产地予以确定；如果分别进口的，应按其各自的原产地确定。石油产品以购入国为原产国。

作为一家跨国经营企业，全部产地标准显然不适用，而"实质性加工标准"却提供了筹划的可能。这里的关键是要把握好"实质性加工"的两个条件。就第一个条件而言，首先要了解计划加工、制造货物的国家和地区是否与中国签有关税互惠协议，接着仔细比较哪一个更优惠，在经济上更为有利可图，从而做出选择。这其中还要考虑到该国家或地区是否实行外汇管制和出口配额制，政治经济形势是否稳定及其他一些影响因素。从第二个条件来说，如果加工增值部分所占的比例达不到30%的标准，可通过转让定价的方法，降低其他地区的零部件生产价格，从而加大最后一个加工、制造厂家增值部分占全部新产品价值的比重，达到或超过30%，成为实质性加工，则可以享受税率上的优惠。

关于这部分，主要的筹划方式有：

（1）利用内部定价方式调整加工增值的比例，获得合理的比率，从而享受特惠或优惠利率。

（2）企业在利用CEPA进行税务筹划时应注意与政策执行部门加强协调，在原产地问题上达成共识，并尽可能选择我国港澳地区为生产加工地。

（3）我国在未来几年，将会和很多国家和地区缔结税收优惠协定，以原产地规则执行优惠税率，此类出口企业应多加关注，以进行合理的税务筹划。

（4）原产地规则也决定了对进口货物是否适用反倾销税率、反补贴税率和保障措施。因此，企业应对此情况详加了解。

例10-1 H钢铁公司急需进口一批钢材，在可供选择的进货渠道中有两家：一是美国，二是德国。进口需求为10万吨，从美国进口优质高品位钢材，其价格为20美元/吨，运费10万美元；若从德国进口较低品位的钢材，价格为19美元/吨，但由于航程很远，运费高达25万美元，在此种情况下，应选择何种进货渠道呢？

美国钢材完税价格 $=20\times10+10+$ 其他 $=210+$ 其他

德国钢材完税价格 $=19\times10+25+$ 其他 $=215+$ 其他

通过上述简单的数学公式，不难做出选择——从美国进口钢材。若按20%征收进口关税的话，则至少可以避税1万美元。

四、利用保税制度的筹划

（一）法律依据

《海关法》第五十九条规定，经海关批准暂时进口或者暂时出口的货物，以及特准进口的保税货物，在货物收发货人向海关缴纳相当于税款的保证金或者提供担保后，准予暂时免纳关税。

《海关法》第八十二条规定，违反本法及有关法律、行政法规，逃避海关监管，偷逃应纳税款，逃避国家有关进出境的禁止性或者限制性管理，有下列情形之一的，属于走私行为：未经海关许可并且未缴纳应纳税款、交验有关许可证件，擅自将保税货物、特定减免税货物以及其他海关监管货物、物品、入境的境外运输工具，在境内销售的。

（二）筹划要点

保税是一个包含众多环节的过程。现假设进口货物最终将复运出境，则其基本环节就是进口和出口，税务筹划的入手处就是这两个环节。在这两个环节，既是进口公司又是出口公司的外向型公司都必须向海关报关，在该公司填写的报关表中有单耗计量单位一栏，税务筹划的突破口就是这一个栏目。所谓单耗计量单位，即生产一个单位成品耗费几个单位原料，通常有以下几种形式：一种是度量衡单位/度量衡单位，如米/米、吨/立方米等；另一种是度量衡单位/自然单位，如吨/块、米/套等；还有一种是自然单位/自然单位，如件/套、匹/件等。度量衡单位容易测量，而自然单位要具体测量则很困难，所以可利用第三种形式做出税务筹划。

如果进口货物最终在该国市场销售，则保税制度基本上不能减少企业的进口税负，但却可以延缓企业支付关税的时间。例如，若企业在保税区设立货物分拨中心暂时存放进口货物，直至需要该批物品时才将货物调拨至保税区外，在保税区内存放进口货物的期间无须支付关税，直至货物进入非保税区才须支付关税。

另外，某些国家对进料加工的货物征收保证金，直至进口料件加工出口后才退还保证金。在这种情况下，自由贸易区也能发挥减少资金积压的作用。

对于储存出境类和准予缓税类的保税货物，可以免去缴税进口再出口的烦琐手续，并且节约营运资金。有转口贸易、为国际运输工具提供货物和维修用配件的公司可以考虑申请此类优惠。对于那些依赖进口设备进行加工并且有稳定出口的企业，在保税区内设立进行加工出口和仓储的企业是一个很好的选择。

五、入境物品和个人邮递物品的筹划

（一）法律依据

《进出口关税条例》第五十七条规定，海关总署规定数额以内的个人自用进境物品，免征进口税。超过海关总署规定数额但仍在合理数量以内的个人自用进境物品，由进境物品的纳税义务人在进境物品放行前按照规定缴纳进口税。

《进出口关税条例》第五十八条规定，进境物品的纳税义务人是指，携带物品进境的入境人员、进境邮递物品的收件人以及以其他方式进口物品的收件人。

《进出口关税条例》第五十九条规定，进境物品的纳税义务人可以自行办理纳税手续，也可以委托他人办理纳税手续。接受委托的人应当遵守本章对纳税义务人的各项规定。

（二）筹划要点

从进口税率表中可以发现，在众多可以作为探亲礼品的物品中，如金银及其制品、包金饰品、纺织品和制成品、电器用具、照相机、手表、化妆品、录像机、烟、酒、汽车等，其进口税率各不相同，而且差异很大。有免税的，有50%税率的，也有10%税率的。

例 10-2　某人去国外旅游，购买带回国的礼品时，有两种方案可供选择。

方案一:600 美元的名酒、400 美元的摄像机;

方案二:400 美元的包金首饰、600 美元的金银戒指、项链。

酒的关税税率为 50%,摄像机的关税税率为 20%,金银制品及包金饰品的关税税率为 10%。

若选择方案一,所负担的进口关税 = 600 × 50% + 400 × 20% = 300 + 80 = 380(美元)

若选择方案二,所负担的进口关税 = 600 × 10% + 400 × 10% = 60 + 40 = 100(美元)

在方案一中,光送礼就花了 1 380 美元(1 000 + 380)。但若带回了 400 美元的包金首饰和 600 美元的金银戒指、项链,由于金银制品及包金饰品的适用税率为 10%,那么花费总额为 1 100 美元,将会节省 280 美元。

六、租赁进口的筹划

(一) 法律规定

我国相关关税规定,以租赁方式进口的货物,以海关审查确定的该货物的租金作为完税价格。

(二) 筹划要点

企业可申请分期支付关税,税率以货物进口当日为准。通过分期支付关税,企业可延缓其支付关税的时间。

七、利用外商投资企业的筹划

在进口设备方面,外商投资企业和内资企业方面仍有不同之处,企业可考虑通过成立外商投资企业以进口免税设备。根据我国海关的规定,免税进口设备属海关监管货物,在监管期内未经海关批准和补税,企业不得将监管货物出售,设备的监管期为 5 年。在监管期满后,企业可向海关申请解除监管,解除监管后的设备可以出售,且无须补缴进口关税。

八、软件费的筹划

根据《进出口关税条例》,进口货物的完税价格,应当包括为了在境内制造、使用、出版或者发行的目的而向境外支付的与该进口货物有关的专利、商标、著作权以及专有技术、计算机软件和资料等费用。

企业引进技术时所支付的特许权使用费,若与进口货物有关,应在上述软件费之列,需要支付进口关税。但如果该项进口货物可获减征、免征进口关税的待遇,那么软件费亦可获减免税。

另外,如果进口企业能在进口合同中单独列明为进口设备而需支付的技术服务费用,例如境外技术人员在境内安装、调试、进行技术指导及培训等。经海关审定,可不计入完税价格。

第二节　利用关税优惠政策的税务筹划

除在上述筹划要点中涉及的关税优惠政策外,我国尚有其他若干免征、减征关税的相关规定，优惠政策择其要点归纳如下：

一、下列进出口货物免征关税

（1）关税税额在人民币50元以下的一票货物；
（2）无商业价值的广告品和货样；
（3）外国政府、国际组织无偿赠送的物资；
（4）在海关放行以前损失的货物；
（5）进出境运输工具装载的途中必需的燃料、物料和饮食用品。

二、在海关放行以前遭受损坏的货物，可以根据海关认定的受损程度减征关税

法律规定的其他免征或者减征关税的货物（如中国缔结或者参加的国际条约规定的减征、免征关税的货物、物品），海关根据规定予以免征或者减征。

免征、减征关税的上述进口货物可以同时免征、减征进口环节的增值税和消费税。

特定地区、特定企业或者有特定用途的进出口货物免征或者减征关税，以及临时免征或者减征关税，按照国务院的有关规定执行。上述免征、减征关税进口的货物只能用于特定地区、特定企业或者特定用途，没有经过海关核准并补缴关税，不得移作他用。

三、进口规定的自用设备和随同设备进口的技术及配套件、备件可以免征关税

下列企业（项目）进口规定的自用设备和按照合同随同设备进口的技术及配套件、备件，可以免征关税：

（1）国家鼓励、支持发展的外商投资项目和国内投资项目在投资总额内进口的；

（2）企业为生产中国科学技术部制定的《国家高新技术产品目录》中所列的产品而进口的；

（3）软件企业进口的；

（4）已经设立的鼓励类和限制乙类外商投资企业、外商投资研究开发中心、先进技术型和产品出口型外商投资企业的技术改造，在批准的生产、经营范围以内，利用投资总额以外的自有资金进口的；

（5）外商投资设立的研究开发中心在投资总额以内进口的；

（6）符合中西部省、自治区、直辖市利用外资优势产业和优势项目目录的项目，在投资总额以内进口的（在投资总额以外利用自有资金进口者也可以享受一定的税收优惠）。

四、利用外国政府和国际金融组织贷款项目进口的设备可以免征关税

企业为引进中国科学技术部制定的《国家高新技术产品目录》中所列的先进技术按照合同规定向境外支付的软件费；集成电路生产企业引进集成电路技术和成套生产设备，单项进口集成电路专用设备和仪器，符合国家规定的；符合国家规定的集成电路生产企业进口自用的原材料、消耗品；符合国家规定的进口科研、教学用品，残疾人专用物品，扶贫、慈善性捐赠物资，可以免征关税。

五、边境居民通过互市贸易进口的生活用品可以免征关税

边境居民通过互市贸易进口的生活用品,每人每日价值在人民币 3 000 元以下的部分,免征关税(同时免征进口环节的增值税和消费税)。

六、按照国家规定保税进口加工贸易的进口料件可以免征关税

加工贸易的进口料件按照国家规定保税进口的,其制成品或者进口料件没有在规定期限以内出口的,海关按照规定征收进口关税。加工贸易的进口料件进境时按照国家规定征收进口关税的,其制成品或者进口料件在规定期限以内出口的,海关按照有关规定退还进境时已经征收的关税税款。

七、经过海关批准暂时进境或者暂时出境的货物可以免征关税

经过海关批准暂时进境或者暂时出境的下列货物,在进境或者出境时纳税人向海关缴纳相当于应纳税款的保证金或者提供其他担保的,可以暂不缴纳关税(进口环节的增值税和消费税也暂不缴纳),并应当从进境或者出境之日起 6 个月以内复运出境或者复运进境;经纳税人申请,海关可以根据海关总署的规定延长复运出境或者复运进境的期限:

(1) 在展览会、交易会、会议和类似活动中展示或者使用的货物;
(2) 在文化、体育交流活动中使用的表演、比赛用品;
(3) 在新闻报道或者摄制电影、电视节目时使用的仪器、设备和用品;
(4) 在科研、教学、医疗活动中使用的仪器、设备和用品;
(5) 在上述活动中使用的交通工具和特种车辆;
(6) 货样;
(7) 在安装、调试、检测设备时使用的仪器、工具;
(8) 盛装货物的容器;
(9) 其他用于非商业目的的货物。

上述暂准进境货物在规定期限以内没有复运出境的,或者暂准出境货物在规定期限以内没有复运入境的,海关应当依法征收关税(同时征收进口环节的增值税和消费税)。

上述可以暂时免征关税范围以外的其他暂准进境货物,应当从暂准进境之日起按月征收关税,每月的应纳税额计算公式如下:

$$应纳税额 = 完税价格 \times 关税税率 \div 60$$

上述公式中的完税价格由海关以该货物的成交价格为基础审查确定。

对暂时进口货物按月征税时,如果最后 1 个月不足 15 日,应当按照 1 个月征税。征税满 60 个月以后继续留在境内使用的,应当停止征税。

若企业有这类暂时进口业务,应考虑有没有国际条约可减轻其现金支出。例如,中国于 1998 年 3 月加入了 ATA 单证册,国内企业凭中国海关签发的 ATA 单证册,便可在临时进口时免予向进口国海关交纳关税和增值税,ATA 单证册适用的货品包括照相设备、电脑、修理工具、汽车、服装等产品。

八、进、出口货物因品质或者规格原因1年内复运出、入境的可以免关税

出口货物从出口之日起1年以内原状复运入境的，不征收进口关税；进口货物从进口之日起1年以内原状复运出境的，不征收出口关税；因残损、短少、品质不良或者规格不符等原因，由进出口货物的发货人、承运人或者保险公司免费补偿或者更换的相同货物，进出口时不征收关税。被免费更换的原进口货物不退运出境或者原出口货物不退运入境的，海关应当对原进出口货物重新按照规定征收关税。

第三节 进出口业务的税务筹划

一、进出口环节的税务筹划

对于出口商品按照惯例，我国实行出口退税；对于进口商品，在征收关税之外，同国内商品一样，按照相应的税率和纳税环节，要缴纳增值税。所以说，进出口商品的增值税筹划，主要就是对进口商品的纳税进行筹划，以及对出口商品的退税进行筹划。

按规定，在中华人民共和国境内销售货物，或者提供加工、修理修配劳务以及进口货物的单位与个人为增值税的纳税义务人，应当缴纳增值税。这表明，只要进口商品，就负有缴纳增值税的义务。我们知道商品的税收负担主要是由税率体现的，因此，进口商品的增值税税务筹划，主要在税率的选择上，而高低不同的税率又是与不同的课税对象相对应的，并且也因纳税人的不同而有所差异。因此，对于进口环节所负担增值税而言，要想达到节税的效果，重要的一点就是能否选择优惠税率，或者说能否选择具有优惠税率的货物进口。根据《税法》规定，部分进口商品在报关进口时可享受低税率和免税的优惠待遇。因此，这些商品在一定程度上提供了节税的空间。

纳税人销售或进口下列货物，税率为13%：

(1) 粮食、食用植物油；

(2) 自来水、暖气、冷气、热水、煤气、石油液化气、天然气、沼气、居民用煤制品；

(3) 图书、报纸、杂志；

(4) 饲料、化肥、农药、农机、农膜、农用柴油机；

(5) 国务院规定的其他货物。

下列项目免征增值税：

(1) 农业生产者销售的自产农产品；

(2) 避孕药品和用具；

(3) 古旧图书；

(4) 直接用于科学研究、科学实验和教学的进口仪器、设备；

(5) 外国政府、国际组织无偿援助的进口物资和设备；

(6) 由残疾人组织直接进口供残疾人专用的物品；

(7) 销售自己使用过的物品。

同时，由于我国出于经济发展和对外政策的需要，除对上述进口商品减免税外，对于一些特殊地区和行业、单位、个人的进口商品实行减免关税和增值税，如经济特区、保税

区、出口加工区及三资企业和侨胞、台胞等。

我国有一些专业公司经批准从事免税品销售业务：中国出国人员服务总公司、外交部供应部、中国免税品公司、中国华侨旅游侨汇服务公司、中国远洋运输总公司物资供应部、中士公司侨汇商店。

《企业会计准则第20号——外币折算》规定，企业选择的记账本位币一般采用人民币，必要的也可以采用外币，但提供的财务报告必须用人民币计价；外币业务的确认和计量，可以在即期汇率与即期汇率的近似汇率之间选择一种。即期汇率的近似汇率通常指当期平均汇率或月初汇率。

根据现行的企业所得税政策，企业所得以人民币以外的货币计算的，预缴企业所得税时，应当按照月度或者季度最后一日的人民币汇率中间价，折合成人民币计算应纳税所得额。年度终了汇算清缴时，对已经按照月度或者季度预缴税款的，不再重复折合计算，只就该纳税年度内未缴纳企业所得税的部分，按照纳税年度最后一日的人民币汇率中间价，折合成人民币计算应纳税所得额。

这些从某种角度来说，也为企业提供了税务筹划的机会，如图10-1所示。

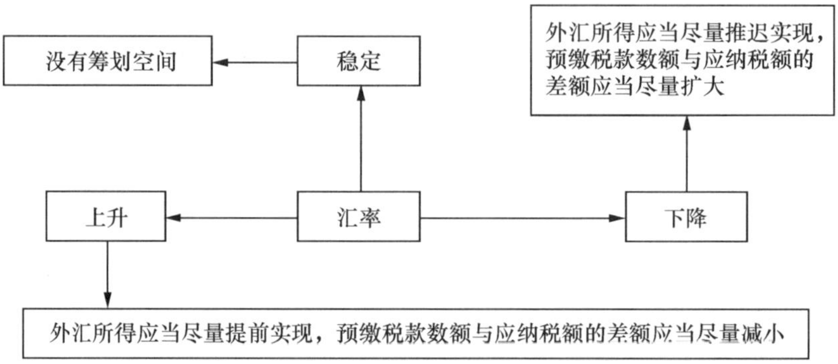

图10-1　利用汇率变动趋势进行纳税筹划的图示

例10-3　P企业购进商品时采用美元进行结算，出口销售时采用人民币进行结算，该企业选择购进额与销售额发生日的当日汇率作为记账汇率。假设进货单价为180美元的商品，销售单价为1 600元人民币。3月1日美元对人民币的汇率为1∶7.0，当月15日发生的购进商品成本为18 000美元，销售收入为160 000元，当天美元对人民币汇率为1∶6.8。试比较采用不同的汇率进行折算对企业纳税有何影响？

分析：如果按照即期汇率折算，3月的成本额 = 18 000 × 6.8 = 122 400（元人民币）

应纳增值税 =（160 000 − 122 400）× 17% = 6 392（元人民币）

如果按照月初汇率折算，3月的成本额 = 18 000 × 7 = 126 000（元人民币）

应纳增值税 =（160 000 − 126 000）× 17% = 5 780（元人民币）

可见，在美元对人民币贬值的期间，P企业选择按照即期汇率的近似汇率折算销售收入额可以节约税款。在该笔业务中能够节税612元（6 392 − 5 780）。需要注意，在美元对人民币升值期间，情况则恰好相反。

例10-4　S公司主要从事对美外贸业务，每月都有大量的美元收入。该公司选择按月预缴企业所得税。该公司2008年度1—5月，每月美元收入分别为2 000万美元、1 500

万美元、1 500 万美元、1 000 万美元和 1 000 万美元。假设每月最后一日美元的人民币汇率中间价分别为 7.5230、7.4910、7.4610、7.4310 和 7.4110。请计算该公司每月美元收入应当预缴多少企业所得税，并提出税务筹划方案。

分析：

该公司 1 月份应当预缴企业所得税 = 2 000 × 7.5230 × 25% = 3 761.5（万元）

2 月份应当预缴企业所得税 = 1 500 × 7.4910 × 25% = 2 809.1（万元）

3 月份应当预缴企业所得税 = 1 500 × 7.4610 × 25% = 2 797.9（万元）

4 月份应当预缴企业所得税 = 1 000 × 7.4310 × 25% = 1 857.8（万元）

5 月份应当预缴企业所得税 = 1 000 × 7.4110 × 25% = 1 852.8（万元）

合计预缴企业所得税 = 3 761.5 + 2 809.1 + 2 797.9 + 1 857.8 + 1 852.8 = 13 079.1（万元）

如果该公司能够预测到美元的人民币汇率中间价会持续降低，则可以适当调整取得收入所在月份。例如，将 2008 年度 1—5 月份的每月美元收入调整为 1 000 万美元、1 000 万美元、1 000 万美元、1 500 万美元和 2 500 万美元，收入总额并未发生变化，只是改变了总收入在各月份的分布情况。

经过税务筹划，该公司各月份应当预缴企业所得税的情况如下：

1 月份应当预缴企业所得税 = 1 000 × 7.5230 × 25% = 1 880.8（万元）

2 月份应当预缴企业所得税 = 1 000 × 7.4910 × 25% = 1 872.8（万元）

3 月份应当预缴企业所得税 = 1 000 × 7.4610 × 25% = 1 865.3（万元）

4 月份应当预缴企业所得税 = 1 500 × 7.4310 × 25% = 2 786.6（万元）

5 月份应当预缴企业所得税 = 2 500 × 7.4110 × 25% = 4 631.9（万元）

合计预缴企业所得税 = 1 880.8 + 1 872.8 + 1 865.3 + 2 786.6 + 4 631.9 = 13 037.4（万元）

经过税务筹划，减轻税收负担 41.7 万元（13 079.1 − 13 037.4）。

二、出口退税的税务筹划

企业可以通过对资金、经营方式等因素的安排，合法享受出口免税或退税。为了选择恰当的贸易方式，首先应当明确相关贸易方式的含义。进料加工复出口贸易是指出口企业为加工出口货物而用外汇从国外进口原料、材料、辅料等，经加工成货物复出口的一种贸易方式。来料加工复出口贸易是指由外商提供原材料、半成品、零部件等，由中方加工企业根据外商要求加工后出口给外商而中方收取加工费的一种贸易方式。

由于贸易方式不同，国家在出口退（免）税政策上的不同，为企业进行税务筹划提供了空间。税务筹划的目标是选择最低税负或合法递延税款，取得节税的税收利益。

（一）贸易经营方式的选择

1. 法律依据

《出口货物退（免）税管理办法》第三条规定，下列出口货物免征增值税、消费税：① 来料加工复出口的货物；② 避孕药品和用具、古旧图书；③ 卷烟；④ 军品以及军队系统企业出口军需工厂生产或军需部门调拨的货物。国家规定免税的货物不办理退税。

《出口货物退(免)税管理办法》第二十条规定,出口企业以“来料加工”贸易方式免税进口原材料、零部件后,凭海关核签的来料加工进口货物报关单和来料加工登记手册向主管其出口退税的税务机关办理“来料加工免税证明”,持此证明向主管其征税的税务机关申报办理免征其加工或委托加工货物及其加工费的增值税、消费税。货物出口后,出口企业应凭来料加工出口货物报关单和海关已核销的来料加工登记手册、收汇凭证向主管出口退税的税务机关办理核销手续。逾期未核销的,主管出口退税的税务机关将会同海关和主管征税的税务机关及时予以补税和处罚。

《出口货物退(免)税管理办法》第二十一条规定,出口企业以“进料加工”贸易方式减税进口原材料、零部件转售给其他企业加工时,应先填写“进料加工贸易申报表”,报经主管其出口退税的税务机关同意签章后再将此申报表报送主管其征税的税务机关,并据此在开具增值税专用发票时按规定税率计算注明销售料件的税额,主管出口企业征税的税务机关对这部分销售料件的销售发票上所注明的应缴税额不计征入库,而由主管退税的税务机关在出口企业办理出口退税时在退税额中扣抵。

进料加工复出口货物按下列公式计算退税:

出口退税额 = 出口货物的应退税额 - 销售进口料件的应缴税额

销售进口料件的应缴税额 = 销售进口料件金额 × 税率

- 海关已对进口料件的实征增值税税款

外商投资企业以来料加工、进料加工贸易方式加工货物销售给非外商投资企业出口的,不实行上述办法,须按照增值税、消费税的征税规定征收增值税、消费税,出口后按出口退税的有关规定办理退税。

2. 筹划要点

生产性企业出口贸易有三种形式:一般贸易、进料加工复出口贸易以及来料加工贸易。原材料全是国内采购,只能采用一般贸易。如果部分或全部原材料是从国外进口,应采用进料加工方式。

一般贸易在进口原材料时要缴纳进口增值税和进口关税,所缴纳的进口增值税既可以抵扣国内销售的销项税,也可以在出口销售时申请退税;所缴纳的关税,只能计入原材料的成本。保税企业以进料加工方式进口的原材料处于保税状态,不需要缴纳进口增值税和进口关税;其他企业以进料加工方式进口的原材料可根据《进料加工进口料、件征免税比例表》的规定,分别按 85% 或 95% 作为出口部分免税,少于已征税比例而多出口的部分,经海关审核还可以申请退还已纳税额。

产品出口时,在计算不得免征和抵扣的税额即从进项税额中转出计入成本,一般贸易是按出口销售额全额乘以出口征税率和出口退税率之差,而进料加工则是根据上述计算的金额再减去免税购进原材料的金额乘以出口征税率和出口退税率之差。

显然,进料加工比一般贸易的方式优越得多。然而办理进料加工的手续非常复杂,企业必须在进口原材料之前,确定该原材料加工后以一定的比例出口。并且在进口原材料之前,去税务局、海关等有关部门办理进料加工手册,出口时还要办理手册核销和清算等一系列程序。

如果出口的产品,其绝大部分原材料都是进口,并且增值额较大,则应采用进料加工方式。

进料加工方式下,在国内采购的原材料所支付的进项增值税额可以抵退;而来料加工方式下,在国内采购的原材料所支付的进项增值税额不能抵退,只能计入成本。

产品出口时,进料加工需要计算不得免征和抵扣的税额,从进项税额中转入成本;来料加工所收取的加工费可以免税。因此,如果国内采购的原材料比重很小,则可以采用来料加工形式。

例 10-5 R 公司生产经营采用进料加工形式。当期从国外进口原材料 400 万元,生产的产品全部出口,当期销售收入 1 000 万元。出口征税率为 17%,出口退税率为 13%。免抵退税不得免征和抵扣的税额为 24 万元[(1 000 - 400) × (17% - 13%)]。

由于该公司应交增值税余额为 0(原材料全部进口进项税额为 0,产品全部出口销项税额为 0),上述计算的 24 万元进项转出计入成本,是贷记“应交税费——应交增值税”,结果该公司当期就出现了应交增值税 24 万元。根据财税〔2004〕52 号规定:凡进项税额小于“免抵退税不得免征和抵扣税额”的,须严格按规定及时申报缴纳增值税。

如果 R 公司在境外设立一家企业,由这家境外企业采用委托加工方式,即境内 R 公司采用来料加工方式,公司实现 600 万元的加工费收入,就不需要缴纳增值税。

究竟采用来料加工还是进料加工方式,与该业务的增值额以及国内采购原材料的比重有关。

例 10-6 S 纺织有限公司为增值税一般纳税人,有自营进出口权。2007 年 3 月打算进口涤纶一批,在国内加工后出口。业务人员提出三种贸易方式:① 一般贸易;② 进料加工复出口贸易;③ 来料加工复出口贸易。请税务筹划人员就贸易方式做出决策。

税务筹划人员了解的有关业务情况如下:

(1) 进口料件合同价 USD180 000 元(CIF);

(2) 加工后的成品出口合同价 USD700 000 元(FOB);

(3) 国内生产加工环节购入辅助材料、电、气、水等预计支付的进项税额人民币为 200 000元;

(4) 若以一般贸易方式进口,须按成交价的 1% 缴纳关税,按成交价和缴纳关税之和缴纳 17% 的进口环节增值税;

(5) 若以进料加工复出口贸易方式进口,按规定免征进口环节关税和增值税;

(6) 若以来料加工复出口贸易方式进口,按规定免征进口环节关税和增值税;

(7) 出口产品的征税率为 17%,退税率为 13%;

(8) 当时外汇牌价为 1 美元 = 7.7351 元人民币。

根据以上规定,可将三种方式下的税负进行比较:

(1) 一般贸易方式下,需缴纳关税 13 923.18 元(180 000 × 7.7351 × 1%),进口环节增值税 239 061.00 元[(180 000 × 7.7351 + 13 923.18) × 17%],生产环节购进货物支付的进项税额 200 000 元,销售环节应纳增值税为 0,应退增值税 222 478.20 元[239 061.00 + 200 000 - 700 000 × 7.7351 × (17% - 13%)]。实际税负为 230 505.98 元(13 923.18 + 239 061.00 + 200 000 - 222 478.20)。

(2) 进料加工复出口贸易方式下,关税及进口环节增值税全免,生产环节购进货物支付的进项税额 200 000 元,销售环节应纳增值税为 0,应退增值税 39 109.92 元[200 000 - 700 000 × 7.7351 × (17% - 13%) + 180 000 × 7.7351 × (17% - 13%)]。实际税负为 160 890.08 元(200 000 - 39 109.92)。

(3) 来料加工复出口贸易方式下,关税及进口环节增值税全免,生产环节购进货物支付的进项税额 200 000 元,应纳增值税 0 元。实际税负为200 000 元。

所以企业应选择进料加工复出口贸易方式。

通过上述分析可以得到如下结论:第一,三种贸易方式造成税负不同的主要原因在于税法在出口退(免)税上的政策不同,即一般贸易和进料加工采用了免抵退政策,来料加工采用了只免不退的政策,进料加工方式其料件免税;第二,一般贸易与进料加工相比,其税负高,不仅进口环节缴纳了关税、增值税,而且料件本身负担了 4% 的税金,考虑到缴纳的进口增值税,虽然在退税上得到了补偿,但本身资金就有时间价值,故一般应以采用进料加工复出口贸易方式为佳;第三,来料加工与一般贸易相比,其税负低,在于出口增值部分不负担任何税金,而一般贸易则不仅料件负担了 4% 的税金,而且增值部分也负担了 4% 的税金,故这两种方式以来料加工复出口为佳。

但是,基于加工过程中料工费的不同构成比例,以上的分析结论并不是绝对的。综合考虑,出口企业是采用来料加工方式还是进料加工方式,还应注意货物的所有权问题。来料加工方式下,料件和成品的所有权都归外商所有,承接来料加工的出口企业只收取加工费,出口企业也没有定价权;但进料加工方式下,料件及加工后的成品的所有权及定价权都归承接进料加工的出口企业,因此,企业可通过提高货物售价来增大出口产品的盈利率,从而最大限度地提高出口退税的数额。

(二) 免抵退税

1. 我国出口企业出口货物办理出口退税必须符合的条件

(1) 是属于增值税、消费税征收范围的货物。出口货物退税的税种是增值税和消费税,其他对出口货物征收的税种以及以增值税、消费税为计税依据附征的城建税、教育费附加等都不属于出口货物退税的范围。

(2) 必须报关离境。凡在国内销售而不报关离境的货物,不论出口企业是以外币结算还是以人民币结算,也不论企业在财务上或其他管理措施上如何处理,均不能作为出口货物办理出口退税。

(3) 在财务会计上作销售处理。目前,中国出口退税政策只适用于贸易性的出口货物,对于非贸易性的出口货物,如捐赠的礼品、不作销售的展品、样品以及个人在国内购买自带离境的货物等,不能办理出口退税。

(4) 必须已经收汇或取得远期收汇备案证明。除另有规定外,出口企业出口的货物,必须在收汇后方可申请退税,属于远期收汇的,必须在报关出口前凭出口合同、核销单向外管局备案。

2.《税法》规定的出口退税的货物范围

中国对出口货物采取了出口退税与免税相结合的政策,但对某些国家紧缺的货物不予退税。根据出口企业的不同形式和出口货物的不同种类,中国的出口货物税收政策分为三种形式,即出口免税又退税、出口免税但不退税、出口不免税也不退税。

(1) 免税又退税的出口货物。出口货物免税是指在货物出口环节不征增值税、消费税;退税是指退还出口货物从原材料到产成品销售各个环节已缴纳的增值税和在生产环节缴纳的消费税。它适用于两种情况:

第一,有出口经营权企业出口和代理出口的货物,同时具备规定条件时,凭有关凭证按月报送税务机关,申请退还或免征增值税和消费税。

第二,特定的出口货物。税法规定了一些特定货物可以比照出口货物办理,退还或免征增值税和消费税:① 对外承包工程公司运出境外用于对外承包项目的货物。用于对外承包工程项目的货物,多数由对外承包工程公司在国内购买、运往境外,在会计上虽不作销售处理,但它包括在整个承包项目的价款之中,实际上是一种特殊的出口销售形式,因此应予以退税。② 对外承接修理修配业务的企业用于对外修理修配的货物。用于对外修理修配业务所使用的原材料、零配件、半成品等,实际上要运往国外消耗使用,是一种特殊的出口形式,也应予以退税。③ 外轮供应公司、远洋运输供应公司销售给外轮、远洋国轮而收取外汇的货物。这类公司销售给外轮、远洋国轮的货物,其销售行为虽然发生在国内,但这些货物实际上是被带出境外消费使用的,对这类货物也应予以退税。④ 企业在国内采购并运往境外作为在国外投资的货物。⑤ 利用国际金融组织或外国政府贷款采取国际招标方式由国内企业中标销售的机电产品、建筑材料。中标机电产品的范围以对外贸易经济合作部制定的《机电产品出口商品目录》为准。由外国企业中标再分包给国内企业供应的机电产品,则视同国内企业中标予以办理退税。⑥ 生产企业(包括外商投资企业)自营或者委托出口的下述产品,可视同自产产品给予退税:一是外购的与本企业所生产的产品名称、性能相同,且使用本企业注册商标的产品;二是外购的与本企业所生产的产品及配套出口的产品;三是外购经主管出口退税的税务机关认可的集团公司(或总厂)成员企业(或分厂)的产品;四是委托加工收回的产品。这些规定在一定程度上解决了生产企业进出口公司外购产品退税问题。

(2) 免税但不退税的出口货物。《税法》规定,下列出口货物免征增值税、消费税,但不办理退税:① 来料加工复出口的货物,即原材料进口免税,加工后的货物出口不退税;② 避孕药品和用具、古旧图书,内销、出口均免税;③ 卷烟,有卷烟出口权的企业出口国家卷烟出口计划内的卷烟,在生产环节免交增值税,出口环节不办理退税,非计划内出口的卷烟要照章纳税,出口一律不退税;④ 军品以及军队系统企业出口军需工厂生产或军需部门调拨的货物;⑤ 出口企业从小规模纳税人购进并持普通发票的抽纱、工艺品、香料油、山货、草柳竹藤制品、渔网渔具、松香、五倍子、生漆、鬃尾、山羊板皮、纸制品出口;⑥ 小规模纳税人自营或委托出口的货物;⑦ 计算机软件;⑧ 国家规定的其他免税产品,如农业生产者销售的自产农业产品、饲料、农膜,电影制片厂销售的电影拷贝。

(3) 不免税也不退税的出口货物。除经批准属于进料加工复出口贸易外,下列出口货物不免税也不退税:① 援外出口货物;② 国家禁止出口的货物,包括天然牛黄、麝香、铜及铜基合金、白金等;③ 柴油;④从非保税区运往保税区的货物;⑤ 其他货物,如原油、木材、焦炭、钢坯、稀土金属等。

生产性企业出口自产产品或列名试点生产企业出口符合条件的非自产产品，出口退税采用免抵退方法，具体计算如下：

《财政部、国家税务总局关于进一步推行出口货物实行免抵退办法的通知》（财税〔2002〕7 号）第三条第四款规定：

免抵退税不得免征和抵扣的税额 = 出口货物离岸价 × 外汇人民币牌价 ×（出口货物征税率 − 出口货物退税率）− 免抵退税不得免征和抵扣税额抵减额

免抵退税不得免征和抵扣税额抵减额 = 免税购进原材料价格 ×（出口货物征税率 − 出口货物退税率）

进料加工免税进口料件的组成计税价格 = 货物到岸价 + 海关实征关税和消费税

免税购进原材料包括从国内购进免税原材料和进料加工免税进口料件，其中进料加工免税进口料件的价格为组成计税价格。

3. 税务筹划要点应该主要考虑的形式

（1）先征后退

财税〔2002〕7 号规定，从 2002 年 1 月 1 日起，流通企业以国内收购方式出口的货物应交纳的增值税和消费税，实行“先征后退”的管理办法。

对出口公司而言，应准确掌握出口货物退税税额的计算。

方法一：出口企业将出口货物单独设立库存账和销售账记载的，应以购进出口货物的增值税专用发票所列明的进项金额和税额计算。

对库存和销售均采用加权平均价核算的企业，也可以将适用不同税率的货物分别依下列公式计算应退税额：

应退税额 = 出口货物数量 × 加权平均进价 × 税率

方法二：对于出口企业兼营内销和出口货物且其出口货物不能单独设账户核算的，应先对内销货物计算销项税额并扣除当期进项税额后，再依下列公式计算出口货物的应退税额：

① 销项金额 × 税率 ≥ 未抵扣完的进项税额

应退税额 = 未抵扣完的进项税额

② 销项金额 × 税率 < 未抵扣完的进项税额

应退税额 = 销项金额 × 税率

结转下期抵扣进项税额 = 当期未抵扣完的进项税额 − 应退税额

这里销项金额是指依出口货物离岸价和外汇牌价计算的人民币金额，税率则是指计算该项货物退税的税率。

（2）免抵退

例 10-7 某增值税一般纳税人自营出口自产产品，出口产品的征税率为 17%，退税率为 13%，2002 年 1 月 1 日开始执行“免、抵、退”税增值税政策，有关资料如下：2006 年 1 月，上期留抵进项税额 100 万元，本期外购原料 500 万元，取得进项税额 85 万元，当期内销货物 550 万元，自营出口产品取得离岸价收入折合人民币 400 万元；2006 年 2 月、3 月，无涉税事宜。

2006年1月至4月“免、抵、退”税的计算如下：

① 2006年1月，免抵退税不得免征和抵扣税额 = 4 000 000 ×（17% − 13%）= 160 000（元）

当月应缴增值税 = 当期内销货物的销项税额 −（当期进项税总额 − 当期免抵退税不得免征和抵扣税额）− 上期留抵进项税额 = 935 000 −（850 000 − 160 000）− 1 000 000 = −755 000（元）

② 2006年2月、3月，只需结转有关账户余额即可。

③ 2006年4月，根据退税部门出具的《生产企业出口货物免抵退税审批通知单》进行免抵退税额核算：

免抵退税额 = 出口货物离岸价 × 外汇人民币牌价 × 出口退税率

= 4 000 000 × 13% = 520 000（元）

因免抵退税额520 000元小于2006年3月末留抵税额755 000元，则当期应退税额为520 000元。

（3）免税

财税〔2002〕7号规定，从2002年1月1日起，对于增值税小规模纳税人出口自产货物，实行免征增值税的办法。生产企业出口自产的应征消费税的产品，对于生产环节应缴纳的消费税也实行免征的办法。

采取免税办法时，只能免征出口环节的税。而为生产采购的原材料、零部件等所包含的增值税款却无法扣除，从而不能使出口货物真正以不含税价格进入国际市场。采用先征后退或者免抵退的方式就不存在这样的问题。

（三）进口环节消费税

申报进入中华人民共和国关境内的货物均应缴纳消费税。进口货物的收货人或办理报关手续的单位和个人，为进口货物消费税的纳税义务人。通过《进口环节消费税税目税率表》可以看到消费税最高可达45%的分类分项差别税率，决定了其在企业的税务筹划中占有重要的地位。

进口货物消费税的应纳税额的计算公式如下：

组成计税价格 =（关税完税价格 + 关税）/（1 − 消费税税率）

应纳税额 = 组成计税价格 × 消费税税率

因而，只要对完税价格进行筹划，减小分子，就可以达到节税的目的。

另外，根据税法规定，如果存在下列情况，应按适用税率中最高税率征税：

（1）纳税人兼营不同税率的应税消费品，即进口生产销售两种税率以上的应税消费品时，应当分别核算不同税率应税进口消费品的进口额或销售数量；未能分别核算的，按最高税率征税。

（2）纳税人将应税消费品与非应税消费品，以及适用不同税率的应税消费品组成成套消费品销售的，应根据组合产品的销售金额按应税消费品的最高税率征税。

最后需要注意的是，金银首饰、以金银为基底的包镀及其他贵金属的首饰，以及上述首饰的镶嵌首饰，免征进口环节消费税。

三、反倾销税的纳税筹划

（一）尽量减少被控诉的可能

（1）提高产品附加值，取消片面的低价策略。我国的出口产品基本上属于资源密集型和劳动密集型，初级产品比重高，产品档次低，附加值少，价格很难提高。从长远来看，我国企业应大力着手从初低级产品的形象中走出来，使我国出口产品结构日趋成熟。

（2）组建出口企业商会，加强内部协调和管理，塑造我方整体战略集团形象。

（3）分散出口市场，降低受控风险。

（二）顺利通过调查，避免被认为倾销

如果出口产品在国际市场上面临反倾销调查，可以选用以下技术手段灵活应对：

（1）及时上调价格。这是因为欧美商业裁决机构于每征满一年反倾销税时会重新申报调查该倾销商是否仍有倾销行为，这时及时上调价格，就能被认为不具倾销行为，从而出口产品所被征的反倾销税也立即取消。

（2）争取获得市场经济地位或选择经济环境相近的替代国。由于我国尚未被认可为市场经济国家，所以在反倾销调查中，西方国家只会授予个别公司市场经济地位，一般会选择替代国来决定我国产品的国内价格或生产成本，比如欧盟在对我国的彩电反倾销调查中选择了新加坡作为替代国，显然其人工成本和市场容量导致成本远高于实际成本，从而扭曲倾销。

（3）调整产品利润预测，改进企业会计核算，以符合国际规范和商业惯例；同时，还要密切注意国际外汇市场的浮动状况。

（4）将国外进口商组织起来，推动其反贸易保护活动。因为我方产品被征收反倾销税，外国进口商也会遭受损失。我们可通过加强与当地工商组织的交流，以实际的商业利益为砝码促使其向政府施加压力。

（5）与外方投诉厂商私下进行谈判、妥协。

（三）避免出口行为被裁定为损害进口国产业

我国出口企业应该注意：

（1）不要迫使进口国厂商采取降价促销的营销手段。

（2）全面搜集有关资料信息，有效地获取进口国市场的商情动态，查证控诉方并未受到损失，以便在应诉中占据有利地位。

（3）在出口地设厂，筹建跨国公司。这样可以使我方产品免受进口配额等歧视性贸易条款的限制。

（4）凭借便利的销售条件、优质的产品、高水平的服务和良好的运输条件占领市场，提高单位产品的价格（效用），降低其替代率，从而增强外方消费市场对我方产品的依赖性，获取群众支持。

本章小结

关税的计税依据是成交价格或完税价格。具体税务筹划方法分为利用商品归类方法筹划、利用产地来源筹划、利用保税制度筹划、利用暂时入境筹划、利用入境个人自用物品和邮递物品免税筹划等。世界各国对于出口物资基本都有鼓励政策，进出口环节流转税的税务筹划主要包括增值税和消费税鼓励政策的利用。同时，也要注意有些国家反倾销行为的税务筹划方法。

复习思考题

1. 海关为什么要对出入境货物进行估价？利用海关估价进行税务筹划的要点和方法有哪些？
2. 企业进口货物税务筹划应该考虑哪些要点？
3. 企业出口货物税务筹划应该考虑哪些要点？
4. 什么叫免抵退税？企业利用免抵退税进行税务筹划应该注意哪些问题？
5. 我国对于进出口货物的税收优惠政策主要有哪些？

案例分析

利用不同的退税方式进行税务筹划

某外商投资企业某年一季度出口塑料制品，出口销售收入为300万元，进项税额为34万元，没有内销，生产的货物全部出口，征税率为17%，退税率为15%。

思考：“免税”、“先征后退”和“免、抵、退”三种办法中，哪一种方法对该企业最为有利？为什么？

中国移动通信集团税务筹划

一、中国移动通信集团公司基本情况

（一）移动集团股权结构

中国移动通信集团（以下称“移动集团”）是一家注册于中国内地的企业，在中国内地各省都有子公司。为了实现境外红筹上市，移动集团搭建了复杂的股权结构（见图1移动集

团股权结构图①)。

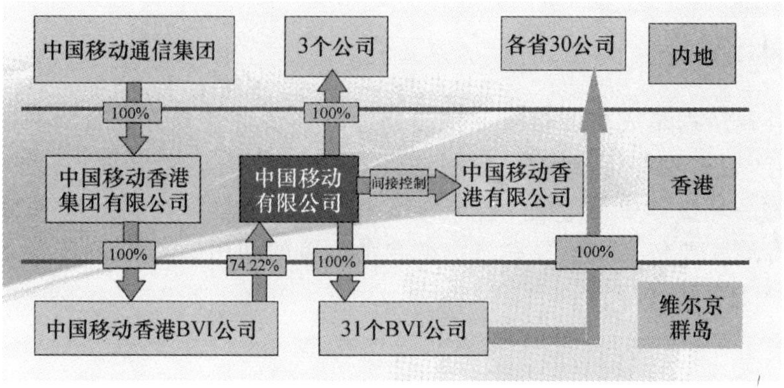

图1　移动股权结构图

从图1可以看出,注册于中国内地的移动集团间接控制在香港联合交易所挂牌上市的中国移动有限公司(以下称“中国移动”),该公司再通过一系列的BVI(英属维尔京群岛)公司控制在内地的各子公司,最终实现移动集团对内地子公司的控制。

(二)《企业所得税》下移动集团税负分析

1. 股利分配税收情况分析

《企业所得税法》第十九条第一款规定:非居民企业取得股息、红利等权益性投资收益和利息、租金、特许权使用费所得,以收入全额为应纳税所得额。这实际是取消了原外资企业所得税法下将股利分配给境外股东时免税的规定(仅保留分配2008年前的股利仍免税政策)。因此,在香港上市的中国移动直接或间接取得内地子公司分配的股利时,需要在内地就分配的股利缴纳预提所得税。因为中国内地和维尔京群岛没有签订双边税收协定,对股利分配并没有特殊的优惠税率,所以其内地各省31个子公司通过注册于BVI的公司将股利分配给中国移动时,中国移动(实际是31个BVI公司)需要在中国按照股利的10%缴纳预提所得税;而香港和内地签署有双边税收安排,中国移动在内地的3个子公司对其分配利润时,在符合受益所有人的条件下,中国移动可以按照《内地和香港特别行政区关于对所得税双重征税和防止偷漏税的安排》的优惠税率5%缴纳预提所得税。由于维尔京群岛和香港并不对这类资本利得征税(包括维尔京继续将股利分配给中国移动),因此中国移动就该股利分配缴纳的税收实际是其在内地缴纳的预提所得税。

由于中国移动的最终控制人是位于内地的移动集团公司,其利润最终需要分回到母公司(移动集团)。《企业所得税法》第三条规定:“居民企业应当就其来源于中国境内、境外的所得缴纳企业所得税。”第二十三条规定:“企业取得的下列所得已在境外缴纳的所得税税额,可以从其当期应纳税额中抵免,抵免限额为该项所得依照本法规定计算的应纳税额;超过抵免限额的部分,可以在以后五个年度内,用每年度抵免限额抵免当年应抵税额后的余额进行抵补:(一)居民企业来源于中国境外的应税所得……”按照这一政策规定,当移动集团取得从香港上市的中国移动分回的利润时,因为中国移动在中国内地缴纳的预提所得

① 根据中国移动有限公司年报及其他资料整理。

税不是境外缴纳的税款，所以无法抵免这些在中国内地缴纳的预提所得税，实际最终移动集团就取得的股利还要在内地按25%的税率补缴企业所得税。

股利分配纳税情况如图2所示。

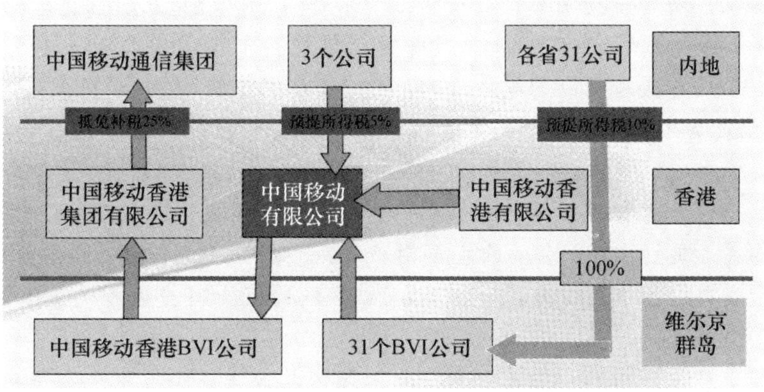

图2 股利分配纳税图

2. 税负举例说明

假定中国移动的3个内地直接控制的子公司向其分配股利100元，按照《内地和香港特别行政区关于对所得税双重征税和防止偷漏税的安排》，其将在内地缴纳预提所得税5元；又假设中国移动通过维尔京公司间接控制的内地31个子公司向其分配股利1 000元，则其需要在内地缴纳预提所得税。在缴纳了上述预提所得税后，中国移动实际得到股利995元。如果中国移动将该股利995元全部分回给母公司移动集团（这里为简化分析，假定只分配给股东移动集团，不考虑分配给其他股东的情况）。在该股利分配中，由于移动集团无法得到任何境外税收抵免，因此移动集团就该股利需要补交所得税[①] 248.75元（995×25%），这样移动集团实际最终得到的股利是746.25元（995－248.75），其税负达到了32%[（248.75＋5＋100）÷（1000＋100）]。具体如图3所示。

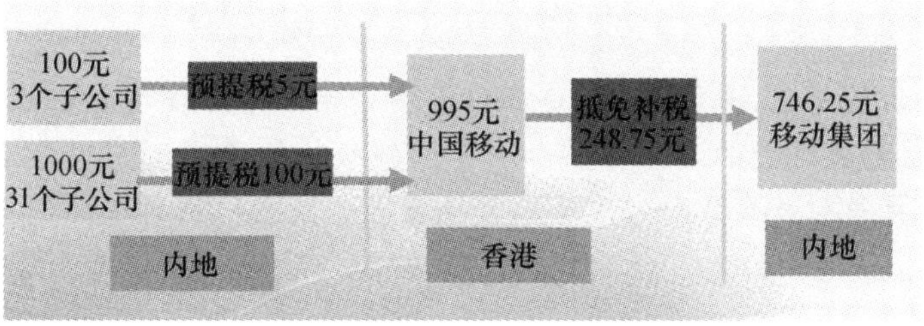

图3 股利分配所得税计算图

二、税收筹划方案设计：境外中资控股企业认定为居民纳税人

《企业所得税》第二十六条第三款规定：“符合条件的居民企业之间的股息、红利等权益

① 如果中国移动将股利保留在香港不分配，按照中国的受控境外企业反避税规则，税务机关仍有权利对保留未分配的股利征税的权利。

性投资收益免税。”

国税发〔2009〕82 号第一条规定:“境外中资企业是指由中国境内的企业或企业集团作为主要控股投资者,在境外依据外国(地区)法律注册成立的企业。”

第二条规定:“境外中资企业同时符合以下条件的,根据《企业所得税法》第二条第二款和实施条例第四条的规定,应判定其为实际管理机构在中国境内的居民企业(以下称非境内注册居民企业),并实施相应的税收管理,就其来源于中国境内、境外的所得征收企业所得税。① 企业负责实施日常生产经营管理运作的高层管理人员及其高层管理部门履行职责的场所主要位于中国境内;② 企业的财务决策(如借款、放款、融资、财务风险管理等)和人事决策(如任命、解聘和薪酬等)由位于中国境内的机构或人员决定,或需要得到位于中国境内的机构或人员批准;③ 企业的主要财产、会计账簿、公司印章、董事会和股东会议纪要档案等位于或存放于中国境内;④ 企业 1/2(含 1/2)以上有投票权的董事或高层管理人员经常居住于中国境内。”

第四条规定:“非境内注册居民企业从中国境内其他居民企业取得的股息、红利等权益性投资收益,按照《企业所得税法》第二十六条和实施条例第八十三条的规定,作为其免税收入。非境内注册居民企业的投资者从该居民企业分得的股息红利等权益性投资收益,根据实施条例第七条第(四)款的规定,属于来源于中国境内的所得,应当征收企业所得税;该权益性投资收益中符合《企业所得税法》第二十六条和实施条例第八十三条规定的部分,可作为收益人的免税收入。”

国家税务总局公告 2011 年第 45 号第二条规定:“本办法所称境外注册中资控股企业(以下简称境外中资企业)是指由中国内地企业或者企业集团作为主要控股投资者,在中国内地以外国家或地区(含中国香港、澳门、台湾地区)注册成立的企业。”

按照上述文件规定:只要移动集团在境外的 31 个 BVI 公司、中国移动、中国移动香港 BVI 公司、中国移动香港集团有限公司全部认定为中国的居民纳税人,则从内地公司往上层层分配,最终到达移动集团的股利可以全部免缴企业所得税,即在前述假设中,内地分配的 1 100 元股利,最终分配到移动集团的仍是 1 100 元,没有任何税收,与之前的方案相比,节税达 32%。

根据各种渠道的信息,国税函〔2010〕360 号已经确认了上述境外注册的企业为中国的居民纳税人,成功地解决了中国移动在内地因股利缴纳的预提所得税无法抵扣的问题,也避免了中国移动将股利最终分配到移动集团时需要继续缴纳所得税的问题,实现了大幅度的税金节约。

思考:请对上述案例做出点评。

主要参考文献

1. 于长春:《税务会计研究》,东北财经大学出版社 2001 年版。

2. 宋献中、沈肇章等:《税务筹划与企业财务管理》,暨南大学出版社 2002 年版。

3. 盖地:《税务会计与税务筹划》(第 6 版),中国人民大学出版社 2012 年版。

4. 盖地:《税务会计与纳税筹划》,东北财经大学出版社 2001 年版。

5. 王泽国:《企业如何进行纳税筹划》,北京大学出版社 2003 年版。

6. 盖地:《税务会计研究》,中国金融出版社 2005 年版。

7. 北京税收与市场调查研究中心:《纳税筹划方法集萃》,机械工业出版社 2005 年版。

8. 苏春林:《纳税筹划(第二版)》,北京大学出版社 2005 年版。

9. 王国华、张美中:《税务筹划理论与实务》,中国税务出版社 2004 年版。

10. 尹光:《浅析税收筹划的目标》,www. dzwww. com/sdby/zpxd/200306110805. htm2003.06.11。

11. 杨俊、罗峥:《合法节税:新经理人税务筹划手册》,中国纺织出版社 2003 年版。

12. 刘蓉:《公司战略管理与税收策略研究》,中国经济出版社 2006 年版。

13. 全国注册税务师执业资格考试教材编写组:《税务代理实务》,中国税务出版社 2006 年版。

14. 黄慧馨:《企业财务决策与税务决策》,高等教育出版社 2004 年版。

15. 王虹、陈立:《纳税筹划》,清华大学出版社 2006 年版。

16. 张中秀、王晓菲等:《税务筹划教程》,中国人民大学出版社 2005 年版。

17. 张艳纯:《企业税务筹划》,湖南大学出版社 2004 年版。

18. 赵红军:《企业纳税管理》,上海财经大学出版社 2007 年版。

19. 蔡昌:《税务风险防范、化解与控制》,机械工业出版社 2007 年版。

20. 王祥:《最新企业税收疑难问题答疑系列丛书》,经济科学出版社 2007 年版。

21. 宋效中等:《企业税务筹划》,机械工业出版社 2007 年版。

22. 王虹、章成蓉:《税法与税务筹划》,经济管理出版社 2012 年版。

23. 陈茂芬:《企业纳税业务与税务筹划示范大全》,人民邮电出版社 2014 年版。

教师反馈及教辅申请表

北京大学出版社本着“教材优先、学术为本”的出版宗旨，竭诚为广大高等院校师生服务。为更有针对性地提供服务，请您认真填写以下表格并经系主任签字盖章后寄回，我们将按照您填写的联系方式免费向您提供相应教辅资料，以及在本书内容更新后及时与您联系邮寄样书等事宜。

书名		书号	978-7-301-	作者	
您的姓名				职称职务	
校/院/系					
您所讲授的课程名称					
每学期学生人数	______人_____年级			学时	
您准备何时用此书授课					
您的联系地址					
邮政编码		联系电话（必填）			
E-mail（必填）		QQ			
您对本书的建议：				系主任签字 盖章	

我们的联系方式：

北京大学出版社经济与管理图书事业部

北京市海淀区成府路 205 号，100871

联系人：徐冰

电话： 010-62767312 / 62757146

传真： 010-62556201

电子邮件：em_pup@126.com　　em@pup.cn

Q Q：5520 63295

新浪微博：@北京大学出版社经管图书

网址： http://www.pup.cn